Hubertus Prinz zu Löwenstein
TRAIANUS

Hubertus
Prinz zu Löwenstein

TRAIANUS

Weltherrscher
im Aufgang
des Christentums

Langen-Müller

Die Münze auf dem Schutzumschlag dieses Buches zeigt einen
Aureus mit dem Kopf Trajans (98–117), geprägt 115/116 in Rom,
Fundort: Bonn, Original im Rheinischen Landesmuseum, Bonn.

(c) 1981 by Albert Langen · Georg Müller Verlag GmbH
München · Wien
Alle Rechte vorbehalten
Umschlaggestaltung: Christel Aumann
Satz: Ludwig Auer, Donauwörth
Gesamtherstellung: Mohndruck Graphische Betriebe GmbH.,
Gütersloh
Printed in Germany 1981
ISBN 3–7844–1905–4

Inhalt

I. VORWORT DES VERFASSERS UND BERICHTERSTATTERS
   IM XX. JAHRHUNDERT 7
Zum Buche und zu den Quellen 15

II. PRAELUDIUM 19
1. Ein Briefwechsel 21
2. Der junge Plinius über sich selber 28

III. DIE KNABEN- UND JUGENDJAHRE DES OPTIMUS PRINCEPS 33
3. Die Tigrisfahrt des Optimus Princeps zum Sinus Persicus 35
4. Ursprünge 49
5. Jugenderlebnisse im Rom Nero Caesars 61
6. Traianus erhält die weiße Toga 74
7. Im Grauen der Bürgerkriege: Finis Imperii? 87
8. Vom Tiberis zum Rhenus 99
9. Vom Rhenus zum Euphrates 110

IV. DIE MANNESJAHRE VOR DEM PRINCIPAT 125
10. Jahre der Wanderungen 127
11. Unter dem Flavischen Hause 139
12. Der Untergang von Pompeii 151
13. Titus und der »Tyrann« Domitianus 163
14. Traianus als Praetor und Consul
    Die Augusta Pompeia Plotina 176
15. Die Adoption 187

V. OPTIMUS PRINCEPS 203
16. Traianus – Imperator und Princeps 205
17. Bei den Legionen am Danuvius und in Hellas 220
18. Der Imperator Traianus in Rom 235

19. Aufbruch zum ersten Dakerkrieg 251
20. Die erste steinerne Brücke über den Ister 268
21. Nach kurzem Waffenstillstand: Das Ende eines großen Königs 284
22. Traianus' Werke des Friedens 300
23. Traianus: Wie man Christiani behandelt 316
24. Um das Erbe Alexanders des Großen 332
25. »Es wird sich empören ein Volk wider das andere . . .« 349
26. Der Weg nach Babylon 364
27. Traianus – Herrscher des Partherreiches 377
28. Die Heimkehr des Triumphators 390

GENEALOGISCHE TAFEL 403

LITERATURVERZEICHNIS 404

VERZEICHNIS GEOGRAPHISCHER NAMEN 407

ZEITTAFEL 419

ABBILDUNGSVERZEICHNIS 421

QUELLENVERZEICHNIS DER ABBILDUNGEN 422

I.
Vorwort des Verfassers und Berichterstatters im XX. Jahrhundert

Dieses Buch über Marcus Ulpius Traianus, genannt *Optimus Princeps* – Bester der Fürsten – setzt die Reihe meiner geschichtlichen Romane fort, die mit »Seneca – Kaiser ohne Purpur« und mit »Tiberius – Der Republikaner auf dem Caesarenthron« begann.

Marcus Ulpius Traianus wurde am 18. September des Jahres 53 A.D. in Italica geboren; oder römisch ausgedrückt: am XIV. Tage vor den Calenden des Oktober des Jahres 806 ab urbe condita. Italica, 206 v. Chr. von Publius Cornelius Scipio gegründet und mit römischen Veteranen besiedelt, lag am Baetis – heute Quadalquivir, nahe beim modernen Sevilla, in der senatorischen Provinz Baetica, im südlichen Spanien.

»Traianus Pater«, wie er in der Geschichte genannt wird, war durch und durch Soldat und kein unbedeutender Heerführer. Er hatte, wie Josephus Flavius im *Bellum Judaicum* berichtet, den Oberbefehl über die X. Legion *Fretensis* und hat zum Siege von Vespasianus und Titus über die Aufständischen beigetragen. Er gelangte zum Consulat, wurde durch Vespasianus in den Patriziat-Stand erhoben, wurde Proconsul von Baetica und Statthalter (Legatus Augusti) der Provinz Syria.

Nach seinem Tode, vielleicht um 112 A.D. wurde er consecriert, das heißt unter die Schutzgötter Roms aufgenommen. Aus dieser Zeit stammen Münzen mit der Aufschrift *divus Traianus pater.*

Aus seiner Ehe mit einer Marcia – der Seneca ein Schreiben gewidmet haben dürfte, um sie über den Tod ihres jungen Sohnes aus erster Ehe zu trösten – entsproß auch Ulpia (Marciana), ungefähr fünf bis sechs Jahre älter als der spätere Imperator und lebenslang seine treueste Freundin und Begleiterin. Auch sie wurde nach ihrem Tode consecriert. Nun nahm ihre Tochter Matidia ihre Stelle ein.

Zur Zeit von Nero Caesar (54–68 A.D.) übersiedelte die Familie nach Rom, wo die Mutter bald gestorben ist. In dem nun vorliegenden Lebensbericht schildert Marcus Ulpius Traianus sehr anschaulich diese Jahre, in die der furchtbare Brand von Rom fällt und die erste Christenverfolgung, gekennzeichnet durch Neros »lebende Fackeln.«

Daß es Christen bereits am Hofe von Claudius Caesar (41–54 A.D.) gegeben hat, kann man dem Philipperbrief des Apostels Paulus entnehmen. Ja, daß sich schon Tiberius Caesar, in dessen letzte Regierungsjahre das Wirken, der Tod und die Auferstehung Jesu Christi fallen, mit der ungerechten Amtsführung von Pontius Pilatus und mit der erwiesenen Göttlichkeit des Gekreuzigten befaßt hat, berichten Tertullianus und St. Eusebius. Ich habe in meinem Vorwort zu dem Buche »Tiberius – Der Republikaner auf dem Caesarenthron« auch auf moderne Literatur hingewiesen.

Wie der Vater, so war auch der Sohn in erster Linie Soldat und zweifellos der größte Feldherr seit Julius Caesar – einer der bedeutendsten überhaupt in der Weltgeschichte. Unter ihm erreichte das Imperium Romanum seine größte Ausdehnung. Er ist der einzige römische Herrscher, der auf dem *Sinus Persicus*, dem Persischen Golf, vor der Mündung von Euphrates und Tigris, zu Schiff fuhr. Aber er war auch ein Mann von hohen geistigen Gaben, der ein klares Latein schrieb, – treffsicher in der Lösung schwerer Fragen – ein hervorragender Verwalter, dem »Germania« viel zu verdanken hat – in Castra Vetera (Xanten), das heute wieder ausgegraben ist, in Moguntiacum (Mainz), Colonia Agrippinensis (Köln) – im Aufbau neuer Städte wie Lugudunum (Ladenburg), Noviomagus (Nijmwegen) – im Ausbau des Straßennetzes und in der Grenzsicherung gegen die Einfälle noch barbarischer Stämme wie Markomannen und Quaden.

Seine Ämterlaufbahn dürfte der junge Traianus um 71/72 A.D., als er in das Ephebenalter getreten war, begonnen haben. Bald war er schon Legionslegat unter seinem Vater in Syrien, dann leistete er Kriegsdienste am Rhein, im Osten, am Euphrates, an der Donau. Von Jugend an scheint er der Abgott seiner Soldaten gewesen zu sein – an persönlichem Mut tat er es allen zuvor, er nahm alle Mühen auf sich, die er seinen Leuten zumutete, er war ein hervorragender Schwimmer und Reiter. Seine männlich-schöne Gestalt, hochgewachsen, schlank, wie seine Münzen und Statuen ihn darstellen, muß allgemein Liebe und Bewunderung eingeflößt haben.

In höchstem Maße besaß er, was Caesar Augustus in seiner Selbst-
darstellung – dem Monumentum Ancyranum – *auctoritas* genannt
hat – *charisma* –, eine Kraft, die weit über jede *potestas*, die
Amtsgewalt, hinausgeht.

Unruhige Zeiten folgten dem Sturze von Nero Caesar – aus entsetzlichen Bürgerkriegen, bei denen das Capitol abbrannte, was
von manchen Völkern als Zeichen des Untergangs des Imperiums
gedeutet wurde, ging Flavius Vespasianus als Sieger hervor, ein
gerader, sparsamer, bäuerischer Mann, der das Gemeinwesen rettete. Ihm folgte zu einer kurzen Regierungszeit sein Sohn Titus,
der Jerusalem genommen hatte und unter dem der Vesuv die
Städte Pompeii, Herculaneum und Stabiae zerstörte. Sein Nachfolger (81–96 A.D.) war sein Bruder Domitianus, einer der am meisten verleumdeten Herrscher Roms. Erst die neueste Geschichts-
forschung hat sein wahres Bild, als eines bedeutenden Fürsten und
Strategen, aufgezeigt.

Es ist die gleiche aristokratisch-senatorische Geschichtsschreibung, die auch schon Tiberius Caesars Andenken verunglimpfte,
die den Imperator Domitianus als blutigen Tyrannen, Lüstling
und unwürdig des römischen Namens darstellte.

Nach seiner Ermordung berief der Senat den edlen, weisen Senator
und früheren Consul Marcus Cocceius Nerva zum Principat, der
nun den Legaten von Germania superior, Marcus Ulpius Traianus,
an Sohnes Statt annahm und feierlich zum Nachfolger bestimmte.
Es war Traianus' Neffe und Schwiegersohn seiner Nichte Matidia,
Aelius Hadrianus, der ihm nach Moguntiacum die Nachricht der
Adoption brachte. Der Senat hatte diese sofort bestätigt, ihm den
Caesartitel und die so wichtige Tribunizische Gewalt verliehen,
die ihn heilig und unverletzlich machte.

Der neue Caesar war in Colonia Agrippinensis, als er die Nachricht erhielt, daß sein Adoptivvater Nerva am 27. Januar 98 A.D.
gestorben sei und er selber nunmehr, getragen von den Glückwün-
schen der Legionen, die Alleinherrschaft innehabe. Zu Beginn
dieser Herrschaft hieß er nun: *Imperator Caesar Nerva Traianus
Augustus Germanicus*, dazu Inhaber der Tribunicia Potestas zum
zweiten (bald zum dritten) Male, und zum zweiten Male Consul.

Nerva wurde auf seinen Antrag hin vom Senat consecriert, nun konnte sich Traianus auch Divi Nervae Filius nennen.

Viel war noch in Germania Inferior und Superior, in Noricum (Österreich) und an der Unteren Donau im Kampfe gegen Geten und Daker zu tun, ehe er im Spätsommer 99 wie ein schlichter Bürger in Rom einzog. Das hat auf Volk und Senat einen bleibenden Eindruck gemacht.

Die wichtigste Quelle für diesen ganzen Zeitabschnitt ist der sog. *Panegyricus*, die vor dem Senat gehaltene Preisrede des Consuls (später Legatus Augusti von Bithynia-Pontos) des Gaius Plinius Caecilius Secundus, genannt Plinius der Jüngere, Neffe und Adoptivsohn des Älteren Plinius, des großen Gelehrten, Soldaten und Naturforschers, der beim Ausbruch des Vesuv im Jahre 79 ums Leben kam.

Im *Panegyricus* wird Traianus, der große Feldherr, ein Friedensfreund genannt. Nie würde er Schlachten schlagen und Blut vergießen, nur seines Ruhmes wegen. In jeder Provinz, die er erwarb, hat er weise Gesetze eingeführt. Er war der erste, der ein »Sozialwerk« errichtete: für mittellose Knaben und Mädchen, erst für fünftausend in Rom, dann in Italien und schließlich im Imperium.

Die beiden »Dakerkriege« an der unteren Donau »erbte« er von Domitianus, dessen strategische Pläne von hohem Wert waren. In König Dekebalus stand ihm ein mächtiger Gegner gegenüber. Man kann Traianus den Mann nennen, der die Grundlagen des heutigen Rumäniens legte, indem er Sprache, Gesittung und römische Siedler in das Land brachte.

Auch die Kriege gegen das mächtige Partherreich, das einen großen Teil des Alexander- und Seleukidenreiches übernommen hatte, hat er »geerbt«. Wäre nicht Iulius Caesar an den Iden des März den Mördern zum Opfer gefallen, er wäre zum Kriege gegen die Parther gezogen.

Caesar und Alexander – das waren seine Vorbilder. In einem Gespräch mit Johann von Müller hat Napoleon auf dessen Frage, was Caesar als nächstes getan hätte, erst das Reich geordnet oder aber –, fast heftig unterbrochen: »Er hätte die Parther bekriegt!« So kann man, wenn man Traianus' Taten am Rhein, an der Donau, am Euphrates und am Tigris betrachtet, ihn sowohl den Erben von Divus Iulius wie des großen Alexander nennen.

»Optimus Princeps« – so hat ihn schon Plinius der Jüngere im *Panegyricus* genannt – erst Jahre später, als bereits der ganze Erdkreis ihm diesen einmaligen Namen gab, hat der Senat ihn bestätigt.

Er ist es, der in einem Schreiben an Plinius, der um Rat bat, wie man die *Christiani* behandeln sollte, eine Auskunft gab, die man als eine erste »Magna Charta« bezeichnen könnte. Die Christiani, schrieb Plinius, seien in seiner Provinz Bithynia-Pontos unter jung und alt verbreitet, unter allen gesellschaftlichen Schichten, in den Städten und auf dem flachen Land. Wie soll man anonyme Anzeigen behandeln, ist schon der Name *Christianus* strafbar, und wie soll man sie bestrafen, wenn sie als schuldig befunden werden? Heiße es doch, daß sie sich geheimen, verbrecherischen Feiern hingeben!

Traianus verbot jedes Spitzelwesen, jedes Eingehen auf anonyme Anzeigen: *Nam et pessimi exempli nec nostri saeculi est!* (Solche Dinge schaffen die übelsten Beispiele und entsprechen nicht dem Geiste unseres Jahrhunderts.)

Der furchtbare judaische Aufstand in zahlreichen Provinzen, der Hunderttausende von Menschenleben kostete und den parthischen Feldzug beeinträchtigte, dürfte Traianus noch näher an die *Christiani* herangeführt haben, die gemäß der Lehre des Apostels Paulus im Zweiten Brief an die Thessalonier das Römische Reich grundsätzlich bejahten – eine Lehre, etwas später ausdrücklich durch Tertullian bekräftigt.

Traianus ist frühzeitig in die christliche Überlieferung eingegangen. Die Gnadenerweisung für die trauernde Mutter, knapp vor seinem Fortgang aus Rom, ist von Dante Alighieri wunderbar geschildert worden: Purgatorio X, 73–96.

Gemäß christlicher Meinung hat Papst Gregor der Große um das Jahr 600 die Seele dieses »heidnischen« Imperators, der christlicher war als manche seiner christlichen Nachfolger, aus dem Inferno durch sein Gebet befreit und in den Himmel versetzt.

Bei Dante (Vers 73–75, X *Canto*, *Purgatorio*) heißt es:

13

*Quiv' era storiata l'alta gloria / del roman principato il cui
valore / mosse Gregorio alla sua vittoria*
In der Übersetzung von Stefan George lauten diese Zeilen:
Geschildert fand ich dort die hohe stärke
Des Römerfürsten dessen große plane
Gregor bewogen zu dem großen werke.
Ihn, der »*la vedovella consolò del figlio*« – ihn, der der armen
Witwe Trost spendete zum Tod ihres Sohnes, finden wir in Dantes
Paradiso im Jupiterhimmel, der den Seelen eigen ist, die die Ge-
rechtigkeit liebten. (*Canto* XX)
Der Dichter Publius Papinius Statius, der in diesem Buche Erwäh-
nung findet, sei, gemäß alter Tradition, auch *Christianus* gewesen,
aber aus Menschenfurcht nur ein heimlicher. Wir begegnen ihm
unter den geretteten Seelen im *Canto* XXI von Dantes *Purgatorio*.
Traianus hatte das Glück, in Pompeia Plotina, einer hochgebilde-
ten Frau aus angesehener römischer Familie aus Nemausus (Nî-
mes) in Gallien, eine Gemahlin zu finden, mit der er in bester,
liebevollster Eintracht, wenn auch kinderlos, Jahrzehnte zusammenlebte. Sie war, wie Plinius der Jüngere sie im *Panegyricus* mit
Recht schildert, ein Vorbild an Würde, Weisheit und altrömischer
Tugend.
Er starb in seinem 64. Lebensjahr auf der Rückreise vom Partherkrieg nach Italien, im August des Jahres 117 A.D. An seinem
Sterbebett standen die beiden *Augustae*, Pompeia Plotina und
Matidia. Durch die Jahrhunderte ist er ein lebendiges Vorbild
gerechten Herrschertums geblieben. Wenn jedes Jahr viele Tausende zu den großartigen, vom Landesmuseum in Bonn über-
wachten Ausgrabungen in *Castra Vetera* (Xanten) pilgern, so zeigt
dies, daß bis heute sein Name nicht erloschen ist.
Den späteren römischen Herrschern hat man bei ihrem Amtsantritt zugerufen: *Sis felicior Augusto – melior Traiano!* – Sei glücklicher als Augustus – noch besser als Traianus –, ein Wunsch, den
man manchem der heutigen Machthaber gleichfalls zurufen
möchte.

Zum Buche und zu den Quellen

Der Leser dieses Buches möge bedenken, daß alle Entfernungen im Römischen Reiche nicht nach Meilen, sondern nach der Zeit zu messen sind, die man damals brauchte, um sie zurückzulegen. So reiste man etwa von Ostia zum heutigen Gibraltar in sieben, nach Alexandria in neun Tagen. Der von Augustus geschaffene *Cursus Publicus* (Öffentliche Verkehrsanstalt) war im allgemeinen nicht für Privatpersonen und den Briefverkehr zugelassen. Diese Einrichtung diente hohen Militärs und Beamten, vor allem auch Eilboten des Princeps, der Proconsuln und Legaten, als Beförderungsmittel. Mit diesem Cursus Publicus konnte man, einschließlich aller Aufenthalte, bei 7,5 km die Stunde ungefähr 180 Kilometer am Tag zurücklegen. Von Antiochia nach Konstantinopel – 1100 km – gelangte man in nicht ganz acht Tagen. Mit Mietfahrzeugen schaffte man höchstens 150 km am Tag. Caesar, dessen Schnelligkeit gerühmt wird, brauchte für den Weg von Rom bis Arles (1178 km) nicht ganz acht Tage. Das sind aber Spitzenleistungen. Im allgemeinen konnte man nur mit Tagesleistungen von 40–50 km rechnen.
Ein besonders gut gebauter Schnellsegler, wie er den Caesaren und anderen hohen Amtsträgern zur Verfügung gestanden haben mag, konnte es auf 90 Seemeilen, schlechtere nur auf 60–70 Seemeilen am Tag bringen.
Das sind nur einige wenige Beispiele, die zeigen können, wie unendlich *viel* größer, gemessen an den Reisezeiten, das Römische Reich war, als sich aus bloßen Entfernungsangaben errechnen ließe.
Dennoch wird man sagen dürfen, daß Europa nicht vor dem Beginn des 19. Jahrhunderts Straßenverbindungen hatte, die jenen im Römischen Reiche auch nur nahekommen. Allein durch die Alpen führten siebzehn Straßen!

Das römische Straßennetz, wie man es in jedem Geschichtsatlas findet, sieht aus wie eine Verbindung der Eisenbahnen mit Autobahnen und Straßen erster und zweiter Ordnung. Germania hat besonders Domitianus und Traianus seine ausgezeichneten Verbindungen zwischen Rhein – Donau und Alpen zu verdanken. Noch heute fährt man zwischen Bonn und Köln auf der *Römerstraße*.

Noch etwas gibt es, worauf wir unsere Leser hinweisen möchten: auf den oft gebrauchten Ausdruck *Consecrierung* und *Divus*, bezw. *Diva*, für abgeschiedene Herrscher und deren Familienangehörige. Divus ist *nicht* mit *Deus* gleichzusetzen. Letzten Endes unterscheidet sich die römische *Consecratio* nicht wesentlich von der christlichen Kanonisierung, durch die edle Männer und Frauen zur Ehre der Altäre erhoben werden. Auch in der christlich gewordenen Welt hat man Kaiser, Könige und deren Gemahlinnen zum Himmel erhoben und den Gläubigen empfohlen, sich an sie zu wenden. Professor Johannes Straub hat nachgewiesen, daß Konstantin der Große, der im Osten als *Sanctus* verehrt wird, auch als *Divus* consecriert wurde. Noch Theodosios der Große (379–395), unter dem das Christentum Reichsreligion wurde, ist consecriert worden, also ebenfalls *Divus*!

Es gibt einen heiligen Karl den Großen, einen heiligen Kaiser Heinrich II., eine heilige Kaiserin Kunigunde, es gibt den König Stefan den Heiligen und viele andere heilige Herrscher und Herrscherinnen. Und da nach christlicher Lehre *alle* heilig sind, die in den Himmel gelangten (die Kanonisierten sind die, von denen man mit einer an Sicherheit grenzenden Wahrscheinlichkeit dies annehmen kann!), wäre auch Divus Traianus, den die christliche Tradition in den Himmel versetzte, gleichzeitig auch Sanctus Traianus! Traianus' Nachfolger ist der Imperator Aelius Hadrianus, auf dem Sterbebett adoptiert – eine Handlung, die von alters her bezweifelt wurde – so von Dio Cassius und von »Aelius Spartianus« in der *Historia Augusta*. Der Verfasser fühlt sich in Übereinstimmung mit der modernsten Forschung, wenn er diese Zweifel an der Adoption und der Berufung zur Nachfolge für unbegründet hält.

Im vorliegenden historischen Roman finden wir des öftern einen Briefwechsel zwischen dem jungen Plinius, dem der Imperator Traianus seine Lebenserinnerungen diktiert, und dem Imperator Hadrianus, mit dessen Billigung sie herausgegeben wurden.

Auch dies hat seine geschichtliche Rechtfertigung. Daß sich Hadrianus große Sorgen machte, ob er nun schließlich adoptiert werden würde, ist begreiflich. So berichtet Aelius Spartianus in Hadrianus' Lebensbeschreibung in der *Historia Augusta*, er habe sich um die Gunst (wohl auch die Fürsprache) der jungen Freunde von Traianus beworben und sei mit ihnen in engstem Verkehr gestanden. Einer von ihnen – hervorgehoben vor allen anderen – war eben unser »junger Plinius«!

Was die Anreden anbelangt, wie: *Domine* und *Domine et Imperator Sanctissime*, oder oftmals schlicht *Caesar*, so finden sie sich alle in den Quellen, insbesondere in den Briefen Plinius' des Jüngeren an Traianus. Auch Anreden wie *Carissime Secunde, Mi amice* usw. sind nicht ohne Grundlagen. Sie ergeben sich aus dem damaligen Briefstil.

Wiederum kommt auch in diesem geschichtlichen Roman kein Fremdwort vor, das einer damals noch nicht geborenen Sprache entnommen wäre. Lateinische und griechische Worte sind meist in ›Kursivschrift‹ gesetzt.

Weder das Wort *Staat* noch das Wort *Kaiser* werden verwandt. Ich wiederhole, was ich hierüber im Vorwort zu meinem »*Tiberius*« gesagt habe:

»Staat« hat seine heutige Bedeutung erst spät erhalten, wahrscheinlich durch Machiavelli zu Beginn des 16. Jahrhunderts. Wir sprechen hier vom *Imperium Romanum*, vom *Gemeinwesen*, von der *Res Publica*, der Republik, oder auch vom *Orbis Terrarum*, dem Erdkreis.

Erst zu einem geschichtlich weit späteren Zeitpunkt kann man das römische *Principat* mit »Kaisertum« und »Monarchie« gleichsetzen, wobei Monarchie stets ein griechisches Fremdwort blieb, das man in Rom nicht schätzte.

Wie meine früheren geschichtlichen Romane ruht auch dieser auf überlieferten Tatsachen, ist aber *histoire romancée*. So wird man dem Verfasser die *Libertas Poetarum* nicht verwehren, den historischen Stoff im Sinne seines Romans zu verwerten.

Alle Hauptgestalten des Romans sind geschichtlich nachweisbar – bis auf den »jungen Plinius, Neffe der dritten Gemahlin des Plinius des Jüngeren, Calpurnia, und dessen Adoptivsohn«. Jedoch ist es nicht unwahrscheinlich, daß es ihn gegeben habe, wenngleich von seinem weiteren Schicksal, nach seiner Rückkehr nach Novum Comum am Lacus Larius, nichts bekannt ist. Daß er sich schließlich den *Christiani* angeschlossen habe, erscheint dem Verfasser nicht unwahrscheinlich, und er meint auch, daß er jung gestorben sei, wie so viele, »die die Götter lieben«.

Was nun die Quellen anbelangt: Mein aufrichtigster Dank gebührt Herrn Professor Dr. Johannes Straub und seinen Mitarbeitern im Althistorischen Seminar an der Universität Bonn, und dem Direktor des Rheinischen Landesmuseums in Bonn, Herrn Dr. Christoph Rüger. Sie haben mich mit den wertvollsten Auskünften versehen und mir die neuesten Forschungsergebnisse zum Geschichtsabschnitt von Domitianus und Traianus zur Verfügung gestellt, insbesondere die unendlich wesentlichen Nachträge zur Realencyclopädie der Klassischen Altertumswissenschaft.

Von größtem Werte war mir das Sonderheft von *Castrum Peregrini*, mit dem Wolfgang Frommel gewidmeten Aufsatz von Thuri Lorenz, »Leben und Regierung Traians auf dem Bogen von Benevent.«

Diese Veröffentlichung enthält auch die besten mir bekannten Abbildungen des Bogens und aller seiner einzelnen Platten, versehen mit allen nötigen Erklärungen und Kommentaren.

Ich wäre glücklich, wenn ich durch dieses Werk zum Ruhme des Mannes beitragen könnte, den der Name *Optimus* vor allen anderen Herrschern der Weltgeschichte auszeichnet und dessen Beispiel wahrer Herrschertugend heute nötiger ist denn je.

Bonn-Bad Godesberg, im Sommer des Jahres 1981 A.D.

Hubertus Löwenstein

II.
Praeludium

Erstes Kapitel

Ein Briefwechsel

Caius Plinius Calpurnius Secundus an den Imperator Caesar Hadrianus Divi Traiani Filius Trib. Pot. IV, Cos. III., *Augustus* Domine et Imperator Sanctissime,
Der Auftrag, den Du mir vor vier Jahren in Deinem Hauptquartier in Antiochia gabst, als ich Dir als 18jähriger Ephebe die Nachricht brachte, daß Divus Traianus zu den Göttern zurückgekehrt sei und Dich vor seiner Entrückung an Sohnes Statt angenommen und zu seinem Nachfolger im Imperium bestimmt habe, ist nahezu erfüllt: Ich sende Dir den Entwurf des Lebensberichtes des Verewigten, wie ich ihn auf Deinen Wunsch hin aufgezeichnet habe. Ich bin mir der Unvollkommenheit meiner Arbeit bewußt, und bitte Dich daher, Domine, um Deine Hilfe und Deine Führung, ohne die dieses große Werk nie gelingen könnte.
Wie Du siehst, habe ich für diesen Entwurf die Aufzeichnungen sowohl Divi Traiani selber wie auch die meines verstorbenen Oheims und Adoptivvaters Caius Plinius Caecilius Secundus verwendet. Ich habe auch – und ich hoffe, damit nicht Dein Mißfallen zu erregen – einige eigene Beobachtungen eingefügt. Wie Du ja weißt, habe ich im Alter von 15 Jahren dem Imperator Traianus Optimus Princeps die Nachricht vom Tode meines Adoptivvaters, zuletzt Legatus Augusti der Provinz Bithynia-Pontos, seines langjährigen, treuen Freundes, überbracht. Der Princeps befand sich damals in seinem vorgeschobenen Standlager in Melitene in Kappadokien am oberen Euphrates. Er war dabei, stromaufwärts nach Satala, zum Lager der XV. Legion Apollinaris, und weiter tief nach Armenia Maior vorzurücken. Dennoch fand er Zeit, mich, einen schlichten Knaben, freundschaftlich aufzunehmen. Er reihte mich noch während des Feldzuges, auf dem ich ihn begleiten durfte, in

die Schar seiner Edelknappen ein, verlieh mir die Toga Virilis und betraute mich sogar mit dem Schutze seiner Person. Von da an blieb ich Tag und Nacht ständig in seiner nächsten Nähe, ich durfte alle Mühen, alle Feldzüge, alle Rückschläge und alle Siegesfreuden mit ihm teilen. Da er auch sehr bald meine Fertigkeit im Griechischen und Lateinischen und auch meine Fähigkeit entdeckte, in Kurzschrift seine Reden, Gedanken, Briefe, Befehle aufzuzeichnen, erhob er mich zu seinem vertrauten Sekretär für öffentliche, aber auch für viele seiner geheimsten Angelegenheiten.

Domine, ich muß Dich also auch bitten, mir zu sagen, was *nicht* zur Veröffentlichung geeignet wäre.

Der Imperator Hadrianus an den jungen Plinius
Ich danke Dir, carissime Secunde, für die Übersendung Deiner Arbeit und für Deine Treue, die hierin meinem verewigten Vater und mir gegenüber zum Ausdruck kommt. Du hast recht daran getan, die Aufzeichnungen Deines Oheims und Adoptivvaters zu verwenden, und auch, daß Du manches von Deinen eigenen Erfahrungen eingefügt hast, billige ich. Daß nicht alles davon – Du verstehst mich? – zur Veröffentlichung geeignet ist, hast Du schon selber erkannt. Ich schicke Dir, auf Deine eigene Bitte hin, eine ganze Liste jener Stellen, die Du gewiß aus eigenem Antrieb beachten wirst.

Ich möchte, daß Du den Lesern, die Dich nicht kennen oder vielleicht nur gehört haben, daß Du einer der jungen Freunde von Divi Traiani warst, ein wenig von Dir selber erzählst. Sei dabei nicht allzu bescheiden, denn sie müssen auch verstehen lernen, warum ich gerade Dich für diese Arbeit ausgewählt habe. Sage also, Du habest den Verewigten schon durch den Briefwechsel mit Deinem Adoptivvater gekannt, lange ehe Du ihm selber vorgestellt wurdest. Und Dich habe er als seinen Sekretär angestellt, und Du warst der einzige, dem er gewisse jungenhafte Keckheiten durchgehen ließ! Du kannst demnach auch ruhig als Zwischentexte Gespräche einfügen, die Ihr miteinander führtet!

Ich hätte auch den Cornelius Tacitus mit der Abfassung des Lebensberichts meines Oheims und Adoptivvaters, Divi Traiani, beauftragen können. Aber wer weiß, was er zusammengeschrieben hätte, dieser zwar nicht unbegabte, aber verheuchelte Mann, dem das wirkliche oder erfundene Liebesleben von Tiberius Caesar auf Capri wichtiger erschien als die großen Taten auf militärischem und politischem Gebiete jenes einmaligen Princeps. Auch den Gaius Suetonius Tranquillus hätte ich damit betrauen können, aber der ist noch klatschsüchtiger, und sein Stil ist überdies schlechter als der des Tacitus. Ich habe ihn neulich aus meinen Diensten als Geheimsekretär entlassen, damit er in ländlicher Zurückgezogenheit über alle Laster der Caesaren – um die er sie wahrscheinlich beneidet! – nachdenken kann.

Tacitus hätte wenigstens den Vorteil gehabt, daß er mit Deinem Adoptivvater befreundet war und von ihm einiges über Divus Traianus erfahren konnte. Ich habe also nichts dagegen, daß Du aus seinen Schriften einfließen läßt, was zur Schilderung des Lebens meines Adoptivvaters paßt. Dabei denke ich an seine Darstellung der Sitten und Gebräuche der Germanen, ein Werk, das Divus Traianus von Nutzen war. Auch in Tacitus' *Historien* steht manches, was Du verwenden solltest, vor allem über den judaeischen Aufstand, den der Imperator Titus endgültig niedergeschlagen zu haben schien, der aber zur Zeit meines Adoptivvaters wieder so entsetzlich ausbrach und mit dem ich selber mich nun bald wieder werde befassen müssen. Die Anzeichen mehren sich von Tag zu Tag. Aber ehe das Werk veröffentlicht wird, werde ich es noch zu sehen bekommen und kann Dir dann vielleicht noch manche Ergänzung schicken oder, wenn nötig, einiges richtigstellen. In den nächsten Tagen bekommst Du noch einige Rollen mit meinen eigenen Aufzeichnungen und Vorschlägen, die für Dich von Wert sein könnten.

Wenn Ihr über geschichtliche Persönlichkeiten sprecht, von denen jeder Gebildete annehmen würde, die kenne man doch – vergiß nicht, daß wir in einer ungebildeten Zeit leben. Scheue Dich also nicht zu sagen, wer sie waren und welche Bedeutung sie hatten. Kaum einer unserer Schuljungen weiß doch noch etwas Vernünftiges über Divus Iulius, Divus Augustus, Tiberius Caesar, Germanicus – von den Dichtern und Philosophen ganz zu schweigen. Wer liest denn noch Horaz, Vergil, Ovid, Seneca? Die Ergebnisse der letzten Olympiade sind weiten Kreisen unserer Jugend wichtiger als die Taten der großen Griechen und Römer.

Am besten beginnst Du Deine Aufzeichnungen mit der letzten Fahrt Divi Traiani den Tigris hinunter nach Charax am Sinus Persicus. Schon als 18jähriger Ephebe hast Du mir ja davon erzählt. Du berichtetest mir auch von seiner Todesstunde, bei der Du dabei warst. Du könntest daher meine Adoption bezeugen, sagtest Du. Das zeichne genau auf, denn Du weißt, daß üble Menschen, die dem Imperium feindlich gesinnt sind, wagen, auf meine Sohnschaft und meine Berufung zum Nachfolger Zweifel zu werfen. Der Erdkreis aber, den mir die Götter durch den Willen von Divus Traianus anvertrauten, bedarf der Ruhe und Sicherheit, wie nur ich sie verbürge.

Bald hoffe ich wieder von Dir zu hören, carissime Secunde. Si vales, valeo.

Der junge Plinius an den Imperator Hadrianus
Domine et Imperator Sanctissime,
Heute darf ich Dir den zweiten, Deinem Willen gemäß vervollständigten Entwurf des Werkes überreichen. Nun erwarte ich Deine weiteren Weisungen, um ernsthaft an die Veröffentlichung herangehen zu können.

Der Imperator Hadrianus an den jungen Plinius
Wiederum bin ich mit Deiner Arbeit zufrieden, carissime Secunde, denn ich sehe, wie sorgfältig Du alle meine Ratschläge berücksichtigtest. Ich sende Dir einige ergänzende Gedanken und Beobachtungen, die ich Dir aber in keiner Weise aufzwingen will. Denn Rede und Meinung müssen in einem freien Gemeinwesen frei sein, wie schon Tiberius Caesar gesagt hat. Niemals darf sich der Princeps dem Geschichtsschreiber aufdrängen!

Eines aber erscheint mir wichtig: Das Werk müßte gleichzeitig auf Lateinisch und Griechisch erscheinen. Suche daher auf meine Kosten den besten Übersetzer, Du wirst ihn in der athenischen Sprach- und Philosophenschule finden! Es muß ein Mann sein, der nicht nur beide Sprachen gleich gut beherrscht, sondern der auch über allgemeine Bildung und über ein gründliches Wissen der Zeitgeschichte verfügt.

Ich würde auch den griechischen Text gerne selber überprüfen – Du weißt, die Hellenen sind sehr empfindlich, was ihre Sprache anbelangt – und selbst dem gelehrtesten Römer würden sie nie wirklich zutrauen, daß er sich im Bereiche des Thukydides, des Xenophon gar, um einen neueren zu erwähnen, des Geschichtsschreibers Polybios genügend auskenne!

Der junge Plinius an den Imperator Hadrianus
Domine et Imperator Sanctissime,
Hier sind nun die Texte in beiden Sprachen, in denen ich selber aufwuchs. Ich habe demnach auch den griechischen genau durchgesehen, und ich hoffe, daß er Deine Billigung finden möge. Solltest Du, Domine, nunmehr mit dem Gesamtwerke zufrieden sein, so bitte ich Dich auch um Deinen Rat, welchem doppelsprachigen Verleger man es anvertrauen könnte. Ich habe schon ein wenig herumgehorcht, und ich muß leider sagen, daß sie alle erwarten, erst einmal eine nicht unbeträchtliche Summe als Kostenvorschuß zu erhalten. Man spricht von fünfhundert *Aurei*.

Der Imperator Hadrianus an den jungen Plinius
Auch mit dem griechischen Text bin ich, bis auf einige kleine stilistische Einzelheiten, zufrieden. Nun die Frage nach dem Verleger. Seien wir uns im klaren, daß sie alle, ohne Ausnahme, entweder Gauner oder untüchtig sind – meist sind sie beides. Cicero war mit dem Hause von Titus Pomponius Attikus zufrieden – dort stellte man die besten, fehlerfreien Exemplare her. Ich weiß nicht, ob die Erben noch tätig sind. Horaz hat hingegen die Gebrüder Sosii gelobt. Versuche es demnach mit diesen und sage ihnen, daß sie keinen Sesterz von mir bekommen, ehe sie das Werk abgeliefert haben. Dann aber will ich sofort mindestens zweitausend Stück ankaufen, nicht wenige für mich selber und meine Freunde und die übrigen zur Verteilung an alle Bibliotheken in Rom, Athen, Alexandria und überhaupt im gesamten Imperium.

Sogar in Städten wie Colonia Agrippinensis und Bonna, Castra Vetera und Augusta Vindelicorum – Städte zwar im Barbarenland, aber doch schon seit längerer Zeit, vor allem seit Divus Traianus dort Statthalter war, nicht mehr unberührt vom Geiste Roms und Hellas'.

Da keiner unserer Verleger je daran denkt, dem Verfasser einen anständigen Vorschuß zu zahlen und Du nun schon so lange an der Arbeit bist, lasse ich Dir durch den Fiscus des Princeps zweitausend *Aurei* mit dem Kopfbild von Divus Traianus die einen, und mit dem meinen die anderen, auszahlen.

Der junge Plinius an den Imperator Hadrianus
Domine et Imperator Sanctissime,
ich bin nun mit den Gebrüdern Sosii handelseinig geworden, aber sie sagen, daß sie ohne einen Vorschuß von dreihundert *Aurei* nicht anfangen können. Denn das Werk soll ja in beiden Sprachen Deinem Willen gemäß in kürzester Zeit fertiggestellt werden, und dazu müßten sie weitere hundert oder sogar hundertfünfzig geübte Schreiber einstellen, die den lateinischen und griechischen Diktaten fehlerfrei folgen können. Und jeder wisse ja, wie die Arbeitslöhne und auch die Preise für alle Schreibstoffe gestiegen seien . . .

Der Imperator Hadrianus an den jungen Plinius
Ich sagte Dir ja, carissime Secunde, daß sie alle Gauner sind. Aber was bleibt selbst dem Princeps in solchen Fällen übrig! Biete ihnen einen Vorschuß von zweihundertfünfzig an und drohe ihnen mit meiner Ungnade, sollten sie das Werk nicht innerhalb von zwei Monaten auf lateinisch und griechisch fehlerfrei abliefern.

Der junge Plinius an den Imperator Hadrianus
Domine et Imperator Sanctissime,
Die Gebrüder Sosii waren glücklich, Dein großzügiges Angebot annehmen zu dürfen. Hier ist jetzt, in beiden Sprachen, das erste Probeexemplar. Was sind nunmehr Deine Befehle?

Der Imperator Hadrianus an den jungen Plinius
Dein Princeps ist mit Dir zufrieden, carissime Secunde, und er
gestattet Dir auch, seine Briefe an Dich und die Deinen an ihn zu
veröffentlichen! Hast Du noch eine Frage, die ich beantworten
sollte?

Der junge Plinius an den Imperator Hadrianus
Domine et Imperator Sanctissime,
Darf ich dem Manuskript eine Bitte an den wohlgesonnenen Leser
einfügen, des Inhalts, daß er Fehler, die mir unterlaufen sein
könnten, nicht mangelnder Sorgfalt, sondern meinem unreifen
Alter zuschreiben möge? Ich war ja fast noch ein Knabe, als mir
Divus Traianus viel von dem vorliegenden Text diktierte. Auch
jetzt, in meinem zweiundzwanzigsten Lebensjahr, hätte ich nie
gewagt, ein solches Werk der Öffentlichkeit zu übergeben, geschä-
he es nicht auf Deinen ausdrücklichen Wunsch. So richtet sich
meine Bitte auch an Dich, Domine, in der Beurteilung meiner
Arbeit gnädig zu sein.

Der Imperator Hadrianus an den jungen Plinius
Carissime puer,
Fehler will ich nicht kritisieren, soweit sie nicht einem Mangel an
Sorgfalt entspringen. Daß Du Dich besser über die Liste der
Consuln und damit über die Jahreszahlen unterrichten solltest,
habe ich Dir oft gesagt. Vielleicht kannst Du da noch einiges
nachholen. Über eines aber sei Dir im klaren: Die Rezensenten
werden schon genügend Fehler finden und sie Dir anlasten. Ganz
bestimmt werden das gewisse mißgünstige Männer tun, die Dich
Deiner Freundschaft mit Divus Traianus wegen beneiden. Ich
denke dabei an Suetonius und Tacitus. Die glauben, daß nur sie
berufen seien, als Sittenrichter über die Zeitgeschichte Roms zu
schreiben – oder vielmehr, über alle Caesaren (die toten, versteht
sich!) ihre verheuchelten Urteile zu fällen. Mache Dir nichts daraus, carissime puer! Aber jetzt keine weiteren Verzögerungen –
wenn mir etwas wirklich nicht gefällt, lasse ich es Dich wissen! *Nil
obstat – edatur!*

Zweites Kapitel

DER JUNGE PLINIUS ÜBER SICH SELBER

Es ist nur auf ausdrücklichen Wunsch unseres Imperators und Princeps Hadrianus, daß ich über mich selber spreche – so kurz wie nur möglich! Der Leser will die Lebensgeschichte Divi Traiani hören und nicht die eines unbedeutenden römischen Jünglings von nunmehr zweiundzwanzig Jahren.

Geboren wurde ich 852 a. U. c., ein Jahr, nachdem der neue Princeps die Vertretung des Römischen Volkes übernommen hatte: Der Imperator Caesar Nerva Traianus Augustus Germanicus, Pontifex Maximus, Trib. P. III, Cos. II, wie damals seine Nomenclatur lautete.

Mein Geburtsort ist Novum Comum am Südufer des schönen Lacus Larius, des großen Alpensees, den Vergil in seinem »Landleben« verherrlichte. Mein leiblicher Vater und meine Mutter waren damals bei meinem Urgroßvater Calpurnius Fabatus zu Gast, der dort und auch in Campanien und Mittelitalien ausgedehnte Besitzungen hatte. Ich entstamme also der *Gens Calpurnia*, der, wie ich mit Stolz sagen darf, viele berühmte Männer und Frauen angehören. War doch Divi Iuli vierte Gemahlin, die ihn vor den Verschwörern warnen wollte, eine Calpurnia. Der ältere Bruder meines Urgroßvaters war jener Lucius Calpurnius Piso Frugi Licinianus, den der Imperator Servius Sulpicius Galba, Nero Caesars erster Nachfolger im Principat, adoptierte und zum Caesar erhob. Doch bereits sechs Tage später wurde er zusammen mit seinem Adoptivvater auf Geheiß des Verräters Marcus Salvius Otho ermordet.

Als ich sechs Jahre alt war, starb mein Vater. Ungefähr zur gleichen Zeit wurde seine Schwester Hispulla Calpurnia Fabata die

dritte Gemahlin des Consulars und engen Vertrauten des Imperators Traianus, Caius Plinius Caecilius Secundus. Ihre Hoffnung auf Nachkommenschaft wurde durch eine Fehlgeburt zunichte gemacht. Daß ihr der Princeps zum Trost das Dreikinder-Recht verlieh, war ein Zeichen seiner Güte, aber helfen konnte es ihr nicht. Es dürfte mein Urgroßvater gewesen sein, der den Rat gab, mich ins Haus zu nehmen und vielleicht, sollte ich mich als ein artiges Kind erweisen, zu adoptieren. Das war ich dann anscheinend auch; schon wenige Monate, nachdem mich meine Tante und ihr Mann zu sich geholt hatten, nahmen sie mich an Sohnes Statt an. Daher meine Namen: Caius Plinius Calpurnius Secundus!
Meine neuen Eltern nahmen ihre Erziehungspflichten sehr ernst. Sie gaben mir die besten lateinischen und griechischen Lehrer, von denen ich sehr rasch lesen, schreiben, rechnen lernte, dazu griechische und römische Geschichte, Literatur, Philosophie, Geographie, Sternenkunde und was es so alles gibt. Schon als ich erst zehn Jahre alt war, entdeckte mein lieber Adoptivvater, daß ich sehr rasch jedem Diktat folgen konnte. Er machte mich zu seinem vertrautesten Sekretär – etwas später habe ich viele der Briefe, die er an den Princeps sandte, unter seinem Diktat geschrieben, und ich durfte auch die Antworten des Princeps lesen.
Ich erwähne das nicht aus Eitelkeit, sondern um gemäß dem Wunsche unseres Imperators den Lesern zu zeigen, daß ich mich wirklich schon seit meinen Knabenjahren gut im Leben und Wirken Divi Traiani auskenne.
Mein Adoptivvater war ein sittlich sehr strenger Altrömer, und wenn ein Junge nicht gerade häßlich war, fürchtete er immer, daß ihn böse Menschen auf Abwege führen könnten. Der Enkel seines alten Freundes Cornelius Rufus, Cornelius Pansa, der soeben Consul geworden ist, war nun in seiner Jugend wirklich von ausnehmender Schönheit.
Er war vaterlos, ein paar Jahre älter als ich, und bedurfte nach Meinung meines Adoptivvaters eines strengen, unbedingt sittenreinen Paedagogen.
Er diktierte mir – wie ich meinte, mit bedeutungsvoller Stimme – den Brief an die Mutter des Cornelius, Cornelia Hispulla, eine

entfernte Verwandte meiner Tante und Adoptivmutter. Darin hieß es: »Unser Junge ist mit einer so strahlenden körperlichen Schönheit ausgestattet, daß er in diesem so gefährlichen Abschnitt des Lebens mehr als nur einen Lehrer braucht. Ein Wächter und Führer muß gefunden werden.«

Das war ein gewisser Iulius Genitor, ein Rhetor, ein Mann ohne Makel, von ernstestem Charakter. Nichts Unziemliches werde Cornelius je von ihm hören, und er werde nichts von ihm erlernen, was ihm besser unbekannt bliebe.

Noch viele andere Tugenden habe der strenge Mann, und mir schauderte bei dem Gedanken, daß auch ich ihm übergeben werden würde. Das geschah dann auch, als ich ungefähr zwölf Jahre alt war – und als ob heutzutage jeder Junge in diesem Alter nicht schon alles wüßte, »was besser unbekannt bliebe«.

Zum Glück hatte mein Vater bald ein Einsehen – als er nämlich im so rühmenswerten Iulius Genitor einen heuchlerischen Spielverderber erkannte. Da mußte ich wiederum ein Diktat aufnehmen, diesmal im Zusammenhang mit einer Aufkündigung des Lehrvertrags!

Iulius Genitor hatte nämlich an meinen Vater geschrieben: Er sei mit Ekel von einem üppigen Gastmahl weggegangen, das zu einer Orgie zu werden drohte – schlanke, schöne, mädchenhafte Jünglinge seien um die Gäste herumgetanzt, ja, sie hätten sich bei einigen sogar niedergelassen.

Mein Vater ermahnte ihn freundschaftlich, doch nicht dauernd empört die Stirne zu runzeln. Er solle den Schwächen und Vergnügungen anderer Leute soviel Verständnis entgegenbringen, wie er von ihnen für seine eigenen erwarte! Da schien der gestrenge Sittenrichter zu verstehen, daß mein Vater Bescheid wisse – mehrere von denen, die sich bei ihm »niedergelassen« hatten, waren ihm wohl bekannt . . .

Von da an war meine Erziehung durchaus dem Geiste unseres Jahrhunderts gemäß – ohne Zwang irgendwelcher Art. Ich durfte in der Palaestra mit anderen Knaben und Epheben üben, ich lernte schwimmen, ringen, laufen, und was die »Gefahren unseres Zeitalters« anbelange, sagte mein Vater, besser sei es, sich auf meinen guten Geschmack zu verlassen als nochmals auf einen Julius Genitor, der, wie man jetzt erfuhr, einen seiner Schüler in den Selbstmord getrieben hatte!

Besonders gerne hörte ich meinem Vater zu, wenn er von seinem Oheim und Adoptivvater erzählte, dem großen Gelehrten und Soldaten Caius Plinius Secundus, der zuletzt Befehlshaber der Flotte in Misenum war und beim Ausbruch des Vesuvs im ersten Jahre des Imperiums von Divus Titus den Tod fand. Ich habe den Bericht hierüber in die Lebensbeschreibung Divi Traiani eingearbeitet.

Als mein Vater, der schon Consul und Aufseher des Tiberis und aller römischer Abwässer gewesen war, durch die Güte von Divus Traianus die Provinz Bithynia-Pontos anvertraut erhielt, hat sich mein Leben gewandelt. Auch in Nikomedia, wo wir nun wohnten, gab es gute lateinische und griechische Lehrer, und ich wurde mit der Verwaltung von Stadt, Gemeinden und Provinz vertraut. In diese Zeit fällt der Briefwechsel meines Vaters mit dem Princeps. Einer der letzten Briefe, den mir mein Adoptivvater an den Imperator Traianus diktierte, enthielt die Bitte, meiner Tante und Adoptivmutter im Nachhinein die Erlaubnis zu erteilen, den *Cursus Publicus* benützen zu dürfen – er bat um Verzeihung, ihr ohne vorherige Genehmigung hierfür ein *Diploma* ausgestellt zu haben! Aber es handelte sich um eine dringliche Angelegenheit: Mein Urgroßvater Calpurnius Fabatus war in Comum gestorben, und daher wollte sie so rasch als nur möglich zu ihrer Großtante reisen, um sie zu trösten.

In gnädigen Worten erteilte der Imperator die nachträgliche Erlaubnis und schrieb, mein Adoptivvater habe recht gehandelt – denn hätte er gewartet, wäre seine Frau zu spät gekommen. So aber habe ihre rasche Ankunft gewiß zum Trost der Hinterbliebenen beigetragen.

Sehr bald nachdem meine Tante und Adoptivmutter nach Nikomedia zurückkam, ist mein lieber Adoptivvater gestorben, noch keine 51 Jahre alt. Es war sein letzter Wunsch, daß niemand anderer als ich dem Princeps die Todesnachricht bringen solle. Alles was sich an wichtigen Folgen ergab, habe ich in meinen

Briefen an den Imperator Hadrianus schon angedeutet. Daher kann ich jetzt gleich zur Schilderung jener Fahrt den Tigris hinunter zum Sinus Persicus und zur Rückkehr übergehen.

III.
Die Knaben- und Jugendjahre
des Optimus Princeps

Drittes Kapitel

Die Tigrisfahrt des Optimus Princeps zum Sinus Persicus

Der Princeps hatte Armenia zum Gehorsam zurückgeführt und das ganze Zwischenstromland und einen Teil von Adiabene, jenseits des Tigris, der Herrschaft des Römischen Volkes hinzugefügt. Die völlige Unterwerfung des Partherreiches schien nur noch eine Frage kurzer Zeit zu sein.

Da beschloß der Princeps, von Ktesiphon aus zu Schiff die Fahrt zum Sinus Persicus anzutreten, um von dort aus die Wege nach dem Indus zu erkunden.

Ehe wir uns einschifften, erhielt der Princeps von seinen Legionen die XIII. Ausrufung als Imperator und die Mitteilung, daß ihm der Senat den Namen *Parthicus* verliehen habe. Die Münzstätten bekamen Auftrag, neue *Aurei*, *Denari* und *Sesterzen* zu schlagen, mit seinem lorbeergekrönten Kopfbild, all seinen Namen, Würden und Rängen und der Inschrift auf der Rückseite: *Parthia capta*.

Der Princeps nahm eine ganze Legion mit. Große, flache Boote, die starken Flößen glichen, standen für die Fahrt bereit.

Auf dem größten dieser Schiffe wurde ein purpurnes Zelt aufgeschlagen, das ich, wie immer, mit dem Princeps teilen durfte. Ein Tisch und Schreibzeug waren vorhanden, denn er wollte auch während der Fahrt arbeiten, und ich sollte seine Gedanken und Äußerungen getreulich aufzeichnen.

Auch eine recht umfangreiche Fachbibliothek kam mit, hauptsächlich Werke über militärische Fragen, Streckenkarten, Sprachführer, Beschreibungen von Land und Leuten, und Abhandlungen über die Geschichte und Verwaltung des alten Perserreiches, dann des alexandrinischen und schließlich des parthischen.

Auch über die Reiche der Diadochen war einiges an Bord, vor allem über das seleukidische, das einstens ja bis zum Indus ging und dessen ganzen westlichen Teil das Römische Volk nun schon seit langem in der Hand hatte.

Bekanntlich hatte der Imperator von Jugend an zwei Vorbilder, denen er nacheiferte: Divus Iulius, dessen Werk er in Germania während seiner Statthalterschaft fortsetzte, und Alexander den Großen, auf dessen Spuren wir nun unsere Fahrt antraten.

Schon bald nachdem ich unter die Schar seiner jungen »Begleiter« – wobei er einem Beispiel von Alexander folgte – aufgenommen worden war, unter die *nobiles pueri*, und er sich von meinen lateinischen und griechischen Sprachkenntnissen überzeugt hatte, gehörte es zu meinen Aufgaben, ihm aus allen Werken über Alexander vorzulesen.

Besonders schätzte er Quintus Curtius Rufus, der zur Zeit von Claudius Caesar die Geschichte Alexanders in zehn Bänden schrieb.

Über die Truppenstärke Alexanders gibt es nun verschiedene Angaben. Einen großen Teil des alten Perserreiches hatten wir ja schon in der Hand, es fehlte nur noch der Osten. Aber die Parther dürften besser bewaffnet sein als die schwerfälligen Massenheere unter Darius III.

Vier bis fünf Legionen, meinte der Imperator, müsse man am Euphrates und Tigris belassen. Mit zweien könnte man den Indus stromaufwärts fahren, um sich in der Nähe von Taxila mit den anderen zu vereinen – eine Zangenbewegung, wie sie zu Alexanders Zeiten noch nicht möglich war.

Da, wo sich der Euphrates und der Tigris am nächsten sind, gingen wir an Land. Der Imperator wollte sich in Babylon vergewissern, ob die Truppenschiffe aus Thapsakos angekommen seien. Sie lagen bereits im Hafen und erhielten nun den Befehl, zur gemeinsamen Mündung der beiden Ströme weiterzufahren. Dort werde er die endgültigen Anordnungen treffen. Eine Legion und mehrere Hilfscohorten ließ er auf der großen Straße am Westufer nach Süden vorrücken, dann kehrten wir zu unsern Schiffen auf dem Tigris zurück.

Der Imperator war heiter auf dieser Fahrt, oder er zeigte wenigstens nicht, welche Sorgen ihn bedrückten. Wenn Delphine unsere

Schiffe umspielten und die gierig schnappenden Krokodile vertrieben, rief er seinen jungen Begleitern zu: »Geht nicht zu nahe ans Wasser, ihr wißt, Delphine lieben schöne Knaben und könnten euch entführen!« Ob er das wirklich glaubte, oder nur einen Scherz machte? In Griechenland erzählt man sich solche Dinge von alters her, aber ich halte es für eine Fabel. Doch wer weiß? Daß Delphine Krokodile vertreiben, habe ich auch erst auf dieser Fahrt bestätigt erhalten.

In Babylon war ein junger Mann namens Flavius Arrianus an Bord gekommen, schon Militärtribun und gleichzeitig ein Geschichtskenner. Der Imperator hatte ihn beauftragt, den Alexanderzug und die Fahrt des Nearchos vom Indus zum Tigris zu erforschen. Er brachte mehrere Rollen seiner bisherigen Ergebnisse mit, die den Imperator aufs äußerste fesselten.

Andere Forschungsergebnisse machten ihn nachdenklich. Arrianos wußte von einer Begegnung Alexanders zu berichten mit einem Kreis von *Gymnosophen*, die nackt auf dem Boden saßen, tief in Gedanken versunken. Einer starrte unentwegt seinen Nabel an. Endlich erhoben sie sich und stampften mit den Füßen. Durch einen sprachkundigen Mann fragte sie Alexander, was das bedeuten solle?

»Oh König Alexander«, antwortete Dandamis, offensichtlich ihr »Guru«, wie die Inder ihre Lehrer nennen, »ein jeder besitzt von der Erde gerade so viel wie wir – den Platz, auf dem wir stehen. Aber du, ein Mensch wie alle anderen, durchstreichst die ganze Welt, fern von deiner Heimat, quälst dich und andere. Aber bald wirst du sterben, und dann wirst du von der Erde gerade nur so viel besitzen, als für dein Begräbnis ausreicht.«

»Ist das ein Orakelspruch, den du mir mitbringst?« fragte der Imperator. »Denn auch ich bin ferne der Heimat und auf dem Wege nach Indien.«

»Was hat Dandamis weiter gesagt?« wollte der Imperator wissen.

»Du wirst nie zufrieden sein, auch wenn du um Arabien, Äthiopien und Lybia (so nannte man damals ganz Afrika, Caesar!) herumgesegelt sein wirst. Dann wirst du nach Gadeira gehen wollen, jenseits der Säulen des Herkules, nach Sizilien und Apulien.

Wenn du schließlich die britannischen Inseln Europa hinzugefügt und Europa mit Asien vereinigt haben wirst, wird dir auch das nicht genügen. Immer wirst du weiter wollen, etwas noch Unbekanntem entgegen, immer wirst du es mit jemandem aufnehmen und es besser machen wollen – wenn du keinen anderen findest, dann mit dir selber, um dich zu überbieten. Auch der aufsteigende Name Roms beunruhigt dich bereits . . .«

Der Imperator lachte erleichtert auf: »*Das* betrifft mich nun wirklich nicht. Britannien, Rom selber, ganz Italien, der größte Teil Europas, Arabien, Afrika und ein großes Stück von Asien gehört uns doch schon. Nur nach Osten hin können wir das Imperium noch erweitern.«

»Und aufwärts zu den Göttern«, sagte Arrianos leise, »wie schon Vergil, Horaz und Ovid geschrieben haben.«

Von der Landschaft hatte Arrianos auch einiges zu berichten – Wirklichkeit oder Fabeln, ließ er dahingestellt. Die Bäume in Indien, sage man, seien so hoch, daß man mit Pfeilen nicht über ihre Wipfel schießen könne. Elefanten, viel größere und stärkere als die afrikanischen, gäbe es noch in gewaltigen Herden. In allen Flüssen lebten Krokodile und hielten sie sauber. Mit Früchten sei das Land reich gesegnet. Die Verständigung sei nicht schwer, denn bis zum Indus verstehe und spreche man Griechisch.

»Gibt es noch den Tempel von Divus Augustus, den Divus Claudius an der Südwestküste von Indien errichten und prächtig ausstatten ließ – gibt es den noch?«

»Er soll im Verfall sein, Caesar.«

»Dann werde ich dem nächsten Indienfahrer eine reiche Spende mitgeben.«

Jahrhunderte alte Bewässerungskanäle, die vom Volke instandgehalten werden, durchziehen das Zwischenstromland. Manche sind breit und tief genug für kleine Boote. Oft kamen sie nahe an uns heran, die Händler hielten Früchte feil, Stoffe, billiges Gehänge für die Soldaten. Der Imperator wollte aber nicht, daß wir uns mit ihnen einließen, der Gefahr einer Seuche wegen.

Auch allerlei Getier kam auf diesen Wasseradern, Schlangen darunter von beträchtlicher Größe, die sich an unsern Fahrzeugen hinaufringeln wollten. Giftig oder nicht – wir vertrieben sie schleunigst.

Die Fahrt ging glatt vor sich, dank Alexander, der vor über vierhundert Jahren alle Wehre und Dämme beseitigen ließ, die zum Schutz gegen Angreifer von den Persern eingebaut worden waren. Doch hie und da gibt es Untiefen und reißende Strudel, die man vermeiden muß.

Nur ich, der den Imperator so gut kannte, merkte, wenn er müde oder gedrückter Stimmung war. Einmal, als er Schmerzen im linken Arm und in der Herzgegend hatte, fragte ich ihn, ob er nicht seinen Arzt, Alexander Musa, rufen wolle, einen Griechen aus Ägypten, Nachkommen des großen Antonius Musa, der das Leben von Divus Augustus rettete, als er an einer schweren Lebererkrankung zu sterben drohte.

Unwillig winkte er ab, ließ ihn aber dann doch kommen und sich stärkende Getränke bereiten.

Als wir an der Mündung der beiden Ströme in der blühenden Handelsstadt Charax ankamen, erwarteten uns zwei Legionen in blitzender Kampfausrüstung und dazu eine unübersehbare Menschenmenge. In vielen Sprachen wurde dem Imperator zugejubelt – ein wirres Durcheinander von Stimmen, von Waffengeklirr und Tubastößen. In die griechischen und lateinischen Rufe mischten sich viele andere Sprachen, arabische, persische, indische.

Auch eine Abordnung von Judaeern erwartete uns. Die Liktoren wollten sie erst nicht zum Princeps durchlassen, aber sie seien römische Bürger, erklärten sie und beteuerten, daß sie dem Imperator und dem Imperium zutiefst ergeben seien.

Hierauf wurden sie vorgeführt. Sie warfen sich dem Imperator zu Füßen und erklärten jammernd, daß sie mit jenen verbrecherischen Banden, die gegen die segensreiche Herrschaft des Römischen Reiches sich erhoben hätten, nichts gemein haben. Nur dem Namen nach seien jene Menschen Judaeer, in Wirklichkeit aber Höllensöhne und Götzendiener.

Sie und alle ihre Freunde, gleichfalls römische Bürger, verrichteten in ihren Andachtshäusern täglich ein Gebet für das Wohl des Reiches und seines Herrschers. Wäre es ihnen gestattet, Brandopfer darzubringen wie im Tempel von Hierosolyma, den der gerechte Zorn von Divus Titus zerstört habe, dann würden sie, wie ihre Vorväter es taten, »Dem Höchsten Gott« täglich dreimal Lämmer und Ochsen opfern: *Pro salute Principis et Imperii.*

Der Princeps fragte sie, ob sie auf jene »verbrecherischen Banden« Einfluß hätten und sie bewegen könnten, die Waffen niederzulegen. Anderenfalls werde erst Ruhe eintreten, wenn der letzte Judaeer von der Erde verschwunden sei.

Wieder warfen sie sich nieder und sagten, in manchen Gegenden sei es ihnen tatsächlich gelungen, die Aufrührer zur Vernunft zu bringen, vor allem die Jugendlichen, die nur verführt worden seien. »In Ägypten . . .«, fügten sie scheu hinzu.

»Ich weiß«, sagte der Princeps mit harter Stimme. »Weil ich selber und mein Legat Quintus Marcius Turbo dafür gesorgt haben, daß es dort keine Judaeer mehr gibt.« Damit entließ er sie, sagte ihnen aber sein Wohlwollen zu.

Die nächste Abordnung, die um Gehör bat, wurde von einem Mann mit weißem Bart angeführt. Er trug eine hohe Mütze, die wie die Mitra der persischen Großkönige aussah. Er nannte sich Markanios aus Sinope am Pontos Euxinos. Jetzt sei ihm als *Episkopos* die Gemeinde der *Christiani*, die recht ansehnlich sei, in Charax anvertraut. Viele *Christiani* stammten von Judaeern ab, weil in Judaea ihr Glaube entstanden sei. Aber heute dürfe man sie nicht mit den Judaeern gleichsetzen, die ihren gottgesandten Retter – »Messias«, sagte er – nicht erkannt hätten. Sie würden von diesen halsstarrigen Menschen sogar verfolgt, und daher bäten sie um Schutz, denn sie seien wirklich treue Bürger des Imperiums und die besten Diener des Imperators.

Der Princeps hatte ja schon viel von den *Christiani* gehört, so empfing er sie gnädig und fragte nach ihrem besonderen Anliegen. Ihre Antwort begann mit einer Versicherung, die der judaeischen nicht unähnlich war: *Oramus pro Imperatore et eius ministris et potestatibus* – aber der Grund, warum sie für den Imperator und seine Diener beteten, war ein höchst überraschender: Nach der Lehre eines ihrer großen »Sendboten«, eines gewissen Paulus aus Tarsos, von Geburt römischer Bürger, erkannten sie im Römi-

schen Reiche das letzte große Hindernis, das dem Kommen des
Bösen und dem Weltuntergang entgegenstehe –
Dieser Untergang werde so furchtbare Leiden mit sich bringen, in
Feuer und Entsetzen, daß sie hofften, sie und die Menschheit
würden noch lange nicht hineingezogen werden – daher müsse ein
jeder mithelfen, daß das Römische Reich in seiner vollen Kraft und
in seiner Gerechtigkeit für alle Völker erhalten bleibe.
Die Judaeer hingegen, fügten sie hinzu, möchten dieses Reich
zerstören, einmal aus Rache für die Vernichtung ihres Tempels
und dann, weil sie meinten, erst nach dem Untergang des Imperiums könne ihr »Gottesreich«, in dem *sie* die Herren sein würden, auf die Erde kommen.
Als der Imperator sie entlassen wollte, sagten sie, es gäbe noch
einen weiteren Grund, warum sie um Gehör gebeten hätten: um
ihm für das Reskript zu danken, das er dem leider früh verstorbenen Gaius Plinius Caecilius Secundus (meinem Adoptivvater!!), als
dieser Statthalter von Bithynia-Pontos war, gesandt habe. Dies sei
ihr erster Schutzbrief gegen das üble Spitzel- und Angeberwesen,
und vertrauend auf die Gnade des Imperators möchten sie ihm
einmal ihre Lehren genauer vortragen dürfen – es sei nichts Anstö-
ßiges daran. Ihre Gemeinden seien heute schon in vielen Provinzen
und seit langem in Rom selber zu Hause, und überall täten sie ihr
Bestes, um die judaeischen Aufstände zu bekämpfen.
In diesem Augenblick wurde ich weggerufen. Den Ausgang des
Gespräches erfuhr ich erst viel später, als mir der Princeps befahl,
es aufzuzeichnen. Ich werde aber nicht jetzt darüber berichten,
sondern erst, wenn wir zum Briefwechsel zwischen dem Imperator und meinem Adoptivvater kommen.
Charax ist bekanntlich einer der ganz großen Umschlagplätze des
Indienhandels. Unzählige Inder treiben hier ihr Gewerbe. Manche
sind blond und hell wie viele von uns, andere dunkel, fast wie die
Äthiopier. Ein ganzes Stadtviertel ist indisch, die Luft ist geschwängert von Weihrauch und allerlei, fast betäubenden fremden
Düften. Schmuckläden gibt es zu hunderten, in denen sich schmale
goldene Armbänder häufen, Seidenstoffe aus Sinae werden angeboten, auf samtenen Kissen liegen Rubine, Saphire, Türkise. Ge-

würze, für die man in Rom die höchsten Preise bezahlt, sind hier billig zu haben, dazu Pfeffer, Zimt, Muskatnüsse und Früchte, die es bei uns gar nicht gibt, weil sie die lange Reise nicht überstehen würden. Zwischen all den Läden, Wechselstuben und Münzgeschäften mit schönen griechischen und graeko-indischen Tetradrachmen stehen Tempelchen und Altäre, manche geweiht ihrem großen Lehrer, den sie Buddha nennen, den »Erleuchteten«, und andere, die voll sind von allerlei bunten Götterstatuen.

»Wer sind denn euere obersten Götter«, fragte ich auf griechisch, »so wie bei uns Iupiter – Iuno – Minerva?«

»Wir haben auch eine Dreiheit, Brahma – Vishnu – Shiwa. Brahma ist der Schöpfer, Vishnu der Erhalter, Shiwa der Zerstörer.«

»Der ›Zerstörer‹? Also ein Feind des Werkes von Brahma und Vishnu?«

»Keineswegs. Er ist ein schöpferischer Zerstörer. Ohne ihn könnte niemals Neues entstehen. Die Schlangen sind ihm heilig, die auf seinen Befehl hin töten, um wiederzubeleben. Willst du in einen unserer Schlangentempel kommen – sie tun dir nichts, wenn du ein guter Mensch bist!«

Bin ich das? »Beim Zeus – nein!« sagte ich schaudernd und berichtete am gleichen Abend dem Imperator, was ich erlebt hatte.

Einer der griechischen Philosophen in seiner Umgebung – Aristobolos, inzwischen ist er nach Athen zurückgekehrt – fand die Auskunft über Shiwa, den »schöpferischen Zerstörer« sehr bemerkenswert.

»Unsere Stoiker«, sagte er, »lehren ebenfalls, daß die Welt in einem ungeheuren Brande untergehen werde, um jugendfrisch neu zu erstehen.«

»Der christliche Episkopos«, warf der Princeps ein, »ist ebenfalls dieser Meinung. Nur das Imperium verhindere diesen Untergang in Feuer und Grauen.«

Im Auftrag des Princeps ging ich in den Bazar, um schöne Münzen mit dem Kopfbild Alexanders und der graeko-baktrischen Könige zu kaufen. Eine der schönsten war eine Tetradrachme von Menander, der ungefähr hundertfünfzig Jahre vor der Geburt von Divus Iulius geherrscht hat. Auch graeko-indische fand ich, viele des

großen Asoka, der Indien weitgehend einige und den man schon fast »Imperator«, oder auf griechisch *Autokrator* nennen könnte.
Der Aufenthalt in dieser halb indischen Stadt hat den Wunsch des Imperators verstärkt, den Alexanderzug nachzuvollziehen – wenn möglich über den Hyphasis hinaus, wo seine Makedonen ihn zur Umkehr zwangen, als er zum Ganges wollte, den man damals für die äußerste Grenze der Erde hielt. Heute hat uns die Wissenschaft eines besseren belehrt!
Ein großes Kauffahrteischiff lag im Hafen. Es war vor einigen Wochen aus Indien gekommen und hatte die Fülle verschiedenster Waren entladen. Nun machte es sich für die Rückfahrt fertig, an Bord viele Erzeugnisse der griechisch-römisch-afrikanischen Welt, kleine Götterstatuen aus durchscheinendem Alabaster, in unsern Augen höchst geschmacklos – aber dort gesucht und bewundert! Dazu allerlei Tier- und Menschengestalten für die Gärten, Geräte für Straßen- und Hafenbauten, aber auch Waffen, Schwerter, Lanzen, Speere, Schilde. Offensichtlich schlagen also auch dort die Menschen aufeinander ein, obgleich sie alle überreichlich von der Natur versorgt werden.
Auch ungemünztes Gold und Silber nahm das Schiff an Bord und, als Spende des Imperators für den Tempel von Divus Augustus, eine wohlverschlossene Truhe voll von *Aurei*.
Etwa zweihundert Kriegsschiffe und zahlreiche Frachter lagen vor Anker, als der Imperator und wir, seine Begleiter, einen prächtigen Fünfruderer bestiegen. Es war auch Platz für mehrere hundert Seesoldaten, Matrosen und Legionäre. Neu an diesem Schiff war ein großes Sonnendeck mit Liegestühlen.
Nur eine Erkundungsfahrt, betonte der Imperator; am Abend nach der Rückkehr werde er sich entscheiden, was nun geschehen solle.
Das große Kauffahrteischiff fuhr vor uns ab, festlich geschmückt, bei gutem Winde, mit geblähten Segeln.
Der Imperator stand auf dem Sonnendeck und sah ihm unverwandt nach. Ich war an seiner Seite, hinter ihm zwei Legionslegaten und mehrere Tribunen. Plötzlich ging ein leises Zittern durch seinen Körper. Er winkte den Offizieren, sich zurückzuziehen,

nur ich durfte bei ihm bleiben. Er sank auf einen der Deckstühle und verhüllte Haupt und Angesicht mit seinem roten Feldherrnmantel, als habe ihn die Sonne geblendet, die sich in den glitzernden Wogen widerspiegelte.

Eine ganze Weile blieb er unbeweglich sitzen, dann warf er den Mantel zurück und stand jäh auf – in gerader Haltung, nur daß er sich mit einer Hand an einem Seil festhielt. Wieder blickte er dem Indienfahrer nach, bis auch die Maste unter dem Horizont verschwunden waren.

»Parve amice«, raunte er mir zu. »Mein Traum vom Alexanderreich ist soeben in diesen glitzernden Fluten versunken.« Ich stellte keine Fragen, gehorchte nur stumm, als er mir auftrug, durch Flaggenzeichen der Flotte Befehl zu geben, in den Hafen von Charax zurückzukehren. Auch niemand anderer stellte eine Frage – alle aber ahnten, daß sich etwas von schicksalshafter Bedeutung ereignet haben mußte. Gleich nach der Rückkehr bezogen der Imperator und seine Begleitung ein palastartiges Haus, das einem reichen indischen Handelsherrn gehörte.

Vielleicht zur Beruhigung der Offiziere, die schon bedenkliche Blicke wechselten, gab der Imperator noch am gleichen Abend ein herrliches Gastmahl. Er schien bester Laune zu sein und voll jugendlichen Schwunges. In seiner Tischrede erklärte er, daß der Partherkrieg im Westen doch zuerst beendet werden müsse, ehe man Alexanders Erbe auch in Indien antreten könne.

Ich sah mit einigem Schrecken, daß er, der stets ein starker Trinker war, heute noch mehr als üblich dem Wein zusprach. Aber noch nie, und auch jetzt nicht, war er betrunken!

Am nächsten Tag besichtigte der Imperator die Legionen, empfing städtische Würdenträger, die Priester unserer Götter und der zu diesen zurückgekehrten Caesaren, aber auch die Priester der verschiedenen erlaubten Kulte, so der uralten persischen Feuerreligion, und die indischen Diener der Unsterblichen.

Sowohl die treue judaeische Gemeinde wie auch die *Christiani* unter ihrem Episkopos Markianos wurden empfangen. Es erregte Aufsehen, daß weder die eine noch die andere Abordnung vor den Götterbildern Weihrauch streute . . .

Als Pontifex Maximus hielt der Princeps eine kurze Ansprache: Er sei der oberste Schirmherr aller Kulte, die einen Höchsten Gott anerkennen, den Gründer und Schützer des Römischen Reiches, der über Recht und Unrecht wache. Auf den Namen käme es nicht an. Doch seien alle gehalten, um den Sieg über die Aufrührer zu beten.

Es waren nämlich böse Nachrichten eingetroffen: An vielen Stellen der neu erworbenen Provinzen war Aufruhr ausgebrochen – römische Besatzungen wurden ermordet, das ganze große Werk schien in Frage gestellt.

Unter dem Eindruck dieser Berichte wurden die Legionen in ihre Grenzstellungen zurückbefohlen. Verstärkungen wurden durch Eilboten aus Thrazien, selbst aus den Provinzen am Danuvius, herbeigeholt.

So begann dieser Krieg, der schon fast beendet schien, von neuem, aber darüber will ich erst später berichten. Wir bestiegen unsere Schiffe mit verstärkter Rudermannschaft, da wir nunmehr gegen den Strom fuhren. Über die Gespräche, die der Imperator Traianus während dieser Rückfahrt mit mir führte, wage ich nur zu berichten, weil mir der Imperator Hadrianos hierzu den ausdrücklichen Auftrag gab. Meist fanden diese Gespräche abends in unserm Purpurzelt statt, wenn das sorgenvolle Tagewerk getan war.

Es war an einem dieser Abende, daß der Imperator plötzlich wiederholte, was er mir auf dem Sonnendeck des Fünfruderers zugeraunt hatte: »Mein Traum vom Alexanderreich ist in den glitzernden Fluten versunken.« Ich schwieg – als er nach einer kurzen Pause fortfuhr: »Nur dir will ich es sagen. Mein Herz krampfte sich zusammen, als ob eine gepanzerte Faust es umklammere. Ähnliches hatte ich zwar schon einige Male erlebt, aber nie mit solcher Gewalt. Ich erstarrte und meinte, das sei das Ende. Aber dann löste sich der Krampf – mir war, als hätte er stundenlang gedauert, dabei waren es doch sicherlich nur wenige Augenblicke.«

Wieder verstummte er. Man hörte nur das Plätschern der Wellen und im Takte die Rufe der Ruderer.

»Was dann kam«, sagte er schließlich, »war schlimmer als das

Todesgefühl. Ich wußte mit letzter Klarheit, daß ich nie nach Indien gelangen würde. Eine unsinnige Sehnsucht – ich wünschte mir die Jugend Alexanders, als ob die Götter einen 63jährigen Mann, oftmals schon einen müden, in einen 30jährigen Jüngling verwandeln könnten. Da habe ich meinen Feldherrnmantel übergeworfen, um Haupt und Gesicht zu verhüllen, denn es hätte sich nicht geziemt, den Imperator und Princeps des Römischen Volkes weinen zu sehen – ihn, der bis dahin noch niemals geweint hat.«

Erst zwei Abende später wurde das Gespräch fortgesetzt.

»Vielleicht hat mich der Bericht, den mir Flavius Arrianos gab, mehr erschüttert, als ich selber ahnte – die Worte des Dandamis: ›Du wirst bald sterben, und dann wirst du von der Erde gerade so viel besitzen, als für dein Begräbnis ausreicht‹.«

»Das trifft auf dich nicht zu, Caesar«, sagte ich. »Du wirst unsterblichen Ruhm besitzen, denn unter deiner Herrschaft hat das Imperium seine bislang größte Ausdehnung erreicht. Vor dir hat noch niemals ein römischer Imperator den Sinus Persicus befahren – keiner hat je auch nur die gemeinsame Mündung von Euphrates und Tigris gesehen . . .«

Am nächsten Morgen nahmen wir am rechten Ufer des Stroms Eilboten in Empfang: Die Abfallbewegungen in den neuen Provinzen hätten sich ausgebreitet, nur sofortige Gegenangriffe auf breitester Front könnten die Lage militärisch retten und das Vertrauen der Bevölkerung in die Macht der römischen Waffen wieder herstellen.

Der Imperator beriet mehrere Stunden hindurch mit seinem Stabe, welche Maßnahmen man ergreifen müsse. Das Ergebnis war nicht ungünstig. Genügend Truppen stünden zur Verfügung, um nicht nur den Aufruhr niederzuschlagen, sondern auch um Angriffe starker parthischer Verbände abzuwehren.

Das ist dann auch geschehen – allein schon der Name des nie besiegten Feldherrn hat Wunder gewirkt. Aber hierüber an dieser Stelle zu berichten, ist nicht meine Aufgabe.

Etwas anderes aufzuschreiben, wurde mir vom Imperator Hadrianus geboten:

Einer der Eilboten, der an Bord kam, hatte eine gute Nachricht zu überbringen. Er war aus der Oase Siwa vom Ammon-Orakel in Ägypten abgesandt, an das der Imperator seine gezielte Frage gerichtet hatte. Schon zur Zeit Alexanders – wenn nicht bereits Jahrtausende davor, unter den Pharaonen – hat dieses Orakel höchste Glaubwürdigkeit besessen. Immer sind seine Sprüche eingetroffen, stets war es nur eine Frage der richtigen Auslegung.

Die Botschaft von Siwa, die den Princeps erreichte, hat seine trübe Stimmung jäh ins Gegenteil verwandelt und seine Todesahnungen verscheucht.

»Hüte dich vor Selinus, du würdest es nicht lebend verlassen«, lautete der Spruch und er klang eindeutig genug. Als wir am Abend wieder im purpurnen Zelt waren, hat der Princeps in bester Laune darüber gesprochen. »Freilich bedeutet diese Warnung auch«, sagte er nur scheinbar bekümmert –, daß ich bei meiner Rückkehr darauf verzichten muß, meine steifen Glieder in den heilenden Quellen von Selinus wieder biegsam zu machen. Immer wenn ich nach Sizilien kam, habe ich diese Wasser aufgesucht, auch als ich noch springlebendig war.«

Die Bürger von Selinus, fügte er hinzu, werden enttäuscht sein, denn sicherlich haben sie längst in ihren herrlichen griechischen Tempeln große Feierlichkeiten vorbereitet.

»Nun wird man ihnen mitteilen müssen, daß ich zwar nach Agrigentum komme – nach Acragas, wie die Inselgriechen immer noch sagen! –, aber nicht zu ihnen, weil ein Götterspruch mich daran hindert. Gewiß wollen die Selinunter nicht, daß ich in ihrer Stadt sterbe!«

In Ktesiphon gingen wir wieder an Land, und der Krieg, den manche schon für beendet hielten, begann von neuem. Immer war der Imperator in den vordersten Reihen – sein Beispiel hat den Soldaten Mut gegeben. Wie seinerzeit Divus Iulius, hat er öfters fliehende Cohorten zum Stehen gebracht, indem er die Legionäre an den Schultern packte, sie mit jugendlicher Kraft umdrehte und anschrie: »*Dort* steht der Feind!«

Mehrmals durfte ich für den Imperator ehrenvolle Wunden empfangen, wenn ich ihn gegen plötzliche, tückische Angriffe schützte. Aber mitten in diesen schweren Kämpfen fand der Imperator fast jeden Abend Zeit, mir weitere Einzelheiten seines Lebens und seines Wirkens zu diktieren. Aber ich will nicht vorgreifen . . .

Daß er sich schon damals nicht ganz wohl fühlte, hat er nicht einmal seinem Arzt gesagt, lediglich die beiden Augustae, Pompeia Plotina und Matidia, und ich wußten darum.

Nur am allerletzten Abschnitt dieser Kämpfe habe ich nicht mehr teilgenommen. Er sandte mich nach Antiocheia zurück, mit vertraulichen Aufträgen an die beiden Augustae und an einige Senatoren, die aus Rom eingetroffen waren, um sich über die Lage zu unterrichten. Vielleicht waren ihnen auch Gerüchte über die Gesundheit des Imperators zu Ohren gedrungen und sie wollten wissen, ob es bald zu einem Wechsel im Principat kommen werde und zu wem sie sich dann freundschaftlich und dienstfertig verhalten sollten . . .

Ich war keine zwei Wochen in Antiocheia, als ein Eilbote eintraf: Die Kampfhandlungen seien so gut wie abgeschlossen, die Götter hätten dem Römischen Volke alles, oder sogar mehr, gewährt, worum man gebeten habe. Nunmehr riefe ihn seine Pflicht nach Italien zurück. In der Hafenstadt Seleukia seien Schnellsegler bereitzustellen.

Die Augusta Plotina scheint eine weitere, eine geheime Botschaft empfangen zu haben. Sie ordnete an, daß in allen Tempeln Opfer dargebracht und Gebete gesprochen werden sollten: *Pro salute Principis*. Die *Christiani*, die in Antiocheia ja sehr zahlreich sind, haben sich diesen Gebeten angeschlossen: »Der Höchste Gott«, hieß es darin, der das Römische Reich gegründet habe, möge nunmehr dem gnädigen und gerechten Herrscher ein langes Leben schenken.

Hier, Domine et Imperator Sanctissime, will ich diesen Vorbericht, den du befohlen hast, abbrechen, und zur Darstellung des Lebens und Wirkens des Imperators Traianus, gemäß den Aufzeichnungen, die er mir diktierte, übergehen.

Viertes Kapitel

URSPRÜNGE

(*Vorbemerkung* des jungen Plinius:
Ich habe wortgetreu aufgeschrieben, was der zu den Göttern zurückgekehrte Herrscher mir diktierte. In Zweifelsfällen habe ich den Imperator Aelius Hadrianus um Rat gefragt und seinen Wünschen entsprechend gehandelt. Mit seiner Erlaubnis habe ich einige Gespräche zwischen Divus Traianus und mir eingefügt, ebenso Briefe des Imperators Hadrianus und meine Antworten.
Wie ich es in einem meiner Briefe schon ausdrückte: Ich bitte den wohlgesinnten Leser um Nachsicht, sollte man an meinem jugendlichen, gewiß nicht Ciceronischen Latein etwas auszusetzen haben oder gar Fehler entdecken, die mir trotz aller Sorgfalt unterlaufen sein könnten.
Genug davon: Nun spricht Er selber, der zuletzt, als er sich noch um Menschenschicksale kümmern mußte, genannt wurde:
Marcus Ulpius Traianus Nerva Divi Nervae Filius Optimus Princeps Augustus Germanicus Dacicus Parthicus Pontifex Maximus Trib. Pot. XXI. Cos. VI Imperator XIII).

Ich wurde am XIV. Tage vor den Calenden des Oktober des Jahres 806 a.U.c. geboren. Consuln waren Decimus Iunius Silanus Torquatus, ein Urenkel von Divus Augustus, und Quintus Haterius Antoninus, Urenkel von Octavia Minor, der Schwester von Divus Augustus. Beide Consuln waren also nahe Verwandte des Herrscherhauses.
Im Jahre meiner Geburt heiratete der 16jährige Nero Caesar die Octavia, Tochter von Divus Claudius. Bald danach ist dieser, wie es heißt, an einem vergifteten Pilzgericht gestorben.
Mein hispanischer Landsmann aus Corduba, der Philosoph und

Dichter Lucius Annaeus Seneca, der fünf Jahre lang im Namen des neuen Princeps, nunmehr Nero Claudius Caesar Augustus Germanicus, das Römische Reich regierte, hat in einer bösartigen Satire den Weg des dahingeschiedenen Claudius geschildert, vom Olymp hinunter in den Hades. Das ist die »Apokolokynthosis«, die »Verkürbissung des Imperators Claudius Caesar«. Sie könnte Seneca berühmter machen als alle seine »Moralischen Briefe«!

Geboren wurde ich in Italica am Baetis in der senatorischen Provinz Baetica im südlichen Hispanien. Es war damals schon ein schönes, nicht unbedeutendes Städtchen, wenn auch verdunkelt durch den Glanz und den Reichtum des mächtigen Hispalis am anderen Ufer des Stromes.

Mein Vater Marcus Ulpius Traianus, nach dem ich benannt wurde, war durch und durch Soldat. Zur Zeit meiner Geburt stand er als Tribun bei der VII. Legion *Gemina*. Meine Mutter Marcia ist durch einen Brief Senecas bekannt geworden, in dem er sie über den Tod ihres schönen jungen Sohnes aus erster Ehe zu trösten versuchte.

Meine Schwester Ulpia Marciana wurde fünf Jahre vor mir geboren. Von Kindheit an waren wir einander eng verbunden. Erst ihr Tod hat uns – äußerlich! – getrennt. Ihre Tochter Matidia hat dann ihren Platz eingenommen. Diese beiden und meine Gattin Pompeia Plotina, von der noch viel zu sagen sein wird, sind die einzigen Frauen, die in meinem Leben eine wirkliche Rolle gespielt haben. Nie sehnte ich mich nach der Gesellschaft anderer – Ulpia Marciana erfüllte schwesterlich mein Herz, Matidia war einer Tochter gleich und Pompeia Plotina gab mir alles, was nur eine liebende und kluge Gattin zu bieten vermag.

Ohne Freunde hingegen hätte ich mir schon als Knabe und Ephebe mein Leben nicht denken können.

Meine Mutter war eine ernste, stille Frau, pflichttreu gegenüber ihrem Mann und ihren Kindern, aber ich glaube nicht, daß sie mich geliebt hat, oder doch nur so weit, als sie meinte, in mir Züge ihres schönen, früh verstorbenen Sohnes aus erster Ehe wiederzufinden. Sie starb, als ich fünf Jahre alt war. Ich habe daher kaum Erinnerungen an sie. Sie muß einer jener altrömischen Matronen geglichen haben, wie unsere Bildhauer gerne Cornelia darstellen, die Mutter der Gracchen. Lesen und Schreiben hat mir meine Schwester beigebracht, die mich auch auf dem Schulweg zur Legionsschule begleitete. Manche Lehrer waren in vielen Fächern gebildete Soldaten, die in den verschiedensten Provinzen gedient hatten. Einige haben Tiberius Caesar, den sie sehr verehrten, gekannt. Ein ganz alter Mann war sogar noch Divus Augustus begegnet.

In dieser Schule, an die ich gerne zurückdenke, wurden uns zwei große Gestalten als beispielgebend vor Augen gestellt: Alexander der Große, der die Götter von Hellas bis nach Indien trug, und Divus Iulius. Wäre dieser nicht an jenen verruchten Iden des März den Dolchen von Verrätern zum Opfer gefallen, hätte er die Parther bekriegt und damit das Werk Alexanders aufgenommen und vollendet. In Europa hat er uns die Wege gewiesen über den Rhenus hinweg zur Albis und zum Mare Suebicum, und damit zur Unterwerfung von Germania magna.

In unsern Spielen auf dem Schulhof haben wir die Parther besiegt und Alexanders Traum verwirklicht, Europa und Asien zu einem einzigen Reich zu vereinen, und gleichzeitig haben wir die wilden Germanen unterworfen. Daß man solch kindlichen Spielen kein allzu großes Gewicht beimessen soll, das weiß ich. Dennoch habe ich in späteren Jahren oft daran zurückgedacht – in Germania und dann im Osten. Irgendwo habe ich einmal gelesen: Das Gold der Lorbeerkränze von Herrschern und siegreichen Feldherrn wird in den Traumbergen der Kindheit geschürft.

Von Kindheit an war ich ein guter Schwimmer, und viele Flüsse, Ströme und Seen habe ich kennengelernt. Der Baetis war meine erste Liebe mit seinem Gewimmel von Barken, Flößen, Schiffen aller Größen. Stundenlang konnte ich am Ufer stehen, nie riß die schier endlose Kette ab – Schiffe aus dem fernen Britannien, das in jenen Jahren noch nicht ganz unterworfen war – andere aus Afrika und dem Osten, oder aus Ländern, die man kaum kannte, irgendwo östlich von der Albis-Mündung, aus Skandia, aus den Schnee- und Eisgebieten der Hyperboraeer! Dazu Menschen aller Hautfarben, manche, trotz der Sommerhitze in Bärenfellen, tiefdunkle

Aethiopier, und Inder nur mit einem Lendenschurz, einige sogar ganz nackt, aber mit einem Tüchlein vor dem Mund, weil ihnen vor einigen hundert Jahren ein Weisheitslehrer gesagt habe, man dürfe nicht einmal eine Fliege verschlucken.

Es gab sogar Menschen, deren Herkunft niemand deuten konnte. Mühsam versuchten sie sich mit ein paar lateinischen Brocken zu verständigen. Sie seien, schienen sie sagen zu wollen, aus einem sehr großen Lande gekommen, das westlich vom Atlantik liegt. Stürme hätten sie hierher verschlagen. Auf dem Kopf trugen sie bunte Federn von Vögeln, die niemand kennt, und manche hatten sogar einen Lederbeutel voll ungemünzten Goldes gerettet und konnten damit gleich einen Laden eröffnen.

Wenn es aber ein Land westlich des Atlantik gab – wo war dann der tiefe Abgrund, in dem die Sonne jeden Abend versinke? Das behauptete immer noch ein ganz alter Lehrer, aber den nahm man nicht mehr ernst. Daß die Erde eine Kugel sei, schien uns viel wahrscheinlicher – von einem herannahenden Schiff sieht man doch zuerst die Maste.

Auch das Weltbild Alexanders konnte nicht stimmen, wenn es jenseits des Atlantik weitere Erdteile gab. Hätten seine meuternden Makedonen ihn nicht gehindert, zum Ganges vorzurücken, dann hätte er, wie er meinte, »die wahren Grenzen der Natur« erreicht. Wo wäre er dann hingezogen?

In der Legionsschule hörten wir auch, daß man von Italica, unserer Heimatstadt aus, den Baetis hinunter, vorbei an Hispalis und dann bei Gades zum Okeanos, ungehindert um ganz Hispanien herumfahren könne, bis zur Mündung der Albis und noch viel weiter. Aber wir hörten auch schon von der schrecklichen Niederlage in den letzten Lebensjahren von Divus Augustus, die sich in den Wäldern und Sümpfen von Germania ereignet hat. Ein verräterischer römischer Offizier namens Arminius habe sie uns zugefügt, drei unserer besten Legionen seien untergegangen, aber eines Tages, meinten die Lehrer, werde ein Rächer erstehen!

In Rom hat man mich später oft verspottet, weil mein Latein im Tonfall von dem der anderen Schuljungen etwas verschieden war. Dabei sprechen wir in Hispanien es besser aus als etwa die Gallier.

Bei uns ist Latein schon seit fast dreihundert Jahren heimisch. Italica kann auf Publius Cornelius Scipio als seinen Gründer hinweisen, der dort römische Veteranen ansiedelte. Heute dürften die alten Volkssprachen fast verschwunden sein, nur in einigen abgelegenen Tälern der Pyrenaeen haben sich Reste erhalten. In meiner Kindheit haben alte Sklaven sogar noch phönikische Worte, und wiederum andere auch iberische gekannt. Aus karthagischer Zeit gab es bei uns einen verfallenen Tempel, in dem die Barbaren ihrem Gott, dem Baal, lebende Kinder in den feurigen Rachen warfen. Einer unserer Lehrer, der anscheinend phönikischer Abstammung war und überhaupt über die Punier mehr Gutes zu sagen wußte als uns lieb war, behauptete freilich, dies sei eine römische Erfindung: Die Baalspriester hätten doch selbstverständlich den Kindern das Genick gebrochen, ehe sie sie dem Gotte opferten.

Unsere Familie war nicht reich, aber es fehlte uns an nichts. Sie besaß eine kleine Silbermine, wir hatten Weinberge und Olivenhaine. Ein Bruder meines Vaters war Kaufmann, der ein paar Schiffe besaß, die sich auf den Okeanos hinauswagten.

»Wann werde ich alt genug sein, um unter dir dienen zu dürfen?« fragte ich meinen Vater, als ich fünf oder sechs Jahre alt war. Das Wohl des Gemeinwesens lag ihm gewiß am Herzen, aber er sah es mehr vom militärischen Standpunkt aus. Ob der oder jener Praetor oder Consul wurde, war ihm gleichgültig, sofern die Schlagkraft der Legionen keinen Schaden erlitte. Seine unbedingte Treue- und Gehorsamspflicht gegenüber dem obersten Träger des Imperiums ließ für Kritteln an den oder jenen Maßnahmen keinen Raum.

Nie hörten wir zu Hause auch nur die leiseste Bemängelung eines verstorbenen oder gar eines lebenden Imperators. Unter den Schuljungen war es anders, denn nicht alle stammten aus guten Offiziersfamilien. Da hörte ich Dinge, die ich nach Meinung meines Vaters nie hätte hören dürfen! Gaius Caesar, genannt Caligula, das Stiefelchen, war, obgleich er schon vor vielen Jahren ermordet worden war, immer noch ein beliebter Gesprächsstoff. Die älteren Jungen meinten, daß böse Geister ihn mit Wahnsinn geschlagen haben müßten, denn wie anders sei sonst zu erklären, daß er Abend für Abend der großen Statue von Jupiter Capitolinus zurief: »Ich will jetzt schlafen gehen, übernimm du wieder für einige Stunden die Weltherrschaft!«

Und mit der Mondgöttin, behauptete er, habe er sich vermählt, doch wo blieben dann die Kinder? Sein Feldzug gegen Britannia habe darin bestanden, daß er am Ufer des Mare Germanicum Muscheln sammelte und sie als »Tribut des Poseidon« bezeichnete!

Zu Hause durfte ich kein Wort darüber sagen. Mein Vater fuhr mich schon scharf an, als ich ihn einmal fragte, ob diese Geschichten, die man sich in der Schule erzähle, wahr seien. Ähnlich stand es mit dem Schuljungen-Gerede über Claudius Caesar, auch genannt Divus Claudius, und dessen Gemahlin Messalina.

Nicht anders wurde es, als über Nero Caesar gemunkelt wurde, und dann, Jahre später, über den Imperator Domitianus, dem wir alle viel zu verdanken haben, aber über den im Nachhinein alle schimpften und sich eines »Widerstands« rühmten, den sie nie geübt hatten. Nie wurde in meinen Kreisen, lange nachdem ich der Schule entwachsen und bereits Soldat war, über ihn schlecht geredet.

Meine Schwester und ich waren schon in den ersten Regierungsjahren Nero Caesars für einige Wochen nach Rom gekommen. Unsere Mutter, die sich bereits bei der Abreise nicht wohl fühlte, ist bald nach unserer Ankunft in Rom gestorben. Später habe ich ihre Urne in das Grabmal von Divus Augustus am Tiberstrand bringen lassen.

Ich erinnere mich ganz gut an diese erste Reise nach Rom. Da mein Vater dienstlich in die Stadt gerufen worden war, besaßen wir *Diplomata*, diese schönen amtlichen Ausweise, die uns zur Benützung des *Cursus publicus*, aller öffentlichen Verkehrsmittel berechtigten. Über Corduba reisten wir nach Tarraco und zu Schiff nach Ostia. Die Winde waren günstig – schon fünf Tage später kamen wir an.

Ob ich selber schon einen oberflächlichen Eindruck gewann oder ob es die Erzählungen meiner Schwester sind – ich weiß nicht, was sich mir als Bild Roms einprägte. Irgendwie hörte ich etwas von einem »Goldenen Haus« des Imperators, das so gewaltig sei, daß man bald nicht mehr wissen werde, ob es in Rom oder Rom in ihm liege!

Es muß auch ein großes Fest stattgefunden haben, denn mein Vater trug einen blitzenden Helm mit einem großen Federbusch und allerlei Ketten und silberne Scheiben. Meine Schwester führte mich zum Forum, dort sah ich von weitem einen Mann in einer purpurnen und goldenen Toga, gekrönt mit einem goldenen Lorbeerkranz. »Das ist der Imperator Nero Caesar«, sagte meine Schwester. »Ihm gehört der ganze Erdkreis.«

(»Hast du damals schon verstanden, Caesar, was das bedeutet?« »Nur daß es etwas sehr Großes sein muß, mi amice – das begriff ich.«)

Eine schöne Frau saß in seiner Nähe, seine Mutter, die Augusta Agrippina. Ich sah auch einen Mann in Waffen und einen anderen in einer weißen Toga mit einem breiten Purpurstreif.

»Das ist der Philosoph Lucius Annaeus Seneca«, sagte meine Schwester. Parve puer – ehe du wieder fragst, will ich gestehen, daß ich mir unter »Philosoph« nichts vorstellen konnte.

(»Weiß man denn überhaupt so genau, Caesar, was ein Philosoph ist?«

»Jetzt unterbrich nicht dauernd!«)

Der Bewaffnete, erklärte mir meine Schwester, das sei der Praefect der Praetorianer-Garden, Afranius Burrus. »Beide sind sehr gute Männer«, fügte sie hinzu. Später überlegte ich, daß sie nichts über Nero Caesar sagte . . .

Auch in Italica gab es damals schon ein Amphitheater, in dem Tierhetzen und Gladiatorenkämpfe stattfanden. Aber Kinder meines Alters durften nicht zuschauen. In Rom war es anders. Meine Schwester und ich wurden in den Circus mitgenommen, zu Spielen, die der Imperator Nero Caesar eröffnete. Mein Vater stand mit gezogenem Schwerte neben ihm. Die Mutter – wenige Tage vor ihrem Tode –, meine Schwester und ich saßen ganz nahe vom Platz des Imperators.

Es wäre unaufrichtig, wollte ich jetzt, gemäß einer weitverbreite-

55

ten Stimmung sagen: »Obgleich ich noch ein Kind war, fand ich die Spiele abstoßend häßlich.« Im Gegenteil – sie gefielen mir, und auch der Imperator in seinem goldverzierten Purpurmantel machte einen überwältigenden Eindruck auf mich. Ich wäre kein Römerknabe, hätte ich nicht so empfunden!

Daß die Gladiatoren wirklich starben, begriff ich nicht. Ich meinte, wenn die Hingestreckten hinausgeschleppt waren und neue hereinkamen, es seien die gleichen. Auch Tiger, Löwen und Elephanten sah ich damals zum ersten Male. Einmal siegte ein Tiger über einen Elephanten, indem er ihm auf den Nacken sprang, das andere Mal war der Elephant schneller – er warf sich auf die Seite und zermalmte den Tiger.

Nach diesen Spielen erhielt mein Vater vom Imperator Nero Caesar den Rang eines Legionslegaten. Es hieß, er werde nun ganz nach Rom ziehen müssen, um von hier irgendwohin in den Osten geschickt zu werden.

Meine Schwester und ich waren dabei, als die Mutter starb. Ich habe nicht geweint, vielleicht glaubte ich auch, sie werde bald zurückkehren, wie die Gladiatoren im Circus.

Kurz danach kam der Vater mit uns nach Italica zurück. Nunmehr nahm ich unter meinen Schulkameraden eine große Stellung ein. Keiner von ihnen war schon in Rom gewesen, und noch dazu hatte ich den Imperator aus der Nähe gesehen.

»Du wirst selber noch einmal Caesar werden!« scherzten manche, was ich stolz meinem Vater berichtete. Aber der fand solche Bemerkungen durchaus ungehörig.

(»Warum eigentlich, Caesar? Von Divus Iulius heißt es, er habe sich schon als Kind . . .«

»Ich weiß – aber mein Vater hielt es eben für anmaßend, an solchen Bemerkungen auch nur Gefallen zu finden.«)

Die Übersiedlung nach Rom kam, als ich zehn Jahre alt war. Ich konnte schon gut lesen, schreiben und rechnen. Ich kannte Divi Iuli Gallischen Krieg, seinen Bürgerkrieg, die römische Geschichte von Titus Livius, den Sallust und viele Gedichte von Ovid, Vergil und Horaz. Am liebsten waren mir ihre Lobgesänge auf das Imperium, auf Divus Iulius und Divus Augustus, so wie ich von den

56

Geschichtsschreibern besonders Velleius Paterculus schätzte, den treuen Freund von Tiberius Caesar, dessen Ruhm er kündete. Vater Homer konnte ich stellenweise auswendig hersagen, ebenso kannte ich Platons wichtigste Dialoge, und über Alexander den Großen las ich alles, was ich nur finden konnte.

(»Wen hast du damals für den Größeren gehalten, Caesar – Divus Iulius oder Alexander?«

»Bis heute bin ich mir nicht im klaren. Ohne Alexander stünden wir nicht an Euphrates und Tigris, wahrscheinlich nicht einmal am Nil – ohne Divus Iulius hätten uns vielleicht die nordischen Barbaren längst überrannt, und auf dem Capitol würden sie halbrohes Pferdefleisch fressen!«)

Da wir diesmal unsern Haushalt mitführen mußten, reisten wir zu Land, auf der großen Straße, die Rom bei Gades mit dem Okeanos verbindet. Divus Augustus hat sie angelegt, und nach ihm heißt sie jetzt.

Mein Vater fuhr mit einigen Offizieren, begleitet von einer Handvoll Sklaven, voraus. Meine Schwester und ich hatten einen neuartigen Wagen erhalten, in dem man schlafen konnte. Zwei oder drei Wagen folgten mit Möbeln, Götterbildern, Teppichen, Silbergerät und was es sonst noch gibt.

Einige unserer Sklaven waren schon im Haus geboren und mit uns aufgewachsen. Die Eltern nannten sie »jüngere Hausgenossen«, wie Lucius Annaeus Seneca es tat, an dessen Geburtshaus in Corduba wir vorbeikamen. Einige seiner Werke hatten wir in der Schule gelesen. Lebenslang hat mich seine Schrift *De clementia*, über die wahren Herrschertugenden, beeindruckt, die er Nero Caesar widmete.

In den letzten Monaten hatte es allerdings geheißen, daß es nach dem Tode von Afranius Burrus zwischen dem Caesar und dem Philosophen zu Unstimmigkeiten gekommen sei und daß dieser sich ganz aus dem öffentlichen Leben zurückgezogen habe.

Es war eine herrliche Fahrt. Wie schön meine hibernische Heimat ist, um derentwegen so viel römisches Blut geflossen ist – mehr als um irgendeine andere Provinz –, habe ich damals zum ersten Male begriffen.

Von Tarraco ging es nun nordwärts mitten hinein in die Pyrenaeen, wo ich die hohen Berge bestaunte. Überall fanden wir bequeme Unterkünfte, zum Schlafen, Essen, Ruhen, Pferdewechseln. Wir seien zu beneiden, hörten wir da und dort: Gewöhnliche Reisende hätten es nicht so gut. Die müßten oft in schmutzigen Herbergen bleiben, voll von Ratten, Läusen, Wanzen und Fliegen, bei schlechtem Essen und gepanschtem Wein, ausgeliefert betrügerischen Gastwirten, den *Caupos*, und frechen Dirnen. Da könne man froh sein, am nächsten Tag noch am Leben zu sein und mit seiner Geldkatze und dem Reisegepäck weiterziehen zu können. Auch die Straßen durch das Gebirge seien für gewöhnliche Reisende immer noch unsicher! Das alles habe ich mir genau gemerkt und für Abhilfe gesorgt.

Am Sinus Gallicus kamen wir wieder ans Meer. In der großen Stadt Narbo Martius, der volkreichsten von ganz Gallien und Hauptstadt von Gallia Narbonensis, blieben wir einige Tage. Mein Vater scheint geheime Aufträge an den Proconsul gehabt zu haben. So hatten meine Schwester und ich Zeit, in den verschiedensten Tempeln Gottheiten zu besuchen, von denen wir wenig oder nichts wußten. Da gab es die syrische Kybele, auch *Magna Mater* genannt, mit vielen Brüsten und einem Granatapfel! Tempeldienerinnen, die sich mir unkeusch zu nähern versuchten, obgleich ich doch erst zehn Jahre alt war, sagten, Kybele verdiene höchste Verehrung, denn sie sei es, die in der Not des Hannibal-Krieges Rom gerettet habe.

(»Caesar – ich dachte immer, das sei Scipio Africanus gewesen?« »Du bist ein vorlauter Junge – aber genau das sagte ich damals auch. Meine Schwester schwieg, lächelte aber.«)

Große Tempel mit vielen Priestern, die mir etwas überflüssig erschienen – aber das sagte ich nicht! –, gab es auch für Hercules, den Waldgott Silvanus und vor allem für Divus Iulius und Divus Augustus. Einer für Divus Claudius war im Bau. »Olymp oder Hades – wie Seneca schrieb!« flüsterte mir meine Schwester ehrfurchtslos zu. Ich mußte laut auflachen, was mir von den Priestern, die schon ihr Einkommen bedroht sahen, strafende Blicke eintrug. Auf der breiten Via Domitia ging es weiter, immer am Meer entlang. In der alten Griechenstadt Massilia an der Mündung des Rhodanus machten wir wieder halt. Hier konnte ich endlich mein Schulgriechisch anwenden, wenn meine Schwester mich eine Weile mit den Straßenjungen allein ließ.

Die Via Iulia Augusta führte uns zur ligurischen Hafenstadt Genua, dann war es die Via Aemilia Scauri und schließlich die Via Aurelia, die uns durch die Porta Aurelia und über die Aemilische Brücke ins Herz der Stadt brachten. Diese Straße entlang habe ich den neuen Aquaedukt bauen lassen, der jetzt *Aqua Traiana* heißt.

Schon von Italica aus hatte mein Vater durch Grundstücksmakler ein schönes Haus auf dem Caelius Mons gekauft. Es lag in einem großen Park, so geschützt vor rauhen Winden, daß allerlei Obstbäume gedeihen konnten.

Zehn Jahre vor dem Tode von Tiberius Caesar war bekanntlich der ganze Caelius Opfer einer entsetzlichen Feuersbrunst geworden. Hunderte, wenn nicht Tausende von Menschen verbrannten in ihren Häusern. Die genaue Zahl ließ sich nie feststellen.

Sicherlich sehr widerwillig sah sich sogar der oft so ungerechte und bösartige Tacitus gezwungen, über die große Hilfe zu berichten, die Tiberius Caesar sofort leistete – auch, daß das Volk hierfür ihn geliebt habe. Hundert Millionen Sesterzen hat er gespendet. Obdachlosen ließ er neue Häuser errichten, notleidende Familien wurden großzügig unterstützt.

(»Caesar – hast du da nicht mit etwas ›freundlichem Zureden‹ mitgeholfen, Tacitus zu diesem Bericht zu veranlassen?«

»Wer hat dir das gesagt, vorlauter Junge?«

»Niemand anderer als dein treuer Freund – mein Adoptivvater Gaius Caecilius Plinius Secundus . . .«

– Aus einem Briefe des Imperators Hadrianus: »Das kannst du ruhig im Lebensbericht des Imperators Traianus stehen lassen!«)

Durch die Hilfe von Tiberius Caesar konnte dieser ungesunde Stadtteil mit seinen häßlichen Mietskasernen, richtigen Seuchen- und Feuerfängern, zu dem werden, was er heute ist – zu einem Viertel mit schönen Häusern wie dem unsern. Wer den Göttern opfern will, findet auf dem Caelius die Wohnstätten vieler Himmlischer! Gibt es doch einen Herculestempel, ein Heiligtum der

Minerva und eines der Dea Carna, das Marcus Iunius Brutus errichtete und das mein Vater vor dem Verfall rettete. An den Calenden des Juni aßen wir dort, gemäß alter Sitte, Bohnenbrot mit Spelt und Speck.

Der Tempel von Divus Claudius, den Nero Caesar für seinen Adoptivvater zu bauen begann, ist erst unter Divus Vespasianus fertig geworden. Das *Macellum magnum*, die große offene Markthalle, die ebenfalls unter Nero Caesar entstand und unserem Küchensklaven weite Wege ersparte, war gerade eröffnet worden, als wir einzogen.

(»Weißt du auch, Caesar, daß es schon damals auf dem Caelius ein kleines Versammlungshaus der *Christiani* gab?«

»Damals schon? Das wußte ich nicht . . .«

»Es wurde eingerichtet für die *Christiani* im Haushalt von Divus Claudius . . .«)

Als wir einzogen, lag zu Füßen des Caelius ein kleiner Circus, rings umher standen Holzbuden, voll von leicht brennbarem Zeug. Der Ausblick zum Palatin war frei. Dann ging Nero Caesar daran, sein riesiges Goldenes Haus zu bauen, wovon ich schon als Kind bei unserer ersten Romreise gehört hatte.

Jetzt steht das gewaltige Flavium Amphitheatrum dort, das Divus Vespasianus nach Beendigung des Iudaeischen Krieges, in dem mein Vater sich auszeichnete, zu bauen begann. Aber erst sein Sohn, Divus Titus, der Eroberer von Hierosolyma, konnte es vollenden.

Dicht daneben, auf Teilen des Goldenen Hauses, stehen jetzt bekanntlich meine Thermen.

Mit dieser Übersiedlung nach Rom begann der zweite Abschnitt meines Lebens, und der sollte entscheidend werden für alles Künftige, bis zum heutigen Tage.

Fünftes Kapitel

JUGENDERLEBNISSE IM ROM NERO CAESARS.

In unserm Park auf dem Caelius ließ mein Vater einige junge Eichbäume einsetzen, in Erinnerung daran, daß dieser ganze Hügel in alter Zeit einen dichten Eichenwald getragen habe und daher ursprünglich nach diesem Baum Mons querquetulanus genannt wurde. Inzwischen sind unsere Eichen mächtige Stämme geworden. Germanen scheinen zu glauben, daß wir sie aus ihren Landstrichen eingeführt haben – dort sind sie den einheimischen Göttern heilig. Aber so viel ich weiß, ist es gerade umgekehrt – die Eiche ist nach Norden gewandert, und bei uns ist sie Iupiter geweiht. Ich habe es selbst erlebt, daß eine germanische Priesterin, die Jungfrau Ganna, eine Nachfolgerin der Veleda, die schließlich in unsere Dienste trat, sich unter den schönsten Eichbaum in meinen Park setzte und dort zu prophezeien begann. Leider habe ich kein Wort verstanden.

In Rom wurde ich nicht mehr in eine Schule geschickt. Zwei Lehrer, einer für Latein, der andere ein Grieche, kamen jeden zweiten Tag zu uns herauf. Beide waren jung und offensichtlich zu allerlei Scherzen und losen Bemerkungen aufgelegt, die uns gut gefielen. Denn zum Unterricht durften auch zehn weitere Jungen kommen, Söhne von Offizieren und höheren Amtsträgern. Unter ihnen war auch ein Grieche mit einer römischen Mutter. Er war fast zwei Jahre älter als ich. Er hieß Aemilianus Paullinus Dionysios nach seinem Vater Dionysios, »der Areopagite«, wie er genannt wurde, da er Mitglied des Athener Areopags, des Stadtsenats, war. Als er starb, brachte seine Witwe ihren kleinen Sohn nach Rom zurück und zog zu ihren Verwandten aus der großen Gens Aemilia. Sie war eine Nachkommin des bei Cannae heldenmütig gefallenen Consuls Lucius Aemilius Paullus.

Aemilianus war der Beste im Unterricht – auch im Lateinischen und in allen lateinisch gelehrten Fächern. Daß er das Griechische besser beherrschte als wir anderen, erstaunte uns nicht. Aber er kannte auch schon nahezu alle griechischen Dichter und Philosophen und dazu die alte und neue Geschichte Griechenlands. Und was er alles von Alexander und seinen Nachfolgern zu erzählen wußte, bis zur Königin Kleopatra VII. von Ägypten, der letzten Ptolemaeerin, die sich ein Jahr nach dem Siege von Caesar Augustus bei Actium durch den Biß der furchtbaren Uraeus-Schlange tötete!

Auch bei unsern Wettkämpfen war er der Erste. Er lief schneller als jeder andere, im Ringen und Boxen konnte er es auch mit den älteren Jungen aufnehmen, und daß ich immer ein guter Schwimmer geblieben bin, habe ich weitgehend ihm zu verdanken. Ich fand ihn wunderschön mit seinen goldblonden Haaren, die denen Alexanders glichen, und wegen seiner schlanken, athletischen Gestalt – ich bewunderte ihn, ich schwärmte für ihn, ich träumte von ihm, ich liebte ihn mit der ganzen Glut meines jugendlichen Herzens.

Nur eines war eigenartig: Nie sah man ihn in einem Tempel, nie opferte er vor einem Götterbild. Den ehrwürdigen Tempel des Hercules, den die Griechen Herakles nennen – ich erwähnte ihn schon –, hat mein Vater erneuern und reich ausstatten lassen. Ich wollte ihn meinem Freunde zeigen, aber immer wieder fand er einen neuen Vorwand, um mich nicht begleiten zu müssen. Aber gespannt hörte er mir zu, wenn ich ihm erzählte, was wir in Hispanien, wo er die beiden Säulen errichtete, wissen: Er war ein Sohn des Zeus und einer Irdischen, der Alkmene, Gott und Mensch, daher ein Mittler zwischen den Unsterblichen und uns. Manche meinen, er habe auch einen irdischen Vater gehabt, Amphitryon, aber dieser war bestimmt nur sein Pflegevater, und Alkmene ist immer Jungfrau geblieben.

»Er hat die Olympischen Spiele gegründet«, warf Aemilianus ein. »Ein sehr großer Mensch! Auch mein mütterlicher Ahne, Scipio Aemilus Paullus, hat ihn verehrt.« Dann lenkte er ab und erzählte vom Einfluß, den dessen weit älterer Freund, der hochgebildete

Grieche Polybios auf ihn gehabt habe. Auch beim Untergang Karthagos stand er an seiner Seite.

Eines Tages fragte ich Aemilianus kurz und bündig, welchen Gott *er* denn verehre, da er nie in einen Tempel gehe und selbst Herakles nur als »großen Menschen« bezeichne.

»Den gleichen, den mein Vater, der Areopagite, verehrte, den ›Unbekannten Gott‹,« sagte er. »Vielleicht wirst auch du ihn einmal kennenlernen.« Bei dieser geheimnisvollen Antwort blieb es, ich drängte ihn auch nicht weiter. Ich nahm an, daß er in Hellas schon als Kind in die Eleusinischen Mysterien eingeweiht worden sei, über die man nicht sprechen darf.

(»Caesar – von diesem Gott, der heute gar nicht mehr unbekannt ist, könnte ich dir einmal erzählen, was ich darüber gehört habe.« »Vielleicht später einmal, unterbrich mich jetzt nicht!«)

In Begleitung meines Paedagogen, eines Atheners namens Archelaos, durften meine Schwester und ich manchmal in die Stadt hinuntergehen. »Das ist der Marktplatz der ganzen Welt«, sagte er, als wir zum Forum kamen. Das hispanische Völkergemisch war nichts gegen das römische. Mühsam drängten wir uns durch zum Altar von Divus Iulius, um unsere Opfer darzubringen. Dann besuchten wir den Tempel der Götterjünglinge Castor und Pollux und schöpften Wasser aus der Quelle der Nymphe Iuturna. Vor der Gedenktafel für die frühverstorbenen Enkel und Adoptivsöhne von Divus Augustus, der Caesaren Gaius und Lucius, blieben wir in Ehrfurcht stehen. Dann gingen wir zur Rostra, von der Marcus Antonius nach Caesars Auffahrt zum Volke gesprochen hatte. Schließlich stiegen wir zum Palatin hinauf. Der Vater hatte uns die Erlaubnis verschafft, auch ins Innere des Tiberius-Palastes zu gehen – der Imperator Nero Caesar war noch in Antium. Sogar das schöne, bunt ausgemalte Gemach von Diva Iulia Augusta, der Gemahlin von Divus Augustus, durften wir besuchen. Unser Paedagoge nannte sie eine der größten Frauen der römischen Geschichte – ohne sie wäre es nach der Auffahrt ihres Gemahls vielleicht zu neuen Bürgerkriegen gekommen. Es geschah durch ihren Sohn, den großen Tiberius Caesar, dem sie die Nachfolge verschaffte, daß sie das Gemeinwesen rettete.

(Aus einem Briefe des Imperators Hadrianus an den jungen Plinius: »... weil Iulia Augusta Sorge trug, ihren Sohn schon frühzeitig adoptieren zu lassen ...«
Aus einer Antwort des jungen Plinius: »Domine et Imperator Sanctissime – ich habe dies nicht übersehen und genau überlegt, ob ich eine solche Bemerkung machen dürfe. Der Imperator Traianus hat dies gefühlt und abgewunken ... «)

Als wir im Empfangssaal des Palastes waren, rannte plötzlich ein junger germanischer Sklave herein, mit wirren Augen, als schaue er irgendwo hin in die Zukunft. Er riß den goldenen Lorbeerkranz vom Haupte der Büste Divi Augusti, gab unverständliche Laute von sich, die wie eine Huldigung klingen konnten, und setzte ihn mir auf, ehe ich ihn abwehren konnte. Dann verschwand er so schnell wie er gekommen war.

Es waren noch andere Menschen im Saal, erschreckt, entsetzt sahen sie mich an. Es dauerte einige Augenblicke, bis ich aus einer Art von Erstarrung erwachte und den Lorbeerkranz dem Haupte des Herrschers zurückgab. Archelaos, mein Paedagoge, war leichenblaß geworden – als sei er eines Majestätsverbrechens mitschuldig. Nichts wurde über den Vorfall gesprochen. Erst Jahre später hieß es: Es sei ein Omen der Götter gewesen.

Bei unsern Wanderungen durch die Stadt kamen wir auch in die Markthallen. »Wenn du die Welt kennenlernen willst«, sagte Archelaos, »dann brauchst du nur hierher zu gehen. Da findest du alles, was der Erdkreis hervorbringt.

Unter dünnen Gespinsten, in Schneekübeln, lagen Austern aus dem Mare Germanicum, Fische vom Pontos Euxinos, in angewärmten Wasserbecken trieben sich riesige Muränen mit ihren bösen Gebissen herum, Hummern von der Albismündung und große Seespinnen von den griechischen Inseln. Wildbret jeder Art gab es und dazu zahllose Käse aus den Alpenländern, Heilkräuter, Smaragde aus Sarmatien, Rubine, Saphire, Perlen, und vor allem den teuren Zimt von der Insel Taprobane. Dort, so wird behauptet, gebe es einen Tempel für Alexander den Großen, den auf der Heimreise, die er zu Schiff antreten wollte, die Winde in den tiefen Süden verschlagen haben.

Immer mehr Einfuhrwaren entdeckten wir: Seidenstoffe aus Sinae, edle Hölzer von jenseits des Ganges, indische Gewürze aller Art und kunstvoll bearbeitete Muscheln vom Sinus Persicus. Ein liebedienernder Sklave lud uns zu einer Kostprobe ein. Ich lehnte ab, mich ekelte der Anblick all dieser kriechenden, wabbelnden oder blutigen Tiere in den Lebensmittelläden. Vielleicht hat dieses Knabenerlebnis weitergewirkt: Bei öffentlichen Gastmählern esse ich mäßig und bin meist als erster fertig.

(»Kleiner, vorlauter Junge – ich weiß genau, was du denkst – durch Gespräche verlängere ich die Mahlzeiten, um mit dem Wein nicht zu kurz zu kommen.«

»Caesar – niemals hätte ich mir einen solchen Gedanken erlaubt. Wer hat dich schon je trunken gesehen?«)

Bei unsern Wanderungen schnappten wir allerlei Gerüchte auf, über die zu Hause nicht gesprochen werden durfte. Daß unser Imperator als Sänger und Lautenschläger auftrat, hatte in vielen Kreisen schon genug Ärger hervorgerufen. Und gar der schreckliche Tod seiner Mutter, der Augusta Agrippina, Enkelin von Divus Augustus und Tochter des großen Germanicus. Erst sollte sie ertränkt werden, dann wurde sie durch Keulenschläge betäubt und schließlich durch einen Schwertstoß in den Leib, der Nero Caesar geboren hatte, getötet.

Noch viele Jahre später sah man Maueraufschriften: »Nero Caesar – der neue Orestes – der letzte Nachkomme des Aeneas – ein Muttermörder!« Mein Vater muß schon damals alle Einzelheiten gekannt haben, aber er hat nie darüber gesprochen.

Über der Stadt lag ein dumpfes Grauen, eine Ahnung kommender entsetzlicher Dinge. Es schwirrten auch Gerüchte herum über die Verbannung und Ermordung von Claudia Octavia, der schönen und tugendhaften Gemahlin unseres Imperators. Darum, so hieß es, habe sich der treue Ratgeber, Lucius Annaeus Seneca, nun ganz zurückgezogen. Als ein freiwillig Verbannter lebe er jetzt meist in seinem Landhaus am siebenten Meilenstein der Via Appia.

Auf dem Heimweg begegneten uns Scharen von gefesselten Männern, Jünglingen und Knaben, die von Sklaven mit Rutenschlägen weitergetrieben wurden. Mein Paedagoge wollte mich abdrängen, aber ich blieb stehen und fragte einen der Gefangenen, warum man ihn verhaftet und gefesselt habe? »*Christianus sum*«, sagte er. »*Christiani sumus*«, hallte es aus der vorwärtsgestoßenen Schar. »*Christiani* – was bedeutet das?« Mein Paedagoge war verlegen. Man beschuldige sie geheimer Zusammenkünfte, bei denen furchtbare Verbrechen geschehen. Außerdem fluchten sie und sängen Lieder gegen den Imperator und gegen das Imperium und seine Götter, aber Hymnen zu Ehren eines Mannes, als sei dieser ein Gott. Dabei ist er zur Zeit von Tiberius Caesar vom Procurator Pontius Pilatus in Hierosolyma gekreuzigt worden.

»Was für ein Gott?« fragte ich, »Wie Herakles, der ein Gott war, aber wie ein Mensch sterben konnte?«

»Ich weiß nur«, sagte mein Paedagoge, offensichtlich noch verlegener, »daß einer seiner Jünger, ein Iudaeer, aber von Geburt römischer Bürger, der in Rom war und mit Seneca verkehrte, in Athen eine Rede hielt, in der er vom ›Unbekannten Gott‹ sprach.«

»So sagte auch mein Freund Aemilianus . . .«

(»Caesar, dieser Iudaeer, der römischer Bürger war, soll doch auch in dein heimatliches Hispanien gekommen sein?«

»Davon weiß ich nichts. Ich werde dich noch zu meinem ›Paedagogen‹ machen, kleiner, vorlauter Junge!«)

Unser Griechischlehrer, der wie der Dichter Anakreon aus Teos bei Smyrna stammte und ebenfalls dem Wein und der Liebe ergeben war, und ein Spötter dazu, hatte neulich, als keiner unserer Paedagogen anwesend war, beim Unterricht lose Reden geführt. Irgendwie war der Tod Octavias zur Sprache gekommen, als er mit scheinbar tief ernster und achtungsvoller Stimme sagte:

»Den Göttern sei Dank – sie haben uns einen Princeps gegeben, der sowohl Augustus wie Augusta ist. Als Augustus nahm er die edle Poppaea Sabina zur zweiten Gemahlin, und daneben auch den schönen Knaben Sporus. Als Augusta vermählte er sich mit dem Epheben Pythagoras, genannt der ›große Speerträger‹. Zu beiden Hochzeiten kamen die Vogelschauer, die Mitgift wurde vereinbart, die Hochzeitsfackeln angezündet, und die Priester wünschten den hohen Paaren Nero Caesar – Sporus, Pythagoras – Nero Caesar, eine legitime Nachkommenschaft.

Irgendwie kamen diese schlüpfrigen Bemerkungen heraus – der
Mann bekam von meinem Vater einen tüchtigen Rüffel.
Aemilianus fehlte nun schon seit einigen Tagen beim Unterricht.
Vielleicht war er mit seiner Mutter aufs Land gegangen, denn es
war ein heißer Sommer, über Rom lag eine Hitzeglocke. Der Tiber
und der liebliche Anio führten so wenig Wasser, daß man kaum
noch schwimmen gehen konnte.
Die Menschen schlichen gedrückt, fast geisterhaft durch die engen
Straßen. Wilde Gerüchte beunruhigten sie: Man habe verdächtige
Gestalten in vielen Stadtvierteln herumstrolchen sehen – sie trügen
Kübel, die nach Pech röchen. Genaueres war nicht zu erfahren,
auch mein Vater wußte nichts, und der Princeps war immer noch
in seinem Sommerhaus in Antium.
Es war im Abenddämmern des XVIII. Tages vor den Calenden des
Iuli, an denen wir im Tempel der Dea Carna unser geweihtes Mahl
von Bohnenbrei mit Speck und Spelt halten sollten.
Ehe wir in den Tempel gingen, wollten meine Schwester und ich
im Abendwind noch etwas Kühlung finden. Vom Rand des Caelius blickten wir auf den kleinen Circus herunter und zum Palatin,
wo einige Lichter aufflammten – also werde der Princeps bald nach
Rom zurückkehren.
Plötzlich sahen wir eine Rauchwolke aufsteigen, fast wie eine
Nebelschwade, die vom Tiberis hereintreibt – dann durchhüpften
sie Feuerfunken, und mit einem Male, unter ungeheurem Kra-
chen, sprangen rote Springbrunnen von einer Holzbude zur anderen, bis sie alle in einem Flammenmeer untertauchten. Schon
stürzten Sklaven aus unserm Hause heraus, mit großen Wasserkü-
beln, für den Fall, daß der Abendwind das Feuer zu uns heraufwe-
hen würde. Daß dies nicht geschah, daß der ganze Caelius unberührt blieb, verdanken wir sicher den Göttern, die hier oben ihre
Wohnstätten haben.
(»Caesar – vielleicht hat auch der ›Unbekannte Gott‹ dich geschützt?«
»Das habe ich auch überlegt – vielleicht weil sein Anhänger, Aemilianus, in unserm Hause so oft zu Gast war. Aber warum hat er
sein Fernbleiben nicht schriftlich entschuldigt, dachte ich. Wo

mochte er jetzt sein? Die Antwort sollte ich bald erhalten.«)
Während Ulpia Marciana – mit Grauen – noch auf das Flammenmeer starrte – ich mit der ganzen Mischung von Lust und Entsetzen, wie sie Knaben dieses Alters bei solchen Anblicken eigen ist –
schossen bereits feurige Brunnen aus der Mitte der Stadt empor.
Mehr und immer mehr, auch weit drüben am Tiber und im Norden beim Pincius mons, den man auch ›Hügel der Gärten‹ nennt!
Es war, als habe sich ein brennender Pfuhl der Unterwelt mit den
Blitzen Iupiters verbunden – die chthonischen Mächte, die wir
durch Opfer besänftigen wollen, mit den Olympiern –, zum Untergang der Stadt, die man die Ewige nennt.
Bis in die rot und schwarz-rot gefärbten Wolken hinein schlugen
die Flammen. Aufschwellend wie eine sturmgepeitschte Brandung
drangen jetzt die Schreie, das Heulen, die Wehrufe von Hundert-
tausenden zu uns herauf.
Nun gingen auf dem Palatin alle Lichter an. Der Caesar war
zurückgekehrt – um, wie es bald hieß, harfenschlagend, den Untergang von Troia zu besingen!
Da dachte ich an Aemilianus und was dieser mir einmal von
seinem Ahnen, dem großen Scipio erzählt hatte – – im Brand von
Karthago habe er das Schicksal Roms vorausgesehen und dies
unter Tränen seinem griechischen Freunde Polybios gesagt –
Gegen Mitternacht wurden wir ins Haus zurückgeholt. Die Sklaven blieben wach, um herauffliegende Funken sofort zu löschen.
Noch sechs Tage und sechs Nächte lang wütete das Feuer. Eine
dicke, von Blitzen durchzuckte Rauchwolke breitete sich über der
Stadt aus. Die Luft war verpestet vom Gestank verkohlenden
Holzes, und – unverkennbar! – von geröstetem Fleisch von Men-
schen und Tieren.
Um die Mittagsstunde des zweiten Tages suchte mich Archelaos
auf, nicht als Erzieher, sondern wie der Überbringer einer wichti-
gen Mitteilung und wie einer, der den Trost eines Freundes
braucht.
Ich folgte ihm, ohne zu fragen, in einen abgelegenen Raum des
Hauses. »Hier kann uns niemand stören«, sagte er. »Ich bringe dir
Nachricht von deinem Freunde Aemilianus.«

Seine Stimme sank zu einem Flüstern. »Er sollte verhaftet und wahrscheinlich getötet werden, wie so viele andere. Im letzten Augenblick wurden sie von treuen Sklaven gewarnt, er und seine Mutter. Unerkannt konnten sie ein Schiff nehmen, das sie nach Griechenland bringt. Dort wird sie der Name des Vaters, des Areopagiten, schützen.«

»Was hat er denn getan –?«

»Nichts. Aber er und seine Mutter tragen einen verbotenen Namen – den der *Christiani*.«

»Woher weißt du das?«

Er horchte, ob niemand sich dem Zimmer nähere.

»Weil auch ich diesen Namen trage.«

(»Caesar – erst durch dich haben die Verfolgten . . .«

»Parve puer – so weit sind wir noch nicht.«)

Dann berichtete er, daß Nero Caesar, um die Schuld von sich abzuwälzen, überall verbreiten lasse, es seien die *Christiani*, die Rom angezündet haben. Sie seien eine unerlaubte, eine verfluchte Sekte, erfüllt von Haß gegen das menschliche Geschlecht, gegen das sie sich bei ihren thyetistischen Mahlzeiten verschwören.

»Was bedeutet das?«

»Thyestes vom verdammten Geschlecht des Tantalos und des Pelops, sagt man, habe seinem Bruder Atreus dessen Kinder zum Mahle vorgesetzt.«

»An solchen Mählern soll Aemilianus teilgenommen haben? Niemand wird mir so etwas einreden können!«

»Wahrscheinlich glaubt es nicht einmal der Princeps. Aber der Pöbel tut es. Ob auch Gallio entkommen konnte, weiß ich nicht.«

»Wer – Gallio?«

»Ein Bruder von Lucius Annaeus Seneca, ehemaliger Procurator von Achaia. Er war dabei, als jener judaische Mann, von dem ich dir neulich erzählte, den ›Unbekannten Gott‹ verkündete. Vor seinem Richtersitz in Korinth wurde dieser Mann von anderen Judaeern angeklagt, aber Gallio hat ihn freigesprochen. Der Vater deines Freundes Aemilianus, Dionysios, den man den Areopagiten nennt, war der erste Jünger des ›Unbekannten Gottes‹. Ich habe ihn gut gekannt, er war in Athen mein Lehrer.«

»Manche Schriften Senecas«, sagte ich jetzt, »haben wir ja im Unterricht zusammen gelesen. Neulich erst wieder *De clementia* . . .«

»Ich habe sie mit Bedacht ausgesucht. Vieles in seinen Schriften stimmt fast wörtlich mit den Lehren jenes römischen Bürgers judaeischer Abstammung überein.«

Nun zitierte ich stolz, weil ich es mir aus dem Unterricht so gut gemerkt hatte: »Ein guter Fürst ist durch seine eigenen Taten geschützt, er braucht keine Leibwache, das Schwert trägt er nur zum Schmuck.«

Worauf Archelaos hinzufügte: »Zu einem guten Fürsten eilt man mit Freuden hin wie zu einem hellen und glückbringenden Gestirn – vor einem schlechten flieht man wie vor einem Unhold oder todbringenden Untier, das seiner Höhle entsprungen ist.«

»Das und noch viel mehr hat Seneca zum Wohle des Gemeinwesens geschrieben. Aber es gibt auch einen Satz, der für uns *Christiani* von besonderer Bedeutung ist: ›Der Todestag, vor dem dir so graut, ist der Geburtstag der Ewigkeit‹.«

Dann brach das Gespräch ab, ich habe es nie vergessen – auch Aemilianus vergaß ich nie. Ich hörte nur, daß er sich in Nikomedia, in der Provinz Bithynia-Pontos niederließ. Wiedergesehen habe ich ihn nicht, aber durch einen glücklichen Zufall hörte ich, daß er vom Legatus pro praetore der Provinz wegen Asebie, wegen »Gottlosigkeit und Verachtung unserer Götter«, zum Tode verurteilt worden sei. Durch einen Gnadenakt im letzten Augenblick konnte ich die Vollstreckung verhindern.

(»Ich weiß, Caesar, davon – du wolltest mir nicht weh tun, daher hast du den Namen jenes Legatus pro praetore nicht genannt. Es war mein Adoptivvater . . . und auf diesen Fall hin hat er dir jenen Brief geschrieben mit der Anfrage, wie man künftighin *Christiani* behandeln solle.«

»Wir kommen noch dazu – wir wollen nicht vorauseilen. Fahren wir fort.«)

Als der Brand ·endlich erlosch, erfuhr man das ganze Ausmaß der Zerstörung. Von den vierzehn Stadtteilen blieben vier unversehrt, drei wurden dem Erdboden gleichgemacht, in den übrigen sieben

waren nur einige wenige Gebäude unbeschädigt. Unendliche
Schätze unserer ruhmreichen Geschichte waren für immer dahingegangen – Beutestücke aus dem Hannibal-Kriege, das Heiligtum,
das der König Servius Tullius der Göttin Luna errichtet hatte, der
Tempel der Vesta mit den Hausgöttern des Römischen Volkes, das
von Romulus erbaute Haus des Iupiter Stator und dazu unendlich
viele italische, griechische, ägyptische Kunstschätze. Die unbestreitbare Schönheit der neu gebauten Stadt hat diese Verluste
nicht ersetzen können.
Dank den Göttern ist damals außer dem Caelius auch das Capitol
verschont geblieben. Erst fünf Jahre später, als ich sechzehn war,
fiel es dem Bürgerwahnsinn zum Opfer, in den Kämpfen zwischen
Vitellius und Vespasianus. Davon später!
Wieviele Menschenleben der Brand kostete, wird man nie genau
feststellen können. Es könnten Hunderttausende sein. In wildem
Durcheinander stürzten sie auf die Straßen, die zu Glutströmen
geworden waren, andere rannten in die brennenden Häuser zurück, um ihre Habe zu retten. Wiederum andere töteten sich und
die Ihren. Durch die plötzliche furchtbare Hitze sind Menschen
zusammengeschrumpft, als seien sie Kindermumien. Viele sind
auch in den Tiber gesprungen.
Aus allen seinen Schlupfwinkeln brach mörderisches und räuberi-
sches Gesindel hervor. Manches, was den Flammen entkam,
wurde zur Beute der Plünderer, bis diese wieder von anderen
niedergestoßen oder zertrampelt wurden. Die Stadt hallte wider
von den Flüchen gegen den Caesar, den man jetzt offen der Brand-
stiftung beschuldigte, damit er als »zweiter Romulus« die Stadt
neu und prächtiger aufbauen könne.
Da ließ er verkünden, daß alle seine Gärten den Obdachlosen
offenstünden und daß hundert Millionen Sesterzen gespendet
würden, um Notunterkünfte zu schaffen. Allen, die ihrer Wohnstätten beraubt seien, werde in neuen, gesünderen Häusern, an
breiten, geraden Straßen, Unterkunft verschafft werden. Gleichzeitig ließ er ansagen, daß in seinen Gärten auf dem Mons Pincius
ein großes Volksfest stattfinden werde, zu dem auch die Knaben
und Mädchen von Rom eingeladen seien.

Mein Vater, der in diesem Jahre Praetor urbanus war, meinte, daß wir uns dieser Einladung nicht entziehen dürften. Mein Paedagoge hatte, mit einem Geleitbrief meines Vaters und reichlich mit Geldmitteln versehen, die Heimreise nach Griechenland angetreten. Ein neuer war noch nicht gefunden. Also gingen wir mit dem Vater, den zwei Liktoren begleiteten, zum angekündigten Volksfest.

Von einer festlichen Stimmung konnte man nicht sprechen. Es kamen auch höchstens zwei oder dreitausend Menschen, also weit weniger als man sonst bei Volksfesten zu Gesicht bekommt.

Volksfest! Jene Nacht von unsäglicher Abscheulichkeit – viel ist inzwischen darüber geschrieben worden – ein Schandfleck auf dem Namen Roms. Es war jene Nacht, in der Nero Caesar in einem Triumphwagen zwischen Männern, Frauen, Jünglingen, Knaben hindurchfuhr – nackte, mit Ruten blutig geschlagene Gestalten, beschmiert mit Pech, die plötzlich von Sklaven, die Fackeln schwenkten, in Brand gesteckt wurden . . .

Wäre nicht der Vater dabeigewesen und wären uns nicht von Beauftragten des Princeps »Ehrenplätze« angewiesen worden, ich wäre davongestürmt, nur mit einem Gedanken des Grauens im Kopf: »Das also wäre das Los von Aemilianus gewesen!«

Wir wurden auf eine Tribüne geführt – vor uns, auf einer Wiese, krochen Gestalten herum, die in Tierfelle gehüllt waren. Da, auf einen fröhlichen Zuruf des Princeps, öffnete sich ein Zwinger, Hunde und Wölfe stürzten heraus und rissen sie in Stücke. Über die zuckenden Leichen, durch einen dicken Qualm brennenden Fleisches, durch knöcheltiefes Blut fuhr der Princeps, harfeschlagend auf seinem Rennwagen daher.

Am Rande der im Blute versumpften Wiese wurden nun Kreuze errichtet, an die man die noch lebenden *Christiani* nagelte.

Den munteren Zurufen des Princeps, sich doch am Tode solch abscheulicher Verbrecher zu erfreuen, antwortete ein dumpfes Grollen – jäh übergehend in Schreie des Mitleids und der Empörung. Da machte der Princeps eiligst kehrt mit seinem Rennwagen und das »Fest« wurde für beendet erklärt.

Kurz danach erfuhr man, daß hohe Offiziere in eine schändliche

Verschwörung zur Ermordung unseres erhabenen Imperators verwickelt sein sollten. Die Untersuchungen seien bereits eingeleitet. In diesem Zusammenhang wurde auch der Name des Lucius Annaeus Seneca genannt.

Sechstes Kapitel

TRAIANUS ERHÄLT DIE WEISSE TOGA

Obgleich ich noch mehrere Jahre auf die weiße Männertoga warten mußte, so sind doch mit dem Brand von Rom und mit jenem »Volksfest« meine Knabenjahre zu Ende gegangen. Was sich in der Welt der »Erwachsenen« abspielt, das hatte ich kennengelernt! Ein neuer, freundlicher Paedagoge namens Marcellus, Sohn eines Freigelassenen, wurde angestellt, zu dem ich keine innere Beziehung gewann. Die Latein- und Griechischlehrer blieben die gleichen, aber da ich jetzt bald Mitglied der Iuventus wurde, richtete sich meine Lernbegierde immer mehr auf das Militärische. Viermal im Monat fanden Übungen der Jungmannschaft statt, gefolgt von theoretischem Unterricht in Fragen der Strategie, der Taktik, der besten Bewaffnung, des Baus von Zelten und Lagern und was alles dazu gehört. Der Gallische Krieg von Divus Iulius spielte hierbei eine große Rolle – auch die Feldzüge des Germanicus studierten wir, und am Beispiel von Tiberius Caesar lernten wir die Pflichten und Tugenden eines guten Heerführers – genügsam zu sein wie der jüngste Legionär, in der Schlacht der Erste, am Ende des Kampfes der Letzte – auf bloßer Erde zu schlafen, wenn dies nötig ist, und die Pläne und die Stärke des Gegners sowie das Gelände auf das genaueste zu erforschen. Vor allem aber: die eigene Stärke nie zu überschätzen und sich nicht vom scheinbar friedlichen Willen des Feindes täuschen zu lassen. Immer wieder prägte uns unser Vorgesetzter den Satz ein: »Nicht was der Feind will, sondern was er tun könnte – das ist entscheidend, denn seine Absichten kann er in jedem Augenblick ändern.«
Auch aus der Niederlage des Quinctilius Varus in den Sümpfen von Germanien, die uns drei unserer besten Legionen kostete, konnten wir viel lernen.

Niemals der äußeren Erscheinung des Gegners wegen ihm trauen! Das war auch eine der wichtigsten Lehren, die wir erhielten. Es gibt kaum eine schönere Jugend als die germanische – blond, blauäugig, mit treuherzigem Augenaufschlag und herzwärmendem Lächeln. Dabei das verschlagenste Volk – darin nur den Syrern ähnlich. Sie schauen einen strahlend an und lügen einem völlig schamlos das Blaue vom Himmel herunter.

Aber man soll ihnen nicht zeigen, daß man sie für Menschen geringerer Art halte – das hat nämlich Varus getan, und damit hat er alle bösen Eigenschaften in ihnen wachgerufen. Tiberius Caesar hat mit seiner germanischen Leibwache, die er streng, aber menschlich behandelte, gute Erfahrung gemacht. Das gleiche kann auch ich berichten, nachdem ich dieses merkwürdige, in sich widerspruchsvolle Volk selber kennengelernt habe.

Die Zeit nach dem großen Brand war voll von Unruhe. Tag und Nacht drang der Lärm vom Bau des Goldenen Hauses zu uns herauf. Jetzt wohne er endlich wie ein Mensch, sagte Nero Caesar, als es fast vollendet war und er einziehen konnte.

Irgend etwas war im Gange. Männer, die wir kaum dem Namen nach kannten, meldeten sich bei meinem Vater, so der Senator Caius Calpurnius Piso . . .

(»Das war doch ein Verwandter deiner calpurnischen Familie, parve amice?«

»Ein weitläufiger, Caesar, aber man war doch stolz auf ihn!«)

Beim Volk, parve amice, war dieser Mann recht beliebt, denn er war freigiebig und selbstlos. Aber die Praetorianer mochten ihn nicht so recht, er sei ein tragischer Schauspieler, der öffentlich auftrete, sagten sie, das ist auch nicht besser als der Sänger und Leierklimperer Nero. Am liebsten hätten sie Annaeus Seneca zum Princeps und Imperator gemacht, einen Mann, der durch seine Tugenden bekannt sei.

Meist kamen sie im Abenddämmern, Tribunen der Praetorischen Cohorten, designierte Consul, Senatoren, Praetoren. Aber ich hatte den Eindruck, daß mein Vater in diese Verschwörung, die ich schon kurz erwähnte, nicht hineingezogen werden wollte. Sein

Soldateneid, sagte er mir später, habe ihm verboten, sich gegen Nero Caesar, seinen Imperator, aufzulehnen, oder gar sich an einer Verschwörung gegen sein Leben zu beteiligen.

Häufig kam ein Mann zu Besuch und blieb lange allein mit dem Vater, den die Götter zur Rettung des Gemeinwesens auserlesen sollten: Titus Flavius Vespasianus, damals auf Urlaub von seinem Amte als Proconsul der Provinz Africa. Er war im Jahre der Varus-Schlacht, also noch unter Divus Augustus, geboren und hatte sich als Tribun und Legionslegat in Thrazien und unter Divus Claudius in Germania und in Britannia ausgezeichnet. Dort hat er dreißig Gefechte bestanden, zwanzig Ortschaften und die große, der Südküste vorgelagerte Insel Vectis erobert.

Als Proconsul war er ein guter Verwalter, der sich nicht bereicherte. Wenn seine Gespräche mit dem Vater zu Ende waren, hat er mir, obgleich ich doch nur ein kleiner Junge war, viele Fragen beantwortet, und das alles habe ich mir gut gemerkt. Manchmal brachte er auch seinen jüngeren Sohn mit, Titus Flavius Domitianus, der nur zwei Jahre älter war als ich. Wir vertrugen uns gut, und so ist es auch später geblieben, als er unser Princeps und Imperator wurde.

Erst empfand ich es sehr bitter – fast wie eine Treulosigkeit –, daß meine Schwester Ulpia Marciana heiratete, und zwar den Senator Caius Salonius Matidius Patruinus, einen ehrenwerten, nicht weiter bedeutenden Senator. Aber als ihre Tochter Matidia geboren wurde und heranwuchs, sah ich, daß auch diese Vermählung auf Wunsch der Götter und zum Wohle des römischen Volkes erfolgt war. Gleich ihrer Mutter hat sie stets zu meinen geliebtesten Begleitern gezählt, und so habe ich auch ihr den Rang einer Augusta verliehen.

Ein, zwei Jahre nach dem Brand von Rom, als sich das Goldene Haus der Vollendung näherte, hörten wir von gefährlichen Unruhen in unserer syrischen Provinz und in Judaea.

Wohl der freundschaftlichen Verbindung wegen zwischen meinem Vater und Titus Flavius Vespasianus kam auch dessen treuer Anhänger, Tiberius Alexander, in unser Haus. Sein Sohn, Iulius Tiberius Alexander, ungefähr meines Alters, nahm an unserm Unterricht teil. Es hieß von ihm, sein Vater, der hohe römische Verwaltungsstellen einnahm und einer der glänzendsten Befehlshaber in unserm Heere war, sei aus dem Stamme der Judaeer, der in Alexandria, seiner Geburtsstadt, nicht minder als in Judaea selber und im ganzen römischen Osten, sehr einflußreich sei.

Aber man wußte auch, daß Tiberius Alexander Pater schon als junger Mann den Gebräuchen seines Volkes entsagt und sich ganz der römischen Sache gewidmet habe. Er tat öffentlich alles, um dies zu beweisen – bei Gastmählern aß er Schweinefleisch, was der Gesetzgeber der Judaeer, ein Mann namens Moyses, der recht bedeutend gewesen sein muß, streng verboten hatte. Den Judaeern ist der Tag des Saturns heilig. Da dürfen sie keine Arbeiten verrichten, nicht einmal sich verteidigen, was ihnen noch zum Verhängnis werden sollte. Um den Judaeern zu zeigen, daß er nichts mehr mit ihnen zu tun habe, wurde gerade dieser Tag von Tiberius Alexander ausgesucht, um zu arbeiten und seine Untergebenen und Sklaven dazu anzuhalten.

Seiner erwiesenen Treue und Tüchtigkeit wegen sandte ihn Divus Claudius schon im vierten Jahre seiner Regierung als Procurator nach Judaea, wo er trotz seinem Abfall vom Glauben der Väter hohes Ansehen genoß. Später war er Generalstabschef des großen Feldherrn Cnaeus Domitius Corbubo, dem Nero Caesar, weil er auf seine Siege eifersüchtig war, während der Griechenlandreise den Tod befahl.

Ich komme auf ihn zurück – denn als Praefect von Ägypten war er Werkzeug der Götter bei der Wahl von Titus Flavius Vespasianus zum Princeps des römischen Volkes.

Wir Jungen hatten alle schon die Satiren von Horaz gelesen, und da gibt es ein paar, in denen er sich über die Judaeer lustig macht. Im Augenblick weiß ich die Stellen nicht mehr auswendig – schau einmal nach, parve amice, ob du sie findest ...

»Ja, Caesar, in der VI. Satire.«

»Lies mir vor.«

»Die Leute wollen uns dort glauben machen,
Der Weihrauch schmelze ohne Flamme auf
Dem heiligen Altar. Das glaub' Apella,

Der Jud', ich nicht! Mich hat Lucrez gelehrt
Daß sich die Götter nicht um uns bemühen . . .«
»Das wäre schlimm, wenn Lucrez recht hätte! Aber das ist nicht
die Stelle, die ich meine. Suche weiter.«
»Jetzt habe ich sie, Caesar:
› . . . es ist Neumondssabbat
Du wirst doch, um das bißchen Haut zu wenig,
Die guten Juden nicht so schmählich halten
Und ihren Sabbat schänden wollen . . .‹«
»Das ist die Stelle – und wir waren nun sehr neugierig, wie das bei
einem Jungen aus judaeischer Familie aussieht! Wir guckten alle
sehr frech hin, als sich Iulius Tiberius in der Palaestra nackt auszog
– aber er sah nicht anders aus als wir. ›Ich weiß genau, was ihr
sehen möchtet‹, sagte er, gar nicht gekränkt. ›Aber diesen Brauch,
den man vor ein paar tausend Jahren eingeführt hat, vielleicht
damit Gott uns gleich erkennen kann, den gibt es in meiner Familie nicht mehr.‹ Überraschend – aber was es bedeutete, verstand ich
nicht – hat er hinzugefügt: ›Auch bei den *Christiani* nicht. Das hat
ein großer Lehrer, ursprünglich auch Iudaeer, den mein Vater gut
kennt, abgeschafft – ein gewisser Saulus oder auch Paulus, römischer Bürger, genau wie wir.‹«
Was war also Besonderes an den Iudaeern? Sie konnten römische
Bürger werden. Tausende, wie wir jetzt erfuhren, lebten seit langem in Rom, es gab sie in allen Provinzen und weit darüber hinaus.
Selbst im fernen Sinae hatten sich einige niedergelassen. In Hierosolyma haben sie einen Tempel, den Divus Augustus und Diva
Iulia Augusta und andere Mitglieder des Caesarenhauses mit Geschenken überschütteten. Für ihren Höchsten Gott haben sie ei-
nen anderen Namen als wir und die Griechen, aber auf den Namen
kommt es ja nicht an. Sie selber sagen, daß man den eigentlichen
gar nicht kennt, und wer ihn kenne, dürfe ihn nicht nennen!
Jedenfalls opfern sie dem »Höchsten Gott« täglich zum Wohle des
Reiches und der Imperatoren einen Stier und zwei Lämmer. Schon
Divus Iulius hat sie vom Militärdienst freigestellt und ihnen alle
Abgaben erlassen. Sie dürfen sogar für ihren Tempel jährlich pro
Kopf ein Diadrachmon als Steuer einziehen.

Lange Zeit hatten sie Könige, die von uns eingesetzt wurden, und nun sind unsere Statthalter sogar angewiesen, keine Feldzeichen mit irgendwelchen Bildern oder mit Caesarenköpfen und Adlern in die Nähe ihres Tempels zu tragen.

Iulius Alexander erzählte uns, daß zwischen dem Volke, dem seine Vorfahren angehörten, und Griechen und Römern, vor allem Griechen, ein unüberbrückbarer Haß bestehe. In Alexandria, aber auch in anderen Griechenstädten schlagen sie einander tot. Das Volk selber, sagte er, sei gespalten. Einer der recht ansehnlichen Teilkönige, Agrippa II., auch Herodes genannt, wie sein Urgroßvater Herodes der Große, den wir zur Zeit von Marcus Antonius und Divus Augustus eingesetzt hatten, ist uns durchaus treu. Ebenso die meisten adeligen und begüterten Familien, denen es vor einem pöbelhaften Umsturz graut.

Aber Völker werden ja manchmal vom Wahnsinn ergriffen, und da hilft kein gutes Zureden, sondern nur das Schwert . . . dann, wenn es von einem Mann geführt wird, den die Götter gesandt haben. So war es, als der römische Pöbel die Republik zur Zeit des Marius an den Rand des Abgrunds brachte – da kam Cornelius Sulla und rettete das Gemeinwesen – wie Divus Iulius und Divus Augustus es zu ihren Zeiten wieder taten. Und in unserer Zeit . . . doch will ich nicht schon wieder vorgreifen.

Gerade als sich die Unruhen im Osten häuften, trat Nero Caesar seine große Reise nach Griechenland an. Aus geflüsterten Bemerkungen einiger Erwachsener hatten wir herausbekommen, daß Seneca sich dieser Reise widersetzt hatte – er fürchtete, der Caesar könnte kraft seiner Herrschergewalt die Einweihung in die Eleusinischen Mysterien erzwingen und als Geistesgestörter – oder gar nicht! – zurückkehren. Aber über Seneca durfte ja nicht mehr gesprochen werden. Auch seine Schriften verschwanden aus dem Unterricht – worauf wir sie uns unter der Hand besorgten und sie fleißiger lasen denn je!

Tiberius Alexander war schon vorausgereist, hatte seinen Sohn jedoch bei uns zurückgelassen. Auch Titus Flavius Vespasianus, seines bekannten Kriegsruhms wegen, mußte den Caesar begleiten.

Sehr bald trafen Siegesnachrichten ein – nicht von gewonnenen Schlachten, denn einen Feind gab es ja nicht. Nein! Von weit edleren Kämpfen – um den Lorbeer des Apollo im Sängerkrieg, in dem der Princeps jede Schlacht gewann, begleitet von seiner Leier, in langen, ärmellosen griechischen Gewändern.

Gemäß diesen Berichten, die jeden zehnten Tag eintrafen, war es die größte und erfolgreichste Fahrt, die jemals unternommen wurde. Nur so nebenbei – als dreistes Geraune, wie man uns Jungen versicherte – hörte man aber auch, daß unser Princeps in Olympia mit einem Zehnergespann als Rennfahrer auftrat und dabei aus dem Wagen geschleudert wurde. Man hob ihn wieder hinein, aber er konnte das Rennen nicht vollenden – dennoch wurde er mit dem olympischen Siegeskranz aus den Zweigen des wilden Olivenbaums geschmückt.

Unser Mitschüler, Flavius Domitianus, erhielt eines Tages eine beunruhigende Nachricht: Sein Vater sei beim Caesar in Ungnade gefallen, und das könnte den Tod bedeuten! Nicht nur sei er wie viele andere, die den Gesang des Princeps nicht mehr anhören konnten, heimlich über die Mauer des offenen Theaters gesprungen (andere haben sich sogar totgestellt, um als Leichen hinausgetragen zu werden!), sondern er sei beim allerhöchsten Gesang eingeschlafen und habe durch lautes Schnarchen den göttlichen Genuß gestört. Acht oder zehn Tage später traf er in Italia ein, nahm seinen Sohn aus unserm Unterricht und zog sich in seine kleine Geburtsstadt Falacrina bei Reate im Sabinerland zurück.

Gemäß den Berichten in den *Acta Diurnia,* unserer Tageszeitung, riß die Kette der hellenischen Siege nicht ab. Zu seinem Rang als Olympionike kam bald auch der eines Pythioniken – errang er doch den ersten Preis im gymnastischen wie musischen Wettbewerb bei den pythischen Spielen in Delphi. Damit gewann er auch den hochheiligen Lorbeerzweig, mit dem er nach Italia zurückkehrte. Auch wie bescheiden er sich verhielt, wurde gerühmt – gar nicht wie der Herrscher der Welt!

Den Preisrichtern gegenüber verhielt er sich ehrfurchtsvoll – seine Zuhörer und Zuschauer bat er um Nachsicht, sollte er Fehler machen.

Daß er auch Weiberrollen spielte, fanden wir Jungen ziemlich
abstoßend. So soll er auf offener Bühne kreißende Mütter dargestellt haben. Die boshaften Griechen haben darauf den Witz geprägt: »Was tut der Imperator? Er hat die Wehen . . .«
Vor seiner Abreise hat er noch versucht, einen Kanal bei Korinth
zu bauen und hat sogar den ersten Spatenstich getan. Ein sehr
vernünftiger Plan, der den Schiffern den gefährlichen Seeweg um
das peloponnesische Kap Malea ersparen würde.
Und weil er gerade am Isthmus war, ließ er auch die Isthmischen
Spiele wiederholen, und wie Titus Quinctius Flamininus 96 Jahre
vor der Geburt von Divus Iulius die Griechen von der makedonischen Herrschaft frei erklärte, erklärte er nunmehr ganz Achaia
frei von der unsern – keine Steuern mehr, keine römischen Procu-
ratoren, keine Truppen. »Andere Herrscher«, sagte er in einer
»Gnadenverkündung«, »haben einzelnen Städten Freiheit gewährt
– Nero aber einer ganzen Provinz . . .«
Darum wird er heute in Hellas noch hoch geehrt, und bei meinem
lieben Plutarchos steht auch einiges über ihn! Parve amice, hole
doch einige seiner Werke aus der Bibliothek und versuche die
Stelle zu finden . . .
»Caesar, ich glaube, ich habe sie schon, sie steht im Dialog ›Späte
Vergeltung‹« . . .
»Richtig! Da erzählt doch der junge Thespesios, der scheintot war
und in seinen Körper zurückkehrte, was er im Jenseits erlebt
hat . . .«
»Die Sibylle sagt den Untergang von Pompeii und den Ausbruch
des Vesuvs voraus, den mein Adoptivvater so genau beschrieben
hat . . . «
»Davon mußt du mir gelegentlich auch noch erzählen. Aber das ist
nicht die Stelle, die ich meine.«
»Daß Divus Vespasianus seiner Rechtschaffenheit wegen nicht
ermordet werden wird, sondern an einer Krankheit stirbt.«
»*Das* ist auch nicht die Stelle, die ich meine. Suche weiter!«
»Ich weiß, Caesar, aber das ist doch auch lesenswert! Hier ist jetzt
deine Stelle – soll ich sie vorlesen?«
»Ja – darum schickte ich dich doch, das Werk zu holen!«

»Also bei Plutarch steht:

›Als Thespesios dann zum Schluß diejenigen Seelen betrachtete, die für eine zweite Geburt zubereitet werden, wobei sie gewaltsam in mancherlei Tiergestalten zurechtgebogen und umgeformt wurden und die damit betrauten Handwerker mit gewissen Werkzeugen und durch Schläge entweder ganze Teile zusammentrieben oder wegdrehten oder manchmal auch weghobelten und ganz beseitigten, um sie für andere Wesens- und Lebensarten geeignet zu machen: da wurde unter diesen auch die Seele Neros sichtbar, sonst schon übel zugerichtet und jetzt mit glühenden Nägeln durchschlagen. Als nun die Handwerker im Begriff waren, ihr die Gestalt einer indischen Schlange zu geben, in der sie ihre Mutter durchfressen und so zum Leben kommen sollte, weil Nero ein Muttermörder war – da, sagte Thespesios, leuchtete plötzlich ein großes Licht auf, und eine Stimme erscholl aus dem Licht und befahl, ihn in ein anderes, zahmeres Wesen zu verwandeln und ein singendes Tier aus ihm zu machen, das an Sümpfen und Seen lebt; denn für das Böse, das er getan, habe er genug gebüßt, und es werde ihm nun auch etwas Gutes von den Göttern geschuldet, weil er das beste und gottgefälligste der ihm untertänigen Völker befreit habe: Hellas!‹«

»Genau diese Stelle meinte ich. Schreibe sie ab und schicke sie meinem Großneffen Aelius Hadrianus für den Fall, daß er sie nicht kennt. Sie wird ihn freuen – er ist ja mehr Grieche als Römer! Aber jetzt wollen wir fortfahren!«

Flavius Domitianus, mein Schulfreund, erschien plötzlich wieder, aber nur, um sich abzumelden. Ganz überraschend habe sein Vater erfahren, daß ihn der Princeps zum Oberbefehlshaber im judaeischen Kriege ernannt und beauftragt habe, den Aufstand mit jedem Mittel niederzuschlagen. Er, Domitianus, dürfe den Vater begleiten, und darob habe ich ihn sehr beneidet!

Am gleichen Tag erreichte auch meinen Vater ein Befehl des Princeps: Er solle unverzüglich aufbrechen und sich im Hauptquartier von Caesarea bei Titus Flavius Vespasianus und dessen älterem Sohne Titus melden. Er wurde zum Legaten der X. Legion *Fretensis* ernannt.

Auch Iulius Tiberius Alexander verließ uns, um nach dem Osten zu gehen. Nur ich blieb zurück!

Den Haushalt übernahm meine Schwester Ulpia. Ihr Mann blieb drunten in seinem Stadthaus, meldete sich aber bald zum Heeresdienst. Der Krieg nahm immer drohendere Ausmaße an – obgleich es eigentlich kein »Krieg« sein sollte. Waren doch Hierosolyma und das ganze judaeische Land schon seit den Tagen von Pompeius Magnus dem Römischen Volke untertan.

Es war gewiß der Wille der Götter, daß mein Vater gerade in diesem Augenblick abberufen wurde. Anderenfalls wäre er bestimmt in die stetig wachsende Verschwörung gegen Nero Caesar hineingezogen worden – denn auch für ihn mußte es eine Grenze der Gehorsamspflicht geben!

Seit seiner erzwungenen Einweihung in Eleusis schien sich der Princeps tatsächlich für einen Gott zu halten und damit für den Herrn über Leben und Tod. Eine Wahnsinnstat folgte der anderen. Das Blut von hoch und niedrig floß in Strömen, bis schließlich die wahren Götter Roms dem falschen Gott Einhalt geboten!

Aber der Ablauf all dieser Ereignisse, die Aufstände der Legionen in Hispania, Gallia, Germania sind jedem Schuljungen so gut bekannt, daß wir keine Zeit darauf verschwenden sollten. Nero Caesar hätte einem schon fast leid tun können – man hätte ihn in einem Legionsspital für Geistesgestörte lebenslang unterbringen sollen, dort hätte er singen und Leier spielen können, ohne jemandem zu schaden.

Denn wie anders soll man es erklären, daß er in allem Ernste verkündete, er wolle den aufständischen Legionen unbewaffnet entgegengehen und nichts weiter tun als weinen. Dann würden die Meuterer gleich ihre böse Tat bereuen, und im Kreise fröhlicher Gefährten werde er muntere Siegeslieder vortragen, an deren Abfassung er jetzt gehe. Gleich darauf, als er erfuhr, daß der Legatus Augusti pro praetore, Servius Sulpicius Galba, von Hispania Tarraconensis ihm den Gehorsam aufgekündigt und daß der Statthalter von Lusitania, Marcus Salvius Otho, ihn unterstütze, verfiel er in eine todesähnliche Ohnmacht. Als er zu sich kam, rief er laut: »Es ist aus mit mir!« Gegen Galba hatte er stets Mißtrauen gehabt, da diesem sowohl Divus Augustus wie Tiberius Caesar die künftige Herrscherwürde vorausgesagt hatten. Als Soldat berühmt, als Proconsul gerecht und unbestechlich, sprach eigentlich nur sein Alter – er war über siebzig Jahre – gegen ihn – und vielleicht seine Sparsamkeit als sorgsamer Verwalter öffentlicher Gelder. Und Otho – der war einst ein enger Freund von Nero Caesar, dem er sogar seine Gemahlin, die Poppaea Sabina, abtrat und der dafür mit der Provinz Lusitania belohnt wurde!

Immer mehr Legionen fielen von ihm ab – und immer fahriger wurde der Mann, vor dem der Erdkreis gezittert hatte. Als er merkte, daß seine Wachabteilung und alle seine Gefolgsleute und Diener ihn verlassen hatten – sein »Ehegemahl« Pythagoras, der »Große Speerträger«, hatte sich auch schon abgesetzt – floh er in Panik aus seinem Palast. Nur vier Begleiter folgten ihm, unter ihnen der schöne, treue Sporus.

Was sich dann abgespielt hat, darüber gibt es nur Vermutungen. Einer der Begleiter, der Freigelassene, Epaphroditus, berichtet, daß Nero Caesar mit blutenden Füßen durch ein Dornengestrüpp kroch, von Durst geplagt aus einer lauwarmen Pfütze trank und dazu sagte: »Das ist jetzt Neros Eisgetränk . . .«

Dann holte ihn ein anderer Freigelassener ein, namens Phaon, der ihm mitteilte, der Senat habe ihn zum Feind des Gemeinwesens erklärt und beschlossen, an ihm die Todesstrafe »nach dem Brauch der Vorfahren« zu vollziehen. Was das sei? wollte er wissen.

»Caesar, ich wage kaum es auszusprechen«, erwiderte Phaon. »Man zieht den Verurteilten nackt aus, schließt seinen Hals in eine Gabel ein und prügelt ihn mit Ruten zu Tode.« Als Nero Caesar zusammenzuckte, fügte Phaon rasch hinzu: »Aber du, Caesar, bist ja Volkstribun, also heilig und unverletzlich.«

Plötzlich hörte man Pferdegetrappel. Nero Caesar prüfte zwei Dolche auf ihre Schärfe und bat Sporus, ihm durch Selbstmord mit gutem Beispiel voranzugehen. Nein! das solle er nicht tun, denn wer würde dann für ihn die Totenklage anstimmen?

»Jupiter, was für ein Künstler stirbt mit mir«, waren seine letzten Worte . . .

Dann riß er sich zusammen und stieß sich mit Hilfe von Epaphroditus den Dolch in die Kehle. Zum Entsetzen der Umstehenden traten ihm sofort die Augen aus den Höhlen. Er fand eine würdige Ruhestätte. Seine Asche wurde im Erbbegräbnis der Domitier beigesetzt, oberhalb seiner Gärten auf dem Mons Pincius, wo er sein grauenvolles »Volksfest« gegeben hatte. Den Epaphroditus hat Titus Domitianus Caesar später hinrichten lassen.

Es ist dem Imperator Galba zu verdanken, daß der Name Caesar, der doch eigentlich nur dem iulisch-claudischen Hause zustand, gerettet wurde und als Rangbezeichnung fortlebt.

Als Servius Galba Imperator Caesar Augustus im roten Feldherrnmantel in Rom einzog, stand ich im sechzehnten Lebensjahr und befehligte zu seinem Schutze und ihm zu Ehren eine bewaffnete Hundertschaft der städtischen Iuventus. Das Volk raste vor Begeisterung, während sich bereits Murren gegen ihn erhob, vor allem unter den Praetorianern, denen er ein Geschenk verweigert hatte.

»Ich bin gewohnt, meine Soldaten auszuheben, nicht sie zu kaufen«, sagte er laut – ein schönes, echt römisches Wort, das ihm aber Haß und Feindschaft eintrug. Schon kamen auch Nachrichten, daß in Germania inferior der Statthalter Aulus Vitellius, den er selber hingeschickt hatte, mit seinen Legionen losschlagen wolle – das war die I. Legion *Germanica* mit Standquartier in Bonna, die V. und XV. – *Alaudae* und *Apollinaris* in Castra Vetera am unteren Rhenus und die XVI., *Gallica* im Novaesium. Auch bei den Legionen in Germania superior gärte es offensichtlich.

Ich war dabei, als der Imperator Galba den jungen, seiner Tugenden und seiner edlen Abstammung wegen angesehenen Lucius Calpurnius Piso Frugi Licinianus öffentlich vor versammelter Mannschaft an Sohnes Statt annahm, zu seinem Mitherrscher und Nachfolger erklärte und ihn zum Caesar ernannte.

(»Wieder ein Verwandter von dir, parve amice!«
»Der ältere Bruder meines Urgroßvaters –«
»Wenn die Götter es gewollt hätten, hätte die Gens Calpurnia also zweimal Aussicht, Nachfolgerin des iulisch-claudischen Hauses zu werden. Dann wärest du heute vielleicht Princeps Iuventutis und unser nächster Imperator!«

»Aber lieber bin ich dein junger Freund, Caesar, und nur du bist Optimus Princeps, wie dich mein Adoptivvater genannt hat, schon lange ehe der Senat es tat!«)

Fahren wir fort: Der Imperator Galba hat dabei Worte gebraucht, die mein späterer Adoptivvater, Marcus Cocceius Nerva, angehört hat, der damals schon Praetor gewesen war. Der Imperator, der seinen erwählten Sohn bei der Hand hielt, sagte: »Nachdem das iulisch-claudische Haus erloschen ist, wird man auf dem Wege der Adoption jeweils den besten Mann herausfinden. Denn von Fürsten erzeugt zu werden und ihnen das Dasein zu verdanken, ist eine Zufallserscheinung, und bei dieser Wertung bleibt es. Adoptieren bedeutet ein unbestechliches Urteil fällen, und wenn man jemanden auswählen will, so gibt die Zustimmung den richtigen Hinweis . . .«

Auch ich habe mir dies sehr gut gemerkt, und da ich keine Kinder habe, muß ich bald daran denken, wen ich durch Adoption zur Nachfolge berufen will. Denn, wie der Imperator Galba auch sagte: Der unermeßliche Organismus des Römischen Reiches könnte nicht ohne einen Lenker auf festen Füßen stehen und sich im Gleichgewicht halten.

(Hier findet sich im Text ein Schreiben des jungen Plinius an den Imperator Hadrianus:

»Domine et Imperator Sanctissime,

Das ist das erste Mal, daß Divus Traianus von der Adoption und der Berufung eines Nachfolgers sprach. Ich wagte nicht, Fragen zu stellen, aber ich bin überzeugt, daß er dabei an dich dachte – wer wäre denn sonst in Frage gekommen?«)

Am gleichen Tage ließ mich der Imperator Galba mit meiner Hundertschaft der *Iuventus* antreten. Er fragte nach unsern Namen, unsern Familien und unserm Alter. Dann verlieh er mir und noch zwei anderen Jungen die *Toga virilis*, die weiße Männertoga, womit wir vollberechtigte Bürger des römischen Gemeinwesens wurden.

Siebentes Kapitel

Im Grauen der Bürgerkriege: Finis Imperii?

Bekanntlich hat Marcus Salvius Otho gleich nach der Ermordung deines Urgroßoheims und dessen Adoptivvaters die Herrschaft an sich gerissen. Ich habe damals die ersten Wunden erlitten, denn mit meiner Hundertschaft versuchte ich, der Verräter Herr zu werden. Die beiden anderen Jungen, die gleichzeitig mit mir die weiße Toga erhalten hatten, sind im Kampf gefallen. Daß ich mit dem Leben davonkam, kann ich nur dem Willen der Götter zuschreiben.

Ein Centurio, der meinen Vater kannte, schleppte mich aus dem Getümmel und brachte mich in unser Haus auf dem Caelius. Der liebevollen Pflege meiner Schwester verdanke ich es, daß ich schließlich als Gesunder ins Leben zurückkehren konnte.

Auf dem Krankenlager erfuhr ich von den großen Taten meines Vaters im Kriege gegen die aufständischen Iudaer. Meine Schwester las mir die Berichte vor, die der anarchischen Zustände wegen erst jetzt in Rom eintrafen. Manche waren fast zwei Jahre alt. Als Legat der X. Legion *Fretensis* führte mein Vater tausend Reiter und zweitausend Fußsoldaten gegen die stark befestigte Stadt Japha in Galilaea. Zwischen der ersten und der zweiten Mauer wurden Tausende niedergehauen. Im Sterben haben sie mehr ihren eigenen, vom Wahnsinn geschlagenen Landsleuten, die sie in diesen Krieg gestürzt hatten, als den Römern geflucht.

Die Innenstadt einzunehmen, dazu verfügte mein Vater nicht über genügend starke Kräfte. Er bat daher Vespasianus, er möge ihm seinen Sohn Titus senden. Dieser brachte eine Verstärkung mit von fünfhundert Reitern und tausend Fußsoldaten. Beim Sturmangriff befehligte mein Vater den linken, Titus den rechten Flügel. Sechs Stunden dauerte die mutige Verteidigung, bis die Stadt endlich unser war. Der Feind verlor an zwanzigtausend Mann, die unmündigen Kinder wurden in die Sklaverei verkauft.

»Wo liegt die Stadt – in Galilea?« fragte ich.

»Ja – warum?«

»Weil mein Schulfreund Iulius Tiberius öfters diese Landschaft erwähnt hat.«

Andere Waffentaten meines Vaters, über die er nicht weiter berichtete, da sie im Rahmen seiner Pflichterfüllung lagen, erfuhr ich aus den aufgestapelten, älteren Jahrgängen der *Acta Diurnia*. Da werden die Kämpfe rings um den großen, fischreichen See Tiberias geschildert, der wie eine tiefblaue Raute voll köstlichen Wassers am oberen Jordan liegt. Östlich davon erheben sich die Gaulanishöhen. Einige Jahre später habe ich ja diese Landstriche selber kennengelernt.

Mit vierhundert Reitern kam mein Vater Titus zur Hilfe, als dessen Leute, fast schon entmutigt, um die Stadt Tiberias kämpfen sollten. Sie war vom Tetrarchen Herodes Antipas, den Divus Augustus mit Galilaea und Peraia belehnt hatte, zu Ehren von Tiberius Caesar gegründet und nach ihm benannt worden. Eine schöne Stadt, die Divus Vespasianus schonte, mit einem großen Hafen, in dem die Fischereiflotte zu Hause war, und in der Nähe warme, heilkräftige Quellen. Aber weil die Stadt angeblich über alten Grabstätten gebaut war, haben die Pontifices und Haruspices dieses merkwürdigen Volkes sie für »unrein« erklärt. Allein mit seinen Reitern erstürmte mein Vater die Stadt Taricheae südlich von Tiberias.

Auch von der Niederwerfung der Landschaft jenseits des Jordans, Peraea, durch meinen Vater erfuhren wir erst jetzt. Siegreich kehrte er dann zu Titus Flavius Vespasianus, seinem Oberbefehlshaber, in die Stadt Jericho nördlich des großen Asphaltsees mit seinem bitteren, toten Wasser zurück.

Meine Verwundung, die schwerer war, als man zuerst annahm, hat mir erspart, drunten in der Stadt all die Grauen mitansehen zu müssen. Es war wirklich, als sei der Orcus aufgebrochen und die unterweltlichen Götter hätten den Untergang der Stadt beschlossen. Bis dann durch Willen und die Gnade der Olympischen die

88

syrischen Legionen und die ägyptischen auf Rat des Praefecten
von Ägypten, Tiberius Alexander, dem mein Vater in Alexandria
zur Seite stand, Titus Flavius Vespasianus zum Imperator und
Princeps erhoben wurde und diesen als Imperator Caesar Vespasianus Augustus und Retter des Vaterlandes in Rom einziehen
konnte. Die Fortführung des judaeischen Krieges bis zu dessen
siegreichem Ende – wovon ich noch sprechen will – hatte er
seinem Sohne Titus, nunmehr Titus Caesar übertragen. Auch mein
Schulkamerad Domitianus erhielt den Caesarentitel.
Aber um die ganze Größe unseres neuen Imperators zu verstehen,
muß man sich doch ein Bild von der Stadt machen, wie er sie
vorfand. Zu uns auf den Caelius, der wieder durch die Güte der
Götter verschont blieb, drang monate-, jahrelang das Gebrüll der
Mörder, das Heulen der Opfer und das Geklirr von Waffen.
Verängstigte Sklaven, die man zum Einkaufen ausschicken mußte,
(aber es gab schließlich fast nichts mehr an Lebensmitteln, nicht
einmal zu doppelten und dreifachen Preisen!) berichteten über die
Vorgänge.
Otho, dem Mörder seines Imperators Galba, dessen hoheitsvolle
Würde ich nie vergessen habe, leuchtete, kein günstiger Stern.
Schon bei seinen ersten Opferhandlungen waren die Omina
schlecht – eines der Opfertiere hatte kein Herz, ein anderes eine
grünlich gefleckte Leber. Auch sonst gab es allerlei unheilverkün-
dende Vorzeichen, so meinte man im Volke, das in Zeiten der
Wirren noch wundergläubiger ist als sonst.
Er selbst schien seine Untat auch schon zu bereuen – er opferte
den Manen Galbas, um sie zu versöhnen, denn in der Nacht nach
dessen Tod war ihm dieser erschienen. Vor Schreck fiel er von
seiner Lagerstätte, während gleichzeitig ein furchtbares Gewitter
niederging. Unbeliebt machte er sich fast überall, weil er den
Namen Nero annahm und dessen Bildnisse wieder aufstellte und,
vielleicht um seine Nachfolgeschaft zu beweisen, Neros »Gemahlin«, den Knaben Sporus, nun seinerseits ehelichte.
Inzwischen ging in Rom das Morden weiter. Kleine Kaufleute
erschlugen einander aus Neid und Gewinnsucht – unter politischen Vorwänden! Die zügellosen Soldaten behandelten Rom wie

eine eroberte Stadt. Zu allem Unglück kam eine furchtbare Überschwemmung, gefolgt von Kälte, Erwerbslosigkeit und schließlich Hungersnot.

In merkwürdigem Gegensatz zu seinem Leben stand der Tod des Imperators Otho auf dem Schlachtfeld von Bedriacum. Noch hatten die germanischen Legionen, die Aulus Vitellius zum Imperator ausgerufen hatten, nicht gesiegt, als Otho den Freitod wählte, um dem Gemetzel römischer Legionen ein Ende zu bereiten. »Es ist besser, daß einer für alle stirbt, als daß alle für einen sterben«, sagte er.

An seiner Leiche haben viele Soldaten unter Tränen und Schluchzen sich selber das Leben genommen.

Die Greueltaten gingen weiter. Die Rhenusfront war nun von Truppen entblößt, die sengend, brennend, mordend, plündernd nach Italien zogen. Vierzig Tage nach der Schlacht, erfuhren wir, langte der Imperator Vitellius auf dem Schlachtfeld von Bedriacum an, das immer noch bedeckt war von verwesenden, zerstückelten Menschen- und Pferdeleichen. Luft und Boden waren verpestet. Während seine Begleiter vor dem Verwesungsgestank zurückwichen, meinte er: »Ein erschlagener Feind riecht sehr gut, aber noch viel besser ein toter Mitbürger.«

Meine Schwester bestand darauf, daß ich liegen bliebe, jeder Tag draußen könnte Wochen neuen Krankenlagers bedeuten. Zu gerne hätte ich den Einzug des Imperators Vitellius in Rom gesehen, unter Trompetenschall, im Feldherrnmantel, das Schwert an der Seite, umgeben von Legionsfeldzeichen und Standarten. Sein Gefolge trug den Militärmantel, die Soldaten marschierten mit blanker Waffe.

(»Caesar, das alles hat man dir so genau beschrieben, daß du meinen konntest, es selber gesehen zu haben. Auch vom schlechten Eindruck, den dies auf das römische Volk machte, hast du sicher gehört!«

»Ganz richtig, parve amice. Das habe ich mir mein Leben lang gemerkt und im entscheidenden Augenblick entsprechend gehandelt.«)

Unsere Sklaven weigerten sich, in die Stadt zu gehen – man konnte sie nicht dazu zwingen, denn es war lebensgefährlich. Wir mußten leben von dem, was wir in unsern Vorratskammern hatten. Die Hauptbeschäftigung des neuen Imperators, während schon die Legionen in Moesia, Pannonia, in Iudaea und Syria mit dem Imperator Titus Flavius Vespasianus im Anmarsch waren, bestand in Schlemmereien und Trinkgelagen. Wenn sein Bauch übervoll war, nahm er Brechmittel zu sich. In der kurzen Zeit seiner Regierung hat er neunhundert Millionen Sesterzen für Fressereien ausgegeben – ein einziges Gericht hat eine Million gekostet. Ich fand das so ekelerregend, daß mir Senecas Schilderung dieser Unsitten einfiel. Erbrochenes könnte nicht ärger aussehen, schreibt er seinem Freund Lucilius. »Venusmuscheln, Austern, Krammetsvögel ... kein Tier ist sicher, es sei denn, es schmecke diesen Fressern nicht, und dann erlauben sie ihrem Magen nicht einmal zu verdauen, was sie hineingestopft haben!«

Er war ein Hellseher, dieser Seneca – denn genau so sahen die »Tafelfreuden« dieses Imperators aus! Aber er muß irgendwie krank gewesen sein, denn er riß sogar Opferkuchen von den Altären und schnappte sich auf Reisen dampfendes Gemüse und Fleischstücke von den Herden schäbiger Garküchen. Eine silberne Schüssel, die eine Million Sesterzen kostete und für die man einen eigenen Ofen brauchte, habe ich später einschmelzen lassen.

Noch schlimmer war eigentlich, daß er, während er verschlang, was in Mund und Bauch hineinging und dazu amphorenweise Wein hinuntergurgelte, vor seinen Augen grausame Folterungen und Hinrichtungen vollziehen ließ. Blut riecht besser als der beste Wein, pflegte er zu sagen. Bei einem seiner Gelage ließ er Sporus auf die Bühne bringen – dort sollte er in Mädchengewändern auftreten und von einem Mann entkleidet und wie ein Weib gebraucht werden. Aber Sporus, der seine edle Gesinnung schon bei Neros Flucht bewiesen hatte, tötete sich selber, um einer solchen Schande zu entgehen.

Als seine Legionen in der zweiten Schlacht von Bedriacum besiegt wurden – die Götter hatten diesen Ort gewählt, um ihn wegen seiner abscheulichen Bemerkungen über die erschlagenen Mitbürger zu strafen –, war das Ende vorauszusehen – eben jenes Ende, dessentwegen sich die Sklaven weigerten, in die Stadt zum Einkaufen zu gehen. Als die Flavischen Legionen in die Stadt eindrangen, ging es erst richtig los – ein Bild wilden Grauens, wie bei einem Kampfspiel, mit lüsternem Volk als Zuschauer. Hier Kämpfende und Verwundete, Sterbende, Verstümmelte – dort Bäder und Kneipen, Leichenhaufen, Ströme von Blut, die die Straßen herunterrauschten wie Wildbäche, daneben Huren und Hurenjungen! Von beiden Seiten raffte der Pöbel Beutestücke zusammen – eine Massenraserei – widerlichste Lustbarkeiten, inmitten von Feuer, Blut und Grauen. Auch in den früheren Kämpfen unserer Geschichte war zwar die Grausamkeit nicht geringer, aber so etwas an entmenschter Gleichgültigkeit hatte es noch nicht gegeben – keinen Augenblick hielt dieses »edle Volk«, Herr eines Weltreiches, mit den Lustbarkeiten inne – man tanzte in den Blutbächen der Straßen und Plätze, kümmerte sich nicht um Recht oder Unrecht und schien sogar das Unglück noch zu genießen, das über das Gemeinwesen gekommen war.

Aber das Schlimmste stand noch bevor . . . Erst ein Gebrüll und Getöse, das alles Vorherige hundertmal übertraf, dann . . . ein Flammenschein wie von einem ganzen Bündel von Blitzen. Meine Schwester war von meinem Lager gewichen – ich sprang heraus und lief in den Garten, da wo der Caelius steil abfällt. Und nun sah ich es: So muß der Vesuv ausgesehen haben, als er im ersten Jahre des Imperiums von Divus Titus ausbrach – und wie dein Adoptivvater, parve amice, es beschrieben hat. –

Es war das Capitol, in das die Kämpfenden der beiden Seiten mit frevelnden Händen Feuerbrände geschleudert hatten. Die Burg, der Tempel der Iuno Moneta, ja, der Tempel unseres höchsten Gottes, des Begründers des Römischen Reiches, Iupiter Optimus Maximus – sie brachen auf wie die Krater eines berstenden Berges – als ob die Esse des Pluto, als ob das Urfeuer, das am Anfang war, hervorbräche.

Ich fühlte mich plötzlich genesen – ich wollte gesund sein, sei es, um an der Rettung des Vaterlandes mitzuwirken, sei es, um mit ihm unterzugehen. Wiederum dachte ich an das, was mir Aemilia-

nus von seinem Ahnen, Scipio Africanus Minor, erzählt hatte.
Jetzt schien sich mehr noch als vor fünf Jahren seine furchtbare
Vorausschau zu verwirklichen. Ich erinnerte mich auch, daß Aemilianus sagte, sein Ahne habe aus Homers Ilias einige Verse
zitiert . . .
Ich glaube, Polybios berichtet den genauen Hergang. Parve amice,
versuche die Stelle zu finden!
(»Caesar – das ist doch die Stelle im XLVIII. Buche des Polybios,
auf die dein Freund Aemilianus Bezug genommen haben muß?«
»Hast du das Buch da? Dann lies mir vor!«
»Als Scipio auf die Stadt sah, die völlig vernichtet wurde und in
den letzten Zuckungen ihres Untergangs lag, da hat er Tränen
vergossen und offen über seine Feinde geweint . . .«
»Jetzt erinnere ich mich wieder genau. Aber welche Verse von
Homer hat er aufgesagt?«
»Caesar, laß mich die Stelle zu Ende lesen.«
»Als er überlegte, daß alle Städte und Völker gleich den Menschen
ihren Untergang finden und daß ein solches Schicksal Ilion befiel,
einst eine reiche Stadt, da sagte er – sei es mit Überlegung oder weil
die Verse ihm unwillkürlich in den Sinn kamen:
›Einst wird kommen der Tag, da die heilige Ilion hinsinkt,
Priamos selbst und das Volk des lanzenkundigen Königs.‹
Als Polybios, sein Lehrer, ihn freimütig fragte, was er mit diesen
Worten gemeint habe, antwortete er, ohne seine Gefühle zu ver-
schleiern: Sein eigenes Land habe er im Sinne, für das er fürchte,
wenn er über das Schicksal aller menschlichen Dinge nachdenke.«)
Ja, das ist es, was mir Aemilianus erzählte – nun ist sein Bild
wieder deutlich vor meine Augen getreten –, auch weil du, parve
puer, mit deiner Stimme mich manchmal an ihn erinnerst.
Mit der abscheulichen Ermordung des Vitellius hatte der Krieg
mehr aufgehört als der Friede begonnen. Ich brachte von meiner
Iuventus achtzig Jünglinge zusammen, um dem gegenseitigen
Morden und den Plünderungen zu wehren. Die Nächte waren
erhellt vom gelblich-roten Flammenschein des Capitols und anderer brennender Tempel und Wohnhäuser, aber der Pöbel trieb in
diesem entsetzlichen Licht sein Unwesen weiter.

Da erschien, wie von den Göttern gesandt, Licinius Mucianus mit starken Verbänden in Rom und brachte den achtzehn Jahre alten Domitianus Caesar ins Lager. Dieser war mit knapper Not den Häschern des Vitellius entgangen, die wußten, daß er sich irgendwo auf dem Capitol versteckt hielt. Er war in der Verkleidung eines Isispriesters entkommen und hatte jenseits des Tiber bei der Mutter eines anderen Schulkameraden Schutz gefunden. Er habe mich nicht gefährden wollen, sagte er mir später, daher habe er uns seine Ankunft in Rom verheimlicht.

Seiner jünglingshaften Schönheit und seines schlichten Wesens wegen machte er auf die Soldaten einen so guten Eindruck, daß Ruhe und Ordnung einzutreten begannen. Daß er bereits mit dem geheiligten Namen eines Caesars auftreten konnte, verfehlte auch nicht seine Wirkung.

Bald danach zog der Imperator Titus Flavius Vespasianus Caesar Augustus in Rom ein – umjubelt vom Volke, das nunmehr das Ende seiner Leidenszeit gekommen sah. In seiner Begleitung befand sich auch mein Vater. Noch am gleichen Tage versetzte ihn und seine ganze Familie der neue Imperator in das Patriziat, während wir davor dem Ritterstand angehört hatten. Damit waren uns alle curulischen Ämter zugänglich geworden. Kurz danach erhielt mein Vater, als erster unserer Familie, für mehrere Monate sogar das Suffectconsulat.

Als endlich Hierosolyma gefallen und zerstört war und der judaeische Krieg als beendet galt – obgleich sich immer noch bewaffnete Banden herumtrieben und die Festungen Machaera und das hochgelegene Masada noch aushielten –, konnte der Imperator mit seinen beiden Söhnen, Titus Caesar und Domitianus Caesar den großen Triumph feiern. Als Consul war mein Vater in nächster Nähe der Triumphatoren und ich durfte gleich hinter ihm gehen.

Wie seinerzeit Divus Iulius bei seinem vierfachen Triumph, so fuhr auch der neue Imperator in einem von vier Schimmeln gezogenen Triumphwagen, angetan mit der Purpurtoga, der palmengeschmückten Tunica, den Lorbeerkranz auf dem Haupt und in der Hand das Adlerzepter. Mit gleicher Ausstattung begleitete ihn Titus, nunmehr auch er Imperator, nur daß er nicht, wie sein

Vater, das Antlitz mit Mennige rot färbte, denn nur dieser vertrat Jupiter Optimus Maximus, wie man ihn in allen heiligen Stätten darstellt.

Hinter ihnen ritt auf einem Schimmel Domitianus Caesar. Es folgten die ruhmreichen Unterfeldherrn, Licinius Mucianus, Tiberius Alexander, die Legaten der V., der XV., der X. und die der III. und XXII. Legionen aus Alexandria. Die Clientenkönige mit ihren Hilfstruppen folgten, besonders bemerkenswert der Iudaeerkönig Herodes Agrippa II., der seine Landsleute zur Unterwerfung aufgefordert hatte. Neben ihm seine Schwester Berenike, von der es hieß, sie sei die Geliebte von Titus Caesar. Sie zu heiraten, wie sie beide beabsichtigt hatten, war der allgemeinen Stimmung wegen nicht möglich. Der Widerstand der Soldaten und des römischen Volkes verhinderte auch Vater und Sohn, als Sieger über Iudaea den Namen *Iudaicus* anzunehmen.

Die ganze Stadt schien in einen Tempel verwandelt, so viele Kränze und bunte Tücher und Teppiche verdeckten die Trümmer. Statt der Brandwolken stiegen nun Schwaden von Weihrauch zum Himmel.

Der goldene siebenarmige Leuchter aus dem innersten Heiligtum des Tempels von Hierosolyma wurde mitgeführt – dazu kamen Gold- und Silberschätze in noch nie gesehenem Ausmaß – ein goldener Tisch allein wog mehrere Talente. In den Tempeln – den Trümmern der Tempel! – auf dem Capitol sollte alles niedergelegt werden. Aber das schien zu unsicher – also wurden die Schätze streng verwahrt, bis zum Wiederaufbau der Heiligtümer.

Rom mag damals schon eine Million Einwohner gehabt haben – (»Heute sind es anderthalb, Caesar ...«

»Ich weiß, unterbrich mich nicht!«)

So ungeheuer war der Andrang der Massen, daß viele im Gedränge umkamen und es Mühe kostete, die Straßen für den Triumphzug freizuhalten. Was das größte Erstaunen erregte, waren die tragbaren Schaugerüste, manche drei und vier Stockwerke hoch. In unzähligen Nachbildungen war der Krieg in seinen verschiedenen Erscheinungen dargestellt – man sah gesegnete Felder der Verwüstung anheimfallend, Haufen von Feinden wurden niedergemacht, andere in Gefangenschaft geführt – riesige Mauern, ganze Festungen wurden überstiegen und gestürmt – drinnen wütete das Schwert unter Feinden und flehenden Greisen und Weibern – Wasserströme ergossen sich über Herden, Menschen, brennendes Land. Jedem Schaugerüst war der judaeische Befehlshaber des eroberten Platzes beigegeben, so wie man ihn gefangen hatte. Aber der Höhepunkt aller Schaustellungen – unbegreiflich, wie man es hatte schaffen können – war der Tempel von Hierosolyma – unversehrt, gewaltig, mit goldenen und silbernen Dächern, mit Säulenhallen und Toren. Davor stand ein Mann mit einem Ziegenbart. Seine Augen schweiften irgendwie ängstlich über die Menge, als fürchtete er sich vor ihr. Er trug die weiße Toga eines römischen Bürgers, doch ohne Purpurstreif. In seinen Händen schwenkte er eine Rolle. Neben ihm stand ein griechischer Sklave, der die Ansprache ins Lateinische übersetzte.

»Dies ist die Thorarolle, das Gesetz der Judaeer, die nunmehr im Tempel des Iupiter Capitolinus niedergelegt werden soll, da auch die Steuer von zwei Drachmen im Jahr nicht mehr an den Tempel von Hierosolyma, sondern an den Höchsten Gott auf dem Capitol abzuführen ist. Hier nun seht ihr jenen Tempel, der durch den Spruch der Gottheit in Flammen aufgehen mußte, obleich der Caesar Titus, Tiberius Alexander und andere große Männer, und ich selber! gebeten hatten, ihn zum Ruhme des Römischen Volkes zu erhalten.«

Wer war dieser Mann? Bald erfuhr man es: ein judaeischer Überläufer Josephus, jetzt Flavius Josephus genannt, der gegen uns kämpfte und dann den Selbstmord seiner Kameraden veranlaßte, an dem er teilnehmen sollte, es aber nicht tat. Hierauf kam er zu Vespasianus und sagte ihm voraus, daß er Princeps und Imperator werden würde.

Nun schreibt er auf griechisch ein Werk über den judaeischen Krieg, für den er alle Schuld auf »Empörer«, »Gottesverächter« und »Räuber« schiebt, die ihre eigenen Landsleute, sogar noch in der belagerten Stadt Hierosolyma, zu Tausenden mordeten.

Wie ein Marktschreier, mit gellender Stimme, begleitet von weitausholenden Armbewegungen, die der Übersetzer nachmachte, schrie er nun:»Jetzt geht das große, herrliche Heiligtum in Flammen auf!«

Dann sah man, wie Feuerbrände geschleudert wurden, das Edelmetall der Kuppeln tropfte in Strömen herunter – Flammen schlugen aus den Fenstern und Toren – man sah schreiende Menschen, judaeische Soldaten, aber auch Weiber und Kinder – man sah den Feldherrn, Titus Caesar, selber, wie er durch die Flammen eindrang und gerade, als dieser Teil zusammenstürzte, wieder herauskam.

Das römische Volk schrie auf in Entsetzen und Grauen – vermischt mit haßerfüllter Lust. Die ganze Stadt bekam den Eindruck, selber an diesem Kriege teilgenommen und den Sieg miterrungen zu haben.

Zwei Heiligtümer, die innerhalb des gleichen Jahres durch Feuer untergingen – unser Capitol und dieser Tempel. Was mochten die Götter damit geplant haben –?

Dem Zug der Sieger folgten endlose Scharen von Kriegsgefangenen: Jünglinge, trotzig und schön und in Ketten, und Männer, die das Volk keines Blickes würdigten. Sechzigtausend an der Zahl – man hat sie zum Bau des Flavium Amphitheatrum verwandt. Die übrigen vierzigtausend wurden als Sklaven in die Provinzen verkauft, hauptsächlich Weiber und junge Mädchen. Erst hatte man sie etwas hochfüttern müssen, denn nach den Monaten der Hungersnot in Hierosolyma sahen sie so erbärmlich aus, daß kein Händler ein As für sie gegeben hätte.

Durch die Menge drängte sich eine kleine Schar an die Imperatoren heran. Manche trugen noch die Zeichen grausamer Züchtigungen. »Christiani sumus«, sagten sie, Überlebende der neronischen Verfolgung, die dennoch treu zu Rom standen. Gewarnt durch ihren »Meister« – dessen Namen sie nicht nannten – hätten die Christiani Hierosolyma verlassen, als die Stadt von Wall und Graben umschlossen wurde. Im unzerstörten Pella hätten sie sich niedergelassen und dem Caesar Titus sofort ihre Dienste angeboten.

Sie selber seien alle römische Bürger, die zu schlagen doch nicht gestattet sei! Ehrfurchtsvoll, aber nicht demütig, baten sie um eine

97

bescheidene Hilfe, die es ihnen ermöglichen würde, am Erwerbsleben der Stadt wieder teilzunehmen. Gnädig bewilligten die Imperatoren ihr Gesuch und beauftragten meinen Vater, den Bittstellern Gerechtigkeit widerfahren zu lassen. Er hat dies sofort durchgeführt und den Dank jener armen Menschen geerntet.

An langen Tafeln und vielen Einzeltischen wurden die Soldaten und die Bürger Roms zu köstlichen Festmählern eingeladen. Jeder Bürger erhielt ein Geschenk von sechzig Denaren, jeder Soldat von hundert, die Centurionen hundertfünfzig, die Tribunen zwei- bis dreihundert. Die Legaten durften einen großen Teil der Beute untereinander aufteilen.

Am Abend jenes herrlichen Tages nahm mich mein Vater mit dem Rang eines Fahnenträgers in seine Legion, die X. *Fretensis*, auf.

Achtes Kapitel

VOM TIBERIS ZUM RHENUS

Das Gemeinwesen lag nun in guten Händen. Die beiden Söhne des
Imperators, so durfte man annehmen, gewährleisteten auch eine
gesicherte Zukunft. Aber was noch alles zu geschehen hatte, war
gewaltig, in der Stadt selber, am Rhenus, am Danuvius, in Gallia.
Als erstes galt es, das Capitol wieder aufzubauen, den Thron
unserer schützenden Gottheiten. Hatte doch der Untergang unserer Heiligtümer in vielen Völkerschaften die wahnwitzige Hoffnung erweckt, das Römische Reich werde zusammenbrechen und
ihnen allen wiedergeben, was sie »Freiheit« nannten – ohne Recht
und Gesetz herrschen und die jeweiligen Nachbarn überfallen und
ausplündern zu können.
Ehe ich nach Germania versetzt wurde, gab es in Rom für mich
zwei Aufgaben zu erfüllen: die eine war, an der Seite des Princeps
und seiner Söhne das Capitol von seinem Brandschutt zu säubern,
um mit dem Neubau beginnen zu können.
Der Princeps ging mit gutem Beispiel voran: Er trug auf seinen
Schultern schwere Körbe herunter, gefüllt mit rauchgeschwärzten
Steinen und halb verkohlten Balken. Hierauf drängten sich mehr
Leute zur Arbeit, als man brauchen konnte, und sie versuchten
alle, einen Blick ihres Imperators zu erhaschen!
Auf Weisung der Opferpriester mußte der Schutt weit wegge-
schafft und in Sümpfe versenkt werden. Genau auf dem alten
Grundriß mußte der Jupitertempel neu errichtet werden – die
Götter, hieß es, wünschten keine Veränderung.
An einem schönen, klaren Junitag, an dem kein Gewitter zu
befürchten war, haben wir den ganzen Platz mit Binden und
Kränzen umwunden. Soldaten, die glückverheißende Namen hat-
ten – wie Felix, Victor, Fortunatus – betraten den Platz mit den

heilverkündenden Zweigen der Eiche, des Lorbeerbaumes, der Buche, der Myrte. Die Vestalischen Jungfrauen, begleitet von den schönsten Knaben und Mädchen Roms, deren Eltern noch lebten, sprengten Wasser aus reinen Quellen und Flüssen.

Helvidius Priscus war damals Praetor, ein Mann, den ich lebenslang zu meinen Vorbildern zähle. Er war der Schwiegersohn des mutigen und edlen Philosophen Paetus Thrasea, den Nero Caesar zum Selbstmord zwang. Man wußte von ihm, daß er sich der Freiheit verpflichtet fühlte, sich aus Reichtum nichts machte und standhaft war gegenüber allen Einschüchterungen. Im Senat war er tyrannischen Forderungen des Imperators Vitellius furchtlos entgegengetreten. Er hatte sich für den Imperator Vespasianus eingesetzt, überwarf sich aber später mit ihm, weil er zu sehr die »alte Freiheit« pries, die es doch längst nicht mehr gab. Heute ist es das Principat unter Männern wie Vespasianus, Titus und Nerva, durch welche die Freiheit gesichert ist.

(»Caesar – und noch viel mehr durch dich wird unsere Freiheit gewahrt!«

»Das brauchst du aber nicht aufzuschreiben!«

Aus einem Briefe des Imperators Hadrianus: »Doch, carissime Secunde! Laß diese Sätze stehen! Bemühe ich mich doch, das Freiheitserbe meines Adoptivvaters zu pflegen!«)

Bei der Capitolsweihe war es Helvidius Priscus, der den Platz entsühnte und gemeinsam mit einem Priester Iupiters das Eber-Widder-Stieropfer darbrachte.

Er sprach uns dann das Gebet vor, gerichtet an die Capitolinische Dreiheit, Iupiter, Iuno, Minerva – sie möchten gnädig auf das begonnene Werk herabblicken und ihre mit menschlicher Frömmigkeit begonnenen Wohnsitze wieder einnehmen und mit göttlicher Hilfe in die Höhe führen.

Gewaltig war der Block, der als Grundstein ausersehen war. Man löste die Binden, mit denen er umschlungen war. Der Praetor, der Senat, die Ritterschaft und viele aus dem Volke, und ich, schleppten ihn an seinen Platz. Dann warfen wir die geweihten Gaben aus Gold und Silber in die Grube, dazu Kupfer- und Eisenstücke, die noch nie geschmolzen worden waren.

So hatten die Opferschauer es uns befohlen: Kein Stein, kein Metall, die schon einmal anders verwandt worden seien, dürften das Werk entweihen. Die einzige Änderung, die gestattet wurde, weil sie den Göttern wohlgefällig sei, war, daß man den Tempel höher aufführte, um damit die Pracht des früheren noch zu steigern.

Eine für mein späteres Leben so wichtige Begegnung fand bei dieser Weihe statt – mit Marcus Cocceius Nerva, damals schon ein hochberühmter Mann, früherer Praetor und Inhaber der Triumphzeichen. Es war Domitianus Caesar, sein junger Freund, der mich ihm vorstellte. Ich habe damals nicht in den Sternen gelesen – und auch heute scheue ich davor zurück. Wie hätte ich die Zukunft ahnen können?! Daß sie den Menschen verhüllt bleibt, ist eine Gnade der Götter.

Die zweite große Aufgabe, die meiner wartete, ehe ich zu den Legionen am Rhenus entsandt wurde, bestand in einer sehr harten Ausbildung im Lager der Praetorianer. Darauf, daß ich erst vor kurzem von meinen Verwundungen genesen war, konnte keine Rücksicht genommen werden.

Wir mußten über Hindernisse klettern und lernen, wie man von hohen Mauern, voll bewaffnet, herabspringt – Pfeilschießen, das Schleudern von Steinen und Bleigeschossen gehörte dazu, mit der Wirkung und dem Einsatz der neuen Fernwaffen – weitreichende Pfeilgeschütze, gewaltige Katapulte zum Schleudern von Steinen und Metallstücken oder für Brandsätze – wurden wir vertraut gemacht. Wenn der Tiberis reißendes Hochwasser führte, mußten wir hindurchschwimmen. Für Offiziersanwärter wie mich gab es auch Unterricht in vertraulichen Angelegenheiten des Gemeinwesens, des Kundschafterdienstes hiner den feindlichen Linien und auch bei den Legionen an den Grenzen – Dinge, über die ich auch heute noch nicht sprechen möchte.

Sogar wie man in Wäldern, Sümpfen, Wüsten überleben kann, wurde uns gelehrt. Sollten wir einmal durch widrige Winde und Wellen auf den Okeanos hinausgetrieben werden, dann könne man Fische fangen, die genügend Wasser enthielten, um den Durst zu stillen. Mit Kamelen in der Wüste sei es ähnlich. Entscheidend ist stets der Wille, sei es zum Sieg, sei es zum Überleben. Dem Gemeinwesen nützt es nichts, mehr Mut zum Sterben aufzubringen als zum Kampfe bis zum Letzten, wie jener unglückselige Quinctilius Varus es tat.

Auf Ersuchen des Princeps hat der Senat bald nach der Feier meinen Vater mit propraetorischem Rang als Statthalter in die Provinz Baetica geschickt – in unsere Heimat! Das war als eine Belohnung gedacht, aber lieber wäre mein Vater gleich wieder zu den Legionen an den Grenzen versetzt worden. Er nahm mich mit, um bei der VII. Legion *Gemina* meine Ausbildung abzuschließen. Ich erhielt den Rang eines Militärtribunen, was den Neid mancher Altersgenossen erweckte.

In all diesen Jahren hatte ich mein Geburtsland nicht gesehen, Meine »kleinen« Kameraden von damals waren nun auch junge Männer. Manche waren sogar schon verheiratet und hatten Kinder. Für die meisten war aber Rom immer noch »die große Welt«, die sie gerne kennenlernen möchten. Daher hatten sich viele freiwillig als Soldaten verpflichtet – auch in meiner Legion *Gemina* gab es mehrere, mit denen ich zusammen in die Legionsschule gegangen war. Nur so konnten sie hoffen, gleich mir eines Tages nach Italien und an die Grenzen des Imperiums zu gelangen.

Ich fühlte mich nun völlig genesen, jung und stark, und ich drängte nach einer größeren Tätigkeit. Auf Bitten meines Vaters hat mich der Imperator Vespasianus daher bald nach Germania versetzt. In Moguntiacum sollte ich dem Stab des großen Feldherrn Petilius Cerialis, eines Verwandten des Imperators, zugeteilt werden.

Als ich nach Rom zurückkehrte, fand ich die Bevölkerung in so wilder Aufregung, wie wir es aus dem Geschichtsunterricht von der Zeit des Einfalls der Kimbern und Teutonen gelernt haben. Erst nach schweren Niederlagen römischer Heere konnten Gaius Marius und Quintus Lutatius Catullus die Barbaren niederwerfen. Wiederum gab es eine Panik, als der verräterische römische Offizier cheruskischen Stammes, Arminius, Varus schlug und drei unserer Legionen vernichtete. Divus Augustus hat hierauf seine germanische Leibwache entlassen, über Rom das Kriegsrecht verhängt und alle Gallier und Germanen aus der Stadt ausgewiesen.

Vielleicht habe ich damals meiner Jugend wegen den Ernst der
Lage nicht ganz begriffen. In der Rückschau ist mir klar geworden,
daß die Gefahr viel größer war als je zuvor – größer sogar als nach
Cannae, weil zu den Niederlagen die Schande hinzukam – Rom
unterwirft sich Gallia und Germania – römische Legionen schwören Verrätern und deren »Gallischem Reich« die Treue – schöne
römische Städte am Rhenus, wie Colonia Agrippinensis, Bonna,
Vetera, Augusta Treverorum an der Mosella ergeben sich aufrührerischen Barbaren – fahnenflüchtigen römischen Hilfstruppen!!
Wie der Brand des Capitols draußen wirken würde – das hatten
wir ja gleich geahnt: als ein Flammenzeichen des Aufruhrs. Aber
es kam noch viel schlimmer, als einer unserer gefährlichsten Gegner, über den noch immer viel geschrieben wird, Führer des Aufstands wurde, jener Iulius Civilis aus dem königlichen Stamm der
Bataver. Für einen Barbaren war er ungewöhnlich klug und gebildet, auch in römischer Geschichte und militärischer Taktik, die er
als Cohortenpräfect der Bataver in unserm Heere gelernt hatte.
Die germanischen Bataver waren uns schon seit den Feldzügen
von Nero Claudius Drusus, dem Bruder von Tiberius Caesar,
untertan. Sie waren abgabenfrei, stellten aber einige unserer besten
Truppenteile, tausend Reiter und neuntausend Fußsoldaten. Sie
galten als die kühnsten Schwimmer – verständlicherweise in ihrem
dauernd überfluteten Heimatland zwischen dem Meer und den
Mündungen des Rhenus!
Im letzten Jahre seiner Herrschaft hat Nero Caesar Iulius Civilis
in Ketten nach Rom bringen lassen, unter dem Verdacht, einen
Aufstand zu planen. Paulus, sein Bruder, wurde sogar hingerichtet, Iulius durch den Imperator Galba in Freiheit gesetzt. Rache-
durstig kehrte er an den Rhenus zurück. Die Wirren, die der
Erhebung und dem Sturze von Vitellius folgten, benützte er nun,
um die bis dahin so treuen Bataver zum Abfall von Rom zu
verführen.
Aber was diesen so bedrohlichen Flächenbrand von Germanen
und Galliern entzündete, war doch der Flammentod des Capitols.
Es war, als seien die Feuerbrände vom Tiberis an den Rhenus und
die Mosella geflogen. Die Sendboten des Civilis, reichlich mit

römischem Golde versehen, durchzogen die Gaue: Das Ende des Imperiums sei gekommen, verkündeten sie – früher einmal sei die Stadt von den Galliern erobert worden, aber damals blieb der Sitz Iupiters unversehrt, daher habe das Imperium weiterbestehen können! Nun habe der Himmel selber ein Zeichen gegeben: Die Weltherrschaft gehe von Rom auf die Völker nördlich der Alpen über – und schon hätten sich auch die Britannier erhoben, die Sarmaten und Daker hätten römische Legionen in den moesischen und pannonischen Winterlagern eingeschlossen – *jetzt* also sei der Augenblick gekommen, das Gallisch-Germanische Reich zu gründen, wie auch die keltischen Priester, die Druiden, es geweissagt hätten!

Dem Iulius Civilis gesellte sich ein anderer Fahnenflüchtiger hinzu, der Praefect der Reiterabteilung der Treverer, namens Iulius Classicus, auch er aus königlichem Geschlecht, und noch ein weiterer Iulius – Sabinus genannt, der sogar behauptete, er sei ein Nachkomme von Divus Iulius, der mit seiner Urahnin einen Sohn gezeugt habe!

Mit der aus meiner hispanischen Heimat herbeigerufenen VI. Legion *Victrix* verließ ich Rom. Wir fanden die Alpenpässe unbesetzt, obgleich die Aufständischen gedroht hatten, sie zu sperren.

(»Caesar, bist du dabei über Comum gezogen?«

»Ja, warum?«

»Dort lebte mein Urgroßvater Calpurnius Fabatus. Er war damals noch gar nicht so alt, und sicher hättest du bei ihm gut unterkommen können, mitsamt deinen nächsten Begleitern.«

»Das habe ich nun versäumt, parve amice! Wir haben in Comum kaum haltgemacht. Wir sind den schönen Lacus Larius entlanggezogen. Am oberen Ende kamen wir zum Iulierpaß und auf einer guten Straße nach Brigantium, am Ostufer des großen Lacus Venetus. In Vindonissa machten wir kurz halt und vereinigten uns mit Teilen der XXI. Legion *Rapax* und mit den Cohorten der Hilfstruppen.«)

Unbehelligt zogen wir den Rhenus entlang, aber mir wurde schon damals klar, daß wir dieses wichtige Gebiet als Schutzwall befestigen und dem Imperium einverleiben sollten. Bei Moguntiacum führte bereits eine breite Brücke über den Strom. Andere Einheiten setzten in Kähnen über, gesichert durch unsere rhenanische Flotte.

Der Legat Petilius Cerialis hatte schon gute Arbeit geleistet. Aber noch waren die Feinde vielerorts unbesiegt und die römischen Legionäre nicht überall zum Gehorsam zurückgekehrt.

Moguntiacum, wo wir uns einige Tage ausruhen durften, machte mir gleich einen sehr guten Eindruck. Es gab Tempel und Säulenhallen wie in Italien, es gab Steinhäuser mit Hypokausten, es gab Märkte mit einer reichen Auswahl an Früchten, Gemüsen, Fleisch, Fischen, dazu Stoffe, Mäntel, Schuhe, Sommer- und Winterpelze. Es gab auch, was wir das »Bastardkind des Bacchus« nennen, dieses säuerliche Gebräu aus gegorener Gerste, Spelt und Weizen. Angeblich hat es der Gott Osiris über dreitausend Jahre vor Gründung der Stadt seinen Ägyptern geschenkt. Divus Augustus mußte davon kosten, als er am Nil war – geschmeckt hat es ihm nicht. Unter Pannoniern, Skythen, Illyriern scheint dies das übliche Getränk zu sein – und erst unter den Germanen! Sie liegen auf Bärenhäuten und lassen sich vollaufen. Dabei ist es recht teuer – ein Sextarius, womit man kaum seinen Durst stillen kann, kostet zwei bis acht Denare! Dafür bekommt man doch schon recht guten Wein, den die Germanen und Gallier inzwischen auch zu schätzen lernten.

Die Stadt zeigte immer noch die Spuren ihrer zweimaligen Überrennung durch Barbaren. Größte Schande seit Gründung der Stadt – die IV. Legion *Macedonica* und die XXII. *Primigenia* ließen sich von Iulius Civilis verleiten, dem »Gallischen Reich« Treue zu schwören und damit schändlichen Hochverrat am Princeps und am Römischen Volke zu begehen.

Der große Petilius Cerialis, der Legat in Britannia gewesen war und es nach Niederschlagung der Aufständischen wieder sein würde, hatte gerade vor meiner Ankunft die Stadt erobert und die Legionen zum Gehorsam zurückgeführt. Die Schuldigen am Verrat erlitten die gebührende Strafe. Ihm verdanke ich meine ersten Kenntnisse über die Germanen, ihre Sitten und Gebräuche, und an seiner Seite lernte ich auch andere Städte kennen, Bonna, Augusta

Treverorum an der Mosella, das sich rühmt, schon vor der Gründung der Stadt bestanden zu haben, Castra Vetera, später eines meiner Hauptquartiere und, nicht zuletzt, das von den Barbaren befreite Colonia Agrippinensis. Hier war schon frühzeitig ein Altar für Divus Augustus errichtet worden, um den rings herum seine Enkelin Agrippina, die Gemahlin des Germanicus, einen Tempel errichtete. Und so hat sie dieser Siedlung der Ubier für alle Zeiten ihren Namen gegeben.

Bald konnte ich an einem großen Gefecht – meinem ersten überhaupt – teilnehmen. Wir waren von Novaesium nach Bonna gereist und befanden uns zu Schiff auf dem Rückweg. Als es dunkel wurde, haben wir am Ufer des Rhenus ein Lager aufgeschlagen. Petilius Cerialis übergab mir, obgleich ich einer der Jüngsten war, den Oberbefehl.

Es war eine wolkendunkle Nacht – die Germanen ließen sich von der starken Strömung unbemerkt bis zum Lagerrand treiben und fanden beim Eindringen kaum Widerstand.

Die Angreifer hieben die Seile der Zelte durch und machten die Soldaten, die darunter begraben wurden, nieder. Auch die Flotte, die am Ufer ankerte, war fast unbewacht, die Barbaren bemächtigten sich einiger unserer besten Schiffe. Mitten in das Geschrei und das Morden hinein stürzte sich plötzlich der Feldherr, halb im Schlaf und fast nackt und ohne Waffen. Durch seinen Heldenmut machte er sein Versäumnis gut, und die Angreifer wurden hinausgetrieben. Unser Befehlsschiff, einen schönen Dreiruderer, schleppten sie aber ab, als Geschenk für die Seher-Jungfrau Veleda, die ihnen den Sieg vorausgesagt hatte.

Eine zweite Schlacht machte ich mit, als die VI. Legion *Victrix*, der ich zugeteilt war, zusammen mit der II. aus Britannia und der XIV. *Gemina Martia Victrix* am Rhenus bei Castra Vetera von Petilius Cerialis zum Kampf geführt wurde.

Auch Iulius Civilis wollte die Schlacht, da seine Scharen im Lande der Treverer eine Niederlage erlitten hatten. Nun vertraute er auf Sieg, da er sein Heer aus Germania ergänzt hatte und das Gelände genau kannte. Überdies hatte er quer durch den Rhenus einen Damm gebaut, der den Strom zum Überfließen brachte. Weite

Uferstrecken verwandelten sich in Seen, voll von tückischen Wirbeln und Untiefen.

Unsere schwerbewaffneten Soldaten scheuten sich vor dem Wasser und hatten sogar Angst, als sie schwimmen mußten. Die Germanen hingegen sind an Flüsse gewöhnt, ihre Körper sind schlanker und im allgemeinen größer gewachsen, und sie tragen nur leichte Waffen.

Nun kam es dem römischen Heere zugute, daß ich im Schwimmen unter den schwierigsten Umständen ausgebildet war – schlimmer als am reißenden, angeschwollenen Tiberis war es hier nicht. Ich stürzte mich also sofort in die bald seichten, bald tieferen Fluten und riß damit die Kameraden mit. Es war mehr eine Seeschlacht als ein Landgefecht. Als die Nacht kam, waren wir zwar nicht die Sieger, aber auch nicht besiegt.

Die Entscheidung fiel am nächsten Tag, am Ufer des Rhenus. Beide Heerführer, Cerialis und Civilis, hielten zündende Ansprachen – der eine sagte, der Rhenus und die Götter Germanias verhießen ihnen den Sieg. Nun werde man die Römer in die Sümpfe locken, wie seinerzeit den Varus mit seinen drei Legionen. Cerialis, neben dem ich stand, sprach vom alten Ruhm des römischen Namens. Nun gelte es, den treulosen, feigen Feind für immer auszutilgen – man brauche eher Rache als Kampf.

Er sprach jede einzelne seiner Legionen an – besonders die VI., bei der ich diente –, sie habe wesentlich zum Sturze Nero Caesars beigetragen, als sie sich dem Imperator Galba zur Verfügung stellte.

Das Glück war auf unserer Seite. Ein Bataver, der seinen Treubruch bereute, kam zu Cerialis und zeigte ihm einen Weg über trockenes Land! Damit konnten wir den Feind umgehen.

Die weiteren Ereignisse sind allgemein bekannt, wir brauchen uns nicht dabei aufzuhalten. Ich war bei den Reiterabteilungen, die den ahnungslosen Gegner umzingelten. Als dann die Fußtruppen vorpreschten, flohen die Germanen in wilder Hast zum Rhenus. Viele ertranken, und der Krieg hätte da schon zu Ende sein können, wäre unsere Flotte zur Stelle gewesen.

Durch geschickte Verhandlungen gelang es Petilius Cerialis, die

Bataver zur Rückkehr zu bewegen. Eine gute Rolle spielte auch Veleda, die Seher-Jungfrau, die ihren germanischen Landsleuten riet, Frieden mit Rom zu machen – denn was hätten sie denn schon durch ihren Aufruhr anderes erreicht als Tod, Wunden, Verwüstung. Dem Civilis wurde Verzeihung in Aussicht gestellt.

In einer öffentlichen Ansprache sagte Cerialis, er wende sich an die Vernunft von Germanen und Galliern gleichermaßen: Die Germanen möchten endlich aufgeben, immer die »Freiheit« vorzuschützen; das nehme ihnen niemand mehr ab, wenn sie in ungehemmter Gier, Habsucht und Lust am Wechsel der Wohnsitze, um ihren Sümpfen und Einöden zu entgehen, anderer Völker fruchtbareren Boden erobern wollen! Sie sollen sich ein Beispiel nehmen an ihren Landsleuten, die unter römischem Schutz zu Wohlstand und Bildung und zu einem friedlich-nachbarlichen Leben gekommen seien! Die Gallier erinnerte er daran, daß sie in früheren Zeiten sich in gegenseitigen Kriegen erschöpft hätten. Heute hätten sie mit den Römern, in einer friedlichen Rechtsordnung, alles gemein – sie stünden an der Spitze römischer Legionen, viele seien Senatoren geworden, Gallia verwalteten sie durch ihren Landtag in Lugudunum selber.

Dann machte er eine Pause und enthüllte etwas, was bis dahin unbekannt war:

»Habt ihr wirklich geglaubt, ich würde die ›Königskrone‹ eines gallischen ›Reiches‹ annehmen, wie Iulius Civilis es euch eingeben wollte? Habt ihr mich für einen solchen Narren gehalten, ärger noch als ein Verräter?«

Das also hatte Civilis versucht, um noch zu retten, was er meinte, retten zu können! So wollten seinerzeit die Hispanier dem jüngeren Scipio die Krone ihres Landes anbieten, in der Hoffnung, selbständig bleiben zu können, wenn sie sich freiwillig einen Römer zum König wählten.

Und zum Schlusse sagte er einiges, was ich mir immer gemerkt habe:

»Sollten die Römer – was die Götter verhindern mögen! – je vertrieben werden, was wird dann anderes entstehen als Kriege unter allen Völkern? Im Glück und in der Zucht von achthundert

Jahren ist dieses Gefüge zusammengewachsen. Man kann es nicht einreißen, ohne daß diejenigen, die es einreißen, mit ins Verderben gerissen werden.«

Nun erkannte Iulius Civilis, auch gut beraten von Veleda, daß seine Sache endgültig verloren sei. Ich sah ihn, als er auf der Mitte einer Brücke über den Fluß Nabalia im Bataverland Petilius Cerialis um Asyl bat!! Da er wie Hannibal nur ein Auge hatte und ein entstelltes Gesicht wie dieser, mag er gemeint haben, den Krieg über die Alpen bis nach Rom tragen zu können . . .!

Nach Rom kam er – aber als Gefangener, wenn auch unter ehrenvollen Umständen. Man hat ihm Ravenna als Wohnsitz angewiesen, wie vor ihm so manchem germanischen Fürsten, der gegen uns kämpfte und dann unsere Gnade und unser Gnadenbrot suchte und fand. Sein Streitgefährte Iulius Classicus floh über den Rhenus, irgendwohin in die Wälder und Einöden von Germania magna. Wir haben nie wieder von ihm gehört.

Den Batavern, einst unsere bevorzugten Bundesgenossen, wurde volle Vergebung zuteil, die Abgabenfreiheit blieb ihnen erhalten, und im Heere haben sie sich wieder glänzend bewährt. Auch ich habe meine Leibwache gerne aus ihrem Stamm genommen.

Bald nachdem Iulius Civilis und seine Anhänger die Waffen gestreckt hatten, erreichte mich der Befehl, nach Rom zurückzukehren und mich zum Dienste bei einer der vier Syrischen Legionen zu melden, die meinem Vater, der nach dem Osten versetzt worden war, jetzt unterstanden.

Als ich mich bei meinem Feldherrn Petilius Cerialis abmeldete, sagte er: »Den Rang eines Militärtribunen, den du deiner Freundschaft mit Domitianus Caesar und dem Namen deines Vaters verdanktest, hast du dir jetzt durch deine Tapferkeit und deine soldatische Umsicht in eigenem Rechte erworben.«

Neuntes Kapitel

VOM RHENUS ZUM EUPHRATES

Rom sah ganz anders aus als bei meiner Abreise. Die Trümmer
waren weggeräumt, überall herrschte rege Bautätigkeit, die Tempel auf dem Capitol waren fast vollendet.
Am Ostende des Forums hatte der Imperator Vespasianus in erstaunlich kurzer Zeit das *Templum pacis* errichtet und ihn wunderbar geschmückt. Einige der kostbarsten Beutestücke aus Hierosolyma waren dort untergebracht. Nur der siebenarmige Leuchter sollte dem Capitolinischen Iupiter vorbehalten bleiben.
Nicht weit davon, auf einem Teil des Geländes, wo Nero Caesars
Goldenes Haus stand, begann sich das Flavium Amphitheatrum zu
erheben. Ungefähr sechzigtausend judaeische Kriegsgefangene arbeiteten daran Tag und Nacht. Nicht wenige, die besonders gute
Arbeit leisteten, wurden freigelassen und tauchten im Völkergemisch der Stadt unter. Das schien niemanden zu stören – vielleicht
weil es nicht weiter auffiel. Aber als die Königin Berenike wieder
nach Rom kam und ganz offen mit Titus Caesar zusammenlebte,
war der Volksstimmung wegen an eine Heirat nicht zu denken.
Ich durfte dem Imperator selber Bericht über die Kämpfe in Germania erstatten. Von anderer Seite hatte er gehört, daß ich mich
»bewährt« habe – während ich selber dies alles nur für selbstverständliche Pflichterfüllung hielt. Er hat mich zum Legionslegaten
der III. Legion *Gallica* ernannt, die meinem Vater, nunmehr Legatus Augusti pro praetore der Provinz Syria, unmittelbar beigegeben war. Die anderen drei Legionen, die IV. *Scythica,* die VI.
Ferrata und die XII. *Fulminata* standen zum Teil am Euphrates,
aber mußten manchmal auch im immer noch unruhigen Judaea
verwandt werden. Meine Legion konnte in der ganzen großen
Provinz je nach Bedarf eingesetzt werden.

Mein Standquartier war in Antiochia, wo von Zeit zu Zeit alle Legionslegaten zusammen kommen. Judaea war um diese Zeit verwaltungsmäßig von der Provinz Syria getrennt und einem Procurator unterstellt, dem Lucius Flavius Silva. Auch er kam öfter in die Hauptstadt, um meinem Vater, dem er unterstellt war, Bericht zu geben. Immer noch trieben sich Mörderbanden herum. Die Festung Masada unter dem Befehl eines unbelehrbaren Mannes namens Eleazar beharrte noch immer auf Abfall. Die Verteidiger glaubten, daß ihr Gott selber ihnen zu Hilfe kommen werde, und sie vertrauten auf die Lage der Festung – auf einem hohen Felsen, der von allen Seiten von tiefen, abschüssigen Schluchten umgeben ist. Nur glatte, gefahrvolle Pfade, einer seiner vielen Windungen wegen »Schlangenpfad« genannt, führen hinauf.

Aber wer immer ihr Gott ist, auf den sie hofften, sie sollten doch bald erfahren, daß Iupiter Capitolinus und der römische Caesar mit seinen vier Syrischen Legionen stärker sind!

Der Asphaltsee ist ganz in der Nähe dieser aufrührerischen Felsenburg. Sobald ich Land und Leute, das Gelände und vor allem meine eigene Legion gut kennengelernt haben würde, sagte mein Vater, müsse ich mit zweitausend Mann unter den beiden zuverlässigsten, treuesten Tribunen – die an meiner Jugend keinen Anstoß nehmen – für eine gewisse Zeit nach Judaea gehen.

Vorläufig bewohnte ich geräumige und behaglich eingerichtete Quartiere nicht weit vom Praetorium. Ein Bad gehörte dazu, in mehreren Zimmern hatte ich frisches, trinkbares Wasser aus dem Libanon, der das ganze Jahr hindurch von Schnee bedeckt ist. Noch kannte ich nicht das üppige Alexandria – aber in manchem steht die Pracht von Antiochia noch darüber und das Wohlleben der Bevölkerung hat hier im ganzen Imperium nicht seinesgleichen. Bald erfuhr ich, daß Tausende und Tausende von Häusern gleich dem meinen fließendes Wasser haben. In jedem Stadtviertel gibt es saubere, ausgekachelte öffentliche Bäder, Turnhallen und Palaestren. Dort kann sich die junge Mannschaft nackt üben, gemäß griechischer Sitte. Manchen in der recht ansehnlichen judaeischen Gemeinde paßt das freilich nicht. Sie finden diese Sitte »schamlos«, und wenn sie »griechisch« sagen, meinen sie genau das! Immer wieder kommen Beschwerden an unsere Behörden heran, die selbstverständlich abgewiesen werden. »Schafft euere Knabenverstümmelung ab«, bekommen die Beschwerdeführer zu hören, »dann braucht sich eure Jugend in den Palaestren nicht mehr zu schämen!«

Die Zahl der Judaeer hatte sich in den letzten Jahren erheblich vergrößert. Tausende sind rechtzeitig aus Hierosolyma geflohen und haben ihre Schätze mitgenommen. Den Caesar Titus halten alle in hohen Ehren. Als eine Abordnung der griechischen Bewohner von ihm verlangte, er möge alle Judaeer austreiben, hat er sie zornig angefahren und erklärte: »Die Hauptstadt der Judaeer ist zerstört und keinen Ort gibt es mehr, der sie aufnehmen würde.« Kurz danach besuchte er diese zerstörte Hauptstadt und verhielt sich wie Scipio Aemilianus Africanus im brennenden Karthago – er weinte über das Unglück der Feinde.

Antiochia, der »Gipfel der Schönheit des Orients«, wie die Bewohner stolz sagen, ist ungefähr zweihundert Jahre vor der Geburt von Divus Iulius vom König Seleukos I. gegründet worden. Er war ein tüchtiger Soldat im Heere des großen Alexander und bei seinem Tode in Babylon dabei.

Den Königstitel hat sich Seleukos I. Nikator – der Sieger – selber zugelegt und wurde der mächtigste von allen »Diadochen«, den Nachfolgern Alexanders. Ging doch sein Königreich vom Inneren Meer bis zum Indus, umfaßte also viel vom alten Perserreich. (»Caesar, hast du damals schon einen Krieg gegen die Parther überlegt?«

»Eine kluge Frage, parve puer. Da, wie du weißt, sowohl Divus Iulius wie Alexander von Jugend an meine Vorbilder waren – und ohne die Iden des März Caesar den Kampf gegen die Parther, um Alexanders Erbe, begonnen hätte!«)

Der König der Judaeer, Herodes, den man den Großen nennt, hat viel zur Verschönerung von Antiochia beigetragen. Er hat sogar unsern Göttern mehrere Tempel errichtet, was ihm von seinen Untertanen sehr verübelt wurde. Aber wären die Judaeer doch bei einer so vernünftigen Haltung geblieben – dann stünde ihre Stadt heute noch! Herodes hatte ihnen den Weg gewiesen.

Nach dem großen Brand hätten wir uns Antiochia beim Wiederaufbau Roms zum Vorbild nehmen sollen. Die Hauptstraße, quer durch die Stadt, hat neben einer breiten Fahrbahn auf beiden Seiten prächtige Säulenhallen, sechsunddreißig Stadien lang. Vor Regen und Sonnenhitze geschützt kann man seine Einkäufe machen. Auch viele Nebenstraßen haben solche Lauben.

Aber am wichtigsten scheint mir die Straßenbeleuchtung zu sein. Es ist verständlich, daß die Bürger darauf besonders stolz sind. »Nur die Farbe des Lichts«, sagen sie, »unterscheidet bei uns Tag und Nacht.« Schmiede hämmern zu jeder Stunde, und um das Eigenlob zu vervollständigen, gibt es auch die Redensart: »Aphrodite und Hephaistos teilen sich die Nacht.« Wegen der hellen Straßenbeleuchtung gibt es auch weniger nächtliche Überfälle als in Rom.

Bald nach meiner Ankunft stieß ich auch wieder auf *Christiani.* (»Caesar – dieser Name ist dort entstanden. Ehe er in Athen den ›Unbekannten Gott‹ verkündete, hat jener Mann, der auch mit Seneca gut bekannt wurde, hier eine große Schar von Anhängern versammelt.«)

Zu meinem Vater kam der oberste Augur der *Christiani,* ein uralter Mann namens Matthias. Er habe den »Herrn und Meister« noch gekannt, sagte er, und sei zum Nachfolger jenes bösen Menschen gewählt worden, der zum Verräter wurde.

Der alte Mann machte auf meinen Vater und mich einen durchaus vernünftigen Eindruck. Als einige Judaeer erschienen und laut schreiend verlangten, wir Römer sollten die Anhänger des Matthias bestrafen, sie lehrten eine andere Gottesverehrung als das Gesetz sie vorschreibe, haben wir sie aus dem Praetorium gejagt.

Mein Eindruck war, daß es sich bei den *Christiani* um eine der vielen asiatischen Sekten handle, nicht unähnlich dem Kult des Mithras, aber inzwischen haben sie sich ja bis nach Britannia ausgebreitet.

(»Caesar – es gibt, nach allem was ich inzwischen erfahren habe, wirklich viele Ähnlichkeiten – nur daß man nicht weiß, wann Mithras erschienen ist, während . . .«

»Laß das, es gehört jetzt nicht hierher.«)

Unter der glänzenden Oberfläche von Antiochia verbarg sich auch viel Elend. Die »Sittenlosigkeit« der Stadt ist ja sprichwörtlich geworden. Freudenmädchen und Lustknaben gab es in jedem Tempel, vor allem denen der Syrischen Mutter, der Kybele. Noch mehr in allen Thermen, auch Söhne und Töchter angesehener Familien, die entsprechend teuer waren, bis zu einem Talent die Nacht. In den Kneipen und in Seitenstraßen gab es die billigere Ware. Schön und gut – was geht es uns an! Wir sind nicht zum Sittenrichter der Völker bestellt, und vieles in Antiochia geschieht nicht so plump wie in Rom. Im schönen Lorbeerhain Daphne, dicht bei der Stadt, schlagen die jungen Leute nachts die Harfe, andere sind Flötenbläser oder Pantomimen –

(»Caesar – hast du dich wenigstens damals gut unterhalten?«

»Sei nicht so vorlaut, kecker, kleiner Junge. Was geht es dich an?«

»Es ist wichtig für deinen Lebensbericht, Caesar. Der soll dich doch auch von der menschlichen Seite zeigen – nicht immer nur von Schlachten und Eroberungen handeln!«

»Also gut! Ich war damals zwanzig Jahre alt.«

»Nur Vergnügungen, oder hast du auch jemanden geliebt?«

»Wenn du es unbedingt wissen willst: Es gab einen jungen Pantomimen, ich glaube, er hieß Battylos, der mir nicht gleichgültig war.«

»Sah er Aemilianus ähnlich, Caesar?«

»Vielleicht. Manchmal erinnerst auch du mich an ihn. Aber jetzt schreibe weiter!«)

(Auf eine Anfrage des jungen Plinius, ob er dieses Gespräch streichen solle, hat der Imperator Hadrianus geantwortet: »Auf keinen Fall! Du hattest ganz recht, dem Imperator Traianus zu sagen, es bringe einen menschlichen Zug hinein!«)

Nach einigen Wochen erhielt ich den Befehl meines Vaters, mit ausgewählten zweitausend Mann nach Judaea zu marschieren. Am Fuße des Hermongebirges kam ich zu den Quellen des Jordans. In zwei oder drei mächtigen Strömen bricht er hervor, schon bei seiner Geburt ein starker Jüngling unter den Flüssen. Ich besuchte auch Caesarea Philippi, eine durchaus griechische Stadt, die Philippos, Sohn jenes Herodes des Großen, zu Ehren von Tiberius

Caesar erbaute. Der Clientenkönig Herodes Agrippa II. hat sie in *Neronia* umbenennen wollen, aber dieser Name ist schon wieder außer Gebrauch gekommen.

Tempel aller unserer Götter, Palaestren zur Leibesübung nackter Jünglinge, Säulenhallen – nie käme man auf den Gedanken, daß ein judaeischer Fürst dergleichen errichtete!

Diese ganze Gegend an den lieblichen Ufern des Jordans war vom Kriege unberührt geblieben. Daß die steilen, steinigen Gaulanishöhen nicht auf die Dauer die Grenze des Imperiums bleiben könnten, wurde mir sofort klar. Für meine spätere Arbeit war es wichtig, daß mein Vater mich heranzog, als es mit dem Partherkönig Vologaeses, der als guter Freund des Imperators Vespasianus gegolten hatte, zu einer kriegerischen Auseinandersetzung kam.

Bei der Stadt Iulia, die der Tetrarch Philippos nach Diva Iulia Augusta benannt hatte, der Mutter von Tiberius Caesar, kam ich in Gegenden, die mir aus den Kriegsberichten meines Vaters bekannt waren. Die Stadt liegt beim Einfluß des Jordans in den See Tiberias, oder Genezareth, wie die Einheimischen ihn nennen. Sein Wasser bleibt auch im Sommer immer kühl und ist milder als Quell- oder Flußwasser.

In diesem See und einigen Nebenflüssen, die alle fischreich sind, gibt es einen eigenartigen Stachelflosser, der sonst nur in den Küstengewässern bei Alexandria vorkommt. Die Leute, die nichts von Geographie verstehen, glauben daher, hier läge ein Quellfluß des Nils!

Die Landschaft rings um diesen See ist von großer Schönheit. Ich erfuhr, daß sie viele hundert Fuß unter dem Spiegel des Inneren Meeres liege und daher von der Natur so begünstigt sei. Es gibt hier Nußbäume, die kühleren Wetters bedürfen, Palmen, die nur in der Wärme gedeihen, und daneben wachsen Feigen- und Ölbäume, wie bei uns in Italien.

Ein weißbärtiger Judaeer aus Capharnaum am Nordwestufer des Sees – ob er ein *Christianus* sei? überlegte ich – erklärte mir, dies sei eine von Gott gesegnete Landschaft. Man könne von einem Wettstreit der Schöpfung sprechen, die hier ihre edelsten Kinder aussende; Jahreszeiten kenne man kaum, zehn Monate lang könne man Getreide ernten und die königlichen Früchte, Wein und Feigen. Alle anderen Obstarten reifen mehrmals im Jahr, und dieser ganze See habe heilkräftige Eigenschaften.

Ich gewährte meinen Leuten eine lange Ruhepause und erlaubte ihnen, im See schwimmen zu gehen. Das taten sie etwas zaghaft, bis ich es ihnen vormachte und mindestens eine dreiviertel Meile weit hinausschwamm. Sie gerieten in Angst um mein Leben und wollten schon Kähne besteigen, um mich zu retten, als ich in bester Laune zum Ufer zurückkehrte.

Die Stadt Tiberias, die der Tetrarch Herodes Antipas zu Ehren von Tiberius Caesar erbaut hatte, war zwar in den Aufstand gegen ihren König Agrippa und gegen uns hineingezogen worden – aber wohl gegen den Willen der Mehrheit ihrer Bevölkerung. Da sie sich freiwillig unterwarf und den Imperator Vespasianus, an dessen Seite mein Vater ritt, jubelnd begrüßte, wurde sie geschont. Wie in all diesen judaeischen Gründungen fand ich auch hier Tempel, die unsern Göttern geweiht waren. Auch einige judaeische Bethäuser sah ich, wo die treugebliebenen Judaeer ungestört ihren Gott verehren können. Einige unserer Leute, die an Gelenkschmerzen erkrankt waren, sandte ich zur Heilung zu den warmen Quellen bei Emmaus, nicht weit von Hierosolyma.

Ein Bote des Procurators von Judaea, Lucius Flavius Silva, erreichte mich im Praetorium – in Eilmärschen solle ich zu ihm kommen, er brauche dringend meine Unterstützung. Der Sturm auf Masada stehe bevor.

Wir schlugen unser Lager am Ufer des Asphaltsees auf. Dort wollte ich schwimmen gehen – aber man sitzt in diesen dickflüssigen Salzfluten wie in einem Stuhl. Man kann sich vom Rücken nicht auf den Bauch und vom Bauch nicht auf den Rücken drehen. Keinen Fisch und keine Pflanze gibt es in diesem See. Die Judaeer sind der Meinung, daß er zwei höchst sündhafte Städte bedecke, Sodom und Gomorrha. Der »Herr der Heerscharen«, der kein Erbarmen kenne, habe sie durch Feuer zerstört, Gomorrha, weil es keine eheliche Treue kannte und es selbst in den Tempeln bereitwillige Mädchen gab, Sodom, weil die Bewohner sich schöner Jünglinge bemächtigen wollten, die in Wirklichkeit Engel waren.

Es ist ein Glück, daß Iupiter und Zeus milder denken – was wäre sonst schon vor Jahrhunderten aus Sparta und Athen geworden – und gar aus Rom! (Oder sollte Nero, als er die Stadt anzündete, im Auftrag des judaeischen Gottes gehandelt haben? Obwohl sicherlich weder Sporus noch Doryphoros »Engel« waren!)

Wenige Tage nach meiner Ankunft wurde dem Procurator und mir gemeldet, daß ein Flüchtling aus Masada eingetroffen sei und Wichtiges zu melden habe. Wir ließen ihn kommen, er sah hager und halb verhungert aus. Nicht wie Überläufer es tun, stand er aufrecht vor Flavius Silva, ohne sich niederzuwerfen. Er habe sich lange versteckt gehalten, nun sei ihm endlich die Flucht gelungen – ein Überläufer sei er nicht, denn weder er noch seine Gesinnungsfreunde hätten je gegen die Römer gekämpft. Sie verehrten Titus Caesar sogar auf das ehrerbietigste, den sie den »Rächer des Herrn« nennen. Nach seinem Namen gefragt, sagte er bloß: »*Christianus sum.*«

Wir glaubten ihm und versicherten ihn unserer Gnade. Als wir ihn fragten, wohin er wolle, sagte er: »Nach Pella – wohin meine Freunde aus Hierosolyma rechtzeitig geflüchtet sind, als Wall und Graben um die Stadt gelegt wurden.«

Dann brachte er seine Meldung vor, die uns wichtig erschien: Man solle mit dem Sturm nicht warten – es gäbe den und jenen Saumpfad, den er uns zeigen könne; und zwar sollten wir, wie Titus Caesar es getan hat, am Tag des Saturn angreifen, da verteidigten sich die Rebellen nicht. Auf eine Übergabe, erzwungen durch Hunger und Durst, zu warten, sei sinnlos – sie hätten droben noch genügend zu essen und zu trinken und auch reichlich Wasser. Es lagere dort eine Unmasse von Getreide, das auf Jahre hinaus reichen könnte. Öl, Wein, allerlei Hülsenfrüchte, alles sei in übergroßem Maße vorhanden, und in Zisternen, tief in den Felsen, befänden sich Vorräte an reinem Wasser. Waffenlager habe er gesehen, ausreichend für zehntausend Mann, dazu unbearbeitetes Eisen, Erz und Blei.

Bekanntlich hatten wir selber diese Festung in der Hand, ehe sie durch Verrat in die Hände der mörderischen Sikarier, der »Messermänner« fiel. Der *Christianus* erinnerte uns daran, daß wir sechzig Jahre lang die ungeheueren Vorräte, die wir da fanden, kaum je ergänzen mußten. Auch hielten sich dort oben selbst Früchte und Gemüse ein Jahrhundert lang in der reinen, trockenen Luft frisch.

Er wußte auch einiges über den Anführer der Sikarier, Eleazar, zu sagen – zweifellos ein todesmutiger Held – ein großer Mann sogar, wenn er einer guten Sache dienen würde! Knapp vor seiner Flucht habe er noch Teile der Rede gehört, in der zum Massenselbstmord aufgefordert wurde, eher als in die Hände der Römer zu fallen!

Einige Redensarten hatte sich der *Christianus* fast wörtlich gemerkt, und die klangen, als sei jener Eleazar ein Schüler der griechischen stoischen Philosophie oder habe einige der Schriften unseres Seneca gelesen, der sich ja immer wieder mit dem Tod beschäftigte, »als einem Durchgang zum ewigen Leben«!

So habe Eleazar gesagt, der Tod gebe den Seelen die Freiheit und öffne ihnen den Zugang zu dem reinen Ort, der ihre wahre Heimat sei. Nicht die »Toten« seien tot, sondern die Menschen seien es, deren Seele noch an den Leib gefesselt sei, »denn die Verbindung von Göttlichem mit dem Sterblichen sei etwas Unnatürliches«.

Und vieles dieser Art, was man auch bei Platon, etwa in seinem »Phaidros«, dem »Phaidon« und im »Symposion« finden kann! Nachdem uns der brave Mann die geheimen Pfade zu einer Anhöhe gezeigt hatte, den »Eisenfelsen«, wie er sagte, zweihundert Fuß unterhalb der Mauern und breit genug, um darauf einen Turm zu errichten, der unsere Geschütze tragen konnte, erhielt er einen Schutzbrief und einen Beutel mit genügend Reisegeld.

Eleazar ließ die Mauern mit Holz verschlagen, um die Rammstöße aufzufangen. Das war unüberlegt, denn wir setzten die Holzbalken in Brand. Der Wind schlug jäh zu unsern Gunsten um, und bald hatten wir eine Bresche geschlagen. Der Einbruch der Dunkelheit hinderte uns am weiteren Vordringen, aber in den frühen Morgenstunden eines Saturntags schlugen wir Fallbrücken zu den Mauerresten und stürmten über diese und durch die Bresche hinein. Kein Widerstand – Totenstille ringsum. Auf einem weiten Innenhof hielt ich die Soldaten an, möglich, daß der Feind aus Mauerlöchern und Kellern auf uns einstürmen würde.

Aber nur zwei Frauen tauchten plötzlich auf, eine bejahrte und eine junge von großer Schönheit, offensichtlich von hohem Verstand, eine Verwandte von Eleazar, wie wir später erfuhren. Sie führten fünf Kinder mit und sagten, sie hätten sich in unterirdischen Gängen versteckt, als Eleazar den Befehl zum Massenmord und Selbstmord gab – etwas, was ich zuerst überhörte, oder doch nicht ganz mitbekam.

Die junge Frau hatte alles mit angehört – eine neuerliche Rede, noch heftiger als die frühere, von der uns der *Christianus* berichtet hatte. Wieder klangen stoische und platonische Gedanken an, die mich erstaunten. Woher hatte dieser Mann solche Kenntnisse? ». . . die Unsterblichkeit der Seele bewahrheitet sich im Schlaf. Da ist sie, ungestört vom Leibe, in Verbindung mit der Gottheit. Wie sollte man also den Tod fürchten, wenn man die Ruhe im Schlaf liebt, und wäre es nicht töricht, die irdische Freiheit erringen zu wollen, sich aber die ewige zu mißgönnen?«

Ob dieser Mordbube, dieser Räuberhauptmann, der kein Wort griechisch und lateinisch kannte, von Indien gehört hat – von den Gymnosophisten, vom weisen Brahmanen Kalanos, der Alexander den Großen begleitete und den Flammentod suchte, ja diesen als Befreiung begrüßte? Seine Verwandte berichtete uns, was er noch gesagt habe:

»Haben wir Vorbilder aus der Fremde nötig, dann laßt uns auf die Inder schauen, diese Weisheitslehrer. Sie ertragen das irdische Leben nur widerwillig als einen Knechtsdienst, den sie der Natur schulden und freuen sich, wenn die Seele aus den Banden des Körpers erlöst wird. Sie nehmen Aufträge an Verstorbene entgegen, und dann übergeben sie ihren Leib dem Feuer und sterben unter Lobgesängen . . .«

Und noch viel mehr in diesem Sinne!

Dann berichteten die Frauen, daß sich schließlich alle dem machtvollen Gebot des Eleazar gebeugt und ihre Weiber, Kinder und hierauf sich selber getötet hätten. Auch verbrannten sie alles bis auf die Lebensmittel, um den Römern zu zeigen, daß sie nicht dem Hunger erlegen seien, sondern freiwillig den Tod der Sklaverei vorzögen, als sie erkannten, daß auch ihr Gott sie verlassen habe.

Das vermochten wir erst nicht zu glauben – die Vernunft dieser Frauen schien durch die lange Entbehrungszeit gelitten zu haben. Ich übergab sie einem meiner zuverlässigsten Centurionen, mit dem Auftrag, sie ehrenvoll in die Ebene zu geleiten, mit Mitteln zu versehen und sie hingehen zu lassen, wohin sie wollten.

Da brachen plötzlich Flammen hervor, die wir in aller Eile löschten. Noch einmal unser Kampfgeschrei, um die Feinde, die das Feuer gelegt hatten, herauszulocken. Aber nichts als Totenstille. Als die Flammen besiegt waren, drangen wir ins Innere der Festung ein – ein Anblick, den man nie vergessen kann. Männer, Eleazar darunter, das Schwert in der Brust – Weiber, Kinder, Säuglinge – Tote über Tote – Haufen von Leichen wohin wir kamen – manche Liebespaare noch in enger Umklammerung – Kinder an den erkalteten Brüsten ihrer Mütter, Freundespaare, die einander durchbohrt hatten – vertrocknendes Blut, an manchen Stellen noch frisches, in dem die genagelten Schuhe der Soldaten ausrutschten . . .

Andere wieder hatten sich in den unterirdischen Trinkwasserleitungen ersäuft oder hatten sich mit dem Pech aus dem Asphaltsee beschmiert und lebend verbrannt.

Insgesamt waren es neunhundertsechzig Tote – die waffenfähigen Männer und Jünglinge von starkem Wuchs, die uns noch lange Widerstand hätten leisten können. Keine Siegesfreude kam auf. Niemand freute sich über die Menge der hingeschlachteten Feinde. Auch bei unsern rauhesten Soldaten regte sich Achtung vor dem heldenhaften Entschluß und der Freiheitsliebe dieser Menschen. Ich ließ die Toten ins Lager bringen und übergab sie in allen Ehren und unter den Gebeten unserer Opferdiener den Flammen.

Seit der Zerstörung des Tempels sind nun fünfundvierzig Jahre vergangen. Dieses kleine Volk hat fast anderthalb Millionen Menschen an Toten und Gefangenen verloren, die in die Sklaverei verkauft wurden. Es verlor alle seine Schätze, die es in Jahrhunderten aufgehäuft hatte, und doch stehen wir schon wieder in einem judaeischen Aufstand, der sich über mehrere Provinzen erstreckt und mich zwingt, ganze Legionen gegen sie einzusetzen, die für den Krieg gegen die Parther nötiger wären.

Masada hätte mir eine stete Warnung sein sollen. Ein Volk, das nach solchen Blutopfern und nach der Zerstörung seines Heiligtums und seiner wichtigsten Städte zu solchem Heldentum – wenn auch selbstzerstörendem und wahnwitzigem – fähig ist, wird nie wirklich zu unterwerfen sein.

Schon zur Zeit von Masada kam mir der Gedanke, ob man nicht die *Christiani* fördern sollte. Sie haben mit ihrem Ursprungsvolk nichts mehr zu tun, haben auch dessen häßlichen Gebrauch der Knabenverstümmelung und all diese Speisegesetze abgeschafft, sind aber von der gleichen Seelenstärke.

(»Caesar, es gibt schon viele *Christiani,* deren Familien nicht judaeisch sind. So viel ich weiß, unterscheiden sie zwischen ›*Judaeo-Christiani*‹ und ›bekehrten 'Gentiles'‹, worunter sie die Griechen und Römer verstehen und alle überhaupt, die bis dahin eine Vielfalt von Göttern verehrten. In den Gemeinden stehen sie einander jetzt gleich.«

»Eine wichtige Auskunft, kleiner Schulmeister. Fahren wir fort!«)

Nach dem Fall von Masada rief mich mein Vater zurück. Er wollte, daß ich den Weg über Damaskus nehmen und dann in kleiner Begleitung nach Palmyra gehen sollte. Es lag ihm daran, mein Urteil über die neue Straße zu hören, die er gebaut hatte. Eine gute Straße, das konnte ich bestätigen!

Damaskus ist Antiochia nicht unähnlich, wenn auch nicht ganz so prächtig. Pompeius Magnus gewann die Stadt für das römische Volk, und sie hat sich gut weiterentwickelt. Auch hier gab es blutige Zusammenstöße zwischen Judaeern und den anderen Einwohnern, aber davon merkte man jetzt nichts mehr. Die Judaeer haben ihre Bethäuser zurückerhalten, sie treiben regen Handel – mehr mit den Syrern als mit den Griechen und Römern. Auch von den *Christiani* hörte ich wieder. Sie gelten als gute, treue Bürger. Hier soll diesem Mann, der dann in Athen den »Unbekannten Gott« verkündete, eine Theophanie zuteil geworden sein, und er habe Heilung von seiner Blindheit gefunden. Die üblichen Wundergeschichten, wie sie einem im Osten überall begegnen.

Palmyra, an der äußersten Grenze von unserer Provinz Syria und Arabia, kam durch Germanicus, den Neffen und Adoptivsohn von

Tiberius Caesar, freiwillig zu uns. Die Stadt bemüht sich, ein römisches Gewand anzulegen – ich fand Tempel, geweiht unsern Divi Imperatores und unsern Göttern. Eine reiche Handelsstadt, die sich das leisten kann. Auch Thermen, Palaestren, Ringbahnen für die Jugend verschiedener Stämme – blonde und dunkelhaarige Jünglinge, persische, selbst indische unter den jungen Athleten.

Die Straße, die mein Vater gebaut hat, bis nach Sura am rechten Ufer des Euphrates, nicht weit von Thapsakos, ist mir jetzt, bei unserem Feldzug gegen die Parther, von höchstem Nutzen. Als ob mein Vater in weiser Voraussicht geahnt hätte, daß dieser Krieg unvermeidlich sei!

Der kurze Krieg gegen den Partherkönig Vologaeses, den ich schon erwähnte, hat ihm anscheinend als Warnung gedient. Der König hatte uns um Hilfe gegen das barbarische Volk der Alananen gebeten, das aus dem Kaukasus und von den nördlichen Gestaden des Pontos Euxinos hervorbrach und in sein Reich einfiel. Vielleicht hätten wir ihm diese Hilfe gewähren sollen, auch der Caesar Domitianus war dafür. Aber der Imperator Vespasianus lehnte ab: Er dächte nicht daran, sich in fremde Streitigkeiten einzumischen.

Die Mutter dieses Partherkönigs war eine griechische Kebse, aber gerade das machte ihn zu einem erbitterten Feind der Griechen. Auf seinen Münzen ließ er uralte iranische Zeichen einprägen und einen Feueraltar, gemäß der persischen Stammesreligion des Zoroaster. Gegen die griechische Stadt Seleukia gründete er sogar an einem Verbindungskanal zwischen Euphrates und Tigris die Stadt Vologesokerta, die aber bis heute nicht recht aufgeblüht ist.

Es kam nur zu einer einzigen Schlacht, die ich dank den Göttern siegreich führen konnte. Mein Vater lobte mich, daß ich den Soldaten durch meinen Mut große Kraft gegeben habe – als wenn Mut nicht eine selbstverständliche Voraussetzung jeder militärischen Führung wäre! Die Parther flohen, und aus Angst vor unsern Legionen schloß Vologaeses Frieden.

Mir sind diese Erfahrungen sehr zustatten gekommen. Ich habe in dieser Schlacht viel von der Kampfesweise der Parther gelernt, und das ist jetzt für mich von großem Nutzen. Wer weiß, ob mir anderenfalls die Besetzung von Armenien so schnell gelungen wäre.

Ich blieb noch einige Wochen in Antiochia, um die Ergebnisse meiner Tätigkeit auszuwerten. Als die Amtszeit meines Vaters ablief, kehrte ich mit ihm zusammen nach Rom zurück. Dort hat ihm der Imperator Vespasianus seiner militärischen Erfolge in Syrien wegen selber die *Ornamenta triumphalia* verliehen.

IV.
Die Mannesjahre vor dem Principat

Zehntes Kapitel

Jahre der Wanderungen

Wir werden rascher vorgehen müssen, mi amice, sonst wird dieser Bericht länger, als daß er in unserm ungebildeten Zeitalter Leser finden könnte. Dabei liegt mir doch daran, vor allem unsere Jugend über die letzten Jahrzehnte zu unterrichten und ihr zu zeigen, wie rasch sich Rom unter der Führung guter Imperatoren von den Zerstörungen der Bürgerkriege erholt hat. Aber daß dem Imperium nach wie vor große Gefahren drohen und daß wir ständig auf der Hut sein müssen, auch das soll nicht übersehen werden. Der heutige Wohlstand verleitet viele dazu, sich vor unangenehmen Tatsachen zu verschließen.

Über Divus Vespasianus und Divus Titus ist viel geschrieben worden, und selbst der giftgeschwollene Suetonius hat nicht viel an ihnen bemängeln können. Anders ist es, wie ich schon öfters andeutete, mit dem Imperator Domitianus, über den heute alle herfallen – auch die, die unter ihm gefördert wurden! Ich selber habe ihm viel zu verdanken, so z. B. daß ich mit seinen Empfehlungen Quaestor wurde, Praetor, Consul, Legionslegat in Hispania Tarraconensis und schließlich Legatus Augusti pro praetore der Provinz Germania superior. Ohne seine Feldzüge und seine strategischen Pläne in Germania, am Danuvius, im Osten, hätte ich vielleicht nicht die Grenzen sichern und dem Römischen Volke neue Provinzen erwerben können.

Aber, wie ich schon mehrmals sagte: Wir wollen nicht vorgreifen! Zehn Jahre lang habe ich Militärdienst geleistet, ehe ich mich um die curulischen Ämter bewerben konnte. Wo es irgendwo unsicher schien, dahin wurde ich geschickt, manchmal nur mit einer kleinen Abteilung, manchmal mit einer ganzen Legion und deren Hilfstruppen.

Ich habe es meinem Vater zu verdanken, daß ich als erstes mit zwei Cohorten nach Nordafrika entsandt wurde, in den nordwestlichen Teil von Mauretania, gerade gegenüber den Säulen des Hercules. Denn von dort aus kam es immer noch zu plötzlichen Überfällen wilder Stämme auf Baetica. Bis nach Hispalis, Italica, ja manchmal bis Corduba, kamen sie, plündernd, mordend. Es geschah sogar, daß sie ganze Dörfer in die Sklaverei wegschleppten.

Die schwache Garnison in Tingi konnte der Bandenüberfälle offensichtlich nicht Herr werden. Von der zerklüfteten und unübersichtlichen Küste aus gelang es in mondlosen Nächten immer wieder nicht wenigen Schiffen, zur hispanischen Küste hinüberzufahren. Dort scheint es an Gesinnungsgenossen nicht gefehlt zu haben, die ihnen Unterschlupf gewährten und dafür an der Beute beteiligt wurden.

Ich stellte auf Felsenvorsprüngen oberhalb der kleinen Häfen, eigentlich nur schmalen Einschnitten, Wachen auf, bemannte einige Dutzend Schnellsegler und machte Jagd auf die Mordgesellen. Innerhalb weniger Wochen brachten wir sie zur Strecke, die Männer des harten Kerns fingen wir lebendig und ließen sie zur Abschreckung für andere öffentlich hinrichten. Mehrere Jahre lang war dann Ruhe, erst als ich Princeps wurde, mußte ich wieder gegen neue Ruhestörer einschreiten. An sich lebt dort am »Rif«, wie sie sagen, kein schlechter Menschenschlag. Ob sie ursprünglich aus Germania stammen? Blond, blauäugig, schlank, hochgewachsen und nicht ohne eine eigenständige Sprache und Schrift, auch wenn beides unter römischem Einfluß immer mehr verschwindet. Manche Ratgeber haben mir vorgeschlagen, dieses ganze Volk ohne Unterschied von Alter und Geschlecht zu beseitigen oder wenigstens alle in eine Gegend südlich des Atlas zu verpflanzen. Es gelang ja auch, ganze germanische Stämme umzusiedeln. Ich habe die Ausrottung eines Volkes als unvereinbar mit dem Geiste unseres Jahrhunderts abgelehnt, und auch der Vergleich mit der Umsiedlung der Germanen traf hier nicht zu. Denn die Stämme, denen wir neue Wohnsitze anwiesen, wurden in das Römische Reich aufgenommen und viele ihrer jungen Leute sind inzwischen schon zu Römern geworden.

Ich verdanke den Mauren sogar einen meiner fähigsten Unterführer, einen entschlossenen, hervorragenden Soldaten. Das ist niemand anderer als Lusius Quietus, parve amice, den du ja kennst. Als ich ihn zuerst traf, war er ein wilder, schöner Jüngling, sehr dunkel, aber nicht wie ein Neger. Seine Züge waren griechisch-italisch – und so sind sie geblieben. Er war von Jugend auf wie verwachsen mit seinen Pferden und unübertroffen als Führer seiner Reiterei. Ich habe ihn dem Imperator Domitianus empfohlen, der ihm aber nicht recht traute. Er hat ihn auch bald fallengelassen und dienstenthoben, wenn er ihn auch, wie zum Trost – oder um ihn sich nicht völlig zum Feind zu machen! – in den Ritterstand erhob.

Vielleicht in dankbarer Erinnerung an unsere Jugendfreundschaft kam er zu mir, als der Krieg gegen die Daker ausbrach, und seine Reiter, die er mitbrachte, haben mir zu manchem Sieg verholfen. Unschätzbare Dienste leistet er jetzt beim judaeischen Aufstand, wenn auch manche meinen, daß er oft zu hart vorgehe. Darüber später.

Mit Erlaubnis des Imperators Vespasianus habe ich den Hafen von Caesarea ausbauen lassen. Nun ist diese große, schöne Stadt, eine punische Gründung, zu einem unserer wichtigsten Handelsplätze geworden. Im Amphitheater, das über 15 000 Zuschauer faßt, habe ich zu Ehren des Imperators Fechterspiele und Reiterkämpfe veranstaltet. Dabei haben zwei Abteilungen von Kamelreitern mitgewirkt. Das war etwas Ungewohntes, da das Kamel erst vor ein paar Jahren nach Afrika kam. Ich habe mich an das Verbot von Divus Augustus gehalten, nachdem Kämpfe nicht bis zum Tode, ohne die Möglichkeit der Begnadigung, durchgeführt werden dürfen. Für die blutgierigen Afrikaner, die an grausamere Schauspiele gewöhnt waren, eine ärgerliche Einschränkung des Vergnügens. Im allgemeinen sprach man schon damals. überall Latein. Die Landessprache war einheimischen Sklaven und Dorfbewohnern vorbehalten. Caesaraea machte eine Ausnahme – dort hörte ich mehr Griechisch als Latein. Auch Kupfermünzen, die die Stadt prägen durfte, hatten griechische Inschriften. Noch waren solche mit dem Namen des Vitellius im Umlauf, der sich als Proconsul einen guten Namen gemacht hatte. Ich sorgte dafür, daß sie eingezogen und durch vespasianische ersetzt wurden. Statt Imperator steht *Autokrator*, statt Augustus *Sebastos* darauf – aber daran haben wir uns gewöhnen müssen.

Sehr begierig war ich, Divi Iuli Neugründung zu sehen, *Colonia Iulia Carthago*, wie das frühere Carthago, das Aemilianus Scipio Africanus Minor den Flammen übergab, jetzt heißt. Eine herrliche, blühende Stadt und durchaus treu! Schon waren Münzen im Umlauf, auf denen der Name unseres Imperators mit all seinen Titeln und Ehren stand, und dazu die Inschrift *Felix Carthago*. Damals gab es noch eine ziemlich große judaeische Gemeinde, aber die hat sich leider auch am Aufstand beteiligt . . .

Es scheint, daß schon vor der Neugründung zahlreiche Punier zurückgekehrt sind – trotz strengem Verbot! Man sieht es dem Volke an, und auch der punische Gott, der Baal, hat wieder Tempel erhalten. Ich hatte die Berichte über die Kinderopfer, die ihm dargebracht werden, noch aus meiner Kindheit in Italica in Erinnerung. Heute könnten seine Diener dergleichen nur in aller Heimlichkeit tun!

Unser Verbot von Menschenopfern gilt in Afrika nicht minder als in Gallia und Britannia – und wo immer es noch solche Überbleibsel aus barbarischen Zeiten geben sollte.

(»Caesar – darf ich eine Frage stellen? Sollte dieses Verbot nicht auch für das gegenseitige Abschlachten im Circus und in den Amphitheatern gelten – oder wenn Menschen wilden Tieren vorgeworfen werden?«

»Du hast im Grunde recht, mi amice. Schon mein Landsmann Lucius Annaeus Seneca hat diese Kämpfe und Tierhetzen unmenschlich gefunden und unvereinbar mit dem Geiste unserer Zeit.«

»Warum verbietest du sie dann nicht, Caesar . . .?«

»Lassen wir das jetzt. Schreibe weiter!«)

Bei der Einäscherung der Stadt scheinen doch einige Gebäude stehengeblieben zu sein. Heute werden sie als geschichtliche Denkmäler sorgsam gepflegt. Man hängt sogar Tafeln an die Mauern: »Hier hat Hannibal geschlafen . . . hier sein Gegner Hanno.«

Bedroht braucht sich dadurch kein Römer mehr zu fühlen – so wie ich auch nichts dabei finde, wenn unsere Schullehrer den Knaben die Reden Catos, des Feindes von Divus Iulius, beibringen oder den Iunius Brutus verherrlichen, der das Königtum stürzte! Neben Alexandria ist das neue Carthago heute unsere wichtigste Stadt in Nordafrika . . .

(»Und schon damals, Caesar, gab es dort eine Gemeinde der *Christiani*. Heute sollen sie sehr zahlreich sein.«

»Hat das irgendeine Bedeutung?«

»Gewiß, Caesar – sie bilden ein Gegengewicht gegen die aufständigen Judaeer . . .«

»Paßt es in meinen ernsten Bericht, kleiner Alleswisser, wenn ich die Geschichte vom Delphin erzähle? Du kennst sie ja!«

»Unbedingt, Caesar! Ich bin sicher, daß unsere Leser sie hören wollen!«

»Dann schreibe sie auf und versuche, mich eine Weile nicht zu unterbrechen!«)

Nicht weit von Carthago liegt die kleine Stadt Hippo Diarrhytos. Eine Lagune dient ihr als natürlicher Hafen, in dem auch größere Schiffe vor Anker gehen können. Je nach der Tageszeit strömt das Wasser herein oder aufs Meer hinaus. An der Küste gibt es herrliche Sandstrände. Dort gehen die Leute fischen, bootfahren und schwimmen, vor allem die Jungen und die Epheben, römische, griechische, maurische, auch ganz dunkle unter ihnen. Ich weiß, mi amice, dein Adoptivvater war auch einmal dort, und die Geschichte, die ich jetzt erzähle, könnte er bestimmt in allen Einzelheiten bestätigen – wenn nicht diese, so andere, ganz ähnliche.

Ich hatte während meines Aufenthaltes in Carthago einen sonnengebräunten, klugen graeko-römischen Lockenkopf kennengelernt, und mit dem ging ich zum Strand, wo viele Jungen, die Zeit zum Spielen haben, sich in den Wellen tummelten. Mein junger Freund, Amyntas, galt als der beste Schwimmer und wollte es mir, der ich im Schwimmen wirklich gut bin, zuvor tun. Ich ließ ihm die Freude, blieb zurück, während er ziemlich weit hinausschwamm – fast zu weit, überlegte ich, da es in der Gegend Haifische gibt. Da sahen wir auch schon zu unser aller Entsetzen eine dreieckige

Flosse auftauchen – aber es war kein Hai, sondern sein ärgster Feind, ein Delphin. Und von den Delphinen heißt es von altersher in Hellas, daß sie schöne Knaben lieben.

Nun schwamm ich auch näher heran, um genauer beobachten zu können. Der Delphin hob sich etwas aus dem Wasser, schien sich liebevoll zu verneigen, ja zu lächeln, zog seine Kreise um Amyntas, als wollte er mit ihm spielen, dann tauchte er unter und kam wieder herauf, nahm ihn auf den Rücken, warf ihn ab, nahm ihn wieder auf. Nun merkte Amyntas, der zuerst ein sehr erschrecktes Gesicht machte, daß der Delphin sein Freund sei. Der trug ihn so weit hinaus, daß keiner von uns hätte nachkommen können, machte einen großen Bogen und brachte den Jungen zum Strand zurück. Nochmals eine Verneigung, und schon war er wieder auf hoher See!

Diese Geschichte verbreitete sich wie ein Lauffeuer in der Stadt. Jeder wollte Amyntas sprechen, den man wie einen kleinen Meeresgott bewunderte. Am nächsten Morgen war die ganze Jungenschar am Strand. Man schwamm hinaus, Amyntas als erster. Der gute Delphin erschien pünktlich, benahm sich wie Tags davor, schlug seine Kreise und ließ Amyntas auf seinen Rücken steigen, brachte ihn auch zurück. Das wiederholte sich an mehreren Tagen. Nun verloren auch die Erwachsenen ihre Scheu. Der Delphin ließ sich streicheln, aber Amyntas blieb doch sein Liebling, keinen anderen nahm er auf den Rücken. Schließlich begleitete ein Dutzend oder mehr Jungen den Delphin auf beiden Seiten. Manchmal kam der Delphin sogar an Land, trocknete sich im warmen Sand und rollte dann zurück ins Wasser.

Die törichten Stadtbehörden ließen ihn einmal mit stark riechendem Öl übergießen, als wenn sie ihn »entsühnen« müßten. Schließlich beschlossen sie sogar, ihn zu töten, weil zu viele Menschen in die kleine Stadt kämen und dies Unruhe verursachte! Der Delphin mochte es ahnen, oder vielleicht hat ihn sein Liebling Amyntas bei einem Ausritt gewarnt. Jedenfalls, am Tag nachdem man seinen Tod beschlossen hatte, kam er nicht wieder und ist auch später nie mehr aufgetaucht.

Ich habe, ehe ich Africa verließ, die ganze südliche Grenze unserer

Provinz und Mauretanias durch Wälle und Gräben und durch feste
Stützpunkte gegen die wilden Garamanten in Verteidigungszu-
stand versetzt, so wie der Imperator Domitianus in Germania den
Limes baute, den ich weiterführte und verstärkte – und ähnlich
dem großen Schutzwall, den ich nördlich des Danuvius errichten
ließ.

In Baetica war man sehr glücklich, als man merkte, daß es von nun
an keine Berbereinfälle aus den Bergen von Mauretania mehr
geben werde. Aber mehr als zwei Wochen Urlaub erhielt ich nicht,
dann erfuhr ich, daß ich nach Britannia versetzt werde, auf ausdrücklichen Wunsch des neuen Legatus pro praetore, Petilius Cerialis, meines hochgeschätzten Oberbefehlshabers bei der Niederschlagung des germanisch-gallischen Aufstands.

Wie sollte ich mich aber auf Britannia vorbereiten? Ob dort der
Himmel stets bedeckt ist – Kälte, Regen, Schnee, tiefhängende
Wolken – nach dem Sonnenschein von Afrika? Was nimmt man an
Wollsachen mit? Meine liebe Schwester Ulpia, deren Mann inzwi-
schen gestorben war, kaufte in den Legionsläden selber für mich
ein – genau das Richtige!

Auch auf dieser fernen Nebelinsel hatten die Flammen des Capitols einen Aufstand entfacht, kaum weniger gefährlich als jenen
zur Zeit der Königin Boudica. Damals verloren wir siebzigtausend
römische Bürger und Soldaten und einige unserer feinsten Colo-
nialstädte gingen in Flammen auf: Londinium, Camulodunum und
Verulamium. Selbst Petilius Cerialis, Legat der IX. Legion *Hispania* erlitt eine schwere Niederlage. Der Consular C. Suetonius
Paulinus, Statthalter von Britannia, hat ihn herausgehauen.

Von Ostia fuhr ich zu Schiff nach Massilia, dann auf dem Rhodanus nordwärts. Unsere Provinz Gallia Narbonensis blühte und
gedieh. Die meisten Einwohner sprachen Latein, einige, die in
Massilia aufgewachsen waren, auch griechisch. Herrliche Felder,
schöne saubere Gehöfte und zu meinem Erstaunen auch schon
Weinlauben mit recht gutem Gewächs.

Die Rebe ist sogar schon ein ganzes Stück nach Norden gewandert
und hinüber an die Westküste. Lange wird es nicht mehr dauern
und unsere Weinbauern werden sich gegen die gallischen, viel-

leicht sogar die germanischen behaupten müssen. Die griechischen machen ihnen heute schon schwer zu schaffen.

In Lugudunum, der Geburtsstadt von Divus Claudius, nahm ich an einer Sitzung des Landtags der Drei Galliae teil. Vierundsechzig Gaue sind dort vertreten! Den hat die Weisheit von Divus Augustus geschaffen, und als er sich bewährte, hat er überlegt, ob man nicht die Vertreter aller gesitteten Provinzen an der Wahl unseres Senats und unserer Volksversammlungen teilnehmen lassen sollte. Müßte ich nicht so viele Kriege führen, ich hätte bestimmt diese Pläne zur Neuordnung des Reiches aufgegriffen. Vielleicht komme ich nach der siegreichen Beendigung des Partherkriegs noch dazu!

Dieser Landtag, der die Vorteile römischen Rechts und römischer Ordnung gut kennt, hat in jener ernsten Lage den Treverern dringend vom Aufstand gegen uns abgeraten.

Wir haben nie mehr als zwölfhundert Mann nach Lugudunum verlegt, und das ist auf dem ganzen Erdkreis so bekannt geworden, daß sogar der judaeische König Agrippa II. in einer Rede vor seinen Landsleuten darauf Bezug nahm. So mächtig sei Rom, sagte er, daß eine so geringe Truppenzahl genüge, um das ganze große Gallia zu beherrschen.

An den Calenden des August bei der großen jährlichen Feier habe ich am Altar der Roma und des Genius Augusti, den Drusus Maior, der jüngere Bruder von Tiberius Caesar, einweihte, für den Imperator Vespasianus, seine beiden Söhne und für Rom die vorgeschriebenen Opfer dargebracht.

Von Gesoriacum in der Belgica, dem Britannia nächstgelegenen Hafen, setzte ich mit zwei Cohorten über. Der Fretum Gallicum, der den Oceanus Atlanticus mit dem Mare Germanicum verbindet, war etwas stürmisch. Einige unserer Schiffe wurden ostwärts verschlagen, schließlich kamen aber alle gut durch.

Die Bewohner fand ich nicht sehr verschieden von den Galliern, die ich an Rhenus und Mosella kennengelernt hatte. Auch ihre Sprache dürfte der ihrer Stammesgenossen auf dem Festland nahe verwandt sein. Römische Erzeugnisse gab es schon in Menge. In den Schenken gab es italischen Wein, und dazu den »Bastard des Bacchus« und noch schärfere, stark berauschende Getränke. Die

Stadt Londinium war wieder aufgebaut, schöner als zuvor. Die Tamis fuhren zahllose Schiffe hinauf und hinunter. Der Legat Petilius Cerialis setzte mich und meine Leute sofort gegen den ungesitteten, mächtigen Stamm der Briganten ein. Sie hatten tüchtige Führer, den kriegserfahrenen Venutius und einen ihrer Stammeskönige.

Schließlich siegten wir, dank unsern besseren Waffen, die unsere tapferen Legionäre gut zu führen wußten: unser kurzes Schwert, das eisenbeschlagene schwere Pilum, die treffsichere Wurfkeule! Die Feinde traten ohne Panzer an, geschützt nur durch einen kleinen Schild. Wir hätten den ganzen Stamm vernichten können, aber wir wollten keine Leichenhaufen, sondern Völkerschaften, die einmal Römer werden würden.

Erst unter dem Imperator Domitianus ist die wirkliche Bezwingung der Insel gelungen, aber leider nicht bis zur nördlichsten Spitze, und immer wieder haben die Aufrührer durch ihre Druiden, diese dunklen Priester mit Zauberwerk und Menschenopfern, Ermutigung erhalten. Wie wir Britannia nehmen mußten zum Schutze von Gallia, so wäre die Besetzung der großen, westlich gelegenen Insel Ivernia dringend nötig gewesen. Dorthin flohen ja die Verräter und Rebellen, von dort kamen sie zurück, angefeuert durch ihren Haß gegen Rom und ihren Wahnglauben, daß jeder getötete Römer ein wohlgefälliges Opfer in den Augen ihrer finsteren Gottheiten sei.

Ich habe einige Wochen mit der IX. und Teilen der XIV. Legion im eben befriedeten Westen verbracht und sehr genau die Möglichkeiten einer Eroberung von Ivernia erkundet. Aber Petilius Cerialis winkte ab – wir hätten nicht genügend Kräfte zur Verfügung, und damit meinte er nicht nur die militärischen. »Wo der Römer erobert, da siedelt er«, hat Seneca einmal geschrieben. Können wir das heute noch? Zum Siedeln gehörten unsere italischen Bauern, und besonders gehörte unser Schulmeister dazu. Aber wer von unserer Jugend will heute noch Lehrer werden? Es fehlen also der Pflug, der Schreibgriffel und die Rolle, um zu vollenden und zu festigen, was das Schwert vorbereitet hat. Im äußersten Westen, dem einige kleine Inseln vorgelagert sind, fand ich Bäume wie bei uns im Süden, Feigen, sogar Palmen! Die Menschen dort scheinen einem anderen Volksstamm anzugehören. Manche ihrer Erzählungen erinnerten mich an die Geschichten, die ich in meiner Kindheit in Hispanien gehört hatte: Nur mündlich ist überliefert, was sie an Erinnerungen besitzen, so daß ihre Vorfahren weit, weit im Westen wohnten, in einem großen Lande, das von ungeheueren Fluten zerschlagen und schließlich vom Oceanus verschluckt worden sei. Ihre Götter hätten sie rechtzeitig nach dem Osten geführt.

Hatten wir nicht in der Schule von »Atlantis« gehört, dem großen untergegangenen Erdteil, den Platon schildert? Die ganze Welt sollen die Atlanter beherrscht haben, außer Athen, das von einem vor-hellenischen Volke heldenhaft verteidigt wurde.

Vor neuntausend Jahren, lange vor Solon, sei dann das letzte Stück, die Insel Poseidonia, untergangen. Oder doch nicht ganz – dann wären diese Inseln hier mit ihren südlichen Bäumen vielleicht Überbleibsel von Atlantis. Auch Gottheiten werden dort verehrt, die nichts mit dem finsteren druidischen Kult zu tun haben. Vielleicht könnte man eine Verwandtschaft mit dem hellenischen erkennen. Die Sonne – Helios-Apollo, der Mond – Luna-Artemis und manche freundlichen Sterne scheinen ihre Verehrung zu genießen. Wenn die Sonne im Oceanus versinkt, werden Gebete gesprochen, daß sie am nächsten Morgen doch zurückkehren möge. Dreimal verneigten sich die Priester und Gläubigen vor dem Polarstern, durch den die Achse des Kosmos gehe.

Auch an Bodenschätzen und manchen anderen Gaben der Natur ist diese Insel reich. Gewaltig sind die Vorkommnisse an Blei, das reich an Silber ist. Viele Denare sind heute im ganzen Imperium im Umlauf, deren Silber aus Britannia stammt. Zinn führen wir seit langem von dort ein, auch Gold wird geschürft. Die Eisen- und Kupferminen könnten ausgebaut werden, beide Metalle sind von großer Reinheit. Sogar schöne, wenn auch etwas dunkle Perlen findet man in den Seen und Flüssen bis ganz hoch im Norden bei den Caledoniern, dazu Amethysten auf manchen kleineren Inseln, die der Hauptinsel vorgelagert sind.

Aus der unbezwungenen Insel Ivernia beziehen wir Wolfs- und

Jagdhunde, sogar Bären gibt es dort, wie die Römer sie im Circus sehen wollen. Wölfe die Menge! Auch künstlerisch ist dieses Inselvolk begabt. Ich kenne sehr schöne Töpferwaren und allerlei Silber- und Kupfergeräte. Aber in manchen Dingen sind die Einwohner auf uns angewiesen. Meine Heimatprovinz Baetica schickt große Mengen von Öl zu ihnen, zum Kochen, aber auch für ihre Lampen. Talgkerzen führen sie aus Gallia ein, Wein sogar aus Italia. Aber es sind nicht die besten Arten. Ihre eigenen Trauben sind zu sauer, um gekeltert zu werden, aber getrocknet sind sie genießbar.

Alle diese Erfahrungen haben mich bewogen, dem Imperator Domitianus dringend zu empfehlen, diese wichtige, entwicklungsfähige Insel durch Iulius Agricola dem Römischen Volke ganz untertan machen zu lassen.

Ehe ich Britannia verließ, habe ich noch einige Zeit in Eburacum zugebracht, dem Hauptort der nunmehr befriedeten Briganten. Rings um das Legionslager war bereits eine Bürgercolonie im Entstehen. Tempel gab es aus britischem Marmor und fleißige einheimische und zugewanderte Meister und Gesellen verarbeiteten Jadeschmuck, auch für die Ausfuhr nach Italia.

Als Petilius Cerialis durch Sextus Iulius Frontinus abgelöst wurde, kehrte ich auf das Festland zurück.

Mit Frontinus blieb ich in dauernder Verbindung. Ich habe diesem ausgezeichneten Soldaten, glänzenden Schriftsteller und mehrmaligen Consul manchen meiner Siege zu verdanken. Sein Werk »Strategemata«, das er mir widmete, über Kriegslisten und das klügste Verhalten militärischer Führer unter den jeweiligen Umständen, hat mir sehr geholfen. Niemals die eigene Stärke überschätzen, nie die des Gegners unterschätzen und das Gelände genauestens erkunden – das sind Ratschläge, die ich auch meinen Legaten und Tribunen immer ans Herz lege.

Als ich in Gallia landete, erfuhr ich, daß ich, ohne nach Rom zu gehen, in der Provinz Raetia die VIII. Legion *Augusta* übernehmen solle, die erst vor kurzem aus Pannonien dorthin verlegt worden war.

Mein Standquartier war Augusta Vindelicorum am Licus, der in den Danuvius mündet. Als Legionslager, aber auch für Veteranen und einige einheimische Familien war der Ort von Tiberius Caesar und seinem jüngeren Bruder Drusus gegründet worden. In den nicht ganz 85 Jahren seitdem ist eine richtige Stadt daraus entstanden, mit einem schönen Amphitheater, Bädern, gut geheizten Wohnhäusern und mit den Tempeln unserer Götter. Heute führt eine der wichtigsten Straßen flußaufwärts über die Alpen, die Atesis entlang nach Tridentum und Verona. Dort hat sie dann Anschluß an unser ganzes Straßennetz. Nach Norden zu versorgt die gleiche Straße unsere Truppenlager den Danuvius entlang.

Dreißig Meilen flußaufwärts hat Tiberius Caesar ein kleines befestigtes Lager angelegt. Ich ließ es ausbauen und stärker befestigen. Das ist Abudiacum, am rechten Ufer des Licus, im germanischen Siedlungsgebiet. Am linken Ufer des breiten, milden Flusses ist schon Keltenland. Ich fand auch noch die Steinbrücke, die damals gebaut wurde, und die Tafel mit den schon halb verlöschten Namen von Tiberius Caesar und Drusus. Die gerade noch leserliche Inschrift – jetzt ist sie erneuert – besagt auch, daß die beiden Befehlshaber im Namen von Caesar Augustus, ihrem Imperator, mit dieser Brücke Kelten und Germanen als Glieder des gleichen römischen Imperiums freundschaftlich miteinander verbinden wollten.

Elftes Kapitel

UNTER DEM FLAVISCHEN HAUSE

Der griesgrämige Iuvenal spricht von den »fürchterlichen Alpen« und daß Hannibal seinen »wahnwitzigen Weg gehen solle«, um »Knaben einen rhetorischen Stoff zu liefern und ihnen damit zu gefallen«. Er ist um etliches jünger als ich, aber statt sich seiner Jugend zu erfreuen, hat er an allem etwas auszusetzen – ein Lasterschnüffler, der zu Suetonius paßt und der an Iupiters schöner Welt nichts Gutes läßt.

Die Bemerkung über die »fürchterlichen Alpen« stört mich ganz besonders. Ich habe sie kennengelernt, als ich nach Augusta Vindelicorum versetzt wurde und seitdem habe ich sie nach allen Richtungen durchzogen – Nord und Süd und im Osten quer durch Noricum und bis zum Danuvius. Ich finde sie gar nicht fürchterlich, sondern von einer erhabenen Schönheit; Berge, die gleich dem Olymp emporragen und Täler dazwischen, in denen die Sommertage mit der Herrlichkeit der elysischen Felder wetteifern könnten.

Auch die germanischen und keltischen Stämme, die dieses ganze Gebiet von Norditalien bis zum Danuvius bewohnen, sind mir lieber als deren Stammesverwandte am Rhenus.

Ich habe Augusta Vindelicorum schon damals mit neuen Hallen und Tempeln versehen und das Straßennetz erheblich erweitert. Das Legionslager am nördlichsten Punkt des Danuvius ließ ich auch ausbauen. Einer meiner Nachfolger wird dieses Städtchen *Castra Regina* so vergrößern müssen wie Augusta Vindelicorum.

Ich meine, wir sollten nördlich des Danuvius einen festen Wall errichten – denn eines Tages könnten neue große Stürme aus den unwegsamen Wäldern von Germania magna über das Imperium hereinbrechen.

Obgleich diese Raeter und Vindelicier doch erst unter Augustus durch Tiberius Caesar und Drusus dem römischen Volke untertan gemacht wurden, haben sie sich am Aufstand des Iulius Civilis nicht beteiligt. Ihre Jugend, blonde und dunkelhaarige in schöner Vielfalt, ist hellwach und lernbegierig. Ihren römischen Altersgenossen gegenüber, den Söhnen unserer Soldaten, Beamten, Stadtbürger, sind diese Knaben aus den Alpentälern durchaus freundschaftlich gesonnen. Ich habe sehr darauf geachtet, daß unsere Jugend die gleiche Haltung einnehme und nicht etwa von »Barbaren«, gar von »Untertanen« spreche.

Der Götterglaube dieser Völkerschaften ist dem unsern nicht unähnlich. Ob da in ganz früher Zeit gemeinsame Ursprünge liegen?

(»Caesar, ich habe von den *Christiani* gehört, daß am Anfang des Menschengeschlechtes alle Völker die gleichen Lehren empfingen und über die Himmlischen unterrichtet wurden. Erst später haben sich die Völker getrennt – aber viel Gemeinsames sei doch noch heute vorhanden . . .«

»Ein schöner Glaube, parve amice – ob er nun stimmt oder nicht! Ich wollte, die Judaeer handelten danach! Fahren wir fort.«)

Allmählich werden die Namen der einheimischen Götter, die oft für uns schwer auszusprechen sind, durch die römischen ersetzt. Was macht das schon – wenn du recht hast, mi amice, dann sind die Götter überall die gleichen. *Adonai – Herr*, nennen die Judaeer ihren Höchsten Gott. Auch Jupiter ist *Dominus* – Zeus ist *Kyrios*. Also eigentlich nur Scheinunterschiede, und dafür hätten die Judaeer nicht ihren Tempel zu opfern brauchen!

Einige schöne Gebräuche gibt es in Raetia-Vindelicia:

Am Tage der Sommer-Sonnenwende zünden sie große Holzstöße an – auf hochgelegenen Berghalden oder auch auf den Gipfeln, und dann rollen sie mit brennendem Werg umwickelte Räder herunter. Die Wintersonnenwende feiern sie mit großen Dankopfern an ihren Höchsten Gott, den sie als den Herrscher der Sonne verehren. Wir würden ihn Helios nennen oder Apollo – weil er sich aus der Finsternis befreite und zu den Menschen zurückkehrte. Sie haben aber auch einen Sturm- und Wettergott, der in den zwölf Nächten nach der Wintersonnenwende über das Land hinwegbraust. Da soll man, sagt das Volk, nicht drei Türen hintereinander offen lassen, sonst werfe er einen Feuerbrand ins Haus. (»Oder einen verfaulten Pferdeschinken, Caesar! Aber das glaube ich nicht, denn die Götter, wie immer man sie nennt, tun nie Böses, weil sie das gar nicht können.«

»Aber es gibt auch böse Geister, die sehr mächtig sind!«) Durch unsere Legionen ist der Name des Mithras jenseits der Alpen bekannt geworden. In jedem Legionslager, selbst bei den Außenposten, fand ich schon damals eine ihm geweihte Höhle. Seine Anhänger feiern den *Dies Solis*, (»Wie die *Christiani*, Caesar . . .«) das ist der Tag nach dem *Dies Saturni* der Judaeer. Daß die Gläubigen des Mithraskultes die Geburt ihres Gottes aus der jungfräulichen Erde vier Tage nach der Wintersonnenwende feiern, habe ich damals schon erfahren. Später . . . (»Aber sage mir ehrlich, parve puer – weißt du, worum es sich handelt?«

»Caesar, schon als Zwölfjähriger hat mich mein Adoptivvater zu Mithraeischen Feiern mitgenommen. Inzwischen habe ich den zweiten Einweihungsgrad erhalten. Der dritte ist mir zugesagt – aber ich weiß nicht, ob ich dabei bleiben werde . . .«)

In Rom nannte man mich den *Tribunus vigilium*, den Feuerwehrhauptmann! Von einer ruhigen Arbeit in Raetia-Vindelicia war keine Rede. Wo immer Unruhen auszubrechen drohten, in Pannonia, in Moesia und mehrmals in den mir so gut bekannten Rhenusgauen wurde ich hingeschickt. Es gibt kaum eine Legion zwischen den Alpen, Danuvius und Rhenus und dem Mare Germanicum, die ich nicht von Zeit zu Zeit befehligt hätte. Ich bin den Göttern dafür dankbar. Denn so habe ich allmählich nahezu alle unsere Streitkräfte kennengelernt. Vielleicht, daß es deshalb nie eine Meuterei gegeben hat, seitdem ich Princeps wurde! Es war, als hätten mich die Schutzgötter Roms auf meine wahre Lebensaufgabe vorbereiten wollen.

Ich lernte auch zahllose Legionäre, ihre Centurionen, Tribunen und Legaten bei ihren Namen kennen. Da ich ein gutes Gedächtnis habe, merkte ich mir viele von ihnen über alle folgenden Jahre. »Du warst bei mir am Rhenus – du an der Mosella – du am Euphrates – du am Danuvius – du hast am Rhenus zwei deiner

Kameraden gerettet . . .« – das sind Schätze, die ich nicht missen möchte. Auch daß ich in raschem Wechsel Hitze und Kälte kennenlernte, heute am Mare Germanicum, dann am Euphrates – unzählige Flüsse, kalte Seen wie die in Raetia, dann wieder die großen warmen im Osten – Schnee, Hagel, Sandstürme, Gewitter in den Alpen, als habe Iupiter endlich die Geduld verloren und schleudere alle seine Blitze auf die untreue Menschheit – all das kam zusammen, um mich auf jede Entbehrung, jedes Ungemach an den Grenzen des Imperiums vorzubereiten.

Und die vielen Völker und ihre Gebräuche, die ich kennen- und zum Teil schätzen lernte! Ob wir nicht daran denken sollten, allen Bewohnern des uns untertanen Erdkreises das römische Bürgerrecht zu verleihen? Viele Hispanier, Gallier, Germanen, Hellenen, selbst Judaeer haben es doch schon. Bis jetzt scheiterten solche Pläne immer am Widerstand der bevorrechteten römischen Familien, von denen so manche erst seit den ʿTagen von Divus Iulius *römisch* sind!

Wie Alexander seinem guten Boukephalos, so sollte ich einigen meiner treuen Schlachtrosse Denkmäler setzen. Mehrere starben und brachen unter mir zusammen – von Pfeilen oder Wurfspießen getroffen, die mir galten. Andere trugen mich durch reißende Fluten – und doch gibt es eigentlich von Natur aus nichts Ängstlicheres als das Pferd. Es hat von den Göttern nichts zu seiner Verteidigung mitbekommen. Ein Bruch seiner starken, schlanken Beine und sein Los ist besiegelt! Und mit den Waffen, die stumpf geworden waren im Kampf, mit den zerfetzten Ketten- und Lederkollern könnte ich einen ganzen Tempel füllen.

Aber warum davon sprechen? All dies gehört zu den Pflichten eines Heerführers, gar eines Imperators!

Auch in diesen nördlichen Provinzen wirkte sich die Tätigkeit des Imperators Vespasianus günstig aus. Er war nun schon zum fünften Male Consul, er war Censor, säuberte den Senat, in den sich manche Unwürdige eingeschlichen hatten und ergänzte ihn durch Italiker und Provinzialen. Auf Bitten meines Vaters berief er mich trotz meines noch jugendlichen Alters in diese Körperschaft. Als ich in Rom war, um die neue Würde entgegenzunehmen, konnte ich ihm einen genauen Bericht über die Alpenprovinzen geben. Hierauf vergrößerte er das Lager von Vindobona und, etwas weiter abwärts des Danuvius, auch von Carnuntum, das schon in Pannonien liegt.

Unlängst hat mir ja mein Großneffe, Publius Aelius Hadrianus, gesagt, man solle von Vindobona aus, die Flüsse entlang, nach Norden vorstoßen, erst am Ufer der Marus, die bei Vindobona in den Danuvius mündet, dann käme man bald zum Oberlauf der Albis im Sudetengebirge. Gleichzeitig sollte unsere Flotte in die Mündung der Albis einlaufen und unsere Legionen vom Rhenus nach Osten vorrücken. Ich weiß nicht, ob er dies als den Rat eines treuen Unterfeldherrn und Verwandten gemeint hat oder ob er selber solche Pläne hat, in der Erwartung, daß ich ihn adoptieren und zum Nachfolger bestimmen werde. Das ist aber noch keineswegs entschieden, mir bleibt, wie ich den Sternen und den Orakelsprüchen von Delphi entnehmen kann, noch genügend Zeit zum Nachdenken.

(Der junge Plinius an den Imperator Hadrianus: »Domine, ich habe diese Stelle auf deinen ausdrücklichen Wunsch im Text stehenlassen. Die Delphischen Orakel sagten: ›Sei ohne Sorge! Noch im letzten Augenblick des dir von den Göttern gegebenen Lebens wird die Klarheit des Geistes dir nicht fehlen, die richtige Entscheidung zu treffen. Zwei Frauen werden dir hilfreich zur Seite stehen.‹«)

Nicht daß Aelius mir damit viel Neues gesagt hätte. Ich habe schon während meiner ersten Feldzüge unter Petilius Cerialis daran gedacht. Aber wir können nicht gleichzeitig zwei Kriege führen – zwischen Rhenus und Albis und am Tigris, mit dem Blick auf den Indus.

Aufgegeben habe ich die Pläne nicht. Wenn ich jedes Jahr eine größere Zahl junger Germanen nach Italien einlade, zum Studium und zum Kennenlernen unserer Einrichtungen, so hat dies einen besonderen Grund: Ich glaube, daß wir Germania magna erst mit unserer Gesittung durchdringen müssen, ehe wir die Legionen in Marsch setzen. Vielleicht bedürfte man dann der Legionen gar nicht . . .!

Über Publius Aelius Hadrianus, den ich jetzt zum ersten Male erwähnte, will ich einiges einfügen. Er hat frühzeitig seinen Vater verloren, den Praetorier Publius Aelius Hadrianus Afer, einen Sohn meiner Tante Ulpia. Er ist demnach mein Neffe, streng genommen mein »Großneffe«! Einen Zehnjährigen kann man nicht verwaist und ohne Führung lassen – noch dazu einen Verwandten, der aus der Baetica stammt! Daher übernahm ich zusammen mit unserm Landsmann, Publius Acilius Attianus, einem langjährigen Freund, die Vormundschaft. Wir haben das kluge, hübsche Büblein nach Rom zur weiteren Ausbildung geschickt.
(Die folgenden Aufzeichnungen sollten auf Wunsch des Imperators Hadriànus nicht in den Lebensbericht Divi Traiani aufgenommen werden. Sie fanden sich in den geheimen Tagebüchern des jungen Plinius und wurden mit kleinen Verbesserungen auf Verlangen des Imperators Antoninus Pius, des Adoptivsohns Divi Hadriani, in einer Neuauflage eingefügt.
Der junge Plinius schrieb:
Hier unterbrach der Princeps plötzlich das Diktat und fragte mich mit strenger Stimme, wie gut ich seinen Neffen kenne, ob ich oft mit ihm allein gewesen sei und welche Fragen er an mich gestellt habe? Da ich aus Verlegenheit nicht gleich antwortete, wurde der Princeps ungeduldig und wiederholte seine Fragen.
Nun sagte ich: »Caesar, freilich kenne ich den Consular, deinen Neffen und hochverdienten Heerführer! Ich habe ihn doch durch dich kennengelernt, und er war wochenlang in unserer nächsten Nähe . . .«
»Das weiß ich. Aber *wie* gut kennst du ihn? Du schweigst, ich will dich nicht drängen. Aber eines muß ich wissen: Hat er versucht, von dir zu erfahren, ob ich mich über eine Adoption geäußert habe?«
»Ich habe wahrheitsgemäß geantwortet, daß ich das nicht wisse. Mit mir habest du nie darüber gesprochen.«
»Also wollte er es herauskriegen!! Hat er noch andere meiner jungen Freunde an sich herangezogen?«
»Soviel ich weiß, nur den Pantomimen Pylades und den jungen Sänger Hylas . . .«

»Also darum haben diese beiden mir so oft von der Sohnesliebe, der Treue und dem hohen Verstand meines Neffen erzählt! Ich ließ ihnen sagen, daß es sich für Jungen ihres Standes nicht zieme, überhaupt über ihn zu reden!«

Dann kam noch eine Frage:

»Hat er versucht, dich mir zu entfremden?«

»Caesar, du weißt doch, daß ich nur einen wirklichen Vater habe, und das ist weder Calpurnius Fabatus noch Caius Plinius Caecilius Secundus . . .«

»Wer also dann?«

»Weißt du es wirklich nicht?« – »Sage es mir!«

»Du selber, Caesar . . .«

»Parve amice – ich vertraue dir, fahren wir fort.«)

Als ich wieder einmal nach Rom kam, befand sich die Stadt in wilder Aufregung. Eine Verschwörung gegen das Leben unseres großen Imperators war entdeckt worden – gerade noch rechtzeitig, ehe die Verschworenen ihre verruchte Tat ausführen und das Gemeinwesen in neue entsetzliche Unruhen stürzen konnten. Was den Haupträdelsführer anbelangt, den Titus Clodius Eprius Marcellus, brauchte es einen nicht zu wundern. Dieser Mann aus niedrigsten Verhältnissen war ein Schurke von jeher. Claudius Caesar, der wenig Menschenkenntnis besaß, ließ ihn hochkommen. Einen Tag lang war er Praetor. Nero Caesar machte ihn zum Legatus Augusti für die Provinz Likia, dann sogar zum Consul, gerade in dem Jahre, da die Schreckensherrschaft begann! Er hat dann Nero Caesar zur Ermordung zahlloser Bürger getrieben. Als ein glänzender Redner – das läßt sich nicht bestreiten – hat er sogar den Thrasea Paetus, den man »Tugend schlechthin« nannte, angeklagt und in den Tod getrieben. Dafür bekam er fünf Millionen Sesterzen von Nero Caesar.

Schließlich machte er sich an den gutgläubigen Imperator Vespasianus heran und setzte sein ungeheueres Vermögen ein – über zweihundert Millionen Sesterzen, um rauschende Feste zu geben. Ehe er verurteilt werden konnte, hat er sich die Adern geöffnet, hinterließ aber ein bösartiges Testament, das ich gleich erwähnen werde . . .

Der andere, Aulus Caecina Alienus, war ein nicht unbedeutender Heerführer, der erst unter Galba diente, dann als Legat der IV. Legion *Macedonica* die Erhebung des Vitellius betrieb, der ihm die Legionen in Germania superior unterstellte, ihn zum Consul erhob und ihn schließlich zum Oberbefehlshaber über das Heer gegen Vespasianus machte. Als er sah, wie der Kampf ausgehen würde, versuchte er, diesem die Legionen zuzuführen. Das mißlang, aber nach der Schlacht von Bedriacum hat ihn der neue Princeps, Flavius Vespasianus, freundlich aufgenommen und in jeder Weise gefördert.

Ohne seinen Vater zu fragen, hat ihn der Caesar Titus nach einem Gastmahl niederstoßen lassen. Eine unkluge Handlung, denn sie gab den Gerüchten Nahrung, die durch das bekanntgewordene Testament des Ephrius in Umlauf gekommen waren!

Das eigentliche Haupt der Verschwörung sei niemand anderer gewesen als der Caesar Domitianus, und außer dem Imperator sollte auch der Caesar Titus ermordet werden, der ja seiner geschwächten Gesundheit wegen doch nicht lange mehr zu leben habe. Ein reines Greuelmärchen, denn Caesar Titus erfreute sich noch der besten Gesundheit. Aber der Schurke Ephrius, um seine Behauptungen glaubwürdiger zu machen, erinnerte daran, daß Caesar Titus der innigste Freund und Altersgenosse des mit fünfzehn Jahren von Nero Caesar vergifteten Britannicus war, des Sohnes von Divus Claudius, und aus Freundesliebe gleichfalls aus dem furchtbaren Becher trank, wovon er sich nie ganz erholte. Die Mühen des judaeischen Feldzugs hätten seine Gesundheit weiter geschwächt.

Ich habe nie ein Wort von dieser Geschichte geglaubt, aber sie kam wieder auf, als Titus Caesar nach einem Principat von nur zwei Jahren starb. Wieder hieß es: Sein Bruder habe ihm ja schon einmal nach dem Leben getrachtet!

Die Verschwörung spielte sich in dem Jahre ab, da ich zeitweilig aus dem Militärdienst ausschied und die Quaestur bekleidete. Ich war vom Princeps hierzu vorgeschlagen worden, vertrat daher seine Anträge im Senat, wenn kein Consul zugegen war. Meine richterliche Tätigkeit in Sachen von Hauptverbrechen – Mord,

Totschlag und ähnlichen Untaten – lehrte mich, tief in die Geistes-
art der Täter zu blicken und die Umgebung, in der sie aufwuchsen
und die oft an ihrem Herabsinken ins Verbrechen mitschuldig ist,
genau zu erforschen. So hat Divus Augustus sogar einmal einen
Vatermörder freigesprochen, als er nachwies, daß der Ermordete
ihn von Kindheit an in schlechten Kreisen hatte verkehren lassen.
Der Imperator Vespasianus hat die Vollendung des Flavischen
Amphitheaters nicht mehr erlebt. Ich halte es für möglich, daß der
Verrat jener zwei Männer, denen er vertraut hatte, seine Gesundheit erschütterte. Aber auch in seinen letzten Lebensmonaten änderte er weder seine Tagesordnung noch seine sonstigen Gewohn-
heiten. Seine Vorliebe für Scherze und Witze blieb ihm stets erhalten.
»Der Tag ist zu kurz, wenn man erst bei Sonnenaufgang aufsteht«,
pflegte er zu sagen. »Das römische Volk hat auch die ganze Nacht
hindurch Anspruch auf die Fürsorge seines Princeps.« Daher erhob er sich beim Morgengrauen, las selber alle wichtigen Briefe
und Berichte aus Rom und den Provinzen und zog sich beim
Morgenempfang selber Schuhe und Kleider an.
Als er Princeps wurde, lastete auf dem Gemeinwesen eine Schul-
denlast von vierzig Milliarden Sesterzen. Es war also nicht Geiz
oder Geldgier, wie viele Nörgler behaupten, die ihn zur Sparsamkeit anhielten und zu neuen, merkwürdigen Steuern, wie die, über
die so viel gespottet wurde: auf den Urin, den die Gerber für ihr
Gewerbe brauchen!
Aber bei aller Sparsamkeit war er doch kein Knauser, wenn es um
Kunst ging, um das Theaterwesen, die Rhetorik, die Literatur. Er
selbst war sehr genügsam, gab aber gerne große Gastmähler mit
vielen Gängen, mit Speisen, die aus Italia kommen mußten, um
den Lebensmittelhändlern etwas zum Verdienen zu geben. Belei-
diger nannte er »Hunde, die mich anknurren«. Auch machte er
kein Hehl aus seiner plebeischen Abstammung und daß sein Latein
nicht den Sprachregeln eines Cicero entsprach und er darob
manchmal gerügt wurde, war ihm gleichgültig.
Auf Vorzeichen gab er nichts. Als sich die Tore des Mausoleums
von selbst öffneten, sagte er, der Wind habe sie aufgerissen, und

einem Kometen deutete er als schlechtes Vorzeichen für den Partherkönig, der wie der Stern lange Haare habe!

Griechische Freunde, die offen, manchmal auch recht frech daher-
reden, sagten mir, die römische Gesittung habe im Laufe der
letzten Jahre einige Fortschritte gemacht: Denn noch Nero Caesar
ließ bekanntlich beim Erscheinen eines Kometen zahlreiche Bürger hinrichten, um das schlechte Vorzeichen von sich abzuwehren.
Eines Tages, sagten sie, werde man in einem Kometen überhaupt
kein Vorzeichen mehr sehen. Schon die Babylonier und Assyrer
hätten die Bahnen verschiedener Schweifsterne errechnet, manche
von ihnen kehrten genau nach der vorhergesehenen Zahl der Jahre
zurück. Außerdem beziehen sich solche angebliche »Vorzeichen«
doch auf alle Menschen, nicht aber ausschließlich auf den Imperator.

Ganz hat mich das nicht überzeugt. Ich dachte daran, daß Calpurnia, als sie Divus Caesar vor den Gefahren der Iden des März
warnen wollte und er alle Vorzeichen abwies, weil sie der ganzen
Welt und nicht ihm allein gelten, erwiderte: Nie noch habe man
Kometen gesehen, wenn Bettler sterben!

Der Imperator war in Campanien, wo er die Insel Capri besuchen
wollte, auf der Tiberius Caesar so lange gelebt hat, als er plötzlich
einen heftigen Schmerz im Unterleib empfand. »Oh weh – ich
fühle es – ich werde ein Gott!« rief er aus. Also selbst bei dieser
Todesdrohung verließ ihn seine Freude am Scherzen nicht.

Immerhin, er kehrte rasch nach Rom zurück – und da sah ich ihn
zum letzten Mal. Seine Söhne, die Caesaren Titus und Domitianus,
die das Imperium übernehmen würden, sagte er, seien beide meinem Vater und mir wohlgesonnen – auch sie wüßten, daß wir treue
Freunde des Flavischen Hauses seien.

Obgleich es erst Juni war, lag eine drückende Hitze über Rom.
Kein Windhauch regte sich, die Luft war verpestet von all dem
Rauch aus den Garküchen, die sich jetzt schon auf den Straßen
und Plätzen breitmachten.

Auf Rat seiner Ärzte verließ der Imperator daher die Stadt und
eilte nach Reate, seinem Geburtsort im Sabinerland. Er hatte großes Vertrauen in die Heilkraft der kalten Schwefelquellen und der

Wasser des kleinen Bergsees von Cutilia in der Nähe seines Landgutes.
Auch die Ärzte rieten ihm zu einer Kaltwasserbehandlung. Sie meinten, er litte an einem Leberleiden, das man nur so bekämpfen könne. Dabei beriefen sie sich auf den alexandrinischen Leibarzt von Divus Augustus, der schon an der Schwelle des Todes stand, als Antonius Musa, jener Arzt, ihn mit schnee- und eisgekühlten Wickeln und Getränken rettete.
Das Befinden des Imperators verschlechterte sich durch das kalte Wasser – er mußte in sein Haus zurückgetragen werden. Er ließ es sich aber nicht nehmen, noch im Bett fremden Gesandten Unterredungen zu gewähren. Er hatte sie eben verabschiedet, als seine Kräfte schwanden. »Ein Imperator muß stehend sterben!« rief er aus und erhob sich – so wie seinerzeit Tiberius Caesar in seiner Todesstunde aufstand. Gleich ihm ist der Imperator Vespasianus, der das Gemeinwesen gerettet hat, stehend in den Armen seiner Freunde, die ihn stützen wollten, gestorben. Er war neunundsechzig Jahre, sieben Monate und sieben Tage alt.
Der Senat hat sofort Titus Caesar, zum VII. Mal Consul und Inhaber der Tribunizischen Gewalt, mit allen Rechten, die sein Vater innehatte, anerkannt. Nun trug er auch den Augustus-Namen. Bei den Legionen war er ja rühmlich bekannt, und da mein Vater damals Proconsul der Provinz Asia war, konnte er zu Gunsten des neuen Princeps auf die Legionen im Osten entsprechend einwirken.
Die erste Regierungshandlung war, daß er den Senat veranlaßte, seinen Vater als einen der Schutzgötter Roms anzuerkennen. Als Divus Vespasianus waltet er nunmehr über uns! Auch hat der neue Imperator sofort seinen Bruder Domitianus als *Consors imperii* mit dem Rechte der Nachfolge anerkannt. Böse Zungen haben hierauf in Umlauf gesetzt, dies täte er, um sich vor Mordplänen seines Bruders zu schützen.
Daß jener mir nicht sympathische Geschichtsschreiber Suetonius ihn »geradezu die Liebe und das Entzücken des Menschengeschlechtes« nennt, ist eine süßliche Schmeichelei, und außerdem dient sie ihm dazu, gleich danach von den »Lastern« des neuen

Princeps zu sprechen – er sei »grausam« gewesen und habe einen »liederlichen Lebenswandel geführt. Immer umgeben von einem Schwarm von Lustknaben und Eunuchen«. Auch wirft er ihm vor, daß er immer noch eine große Leidenschaft für die Königin Berenike empfand – trotz der »Lustknaben« also! –, sich mit ihr sogar heimlich vermählte.

Das sind Schilderungen, wie ein Bediensteter, ein Leibsklave sie über seinen Herrn – wenn dieser tot ist! – niederschreibt. Tatsache ist, daß er während seiner kurzen Regierungszeit, die von manchen Katastrophen, über die wir noch sprechen werden, überschattet war, dem Gemeinwesen in hervorragender Weise gedient hat.

Obgleich die Beziehungen zwischen ihm und seinem Bruder wirklich nicht die besten waren, ließ er es mich nicht entgelten, daß der Caesar Domitianus und ich Jugendfreunde waren. Er hoffe, sagte er, daß dieser mich, wenn er zur Herrschaft käme, stets fördern werde.

Das ist auch geschehen, und ich lege dies so deutlich nieder, weil doch, wie ich schon andeutete, manche andere, die unter ihm zu Amt und Würden kamen, darunter sowohl Suetonius wie Tacitus, im Nachhinein über den »Tyrannen Domitianus« nichts als Böses zu berichten wußten.

Zwölftes Kapitel

DER UNTERGANG VON POMPEII

Ich war sechsundzwanzig Jahre alt, als der Imperator Vespasianus starb – in seinem neunten Consulat, im Jahre 832 a. U. c. Also noch ziemlich jung, wenn ich jetzt zurückblicke, aber so kam ich mir nicht vor nach all meinen Erlebnissen in Rom und an den Grenzen des Imperiums.

Zum Glück wußte ich, daß es noch viele Dinge gebe, die ich nicht kannte, sondern erst erlernen müsse. Immer noch suchte ich nach Vorbildern – und hätte es ein besseres geben können als den Imperator Vespasianus!

(»Caesar, darf ich eine Frage stellen? Hast du damals darüber nachgedacht, wie hoch die Götter dich vielleicht führen würden?«

»Das ist schwer zu beantworten, mi amice. Wir sprachen von unseren Jugendspielen und daß einer meiner Mitschüler sagte: ›Du wirst selber noch einmal Caesar werden!‹ Das hatte mein Vater ganz ungehörig gefunden, und ich dachte bestimmt nicht mehr daran.

Aber sicher habe ich mir oft überlegt, was ich machen würde, erhielte ich den Oberbefehl über alle Legionen. Ich bewunderte Fabius Maximus Cunctator, die Scipionen, Divus Iulius und Tiberius Caesar. Von meinen Zeitgenossen waren es Männer wie Petilius Cerialis und Sextus Iulius Frontinus, denen ich nacheifern wollte. Von beiden habe ich schon gesprochen. Frontinus war auch in der Freundschaft treu. Er starb im fünften Jahre meines Principats. Ich habe sehr um ihn getrauert.«

»Caesar, mein Adoptivvater hat oft erwähnt, daß Frontinus ablehnte, sich ein Denkmal setzen zu lassen mit einer Inschrift, die ihn verherrlichen sollte. ›Eine ehrende Erinnerung wird bleiben‹, sagte er, ›wenn das Leben sie verdient hat‹.«

»Ein schönes Wort, care amice. Ich kannte es nicht. Nicht nur daß er mir, wie ich schon sagte, durch seine klugen Ratschläge zu manchem Sieg verholfen hat. Auch über die glänzende Heeresführung des oft so verleumdeten Imperators Domitianus hat er geschrieben. Ähnlich Divus Iulius hat sich Frontinus auch Verdienste um den inneren Aufbau des Gemeinwesens erworben. Sein Werk über die römische Aquadukte ist von bleibendem Wert. Aber wir sind abgewichen. Wo blieben wir stehen?«

»Bei den Flavischen Herrschern, Caesar.«

»Richtig! Bei Suetonius steht nämlich manches gar nicht und anderes völlig verdreht! Von großer Wichtigkeit, scheint mir, war der Gerechtigkeitssinn des Imperators Titus. Sein Grundsatz lautete: ›Der Princeps des Römischen Volkes kann überhaupt nicht beleidigt werden.‹ Anders ist es nur, wenn in ihm das Imperium verhöhnt werden soll.

Die Spitzel und berufsmäßigen Angeber gehörten seit langem zu den bösesten Plagen des Gemeinwesens. Er hat sie auf dem Forum zusammentreiben und mit Peitschen und Stöcken züchtigen lassen. Dann, um sie dem ganzen Volk als abschreckendes Beispiel vor Augen zu stellen, ließ er sie in die Arena des großen Theaters führen und schließlich als Sklaven verkaufen. Auf anonyme Anzeigen hat er grunsätzlich nichts gegeben. Das habe ich mir gemerkt.«

»Ich weiß, Caesar – ein Brief von dir an meinen Adoptivvater.«

»Dazu kommen wir später.«

»Nur noch eines, Caesar: Die *Christiani* sagen, Divus Titus habe mit der Zerstörung des Tempels eine Voraussage des ›Meisters‹ erfüllt.«)

Daß ein so gerechter Herrscher gleich von zwei schlimmen Unglücksfällen heimgesucht wurde . . . ! Da kann man nur staunen über die Entschlüsse der Unsterblichen, verstehen werden wir sie wohl nie. Ich denke an das Unheil, das im zweiten Monat seines Principats über unser schönes Campanien kam, und an den neuerlichen Brand von Rom.

(»Caesar, darf ich jetzt doch noch einmal unterbrechen? Mein Adoptivvater hat über die Verwüstung von Campanien ausführlich an Cornelius Tacitus berichtet.«

»Darüber mußt du mir Genaueres erzählen, nicht einfach diesen Brief vorlesen! Sicher hat dein Adoptivvater zu Hause noch mehr zu erzählen gehabt.«)
Woher Erdbeben kommen, weiß man immer noch nicht. Früher glaubten die Menschen, es sei Poseidon, ein Sohn des Kronos und der Rhea, der sie verursachte – daher nannte man ihn den »Erderschütterer«. Daran glaubt heute niemand mehr. Manche nehmen an, unterirdische Quellen brechen los und bringen den Boden ins Wanken. Es gibt aber noch viele andere Erklärungsversuche. Du kennst sie sicher besser als ich, da ihr sie in der Schule durchgesprochen habt.
(»Thales von Milet, Caesar, meinte, die Erde schwimme auf dem Urwasser und gerate manchmal ins Schwanken wie ein Schiff.«
»Unsinn! Man weiß doch längst, daß die Erde eine Kugel ist und frei im Raume schwebt.«
»Anaximenes dachte, daß ganze Teile der Erdoberfläche wegen großer Trockenheit einstürzen. Lucius Annaeus Seneca glaubte an vulkanische Ursachen.«
»Der kluge Hispanier! Das scheint mir die beste Erklärung zu sein. Fahren wir fort!«)
Was immer die Ursachen sein mögen, verhindern kann man diese furchtbare Plage der Menschheit nicht. Ist doch die gesamte junge Mannschaft Spartas, als sie im Gymnasion übte, ums Leben gekommen – sechzehn Jahre nach der glorreichen Schlacht von Salamis. Wenige Tage vor dem Tode von Tiberius Caesar ist auch Capri erschüttert worden. Das kann nur vom Festland ausgegangen sein, denn Capri, zum Unterschied von Aenaria, ist keine vulkanische Insel.
Als ich mit zehn Jahren nach Rom kam, sprach man von dem furchtbaren Erdbeben, durch das Pompeii schwer getroffen wurde. Große Teile dieser blühenden Stadt wurden zerstört, auch der Isistempel stürzte ein. Es soll damals schon im Innern des Vesuv gegurgelt haben, aber er galt ja als längst erloschen. Ich sehe noch die Weinberge, die sich bis hoch hinauf rankten, als wir die Trümmerstätten besuchten.
Auch die »Brennenden Felder« bei Neapel, die das Volk das

Forum des Gottes Vulcanus nennt, haben wir damals gesehen. Ein alter Mann hat uns im glühend heißen Sand Eier gekocht. Nero Caesar, damals noch beraten von Seneca, hat sich sehr für den Wiederaufbau von Pompeii eingesetzt. Aber der war noch nicht vollendet, als . . .

An jenem neunten Tage vor den Calenden des September, im Jahre, da der Imperator Titus das Principat erlangte, war ich in Rom seinem persönlichen Dienste zugeteilt. Wir gingen in den Gärten des Palatins in Gespräche vertieft auf und ab, als wir plötzlich einen heftigen Erdstoß empfanden. Die Säulen des Castor- und Pollux-Tempels drunten auf dem Forum neigten sich mehrmals zur Seite. Sie kamen eben zur Ruhe, als ein neuer, stärkerer Stoß sie wiederum gefährlich ins Wanken brachte.

Wir stiegen hinunter, einige Steine waren losgebrochen und in den Teich der Quelle der Iuturna gestürzt, aber Menschen waren nicht zu Schaden gekommen.

Da drang aus der Stadt Heulen und Jammern zu uns. Tausende, die auf die Straßen rannten, weil ihre Häuser geschwankt hatten. Aber noch hatte es keine Todesopfer gegeben, nur einige leicht Verletzte. Der Imperator ordnete sofort an, daß Hausbesitzern, deren Gebäude gelitten hatten, Ersatz geleistet werde.

Bis jetzt nur ein Vorspiel! In häßlich-dunkelroten Schleiern ging der Mond auf. Sie legten sich über den ganzen gestirnten Himmel. Die Luft zum Atmen schien knapp zu werden, und ein rötlich-grauer, ganz feiner Sand rieselte herab und drang in Mund und Nase.

Als lägen dichte schwärzliche Vorhänge vor ihr, so ging am nächsten Morgen die Sonne auf. Es wollte nicht recht Tag werden, und der Staub- und Aschenregen wurde stärker. Noch wußten wir nicht, was sich in Campanien ereignet hatte. Erst gegen Mittag trafen die ersten Eilboten ein. Ihre Berichte klangen, als sei der ganze Süden Italias, einschließlich Neapels in Feuer und Grauen untergegangen – in einem Sturzregen von Asche, Bimssteinen, Strömen glühender Lava und schweren Felsbrocken.

Als dieser Sommertag immer finsterer wurde und des Abends Mond und Sterne verdunkelt wurden, brach eine Massenpanik aus.

Obwohl doch seit Jahrhunderten bekannt ist, was es mit Sonnen-
und Mondfinsternissen für eine Bewandtnis hat und man sie auch
genau vorherberechnen kann, meinen noch viele, ein „Drache"
fresse die Lichter auf – abergläubisches, törichtes Volk, viele Zugewanderte darunter, die erst vor kurzem nach Rom gekommen sind
– Thraker, Aethiopier, Inder, Araber, Sarmater. Und nun war es
nicht nur der Mond, der verschlungen wurde – sondern die Sterne
dazu!
Und wie furchtgepeitschter Pöbel ist: »Wer ist schuld an diesem
Unglück?« Die einen brüllten: »Die Judaeer – aus Rache für die
Zerstörung ihres Tempels – jetzt haben sie den Hades heraufbe-
schworen! Schlagt sie alle tot!« Die anderen: »Die *Christiani* sind
schuld! Sie haben den Zorn der Götter hervorgerufen durch ihre
scheußlichen geheimen Mähler – Fleisch und Blut verschlingen sie –,
und gibt es nicht immer noch das Gesetz aus der Zeit des
Bacchanalienprozesses, fast hundert Jahre vor der Geburt von
Divus Iulius – alle geheimen Zusammenkünfte – alle Blutriten –
alle Menschenopfer sind bei Todesstrafe verboten.« Dann der
gleiche Schrei wie gegen die Judaeer: »Schlagt sie tot! Schlagt sie
tot! Nero Caesar hat doch recht gehabt, sie lebendig zu verbrennen, sie zu kreuzigen, sie wilden Tieren vorzuwerfen!«
Das Gebrüll verstummte jäh und machte lähmendem Entsetzen
Platz: Gestalten, alles Menschliche überragend, erschienen am
Nachthimmel – sie flitzten durch die Luft, ließen sich zeitweilig
auf den Albaner Bergen, ja, auf dem Capitol und dem Palatin
nieder – Landbewohner strömten in die Stadt – überall, auch in
den kleinen Municipia, in Veii, in Tusculum, am Hafen von Ostia
hätten sich solch riesige Wesen gezeigt – ob vielleicht die Titanen,
die Jupiter durch seine Blitze in den Tartaros gestürzt hat, gegen
die oberen Götter losgebrochen seien?
Bald erfuhren wir, daß auch in Campanien sich die gleichen über-
menschlichen Wesen gezeigt haben – einige stiegen sogar aus den
geborstenen Schlünden und Gipfeln des Vesuvs auf –, dazu hörte
man das Schmettern von Tuben, als gingen Legionen aus den
Lüften und von den Bergkämmen zum Sturm auf Italia los.
Kurier nach Kurier traf ein. Allmählich konnten wir uns ein Bild

davon machen, was wirklich geschehen war. Es war schlimm genug. Als die Verdunkelung anhielt – noch ärger am zweiten und dritten denn am ersten Tag –, brach eine Welle von Selbstmorden über Rom herein. Denn warum warten, bis vielleicht schon in wenigen Stunden Erde und Weltall im ungeheueren Brand, von dem die Priester vieler Religionen sprachen, in Asche verkehrt sein würden? Auch die Stoiker lehrten dies ja – nun fanden sie Unterstützung bei den Judaeern, die hiervon den Sieg ihres Gottes erhofften.

Ein junger Mann namens Xystus bat, vorgelassen zu werden. »*Christianus sum*«, sagte er. Er warnte den Princeps, in Verzweiflung zu verfallen: Die Welt werde noch lange nicht untergehen – denn erst müsse »die Botschaft des Meisters in tausend Sprachen allen Völkern der Erde gepredigt werden«. Dann: »In den Wolken des Himmels, mit großer Macht und Herrlichkeit« werde »Der Meister« erscheinen und Gericht halten – den Bösen zur Verdammnis, den Guten zum ewigen Lohne. Zu diesen aber, sagte er ganz ruhig und ohne Schmeichelton: »Du, Imperator, wirst zu den Auserwählten zählen, da du mit der Zerstörung von Hierosolyma zum Rächer des Herrn wurdest.« Dann zu mir gewandt: »Auch du, Jüngling, gehörst zu dieser Schar«.

»Für wen sprichst du?« fragte der Princeps.

»Für den Episkopos Anakletos, den zweiten Nachfolger des ersten römischen Episkopos«, sagte er und bat, entlassen zu werden.

Wir blieben eine Weile stumm. Wie sollten wir diese eigenartige Botschaft verstehen? Ich meine aber sagen zu können, daß sie uns neuen Lebensmut gebracht hat.

Als sich am nächsten Tage eine leichte Besserung zeigte – einige Schleier schienen von der Sonne genommen zu sein –, beschloß der Princeps, nach Campanien zu reisen – mit einem Gefolge von Ärzten, mit Sklaven, die mit Schaufeln und Hacken ausgerüstet waren, und mit zweien der Praetorischen Cohorten. Ehe er Rom verließ, befahl er, alle Stadtteile militärisch zu besetzen, so wie Divus Augustus es nach der Niederlage des Varus getan hatte. Unruhen sollten im Keim erstickt und vor allem sollten die Judaeer und die *Christiani* vor dem Pöbel geschützt werden. Er übergab mir den Oberbefehl über alle bewaffneten Einheiten, auch über die stadtrömischen Ordnungskräfte. Dazu ernannte er mich zum Vorsitzenden eines Sondergerichts, bestehend aus drei ehemaligen Praetoren, mit Gewalt über Leben und Tod im Falle von Plünderungen oder sonstigen Gewalttaten.

Ich bin also durch den Princeps selber – und etwas später aus eigener Anschauung – sehr genau über den Einbruch und das Ausmaß der Katastrophe unterrichtet, möchte aber doch von dir hören, mi amice, was dein Adoptivvater, der es unmittelbar erlebte, dir berichtet hat.

„Im wesentlichen, Caesar, das, was er in einem ausführlichen Schreiben dem Cornelius Tacitus mitteilte. An Tacitus schrieb er, weil er ihn so sehr verehrte und meinte, wenn dieser den Bericht über den Tod des Oheims und Adoptivvaters in seinen Werken aufgriffe, dann werde es diesem bei der Nachwelt ewigen Ruhm einbringen!"

»Dazu bedurfte es nicht des Tacitus – die Tat und der Tod des Oheims und die Schilderung durch deinen Adoptivvater sind genug Unterpfand irdischer Unsterblichkeit! Aber nun berichte mir und nimm es in dieses Werk auf . . .«

Folgt der Bericht des jungen Plinius:

Mein Adoptivvater war damals siebzehn Jahre alt und wohnte bei seiner Mutter, der Schwester von Caius Plinius Secundus, dem Befehlshaber der Flotte in Misenum.

Ihr Haus war nicht weit entfernt von der Villa des Lucullus, wo Tiberius Caesar starb. Man konnte von dort den ganzen Golf überblicken – Capri im Vordergrund und dahinter den Vesuv. Am frühen Nachmittag des neunten Tages vor den Calenden des September machte seine Mutter ihren Bruder auf eine Wolke von ungewöhnlicher Größe und eigenartigem Aussehen aufmerksam. Er hatte gerade ein Sonnenbad genommen, sich kalt gewaschen, zu Mittag gegessen und arbeitete nun an einem neuen Buche. Er ließ sich seine Schuhe kommen und stieg auf eine höher gelegene Terrasse, von der aus man die seltsame Erscheinung besser beobachten konnte. Aus dieser Entfernung war nicht sofort klar, daß es sich um den Vesuv handelte, von dem diese Wolke aufstieg. Man konnte sie am besten einer Pinie vergleichen, die hoch hinaufwuchs und sich dann in viele, weitschattende Zweige auflöste. Manchmal habe diese weiß ausgesehen, dann wieder fleckig und schmutzig. Sein Onkel, berichtet mein Adoptivvater, habe mit seinem geschulten wissenschaftlichen Verstand sofort erkannt, daß es sich um etwas handle, was man unbedingt aus der Nähe beobachten und erforschen müsse. Er befahl, einen Schnellsegler flottzumachen . . . mein Adoptivvater möge doch mitkommen! Aber er wollte lieber bei seinen Studien bleiben, und überdies habe ihm sein Oheim selber etwas zu schreiben gegeben.

(»Caesar – wäre er mitgegangen . . . was wäre aus mir geworden!« »Parve amice – so kümmern sich die guten Götter um einen, oft schon lange ehe man geboren wird! Aber fahre fort!«)

Gerade als er das Haus verlassen wollte, erhielt er eine Botschaft seiner Freundin Rectina, der Frau des Tascius Cascius, der in der gleichen Legion mit ihm in Germania gedient hatte. Ihr Haus, schrieb sie, läge so dicht am Fuße des Berges, daß man nur zur See dem sicheren Tod entkommen könne. Sie flehte ihn an, sie doch vor einem so furchtbaren Schicksal zu erretten. Sofort änderte er seine Pläne – aus Forschungsdrang waren sie entstanden, nun handelte er als Menschenfreund, ohne Rücksicht auf seine eigene Sicherheit. Er hat im Geiste von Cicero und Seneca, pflegte mein Adoptivvater zu sagen, *humanitas*, edelstes Menschentum, mit *virtus* verbunden, mit Mannesmut und sittlicher Stärke.

Nicht nur Rectina gelte es zu retten, sagte er – sondern viele andere, denn diese lieblichste Landschaft an der Küste sei ja dicht bevölkert. Auch sein Freund Pomponianus wohne dort. Er ließ sechs Kriegsschiffe, jedes mit vier Ruderbänken, die Anker lichten, bestieg selber eines und befahl, Kurs auf den Vesuv zu nehmen.

Alles Weitere wissen wir nur von seinen See-Offizieren und von Pomponianus, denn er selber ist ja nie zurückgekehrt. Übrigens, so wurde am Familientisch öfters erwähnt, erst als die Nachricht vom Tode des Oheims bestätigt und das Testament geöffnet wurde, erfuhr mein Adoptivvater, daß er letztwillig an Sohnes Statt angenommen worden sei und damit gleichfalls den Namen Caius Plinius Secundus erhalten habe.

(»Und nun, parve amice, bist du der Adoptivenkel jenes großen
Mannes – wie wirst du eines Tages die Familie weiterführen?«
»Wahrscheinlich auch durch Adoption, Caesar – das hat sich doch
hervorragend bewährt!«
»Ich danke dir für diese Höflichkeit! Oder hattest du dabei noch
mehr im Sinn . . . ? Du brauchst gar nicht zu antworten. Ich weiß
genau, woran du gedacht hast . . .«)
Folgendes wurde uns berichtet: Der Aschenregen fiel immer dichter und heißer, je näher die Schiffe herankamen. Bimssteine und
schwarze, verglühte Brocken kamen dazu. Plötzlich liefen die
Schiffe auf Grund – vom Vesuv ausgespieene Blöcke machten hier
eine Landung unmöglich. Der Steuermann riet zur Umkehr, aber
er bekam die Antwort: »Ich gehe an Land. *Fortes fortuna adiuvat*,
wie der Dichter Terentius sagte.«
In Stabiae, vier Meilen südlich von Pompeii, konnte man anlegen.
Pomponianus hatte schon seine Habe zusammengepackt und auf
ein Schiff gebracht. Der Oheim umarmte ihn und versuchte ihm
Mut zu machen. Um ihn ganz zu beruhigen, zeigte er selber
äußerste Ruhe, bat, ins Badehaus gebracht zu werden, dann legte
er sich mit Pomponianus zu Tisch – in durchaus heiterer Stimmung . . . oder er tat wenigstens so!
Inzwischen wurde der Anblick des Vesuvs immer erschreckender.
Breite Ströme von Feuer brachen hervor. Flammengarben schossen in die Höhe – ihr dämonisches Licht stand in Widerspruch zur
nächtlichen Dunkelheit. Immer wieder versuchte der Oheim, die
Furcht seiner Gastgeber zu zerstreuen – das seien doch nur Wacht-
feuer der Hirten oder verlassene, brennende Häuser.
Dann ging er zur Ruhe und schlief bald ein – man hörte sein lautes
Schnarchen außerhalb seines Raumes. Aber inzwischen füllten sich
Atrium und Triclinium immer mehr mit Asche und Bimssteinen –
man mußte ihn wecken und herausholen, wenn er nicht lebendig
begraben werden sollte. Er gesellte sich Pomponianus und der
Familie zu, die die ganze Nacht aufgeblieben waren. Was soll man
jetzt tun? Drinnen bleiben oder ins Freie flüchten? Denn die
Gebäude wankten bedrohlich – immer schneller und stärker kamen die Stöße. Bald würden die Mauern stürzen.

Um sich vor den Bimssteinen zu schützen, band man sich Kissen auf den Kopf. Irgendwo mochte der Tag beginnen – hier war die Dunkelheit schwärzer und dichter als jede Nacht. Mit schwelenden Fackeln und zitternden Öllämpchen ging man zum Ufer – der Oheim wollte feststellen, ob man schon die Boote besteigen konnte. Aber noch waren die Wellen wild und bedrohlich.

Pomponianus sah, daß er müde war und ließ eine Matte für ihn ausbreiten. Öfters bat er um einen Schluck kalten Wassers.

Immer näher kamen die Flammen, die Luft war geschwängert von Schwefeldämpfen. Keine Zeit war mehr zu verlieren – wie immer die Wellen auch sein mochten. Man bat ihn, aufzustehen und mitzukommen. Er erhob sich, gestützt auf zwei Sklaven, als er jäh zusammenbrach – erstickt, offensichtlich durch die schweren Brand- und Schwefeldämpfe. Als das Tageslicht zurückkehrte, fand man ihn tot – äußerlich unverletzt, voll bekleidet – mehr, als sei er in Schlaf versunken als gestorben. Das war zwei Tage nachdem er die Sonne zum letzten Mal geschaut hatte, also am siebenten Tag vor den Calenden des September.

(»Man hat ihn einfach liegen lassen, als er zusammenbrach? Pomponianus und seine Familie sind geflohen, ohne sich auch nur umzusehen?«

»So scheint es, Caesar. Gefunden wurde er von zwei treuen Sklaven. Sie haben seine Leiche nach Misenum gebracht, wo sie mit allen militärischen Ehren den Flammen übergeben wurde.«

»Und was tat inzwischen sein Neffe, nunmehr sein Adoptivsohn – dein künftiger Adoptivvater?«

»Darüber gibt es auch einen Bericht – willst du ihn hören, Caesar?«)

»Nachdem mein Oheim mich verlassen hatte«, so hat uns mein Adoptivvater oft erzählt, »habe ich mich erst meinen Büchern zugewandt, denn das war ja der Grund meines Dableibens.«

Auch in Misenum und in der ganzen Umgebung hatte die Erde schon tagelang gebebt, in Campanien nichts Ungewöhnliches. In dieser Nacht wurde es ärger. Er und seine Mutter verließen das Haus auf der Seeseite. Als ob nichts Besonderes los sei, las er in seinem *Livius* den Bericht über den Untergang von Karthago!

Ein Familienfreund aus Spanien war eben angekommen, sah mit Entsetzen, daß Mutter und Sohn ruhig zusammensaßen, statt zu fliehen, so lange noch Zeit war. Auf den Einwand, erst wolle man wissen, wie es dem Oheim gehe, sagte der Freund fast zornig: »Wenn er lebt, möchte er, daß ihr gerettet werdet – wenn er tot ist, daß ihr ihn überlebt.«

Der Morgen des achten Tages vor den Calenden des Septembers brachte kein Sonnenlicht. Das Haus wankte und schwankte – jeden Augenblick konnte es einstürzen. So entschlossen sich Mutter und Sohn, endlich die Stadt zu verlassen. Aber wie? Massen von kreischenden Menschen wälzten sich dahin – kopflos, brutal, stoßend, niedertrampelnd, ohne Rücksicht auf Frauen, Kinder, Greise. Dann ein erschreckender Anblick: Die Wagen, die man angefordert hatte, rollten von selber davon – so hatte sich der Boden gesenkt. Das Meer wich Hunderte von Fuß zurück – der Strand war voll von sterbenden Wassertieren.

Eine riesige schwarze Wolke rückte heran, senkte sich herab. Capri und das Vorgebirge von Misenum verschwanden in ihr. Ein Aschenregen setzte ein – da wollte die Mutter, um ihren jungen Sohn nicht an der Flucht zu hindern, zurückbleiben und allein sterben . . .

Die schwarze Wolke kam näher, schien auf die Fluchtwege zu fallen – das Donnern und Grölen aus dem Erdinnern wurde in dieser Finsternis noch übertönt vom Jammergeschrei der fliehenden Menschen. Man hörte Gebete – man hörte Flüche – man hörte Verwünschungen gegen die Priester, die die Lüge aufgetischt hätten, daß es Götter gebe. Nun sei das Ende des Weltalls gekommen – laßt uns gemeinsam sterben – denn Rettung ist unmöglich!

»Wie von bösen Geistern getragen, schienen die Flammen uns zu verfolgen – aber ohne uns je ganz zu erreichen. Als ein Schimmer des Tageslichts zurückkehrte, meinten wir, jetzt würden die Flammen über uns zusammenschlagen. Dann brach die Dunkelheit wieder herein, und ein dichterer Aschenregen ging nieder. Oft wurden wir zu Boden geworfen, standen so rasch als möglich auf, um nicht von der Asche begraben zu werden.«

Das, Caesar, habe ich mir wörtlich gemerkt – doch nun kommt

etwas, ein Ausspruch meines Adoptivvaters, den man sich scheut wiederzugeben. »Ich habe einen traurigen Trost aus dem Gedanken geschöpft«, sagte er am Familientisch, »daß die ganze Welt zusammen mit mir, und ich zusammen mit der Welt sterben werde . . .«

»Ein furchtbarer Trost, mi amice – aber ich kann den Sinn davon durchaus verstehen. Wie ging es zu Ende?«

Als das Tageslicht wirklich zurückkam und die Erdstöße zwar nicht nachließen, aber schwächer wurden, kehrten mein Adoptivvater und seine Mutter in ihr Haus nach Misenum zurück – ja, es stand noch – aber alles war durcheinander geworfen, die Spiegel zerbrochen, die Silberbestecke verbogen. Sie ordneten den Haushalt – eine weitere bange Nacht folgte. Im Morgengrauen brachte uns ein Schiff mit schwarzen Segeln die Leiche des Mannes, der um der Wissenschaft und der Humanitas willen sein Leben geopfert hatte.

Genug für heute, mi amice. Ich selber habe im Auftrag des Imperators bald danach die Stätten der Verwüstung gesehen – mindestens 15 000 Tote in Pompeii, Stabiae und Herculaneum. Der vom Imperator geplante Wiederaufbau mußte aufgegeben werden – zu dicht liegen die Schichten von Lava, Bimsstein und verhärteter Asche über den drei einstmals blühenden Städten. Aber wie mir der kluge Frontinus mehrmals sagte: »Es ist viel Unglück über die Welt gekommen – aber einmal, vielleicht erst in Jahrhunderten, wird man diese Städte wiederentdecken und ausgraben – ihre Tempel, ihre Säulenhallen, das große Theater, in dem das Volk saß, als der Vesuv ausbrach – die Palaestren, auf denen unsere Jugend übte und wo sie vor der Statue des Doryphoros des Polikleitos ihre Opfergaben niederlegte, ehe ihre Spiele begannen. Mag selbst Rom in jener fernen Zeit nicht mehr bestehen – mögen die Völker des Nordens, der britannischen Inseln, die Gallier, Germanen, die Afrikaner und hundert andere das Imperium übernommen haben: Pompeii, Stabiae und Herculaneum werden vom Glanze und der Größe Roms Zeugnis ablegen!«

Dreizehntes Kapitel

Titus und der »Tyrann« Domitianus

Nach all den schrecklichen Geschehnissen, care amice, die wir
aufgezeichnet haben, wollte ich heute eigentlich über die Augusta
Pompeia Plotina sprechen – in möglichster Kürze. Denn je höher
Caesars Gemahlin steht, desto weniger ist in der Öffentlichkeit
von ihr die Rede. Es sind die Agrippinas, die Messalinas und
ähnliche Gestalten, über die zur Freude oft nur der neugierigen
und lüsternen Massen viel zu sagen und zu schreiben ist.
Aber ich muß doch noch beim Imperator Titus verweilen, den ein
Jahr nach dem Ausbruch des Vesuvs das zweite große Unglück
traf – ein furchtbarer Brand, der drei Tage und drei Nächte anhielt
und wiederum große Teile unserer Stadt zerstörte. Der Imperator
war von neuem nach Campanien gereist – ich war in seiner Begleitung –, als das Unglück hereinbrach. Was sollte jetzt geschehen?
Das Hilfswerk für die Flüchtlinge, die all ihrer Habe beraubt
waren, jäh abbrechen und nach Rom zurückeilen? Der Imperator
fand, daß die Stadt ihn jetzt nötiger habe. Er reiste schnellstens
zurück und übergab mir die Aufsicht über die campanischen Arbeiten.
Daß an einen Wiederaufbau der begrabenen Städte nicht zu denken war, habe ich schon erwähnt. Aber Hilfe kommt nie zu spät.
Mehrere Tausend, die dem Tode entronnen waren, sahen sich
schutzlos der kälteren Jahreszeit preisgegeben. Zelte, dann Holz-
häuser mußten errichtet, die Lebensmittelversorgung in Gang gesetzt, dazu genügend klares, trinkbares Wasser beschafft werden –
nicht zu vergessen ärztliche Pflege und noch manch anderes – über
Mangel an Arbeit hatten meine Helfer und ich nicht zu klagen!
Einige hundert Menschen fanden auch auf Capri, auf das gleichfalls Asche und Bimssteine gefallen waren, bleibende Unterkunft,

andere auf der Insel Aenaria, deren Vulkan, der Epomeos, nicht untätig geblieben war. Heiße Quellen waren an der Küste unterhalb des Wasserspiegels entsprungen, und die Erdstöße hatten noch nicht ganz aufgehört. Ich benützte meinen Aufenthalt auf Capri, um den großen Leuchtturm, den Tiberius Caesar unterhalb seiner Villa Iovis hatte errichten lassen und der durch verschiedene Erdbeben gelitten hatte, zu verstärken und mit besseren Lichtquellen zu versehen. Jetzt erfüllt sein Licht, glänzender als das des Vollmondes, wieder den ganzen Golf – ein rettender Stern für viele Schiffe aus aller Welt, von Britannia und Syria, vom Pontos und von Ägypten, die in Neapolis einlaufen wollen.

»Ich bin zu Grunde gerichtet« ... mit diesen Worten empfing mich der Imperator, als ich auf seinen Befehl hin nach einigen Wochen nach Rom zurückkehrte. Dennoch hat er sofort nach Anhörung meines Berichtes den Campaniern großzügige Hilfe zukommen lassen. Gleichzeitig betrieb er den Wiederaufbau Roms. Er hat hierfür allen Schmuck aus seinen Lustschlössern der Stadt wie auch zur Linderung der Not in Campanien zur Verfügung gestellt.

Außer zahllosen Wohnhäusern waren auch wieder Tempel dem Brand zum Opfer gefallen – des Serapis, der Isis, des Neptun, dazu die Bäder und das Pantheon des Agrippa, das schöne Theater des Pompeius und die wertvolle Bibliothek der Octavia. Am schlimmsten aber war: Wie im Kampfe der Vitellianer gegen die Flavier waren auch der neu errichtete Tempel des Iupiter Capitolinus und der ganze heilige Bezirk zerstört worden ... und damit erhob sich wiederum die Gefahr eines Aufstandes in mehreren Provinzen.

In Tag- und Nachtarbeit, ausgeführt von Tausenden von Sklaven, die dann freigelassen wurden, ist der Iupitertempel in erstaunlich kurzer Zeit wiederhergestellt worden.

Als letztes großes Werk für das Gemeinwesen blieb dem Imperator die Einweihung des Amphitheaters.

Als Pontifex Maximus brachte er zuerst die Opfer dar für die Capitolinische Trias, Iupiter – Iuno – Minerva. Andere Pontifices weihten den gewaltigen Bau und opferten an besonderen Altären den Manen aller, die während der Arbeiten ihr Leben gelassen hatten. Dazu gehörten auch zahlreiche judaeische Gefangene. Als erstes Schauspiel wurde ein Kampf zwischen Kranichen und Elephanten veranstaltet. Zahme und wilde Tiere traten auf, an neuntausend. Sie kämpften untereinander und auch mit Menschen, Frauen darunter, aus den unteren Ständen. Großartige Seegefechte überraschten das Volk, denn mit einem Schlage füllte sich die Arena mit Wasser. Die Flotten der Korinther und der Korkyrener rangen miteinander. Andere Seeschlachten fanden gleichzeitig in der Naumachia von Divus Augustus jenseits des Tiberis statt.

An den folgenden Tagen sah man den Angriff der athenischen Flotte auf Syracus und mit einem Aufgebot von dreitausend Schiffen die Niederwerfung von Karthago.

Hundert Tage währten diese Volksbelustigungen. Manchmal verteilte der Imperator Geschenke an die Menge – fröhliche Musikanten und jugendliche Sänger traten auf, und dies alles half mit, die trübe Stimmung wegen des Brandes zu überwinden. Nun sollten die Bürger mit großer Freudigkeit ein neues und schöneres Rom schaffen!

Nicht lange danach ist der Imperator Titus gestorben, im gleichen Landhaus im Sabinerland, in dem sein Vater die Erde verließ. Er war erst zweiundvierzig Jahre alt, und gerne hätte er dem römischen Volke noch lange gedient!

Ich erhielt die Todesnachricht in Britannia, wohin mich der Imperator gleich nach der Einweihung des Amphitheaters gesandt hatte. Da ich das Land schon kenne, sagte er beim Abschied, könnte ich dem Nachfolger von Sextus Frontinus zur Seite stehen. Das war Cn. Iulius Agricola, der noch vom Imperator Vespasianus zum Legatus pro praetore Provinciae Britanniae ernannt worden war. Ich hatte ihn schon kennengelernt, als er Legat der XX. Legion *Valeria Victrix* in Britannia war. Seine Tochter hatte er dem Cornelius Tacitus vermählt, der bekanntlich eine eigene Schrift den Taten seines Schwiegervaters widmete!

Agricola war zweifellos ein guter Taktiker und ein entschlußfreudiger tapferer Soldat von altrömischem Schrot und Korn, manch-

mal erinnerte er mich an Germanicus – auch in der ihnen gemeinsam fehlenden Erkenntnis, daß man volkreiche Länder nicht allein
mit dem Schwert gewinnen kann.

Ich will gewiß seine Verdienste nicht schmälern, aber mit etwas
tieferem Verständnis für die Wesensart jenes Inselvolkes hätte man
viel Blut sparen können. Die Briten, die ursprünglich unsere Sprache gehaßt hatten, waren nun stolz darauf, sie zu beherrschen. Sie
bauten Thermen wie die unsern, Säulenhallen, Tempel und veran-
stalteten Gastmähler. Agricola wußte aber nur zu sagen: »All dies,
um Laster noch angenehmer zu machen!« Er spottete öffentlich
darüber, daß die Einheimischen unsere Toga und Tunica anzogen,
statt das zu begrüßen. Sein Schwiegersohn Tacitus bemerkt sogar:
»Man nannte es Civilisation, während es in Wirklichkeit nur Teil
der Versklavung war!«

Daß Agricola den alten Plan, die Insel Ivernia zu besetzen, wieder
aufnahm, mußte man gutheißen. Aber daß er meinte, hierfür würden eine einzige Legion und einige Hilfsverbände ausreichen,
zeigte, daß er sich hier wenig auskannte. So sehr ich selber den
Plan unterstützt hatte, mußte ich ihn doch auf das dringendste vor
einem so gewagten Unternehmen warnen.

Der Caesar Domitianus war zum achten Male Consul, als ihn die
Praetorischen Cohorten sofort nach dem Tode seines Bruders als
den neuen Herrscher begrüßten. Der Senat säumte nicht, ihm den
Augustustitel und die Tribunicische Gewalt zu übertragen. Mit
vollem Namen hieß mein Jugendfreund nunmehr: Imperator Caesar Divi Vespasiani filius Domïtianus Augustus pontifex maximus,
tribunicia potestate II, pater patriae, consul VIII. Später erwarb er
sich auch den Namen Germanicus. Er hat siebzehn Mal das Consulat bekleidet, öfters als irgend jemand vor ihm.

Seinen Bruder Titus ließ er durch den Senat unter die Schutzgötter
Roms aufnehmen. Dieser war um zwölf Jahre älter, und das erklärt manches im Wesen von Domitianus. Er meinte – vielleicht
nicht mit Unrecht –, daß seine Verdienste nicht genügend Anerkennung gefunden hätten. War er es doch, der während der
Kämpfe mit den Vitellianern durch seine Ansprache vor den Praetorischen Cohorten viel zum Siege seines Vaters beigetragen habe.

In seinen Knaben- und Jünglingsjahren wurde er oft so vernachlässigt, daß er Not gelitten zu haben scheint. Erst als er der Geliebte von Marcus Cocceius Nerva wurde, besserte sich seine Lage.

Als Imperator hat Domitianus Agricola noch weitere zweieinhalb Jahre als Statthalter in Britannia gelassen. Er hat ihn in jeder Weise unterstützt, mit Waffen, Vorräten, frischen Einheiten. Neidlos gönnte er ihm die Abzeichen des Triumphes.

Daß er ihn später durch Gift beseitigen ließ, wie Tacitus andeutet, ist eine üble Verleumdung – nicht die einzige leider, deren dieser sich in der Behandlung der Caesaren schuldig gemacht hat! (»Wir sprechen doch immer von den ›Britischen Inseln‹, nicht wahr, mi amice?«

»Sind es denn nicht Inseln, Caesar?«

»Gewiß – aber merkwürdig ist, daß wir es ganz genau erst seit der Zeit wissen, da ich bei Agricola dort war. Daß Mona, Vectis und ein paar andere zu Britannia gehörende Inseln das sind, hat man freilich schon immer gewußt – aber ich meine das Hauptland, das eigentliche Britannia!«)

Und das kam so: Einige Meuterer wollten ihrer Bestrafung entkommen, sie erschlugen ihre Centurionen und einen Militärtribun, setzten sich in Boote und fuhren los – mit welchem Ziel, das wußten sie offensichtlich selber nicht! Sie überließen sich dem Wind und den Wellen und befanden sich plötzlich im äußersten Norden von Caledonia. Dort schlug der Wind um – sie waren von der Westküste losgefahren, nun trieben sie die Ostküste hinunter. Es waren Usipeter, Germanen von einer Hilfscohorte, wie sich herausstellte. Manche von ihnen gelangten bis an den Rhenus, wo sie ihres Abenteuers wegen bei ihren Landsleuten Ruhm ernteten. Andere fielen in unsere Hände – Agricola bestrafte sie nicht, sondern ließ sich von ihnen ihre Fahrt um die Insel herum berichten. Das gab ihm den richtigen Gedanken ein, daß man Britannia nur ganz erobern könne, wenn man eine Flotte baue! Sogleich ließ er an hundert oder mehr Kriegsschiffe auf Kiel legen und fuhr, wie die Usipeter es getan hatten, die Westküste hinauf. Die wilden Caledonier bekamen so die Macht Roms zu spüren, aber für eine

167

dauernde Besetzung und Einverleibung reichten unsere Kräfte ebenso wenig aus, wie sie für die Eroberung Ivernias genügt hätten. Ohne Verluste brachte der Feldherr Schiffe und Leute von der Nordspitze aus an die Ostküste zurück und machte im landeinwärts gehenden Flußhafen von Eburacum fest – zum großen Jubel der Einwohner, die Rom treu ergeben waren, und des ganzen Heeres.

Zur Zeit der letzten großen Schlacht am Mons Graupius gegen die ganze Streitmacht der Caledonier war ich schon nicht mehr in Britannia. Es war eine Waffentat – über zehntausend Feinde fielen, während wir nur dreihundertsechzig Mann verloren. Die Ansprache des gegnerischen Feldherrn namens Calgatus, aus fürstlichem Geschlecht, ist in Rom bekannt geworden. Sie enthält einige bittere Wahrheiten, an denen wir nicht vorübergehen sollten. Er nennt uns Römer »die Räuber aller Welt – bislang zu Lande, jetzt auch zur See«. Womit er unsere neuen Flotten im Kampfe gegen Britannia meinte. Was wir »Imperium« nennen, sei nichts als das Gräberfeld freier Nationen, Raub, Massenmord! Und diese »römische« Armee! Zum großen Teil besteht sie aus heimatlosen Galliern, Germanen und – Schande über uns! – verräterischen Briten . . . aber im Grunde hassen sie die Römer, und wir könnten sie, wie die meuternden Usipeter neulich, für uns gewinnen.

So unrecht hatte er nicht, wenn ich an den Aufstand des Iulius Civilis zurückdenke und wie ganze Legionen uns die Treue brachen. »Römisch« zu einem Begriff der Gesittung zu machen – das war seitdem mein Bestreben. Auch ein Germane, ein Brite, ein Hellene, ein Afrikaner muß von sich sagen können: »Romanus sum!« – wie ich selber, ein Hispanier – wie eigentlich schon alle Hispanier es sagen!

Man hat die Abberufung Agricolas dem Imperator Domitianus so zum Vorwurf gemacht wie seinerseits Tiberius Caesar die Abberufung des Germanicus! »Die Blüte der britischen Jugend ist gefallen – übrig bleibt nur ein Pack geistloser Mißgestalten!« – so sprach Agricola vor der Schlacht am Mons Graupius – und gerade *dieser* Satz mag den Imperator zur Rückberufung bestimmt haben – gleich wie Tiberius Caesar den Germanicus abberief, als dieser sich

rühmte, Weiber, Kinder, waffenlose Männer, ganze Stämme ausgerottet zu haben. Wir wollen doch nicht, daß, wie Calgatus gesagt
hat, unser Imperium zu einem Gräberfeld freier Nationen werde!
Als ich nach Rom zurückkehrte, war der schöne Bogen auf der
Velia, am obersten Ende des Forums, den der Imperator Domitianus seinem Bruder für den Sieg über die Judaeer errichten ließ,
schon fast fertig. Auf der Innenseite des Durchgangs zeigt er,
meisterlich dargestellt, die triumphierenden Legionen, die den sie-
benarmigen Leuchter aus dem Tempel von Hierosolyma mitführen. Kein Judaeer wird je freiwillig durch diesen Bogen gehen,
hörte ich.

Der Imperator, der mich umarmte und küßte, gab mir als Zeichen
seiner Freundschaft die erste in der Provinz Asia geschlagene
Goldmünze mit seinem Kopfbild und der Inschrift *Capitolinum
restitutum* – denn der Tempel des Capitolinischen Iupiter war
nunmehr durch ihn in letzter Vollendung, mit wunderbarem
neuen Schmuck in Gold, Silber und Marmor, wiederhergestellt.
Gleich beim Antritt seines Principats hatte er ein sehr weises und
menschenwürdiges Decret erlassen: Verbot der Castration, der vor
allem schöne Knaben und Jünglinge auf dem Sklavenmarkt ausgesetzt waren. Gehässige Feinde aus rückständigen senatorischen
Kreisen haben gesagt: Dies sei zur Verhöhnung seines verstorbenen Bruders erfolgt, da dieser bekanntlich eine lebhafte Neigung
für junge Eunuchen gehabt habe! Wütend waren auch die Sklaven-
händler, deren menschliche »Ware« dadurch im Preise sank.
Daß der Imperator gegen bestimmte Kreise, die unter philosophi-
schen Vorwänden – sie nannten sich »Stoiker« – gegen ihn und das
Imperium Verschwörungen anzettelten, mit großer Strenge vorging, kann ich verstehen. Manche verbannte er aus Rom, andere
mußten die Strafe für ihre politische Tätigkeit hinnehmen. Sie alle
schwärmten von der »alten Freiheit«, die es seit Jahrhunderten
nicht mehr gab. Sie war untergegangen in den grauenvollen Bürgerkriegen zwischen Marius und Sulla, Divus Iulius und Pompeius
– und heute bestünde sie nur darin, daß die Reichen und Überreichen, die Großgrundbesitzer, die Nobiles und die Emporkömm-
linge dann schalten und wallten könnten wie sie wollten.

Das hat schon Tiberius Caesar erkannt, den die gleichen Kreise mit den gleichen Verleumdungen überschütteten: Was sie hassen, ist das Volkstribunat, das seit langem mit dem Amte des Princeps verbunden ist.

Nun muß ich dich aufmerksam machen, parve puer, daß auch dein Adoptivvater, den ich durchaus meinen Freund nennen will, sehr ungerecht war in der Beurteilung des Imperators Domitianus.

(»Caesar – ich sagte doch schon: Ich habe nur einen wirklichen Vater, und das bist du!«

»Ich spreche also ganz frei – und du wirst nicht gekränkt sein?«

»Bestimmt nicht, Caesar!«

»Auch nicht, wenn ich einmal etwas über meinen Neffen Aelius Hadrianus sagen muß? Da schweigst du . . . also lassen wir das!«)

Nochmals sein Verbot der Castration: Die senatorischen Schreiber haben die beabsichtigte »Verhöhnung« des toten Bruders daraus ableiten wollen, daß er doch selber einen Lieblingsknaben habe, den Earinos, der wahrscheinlich ein Eunuch war. Dieser war aber keineswegs das, was man unter einem »Günstling« versteht, er war edler Abstammung und edler Gesinnung. Ich möchte ihn dem Knaben Sporus vergleichen, der Nero Caesar auch im äußersten Unglück treu blieb und sich tötete, um einer Schande zu entgehen, die Vitellius ihm zumutete. Der große Dichter Marcus Valerius Martialis, ein Hispanier wie ich, aus Bilbilis in Hispania Tarraconensis, hat ihm schöne Epigramme gewidmet.

(»Habt ihr von euren Lehrern etwas über Martialis gehört?«

»Nur, daß er ein Client von Seneca war und den ›Tyrannen‹ Domitianus allzusehr verherrlichte. Viele seiner Epigramme seien aber für Schüler in der Knabentoga ganz und gar ungeeignet! Daher haben wir sie heimlich gelesen!«

»Wie alle Jungen es tun würden! Das müßten doch die Lehrer längst wissen.«)

Bleiben wir einen Augenblick bei Earinos. Martialis vergleicht ihn mit Ganymedes, der dem Blitzeschleuderer dienen darf – nunmehr dem Herrscher, vor dem Thraker und Daker erzittern – ein Name von Veilchen und Rosen – Mundschenk mithin des »anderen Iupiters« – des Imperators Domitianus.

Als seine Locken mit einer goldenen Pfeilspitze zum ersten Male geschnitten wurden, seien sie dem Gotte Aesculapius geopfert worden. »Glückliches Land«, ruft der Dichter aus, »das eine solche Gabe empfing – nicht mit des Ganymedes Locken würde es tauschen.«

Auch Publius Papinius Statius, der im gleichen Jahre starb, da der Imperator Domitianus ermordet wurde, hat den Charakter und die Schönheit dieses »caesarischen Knaben« gepriesen. Er nennt ihn »Geliebten der Götter«, geboren unter einem glückverheißenden Stern – die Inder möchten die Hand des mächtigen Herrschers küssen, die dieser auserwählte Knabe täglich berühren darf.

Aber dieses Gedicht hat auch eine politische Bedeutung. Was Suetonius bösartig auslegt, wird hier zum Preislied auf den Imperator Domitianus: Noch nicht, sagt der Dichter, hatte die edle Milde dieses Herrschers verboten, Knaben ihres Geschlechts zu berauben – heute brauchen nicht einmal Sklavinnen sich fürchten, Söhne zu gebären.

Aber die Himmlischen beauftragten Asklepios, den Sohn des Phoebos-Apollo, diesem erwählten Kinde sich so sanft zu nahen, daß es bei solchem Eingriff keine Schmerzen erleiden müsse! Die Himmlischen ließen es überhaupt nur zu, damit der Knabe auf Erden in ewiger Jugend blühen und dereinst als strahlender Jüngling zu den Göttern zurückkehren könne.

Als die goldenen Locken geopfert waren, sagt Statius, habe der Knabe die Hände erhoben und die Götter beschworen, den Princeps in ewiger Jugend zu erhalten und ihn zum Heile der ganzen Welt zu bewahren – länger als die Jahre des Priamos und des Nestor zusammen.

(»Was wurde aus Earinos, Caesar?«

»Nie hat er seinen Einfluß mißbraucht. Oft hat er sich für Menschen mit Erfolg verwandt, die der Imperator zu hart strafen wollte. Als er sechzehn oder siebzehn Jahre alt war, ist er für seinen Freund und Herrscher gestorben.«

»Wie kam das, Caesar?«

»Die ›Philosophen‹ versuchten ihn in eine Verschwörung gegen das Leben des Imperators hineinzuziehen. Als Mundschenk sei es für ihn doch leicht, den ›Tyrannen‹ zu vergiften! Sein Lohn werde groß sein, während er jetzt doch nichts sei als ein verwöhnter Liebling, der vielleicht schon morgen einem anderen den Platz räumen müsse.

Earinos ging zum Schein darauf ein, um alle Einzelheiten der Verschwörung zu erfahren. Dann unterrichtete er den Imperator, der ihm aber nicht recht glauben wollte: Die ›Verschwörer‹, meinte er, seien doch hochgestellte Persönlichkeiten, die von ihm immer nur Gutes erfahren hätten.

»Wirst du mir glauben, wenn ich meine Worte mit dem Tod besiegle?« fragte Earinos, was der Imperator wiederum nicht ganz ernst nahm. Kurz danach besuchte der Imperator Domitianus, in Begleitung von Earinos und einiger der von diesem genannten Männer, Capri, um sich über den Zustand des Leuchtturms zu unterrichten. Der Imperator schien zu überlegen, ob er nicht den oberen Stock der Villa Iovis aufbauen solle, der wenige Tage vor dem Tode von Tiberius Caesar durch ein Erdbeben zerstört worden war. Er mag sogar eine Übersiedlung nach Capri erwogen haben, um, wie Tiberius Caesar, ungestört durch römische Streitigkeiten und Gezänke von dieser Insel aus seinen Herrscherpflichten nachkommen zu können.

Der Imperator und seine Begleiter blickten bei der Villa Iovis die steilen Felswände hinunter ins Meer, als Earinos plötzlich auf die Verschwörer wies: »Caesar – hüte dich vor diesen Verrätern!« rief er aus. »Willst du mir nun glauben – denn niemand lügt vor seinem Tode!« Ehe man ihn hindern konnte, schwang er sich über die Steinmauer und sprang in die Tiefe. Seine Leiche wurde nie gefunden. Am gleichen Tage ließ der Imperator die Verschwörer dingfest machen. Man fand Waffen bei ihnen, sie gestanden und wurden ihrer Strafe zugeführt.«)

Martialis wollte nicht, wie euer Paedagoge meint, einen »Tyrannen« verherrlichen! Er strebte danach, für den Imperator Domitianus, den er ehrlichen Herzens verehrte, das zu werden, was Vergilius und Horatius für Divus Augustus waren: Künder seines Ruhms, als des Mehrers und Schützers des Imperiums, unter dessen Herrschaft das Gemeinwesen gesichert und in Frieden leben kann. Er nannte ihn »Fürst aller Fürsten« – »Retter der Republik – Ruhm der Welt«. Sein Heil sei es, dem wir Menschen den Glauben verdanken, daß es Götter gibt!

Sein Preislied auf die Einweihung des Flavium Amphitheatrum steht würdig an der Seite von Horatius' *Carmen saeculare.*

Auch dein Adoptivvater, mi amice, hat Martialis sehr geschätzt. Er hat sogar, als er nach fünfunddreißig Jahren Rom verließ, die Rückreise nach Hispanien bezahlt. Er starb, als du erst fünf oder sechs Jahre alt warst. Er und seine Dichtkunst haben mir sehr gefehlt.

Das Wort vom »Retter der Republik« war keine bloße Schmeichelei. Während große germanische Stämme wie die Chatten schon gegen uns in Waffen standen, wurde Rom von großen inneren Gefahren bedroht: In der Stadt und überall im Imperium gingen Banden wahnwitziger Verbrecher herum, die Nadeln mit tödlichem Gift beschmierten und wahllos mordeten. Im Menschengewühl des Forums war es fast unmöglich, die Täter zu ermitteln. Der Imperator machte diesen Untaten ein Ende. Hunderte und Aberhunderte von ledergeschützten geheimen Beauftragten wurden ausgesandt. Allmählich entlarvten sie die Verbrecher, die öffentlich hingerichtet wurden. Kaum eine Hausfrau, keine Sklavin, die einkaufen sollte, hatten sich mehr auf die Straße gewagt!

Sextus Iulius Frontinus und ich durften den Imperator begleiten, als es zum offenen Krieg mit den Chatten kam. Dieser wilde Stamm lebt zwischen Moenus, Visurgis und dem Rhenus. Frontinus hat es als kluge Kriegslist gerühmt, daß der Imperator seine Abreise aus Rom öffentlich damit begründete, er wolle in den Gallischen Provinzen eine Schätzung vornehmen. So erhielten die Chatten keine Warnung, daß der große Feldherr selber – das ist der von Frontinus gewählte Ausdruck und sein Wort hat Gewicht! – gegen sie anrückte. Andernfalls wären sie uns besser gerüstet entgegengetreten.

Der Imperator zog die vier germanischen Legionen vom oberen Rhenus zusammen und fügte noch die XXI. *Rapax* aus Germania inferior hinzu. Schließlich holte er die IX. *Hispana* aus Britannia, die ich so gut kannte, und übergab sie mir als eine Art von persönlicher Leib- und Ehrentruppe. Meine eigentliche Aufgabe war aber, nicht nur den Kriegsplan, sondern die Verwaltung der neu zu erwerbenden Gebiete und ihr Straßennetz auszuarbeiten. In Rom gab es sofort Nörgler, die meinten, was sei das für ein Krieg, in dem es an großen Schlachten fehle! Aber der Imperator gewann seine Siege, indem er durch ein Netzsystem von befestigten Anlagen dem Feind schließlich jede Bewegung unmöglich machte.

Da die Germanen, wie es ihre Gewohnheit ist, sich in Wälder, Gestrüpp und Moore zurückziehen, um von dort anzugreifen, hat der Imperator die Grenzen des Imperiums um über hundertzwanzig Meilen vorgeschoben. Damit hat er viele Verstecke der Feinde aufdecken und eine große Fläche, fast könnte man sie Provinz nennen, dem Römischen Volke untertan gemacht. Es handelte sich vor allem um das Gebiet zwischen dem oberen Rhenus, dem Moenus und Nicer, in dem in *Aquae* auch gute Heilquellen entdeckt wurden. Vor allem aber ist der Verkehr nunmehr unbehindert – und befestigte Anlagen, tiefe Gräben, Hunderte von Meilen eines Limes sichern jetzt das Imperium vom unteren Rhenus bis nach Castra Regina am Danuvius!

Der Imperator Domitianus verstand auch, was weder Germanicus noch Agricola begriffen haben: Feuer und Schwert genügen nicht – man muß versuchen, den ehemaligen Feind zum Freunde zu gewinnen.

Das hatte er schon Jahre zuvor bewiesen, als er gegen die Aufständischen unter Iulius Civilis Krieg führte. Die reiche Stadt der Lingonen in Gallia, die sich gegen uns erhoben hatte, zitterte vor Angst, was nun geschehen werde. Brand, Plünderung, Versklavung der Einwohner? Als sie aber vom Caesar Domitianus verschont wurde, kehrte sie reumütig zum Gehorsam zurück – und so ist es geblieben!

Dem germanischen Stamm der Cubier am Unterlauf des Moenus zahlte er eine große Entschädigung für ihre Ernteverluste, die verursacht wurden durch die Errichtung befestigter, römischer Plätze! Solcher Großmut hat ihm Dank und Anerkennung bei vielen Germanen eingebracht.

Mit Recht konnte er sich von da an *Germanicus* nennen und Münzen schlagen lassen mit der Inschrift *Germania capta*. Er hat einen prächtigen Triumph gefeiert und große Festspiele gegeben, an denen ich bereits in meinem Amte als Praetor teilnahm. Martialis hat in einem schönen Epigramm geschrieben: Titus habe den judaeischen Triumph mit seinem Vater teilen müssen, während der Triumph über die Chatten ganz dem Imperator Domitianus gehörte.

Die goldene Statue der Siegesgöttin, schrieb der Dichter, die hat dir, Imperator Domitianus Germanicus Augustus, der Rhenus selber gegeben . . .

»Schenkenknabe, reiche zehn Kellen köstlichsten Falerners!«

Vierzehntes Kapitel

TRAIANUS ALS PRAETOR UND CONSUL
DIE AUGUSTA POMPEIA PLOTINA

Der Imperator Domitianus trat sein zehntes Consulat an, als ich
Praetor wurde. Sein Collega war ein entfernter Verwandter, Caius
Oppius Sabinus, von dem er nicht viel hielt – wie sich bald heraus-
stellen sollte, nicht mit Unrecht! Denn als Proconsul von Moesia
wurde er vom Dakerkönig Decebalus schmählich geschlagen.
Ich mußte demnach häufiger als sonst üblich den Imperator im
Senat vertreten und mich auch um die Vorbereitung neuer Unter-
nehmungen kümmern – im Osten wie auch in Germania. Denn
leider hat die Inschrift *Germania capta*, die ich erwähnte, nicht
lange den Tatsachen entsprochen – ganz abgesehen von der Ge-
samtlage. Seit der Varus-Schlacht war ja der Rhenus statt der Albis
unsere Grenze geworden!
Während meiner Praetorschaft hatte ich mit Cornelius Tacitus
häufig zu tun. Er betrachtete sich als Sachwalter seines Schwiegervaters Agricola und reichte immer neue Bittschriften an mich ein,
den Imperator zu mehr Unterstützung zu bewegen und ihn noch
zwei weitere Jahre in Britannia zu belassen. Beides konnte ich
guten Gewissens nicht empfehlen.
Persönlich erhielt Tacitus vom Imperator die wohlwollendste För-
derung. Er wurde Aedil, dann Volkstribun. Er wurde unter die
XXV aufgenommen, die Priesterschaft, der das Sakralwesen anvertraut war. Als der Imperator Saekularfeiern veranstaltete – so wie
seinerzeit Divus Augustus –, wirkte Tacitus an hervorragender
Stelle als Praetor mit. Also keine Rede davon, daß er unter dem
»Tyrannen« Verfolgungen erlitten habe! Ich habe es ihn nicht
weiter entgelten lassen, ihm nur hie und da spöttisch gesagt, er
mache wohl in nachgeholtem Widerstand.

Dabei schätze ich einige seiner Schriften. Für die Nachwelt werden sie vielleicht größeren Wert haben als für uns, die so viel von alledem, was er schildert, selber miterlebt haben. Ich habe ihm jede nur mögliche Unterstützung zuteil werden lassen. Was er jedoch über mich schreiben wird, sollte er mich überleben, das kann ich mir denken! In Anbetracht unserer vielen, letzten Endes fruchtlosen Siege in Germania muß ich Tacitus aber in *einem* recht geben. In seiner Berichterstattung über die Kämpfe mit dem Cherusker Arminius, diesem fahnenflüchtigen römischen Offizier, schreibt er bekanntlich: »Wir haben Triumphe gefeiert – aber Germania ist unbesiegt!«

Schon während ich Praetor war – also Jahre, ehe es zu den Prozessen kam –, gab es viele anonyme Anzeigen und Verdächtigungen seitens berufsmäßiger Angeber gegen einen Vetter des Imperators, Caius Flavius Clemens und seine Gattin Flavia Domitilla, eine Nichte des Imperators.

Die Angeber deuteten an, daß sich das Ehepaar heimlich judaeischen Gebräuchen hingebe, die seit der Niederwerfung des judaeischen Aufstands verpönt waren. Zwei der Söhne waren vom Imperator adoptiert worden und damit zu Nachfolgern bestimmt, aber die Angeber hetzten gerade damit: Flavius Clemens habe diese beiden Söhne in Vespasianus und Domitianus umbenannt – offensichtlich könne er das Ableben des Imperators nicht erwarten!

Ich habe mich sehr genau mit dem Fall beschäftigt und bin zu folgendem Ergebnis gelangt: Nicht den Judaeern, sondern den *Christianis* stand das Ehepaar nahe, gehörte vielleicht sogar zu ihnen. Der Vorwurf, es sei »atheistisch«, d. h. erkenne unsere Götter nicht an und zeige »Gleichgültigkeit gegen das Gemeinwesen«, war und blieb bis zum heutigen Tag bezeichnend für solche Verdächtigungen.

Lange Zeit hat der Imperator nicht auf all diese heimtückischen Anklagen gehört. Er ließ seinen Vetter sogar zum Consulat aufsteigen – erst dann kam es zum Prozeß wegen »Verachtung von Princeps und Gemeinwesen«, einem Verfahren wegen der Verletzung der *maiestas* des Römischen Volkes, in dem er verurteilt und trotz meiner Fürsprache hingerichtet wurde. Es schien fast, als ob er den Tod begrüße. Seine Gemahlin Domitilla, die Nichte des Imperators, wurde auf meine Bitte hin zur Verbannung auf die Insel Pandataria begnadigt. Sie soll aber später –

(»Darf ich unterbrechen, Caesar? Als bekennende *Christiana* ist sie von den Feinden ihres Glaubens ungefähr zehn Jahre später schrecklich gefoltert und dann ermordet worden. Bei den *Christianis* heißt sie jetzt *Sancta Domitilla*, und man bittet sie um Fürsprache beim Höchsten Gott.«

»Woher weißt du das?«

»Ich sagte dir doch, Caesar, daß ich Freunde unter den *Christianis* habe!«

»Ich sehe es schon kommen – eines Tages wirst du selber dazu gehören! Fahren wir fort.«)

Man hat die Verurteilung dieses Ehepaars dem Imperator zum Vorwurf gemacht. Gewiß – es war hart, aber es zeigte auch, daß er die eigene Verwandtschaft nicht schonte, wenn er meinte, es ginge um die Sicherheit des Gemeinwesens. Er sah dieses durch die Ausbreitung fremder Kulte bedroht – in Rom selber und in seiner nächsten Umgebung.

Aber jetzt will ich auf etwas ganz anderes zu sprechen kommen, auf die Begegnung, dem Willen der Götter gemäß, mit meiner Gemahlin Pompeia Plotina, seit dem Jahre deiner Geburt: Augusta Plotina. Die Zeitgenossen kennen die Einzelheiten, aber ich schreibe ja für die Nachwelt, da schon die Heutigen oft nicht mehr wissen, was sich gestern abgespielt hat. Hätte es nicht den Ausbruch des Vesuvs gegeben, viele deiner Altersgenossen wüßten vielleicht nicht mehr, wer der Imperator Titus war! Oder nimm Tiberius Caesar, diesen ganz Großen – vielleicht größten unter den frühen Caesaren. Man sagt mir, daß unsere heutige Jugend nur noch über ihn weiß, was Suetonius an dummen, lüsternen Geschichten über ihn zusammengelogen hat!

(»Caesar, welchen Olymp es auch in Jahrtausenden geben mag, in jedem wirst du deinen Platz haben. Über die erhabene Augusta hörte ich von meinem Adoptivvater schon in früher Kindheit. Er sagte, auserwählte Frauen wie sie haben Rom groß gemacht. Als Beispiele nannte er Cornelia, die Mutter der Gracchen, und Iulia

Augusta, die 53 Jahre lang an der Seite von Caesar Augustus stand und den Fortbestand des Imperiums rettete, als sie ihrem Sohne, Tiberius Caesar, die Nachfolge sicherte.«)

Siehst du, mi amice, *das* ist eine Unterbrechung, wie ich sie schätze! War es doch dein Adoptivvater, der in seiner großen Lobrede, die er im Senat auf mich hielt und die heute in allen Schulbüchern zu finden ist, über die Augusta und auch über meine Schwester Ulpia Marciana, auch sie Augusta und nunmehr Diva Ulpia Marciana, so Entscheidendes sagte, daß man kaum etwas hinzufügen kann. In diesem *Panegyricus,* wie er jene Laudatio inzwischen genannt hat, bezeichnet er die Augusta als das lebende Beispiel höchster römischer Tugenden.

Er preist ihre Schlichtheit – denn sie bedarf keines äußeren Pomps, um zu zeigen, daß sie Augusta ist, die Frau des römischen Princeps.

»Wir sollten den Göttern dankbar sein für unsere sorglose, schöne Jugendzeit. Den Älteren seien solche Jahre nicht vergönnt gewesen. Da mußte man auf Vorbilder aus der Vergangenheit hingewiesen werden – jetzt stünden sie lebend vor uns – du selber und die Augusta Pompeia Plotina und deine Schwester Ulpia Marciana.«

»Laß das, parve amice. Was wir gemeinsam tun, das sind wir dem Römischen Volke schuldig. Als die Augusta Plotina zum ersten Male das Palatium betrat, sagte sie: ›Ich gehe als Frau hinein, so schlicht, wie ich diese Räume eines Tages verlassen möchte.‹ Das Volk, zu dem sie sich wandte, jubelte laut auf, und nie hat jemand gewagt, ihr auch nur den geringsten Fehler nachzusagen. Und das bedeutet etwas! Denn das *profanum vulgus,* um mit Horatius zu sprechen, der Pöbel, liebt es, hochgestellte Frauen zu schmähen und zu verleumden.

Den Göttern danke ich es, daß diese beiden Frauen einander in so großer Liebe und in gleicher Treue mit mir verbunden waren. Nie gab es Eifersucht, nie haben sie gegeneinander um höhere Gunst bei mir gewetteifert. Nun ist an die Stelle meiner geliebten Schwester Diva Ulpia ihre Tochter getreten, meine Nichte, die Augusta Matidia.«

»Die Schwiegermutter deines Neffen, Aelius Hadrianus?«

»Hat er dir gegenüber je über seine Gemahlin Vibia Sabina gesprochen?«

»Er hat einige Male gesagt, alles sei nicht ganz einfach. Aber er habe die größte Achtung vor seiner Gemahlin, weil sie deine Großnichte sei. Jedoch . . .«

»Jedoch – ?«

»Sie sei recht launisch und bitteren Gemüts.«

(Anmerkung des *Magisters a libellis* des Imperators Antoninus Pius: »Die Stelle war auf Wunsch des Imperators Hadrianus gestrichen, fand sich aber in der Urschrift des jungen Plinius.«)

Ich glaube, die Augusta Plotina hat sich Diva Iulia Augusta zum Vorbild genommen, der sie auch im Charakter sehr ähnlich ist. Als man sie einmal fragte, was ihre so glückliche Ehe von 53 Jahren mit Caesar Augustus begründet habe, soll sie geantwortet haben: Nie habe sie sich in seine Angelegenheiten eingemischt, war aber immer bereit, ihm, wenn er sie um Rat bat, damit zur Seite zu stehen.

Auch ich habe in der Augusta stets meinen zuverlässigsten Ratgeber gefunden. Nie habe ich eine wichtige Sache unternommen, ohne sie vorher anzuhören. Manchmal hat sie mein Urteil abgemildert, nur einmal hat sie es verschärft – mit Recht! Das war, als ich ihrer Meinung nach gegen erpresserische Statthalter nicht streng genug vorging. Ich wollte, die Judaeer hätten zur Kenntnis genommen, daß die Augusta vor meinem Richterstuhl in Rom in einem Streit zwischen einer judaeischen und einer alexandrinischen Gesandtschaft für die judaeische eintrat und mich veranlaßte, für diese zu entscheiden. Wie Iulia Augusta bringt auch sie den Judaeern großes Verständnis entgegen – fast könnte man von freundschaftlichen Gefühlen sprechen.

Genug davon! Über Caesars Frau soll nicht einmal Caesar selber allzu viel sprechen. Ich flehe zu den Göttern, daß sie und die Augusta Matidia mich überleben mögen.

Zur Zeit, da mich Domitianus in die Provinz Tarraconensis schickte, als Legaten praetorischen Ranges der VII. Legion *Gemina* mit Standort in Legio, ließ sich der Befehlshaber der vier obergermanischen Legionen, Lucius Antonius Saturninus, in Mo-

guntiacum zum Imperator ausrufen. Er mag sich Aulus Vitellius
zum Vorbild genommen haben. Es war ein nicht ungefährlicher
Schritt, denn zweifellos warteten Gallier und Germanen auf einen
neuen Machtkampf in Rom, auf eine Spaltung unserer Streitkräfte.
Ich erhielt den Befehl des Imperators, mit meiner Legion so rasch
wie möglich nach Germania superior zu eilen. Das war die einzige
Legion, die in Hispania stand, aber ich traf Vorsorge, Hilfstruppen
bereitzuhalten und, wenn nötig, sofort mindestens eine weitere
Legion auszuheben. Der Imperator verließ Rom mit einigen der
Praetorischen Cohorten.
Die Götter waren diesmal offensichtlich mit uns. Antonius hatte
sich nicht gescheut, die wilden Chatten gegen den Princeps und
das Vaterland zur Hilfe zu rufen. Da taute plötzlich das Eis des
Rhenus auf, und die Barbaren konnten nicht aufs linke Ufer gelangen! Ein Vorzeichen – lange ehe Boten kommen konnten – verkündete in Rom diesen Glücksfall: Ein herrlicher Adler umfaßte
eine Statue des Imperators mit den Flügeln und stieß helle Sieges-
schreie aus. Das Volk glaubte sogar herauszuhören, daß der Adler
mit menschlicher Stimme den Tod des Verräters gemeldet habe.
Manche wollten dessen Kopf, blutend und mit erloschenen Augen,
auf den Rostra des Forums gesehen haben. Das waren Menschen,
die in die Zukunft blicken konnten – denn nicht lange danach ist
dies auch wirklich geschehen!
Die Götter waren wirklich mit uns – denn nur die XIV. Legion
Martia Victrix und die XXI. *Rapax,* in ihrem gemeinsamen Win-
terlager in Moguntiacum, waren dem Aufruf von Lucius Antonius
Saturninus gefolgt und hatten ihn zum »Imperator« ausgerufen.
Die Mittel für den Aufstand beschaffte er sich aus den Legionskassen mit den Spargeldern der Soldaten.
Das hat den Imperator Domitianus bewogen, das Zusammenlegen
von zwei Legionen in einem Lager zu verbieten, künftighin durfte
kein Legionär mehr als tausend Sesterzen bei den Legionskassen
einzahlen. Die jährliche Löhnung des gemeinen Mannes erhöhte
der Imperator durch eine Zulage von drei *Aurei* um ein volles
Drittel, also auf zwölf *Aurei,* gleich tausend Sesterzen.
Die beiden anderen obergermanischen Legionen, die VIII. *Augu-*

sta in Argentorate und die XI. *Claudia* in Vindonissa, schwankten eine Weile, aber zu einer Meuterei ihrerseits kam es nicht.

Ein weiterer Glücksfall war, daß wir bei Aquae in den Decumates Agri, die der Imperator erst vor kurzem erobert hatte, eine Vorhut des Empörers abfingen, gesandt an die beiden eben genannten Legionen und mit einem genauen Aufmarschplan. Der Führer dieser Abteilung war ein blutjunger, kaum dem Knabenalter entwachsener, bildschöner Adeliger namens Iulius Calvaster. Er hatte im Stabe des Saturninus gedient, und zwar bereits als Militärtribun! – Er hoffte, bald in den Senat gelangen zu können.

Die Mannschaft begnadigten wir, ihn stellten wir vor ein Militärgericht, dessen Vorsitz ich führte. Seine Verteidigung war einmalig, aber überzeugend! Er sei doch der Geliebte des Saturninus, brachte er vor, und ihre häufigen Zusammenkünfte hätten nur Liebesspielen gedient! »Ihr habt nie über politische Dinge gesprochen?« fragte ich ihn. »Dazu hatten wir gar keine Zeit!« antwortete er ganz unbefangen, geradezu in kindlicher Unschuld! Ich mußte lachen, sprach ihn frei und reihte ihn in meine Legion ein.

Knapp vor Moguntiacum erfuhren wir, daß der getreue Lucius Appius Maximus Norbanus, der aus Pannonien eiligst herangerückt war, den Aufstand niedergeworfen und den falschen Imperator getötet hatte. Höchstes Lob verdient dieser Mann, der später als einer meiner Unterfeldherrn am Danuvius fiel, dafür, daß er alle Briefe und sonstigen Schriftstücke, die er im Besitz des Saturninus fand, sofort verbrannte – andernfalls hätte es eine Kette von Prozessen und Erpressungen geben können.

Die beiden aufständischen Legionen hätten härteste Strafen verdient, aber der Imperator begnadigte sie und nahm huldvoll ihren erneuten Treueid entgegen.

Auf meinen Rat hin hat der Imperator nunmehr die Militärbezirke in richtige Provinzen, Germania superior und Germania inferior, umgewandelt. Dann begleitete ich ihn an den Danuvius, zum Kampf gegen den Dakerkönig Dekebalus – gegen Thraker und gegen germanische Stämme, die uns bislang nahezu unbekannt waren – Quaden und Markomannen. Ein Zweig der Sueben tauchte wieder auf, jenes Volkes, das Divus Iulius über den Rhenus zurücktrieb. Auch gegen die Sarmaten, die ein ungeheures Gebiet östlich von Germania magna bewohnen und die jetzt mit den Dakern verbündet waren, mußten wir kämpfen.

In Rom hat der Senat dem Imperator zwei Triumphe zuerkannt – über die Chatten und über die Daker. Eine vergoldete Statue wurde ihm mitten auf dem Forum errichtet, und glanzvolle Spiele ungewöhnlicher Art zeigten dem Volke, daß sein Princeps es von großen Gefahren befreit hatte: Berittene und Unberittene fochten, Zwerge und Weiber, es gab ein Wettrennen von Mädchen in koischen Gewändern, trotz strömenden Regens blieb er selber bei einem Seegefecht am Tiberisufer bis zum Ende anwesend, dann gab er dem Senat und dem Volk ein nächtliches Festmahl – im Gedenken an alle Toten dieser Kriege.

Sein XV. Consulat, im Jahre 843 a. U. c., trat der Imperator zusammen mit Marcus Cocceius Nerva an, was allgemein als ein gutes Zeichen von Freundestreue und unverminderter Zuneigung über die Jahre hinweg empfunden wurde. Daß er als Censor die Sittengesetze sehr streng handhabe, etwa gegen Vestalinnen, die das Keuschheitsgelübde verletzt hatten und gegen deren Liebhaber, wirft man ihm ebenso ungerecht vor wie daß er »sich selbst in Feldlagern wilden Ausschweifungen mit Mädchen und Knaben hingegeben habe«.

Ähnliche Vorwürfe hat man auch gegen Tiberius Caesar erhoben, selbst Divus Augustus und Divus Iulius blieben von solchen Anwürfen nicht verschont, und mir werden sie auch nicht erspart bleiben. Der lüsterne Pöbel aller Stände liebt dergleichen – oder er wirft seinen Imperatoren vor, sie seien »menschenscheu« und hätten überhaupt keine Bindungen! Genauso ist es mit den Pöbelangriffen auf finanziellem Gebiete: Galba war ein »Geizhals«, weil er die zerrütteten Grundlagen des Gemeinwesens in Ordnung brachte, auch Vespasianus war »karg und geizig«, gleichzeitig aber »verschwenderisch« bei seinen Gastmählern! Lassen wir das – es lohnt sich nicht, darüber zu reden.

Im darauffolgenden Jahre erlangte ich selber zum ersten Male das Consulat, zusammen mit Marcus Acilius Glabrio, Mitglied einer unserer alten Adelsfamilien. Da die Ulpier aus dem Ritterstand hervorgingen, galt es als besondere Gunsterweisung seitens des Imperators, mir Glabrio an die Seite zu stellen.

Mein Neffe, Aelius Hadrianus, den ich nun schon lange nicht mehr gesehen hatte, besuchte mich gleich nach meinem Amtsantritt. Er war nun 15 Jahre alt, hatte sich geistig und körperlich sehr gut entwickelt, und ich konnte ihn unbesorgt aus meiner Vormundschaft entlassen. Unvergeßlich ist mir die erste Frage, die er an mich richtete: »Nicht wahr, Oheim, ich bin doch mit dir verwandt, wie Caesar Octavianus, der spätere Augustus, mit Iulius Caesar, der ihn in seinem Testament adoptierte?«

(»Da lachst du, kecker kleiner Junge – ich weiß genau, woran du denkst!«

»Caesar – denkst du nicht dasselbe?«

»Gewiß – damals war mir schon bewußt, was er im Sinn hatte.«)

»So ähnlich, aber nicht ganz«, antwortete ich. Er war der Enkel seiner Schwester Iulia Minor, du bist väterlicherseits der Enkel meiner Tante Ulpia. Aber das ist im Augenblick unwichtig. Was willst du studieren?«

»Eigentlich alles, Oheim. Besonders die griechische Geschichte und Literatur. Außerdem möchte ich auf Reisen gehen und den ganzen römischen Erdkreis kennen lernen.«)

Wie jeder Junge aus guter Familie begann er seine civile Ämterlaufbahn, ging aber bald zum Heeresdienst. Er war noch keine zwanzig Jahre alt, stand er schon als Militärtribun bei der II. Legion *Adiutrix*, dann bei der V. *Macedonica* in Moesia inferior. Alles was er anpackte, machte er tadellos, und alles scheint ihm zu glücken – damals wie heute. Doch wir wollen nicht vorgreifen. Wo waren wir stehen geblieben?

»Bei deinem Consulat, Caesar.«)

Richtig. Danach übertrug mir der Imperator als Legatus Augusti pro praetore gerade diese Provinz – Moesia inferior! Damit hatte ich Aelius wieder unter den Augen. Auch in allen Gefechten gegen fremde Eindringlinge bewährte er sich vorzüglich. Furcht schien er nicht zu kennen. Einmal bewilligte ich ihm einen längeren Urlaub, damit er Tomis an der Küste des Pontos Euxinos besuchen konnte. Dort hatte der arme Dichter Ovidius Naso jahrelang in der Verbannung gelebt – einsam, unter halben Barbaren, die schließlich sich als menschlicher erwiesen als wir Römer. Mein Neffe war schon immer ein Verehrer dieses großen Dichters, der so viel zum Ruhme Roms beigetragen hat.

Dauernd gab es Verschwörungen gegen den Imperator. Er wußte kaum mehr, auf wen er sich verlassen konnte. Das erklärt manches zu harte Urteil der späteren Jahre. Eines traf auch Glabrio, meinen Collegen im Consulat. Ich trat für ihn ein – er wurde verbannt statt hingerichtet, soll aber getötet worden sein, als er fliehen wollte. Wie Flavius Clemens, so war auch er »des judaeischen Atheismus' und judaeischer Gebräuche« beschuldigt worden.

(»Caesar – so viel man heute weiß, stand auch er den *Christianis* nahe.«

»Das ist durchaus möglich. Damals wußte man aber noch nicht, daß die *Christiani,* zum Unterschied von den Judaeern, Freunde des Römischen Reiches sind.«)

Der von allen Seiten bedrohte Imperator mag geglaubt haben, daß ein ehemaliger Consul aus so vornehmer Familie eine besondere Gefahr sein könnte, wenn er es mit den Judaeern hielte.

Wie Stammeshäuptlinge in Gallia, Britannia und Germania wiederholt gefährliche Aufstände angezettelt haben, so könnte, wie mir der Imperator selber einmal sagte, auch in Judaea etwas Ähnliches geschehen – unter der Führung eines Mannes königlichen Geschlechtes. Der Meister der *Christiani* sei ja, wie uns berichtet wurde, aus dem einstmals regierenden königlichen Stamme Davids hervorgegangen, der Jahrhunderte vor Gründung der Stadt ein mächtiges Reich beherrscht habe.

Als der Imperator hörte, daß es noch Verwandte gebe, Nachkommen des Bruders eines gewissen Josephus, des Pflegevaters des »Meisters«, ließ er sie nach Rom bringen. Aber es waren ganz arme Leute, ohne jeden Einfluß auf die ihnen feindlich gesinnten Judaeer. Daher ließ er sie frei und unbehelligt in ihre Heimat zurückkehren.

Immer konnte ich mit dem Imperator freimütig sprechen, nie bin ich darum in Gefahr geraten, wie auch dein Adoptivvater anzunehmen schien.

Während dieser Zeit hatte ich hauptsächlich mit militärischen Planungen zu tun, wie Ausbau der Straßen über die Alpen, in Germania, am unteren Danuvius, der dort Ister heißt, und mit Fragen der besseren Versorgung unserer vorgeschobenen Posten.

Aber das befriedigte mich alles nicht. Ich wollte fort aus dem ermüdenden Großstadtleben. Der Imperator bedauerte zwar, daß ich Rom zu verlassen wünschte, sei ich doch einer der wenigen, auf die er noch Vertrauen setzen könne. Aber er zeigte Verständnis für meine Bitte. Da ich seit früher Jugend in Germania fast »zu Hause« war, ernannte er mich zum Legatus Augusti pro praetore provinciae Germaniae superioris.

Nie vergesse ich, was er mir beim Abschied sagte: »Die Lage der Herrscher ist höchst beklagenswert. Wenn sie eine Verschwörung entdeckt haben, glaubt man ihnen nicht früher, als bis sie ermordet sind.«

Der bösen Vorzeichen gab es genug – Blitzschläge, zahlreicher als je zuvor, sogar auf dem Capitol und im Tempel des Flavischen Geschlechtes. Auch die Sterndeuter und die Opferpriester warnten ihn, und seine Träume waren erfüllt von Verschwörungen, Blut und Grauen.

»Aber ein Princeps«, hat er hinzugefügt, »hat sich um das Gemeinwesen zu kümmern, nicht um Vorzeichen, selbst wenn sie ihm den Tod verkünden sollten. Hat sich Divus Iulius durch Vorzeichen abhalten lassen, an den Iden des März in den Senat zu gehen?«

Ich war noch nicht lange in meinem Standlager in Moguntiacum, als ich die Nachricht von der schändlichen Ermordung des Imperators Domitianus erhielt. Wie Tiberius Caesar gehört er zu den verleumdetsten Herrschern unserer Geschichte. Vielleicht, daß ihm erst in Jahrhunderten Gerechtigkeit widerfahren wird.

Fünfzehntes Kapitel

DIE ADOPTION

Nun hatte ich den Oberbefehl über die drei obergermanischen Legionen, die VII. *Augusta* in Argentorate, die XI. *Claudia* in Vindonissa und, unmittelbar zu meiner Verfügung in Moguntiacum, die XXII. *Primigenia*. Auch unterstand mir die gesamte Verwaltung. Doch ließ ich den örtlichen Magistraten große Handlungsfreiheit – aber sie wußten, daß ich sie genau überwachte. Eine scharfe Abgrenzung der beiden germanischen Provinzen war damals noch nicht möglich. Daher war es für die Aufgaben, die ich zu erfüllen hatte, wichtig, daß mein hispanischer Landsmann Lucius Licinius Sura die I. Legion *Minervia* in Bonna befehligte und dann vom Imperator Domitianus zum Legatus Augusti für Germania inferior ernannt wurde. Wir arbeiteten als Freunde zum Wohl des Gemeinwesens schon damals eng zusammen, so blieb es bis zu seinem Tode vor wenigen Jahren. Er war ein prächtiger Soldat von überragenden Fähigkeiten und einer der gebildetsten Männer unserer Zeit. Martialis hat ihn in mehreren Epigrammen verherrlicht. Auch dein Adoptivvater war mit ihm befreundet, nicht wahr?

»Gewiß, Caesar! Ich kenne zwei Briefe an ihn. Einer handelt von einer herrlichen, eiskalten Quelle, die sich in den Larius-See ergießt, aber – warum weiß niemand! – zweimal oder dreimal am Tag zu sprudeln aufhört. In dem anderen Brief, den ich kenne, fragt er ihn, ob er an die Wirklichkeit von Geistern glaube. Einige erschreckende Geschichten, schrieb er, könne er bestätigen – eine spielt in Athen in einem verwunschenen Hause, das niemand bewohnen wollte, weil jede Nacht ein Gespenst erschien, das mit Ketten rasselte.

Nur ein Philosph namens Athenodoros zeigte keine Furcht. Er

folgte dem Gespenst in den Hof und ließ an einer Stelle, die es ihm zeigte, nachgraben. Dort lagen alte Knochen und verrostete Ketten. Als man die Knochen verbrannt hatte, erschien auch das Gespenst nicht mehr.«

»Hat er das alles selber beobachtet?«

»Ich glaube nicht, Caesar, aber vertrauenswürdige Zeugen haben es ihm erzählt.«

»Glaubst du an Gespenster, parve amice?«

»Ich weiß nicht recht, Caesar . . .«

Lassen wir das! Es gibt Menschen, die schlimmer sind als Gespenster, und die man nicht so leicht los wird. Fahren wir fort!

Größere Kämpfe gab es damals nicht. Wenn einmal ein beutelustiger Stamm losbrach – Chatten, Hermunduren oder gar Langobarden und Sachsen, die weit drinnen an beiden Ufern der Albis wohnen, richtete ich mich nach dem Ratschlag von Frontinus: Die Germanen, wie schon Divus Iulius feststellte, kämpfen nicht gerne bei abnehmendem Mond. Daher wählte ich gerade solche Tage und besiegte sie durch ihren eigenen Aberglauben.

(»Caesar, so wie die Judaeer nicht am Dies Saturni kämpfen!«

»Ganz richtig, mi amice! Daher hat der Imperator Titus gerade an einem solchen Tage zum entscheidenden Sturm auf Hierosolyma angesetzt!«)

Einen klugen Rat hatte ich auch vom Imperator Domitianus erhalten: Wenn sich die Germanen in die Wälder zurückziehen, weil sie meinen, unsere Reiterei, die sie besonders fürchten, könne ihnen dann nicht folgen, ließ ich absitzen und mit dem blanken Schwert die Verfolgung aufnehmen.

Aber meine Hauptaufgabe sah ich doch darin, mehr durch die Ausbreitung römischer Gesittung als mit den Waffen zu siegen. Die wildesten Barbaren, die noch so sehr die Freiheit ihrer Wälder preisen und so tun, als seien sie erhaben über unser »verweichlichtes Leben«, sind zutiefst beeindruckt, wenn sie unsere rhenanischen Städte sehen – Moguntiacum, Bonna, Colonia Agrippinensis und meine Colonia Ulpia Traiana, das frühere Vetera. Und mit solchen Werken werden wir auf die Dauer größere Eroberungen machen als mit den Waffen.

188

Tiefer als unsere Legionen einzudringen vermochten, verbreitet
sich in Germania magna die Kunde von den Annehmlichkeiten des
römischen Lebens: auch im strengsten Winter nicht frieren zu
müssen, weil die Häuser in den römisch-germanischen Provinzen
ihre Hypokausten haben, es zu jeder Tageszeit warme Bäder gibt –
dazu Thermen und Theater und Markthallen mit seltenen Früchten und allen Köstlichkeiten, über die in den Wäldern und strohge-
deckten Hütten dort drüben nur gemunkelt wird!
Freilich mußte man darauf achten, daß sich niemand in feindlicher
Absicht einschmuggle. An den Toren wurden den Ankömmlingen
ihre Waffen abgenommen, aber Handel treiben konnten sie alle in
voller Freiheit. Einige germanische Großhändler besaßen reichlich
römisches Gold- und Silbergeld oder verfügten sogar über Gutha-
ben bei unsern Wechselstuben. Aber auch der Tauschhandel
blühte: Felle, Bernstein, Daunen, und für unsere eitlen halb kahl-
köpfigen römischen Frauen lange, blonde Haare ehebrecherischer
Germaninnen! Kleine, struppige, zähe Pferde wurden angeboten
und nicht zuletzt junge Sklaven, oft die Söhne der Händler. Manch
einer von ihnen hat dank einem wohlhabenden römischen Freund
in der Stadt sein Glück gemacht.
Vetera, ungefähr 50 Meilen stromabwärts, lag mir besonders am
Herzen. Dort habe ich, wie man halb spöttisch, halb bewundernd
sagt, ein kleines »Germanisches Rom« gegründet. Nach dem Muster des Flavium Theatrum ließ ich ein ringförmiges Theater
bauen, mit Plätzen für 15 bis 20 000 Zuschauer. Das alte, kleine,
das Iulius Civilis zerstört hatte, ließ ich erneuern und ausbauen.
Zu den Vorstellungen lud ich nicht nur unsere Soldaten und die
ansässig gewordenen römischen Bürger ein. Mir lag daran, möglichst viele Germanen und Gallier einzuladen. Tierhetzen und
Gladiatorenkämpfe schränkte ich ein. Die Sprache, die auch Barbaren verstanden, war die Musik. Vor allem die germanische Jugend zeigte Verständnis für griechische Chöre und lautenschlagen-
de Sänger. Bald sangen viele begeistert mit, auch die griechischen
und lateinischen Texte. Ich halte diese Jugend durchaus für bil-
dungsfähig, sie ist aufgeschlossen und wißbegierig. Ich habe von
ihr einen besseren Eindruck empfangen als mein sonst hochge-

schätzter Velleius Paterculus, und auch als Cornelius Tacitus, der nie in Germania war. Auf seine Arbeit, die er mir nach Colonia Agrippinensis schickte: »Über den Ursprung und die Lage von Germania«, komme ich noch zurück.

Die Legionen in beiden germanischen Provinzen gerieten in gefährliche Unruhe, als die Nachricht von der Ermordung des Imperators Domitianus eintraf. Sie kam überraschend schnell. Das Verbrechen geschah am 15. Tage vor den Calenden des Oktober, 849 a. U. c., und schon fünf Tage später haben alle davon gewußt. Es war, als habe es einer dem anderen zugerufen oder als gäbe es wieder überall Vermittlungsstellen für Feuer- und Rauchzeichen, wie zur Zeit von Tiberius Caesar.

Mit Windeseile fanden auch die Legionen in den entfernteren Provinzen Verbindung miteinander. Die drei Legionen in *Moesia superior* waren nahe daran, gemeinsam zu meutern. Ähnlich sah es bei den zwei Legionen in *Moesia inferior* aus. Auch aus Britannia, Pannonia, Syria kamen schlimme Nachrichten.

Lucius Licinius Sura gelang es zusammen mit mir, die rhenanischen Legionen zu beruhigen. Es wußte ja auch ein jeder, daß wir niemals an einer Verschwörung gegen den Imperator Domitianus beteiligt waren.

Am bedrohlichsten war die Lage in Rom selber. Bei den Praetorischen Cohorten war der Ermordete besonders beliebt gewesen. Sie drangen auf den Senat ein, die Consecrierung zu beschließen und ihn als *Divus Domitianus* zu den Göttern zu erheben. Gleichzeitig forderten sie die Hinrichtung der Täter. Auch im Volke war der Imperator durchaus beliebt gewesen, da er viele großartige Land- und Wasserspiele gab und herrliche Bauwerke errichtete. Unter ihm war die Stadt endgültig aus den Verwüstungen der Feuersbrünste emporgestiegen, prächtiger denn je, und Tausende von Bürgern hatten Arbeit und Verdienst gefunden.

Auf dem Marsfeld war der Isis- und Serapistempel entstanden, auf dem Palatin ein neuer Palast, auf dem Capitol ein Tempel des Iupiter Custos – an der Stelle, wo ihn Priester vor den Vitellianern geschützt hatten. Auch der Castor- und Polluxtempel war eben vollendet worden, dazu ein Heiligtum der von ihm besonders verehrten Minerva. An einem neuen Forum wurde noch gebaut, als die Untat geschah.

Selbst seine Feinde müssen zugeben, daß seit den Tagen von Tiberius Caesar, dem er in vielem ähnelte, die Provinzen nicht mehr so mustergültig und von so unbestechlichen Statthaltern verwaltet worden sind.

Einige Tage war bei uns am Rhenus alles in der Schwebe. Wiederherstellung der sogenannten »alten Freiheit«, von der die Stoïker schwärmten, oder ein Machtkampf zwischen den Legaten der verschiedenen Legionen, wie nach dem Tode von Nero Caesar? Ein neuer Bürgerkrieg – zur Freude der Barbaren? Auf jeden Fall sorgten Lucius Licinius Sura und ich für äußerste Wachsamkeit. Die Posten wurden verstärkt, die Wachen wurden angewiesen, jeden Hetzer sofort dingfest zu machen, alle Verteidigungswerke wurden überprüft und verstärkt.

Endlich erreichte uns die Nachricht, daß der würdige Consular Marcus Cocceius Nerva von den Praetorianern zum Imperator ausgerufen worden sei und daß ihn der Senat sofort als Augustus, mit allen Rechten seiner Vorgänger, anerkannt habe.

Einen besseren Mann hätte man sich gar nicht denken können. Gegen ihn, hieß es, spreche nur sein Alter – er war 66 Jahre alt – und er sei kränklich. Außerdem sei er doch ein Freund des jungen Flavius Domitianus gewesen und habe noch vor kurzem, gemeinsam mit ihm, in bestem Einvernehmen das Consulat bekleidet.

Schon die ersten Amtshandlungen bewiesen, daß der neue Princeps keineswegs »greisenhaft« sei. Für besitzlose römische Bürger kaufte er Land im Wert von sechzig Millionen Sesterzen. Denn, sagte er: »Wenn Rom bestehen soll, dann muß es wieder ein starkes, freies Bauerntum geben.« Mit äußerster Strenge ging er gegen die berufsmäßigen Angeber vor. Auch *Maiestas*-Prozesse sollten nicht mehr stattfinden.

In eine gefahrvolle Lage geriet er, als Casperius Aelianus, der Praefect der Praetorianer, stürmisch die Hinrichtung aller derer forderte, die an der Ermordung des Imperators Domitianus beteiligt waren.

Bestimmt hat der neue Princeps den Mördern seines ehemaligen

Freundes keine *Sympathie* entgegengebracht. Aber zur Wahrung seines Ansehens mußte er ihrer Hinrichtung – besser gesagt: Ermordung – Widerstand leisten.

In seinem *Panegyricus*, mi amice, hat dein Adoptivvater es als eine Schmach bezeichnet, daß man dem Princeps des Römischen Volkes das Recht über Leben und Tod entriß und ihn vor aller Öffentlichkeit demütigte. Denn schließlich mußte er nachgeben, wenn das Imperium nicht in neue Bürgerkriege gestürzt werden sollte.

Aber dieses Zurückweichen vor den Praetorianern hat nur für den Augenblick seine Stellung gerettet. Schon bildeten sich neue Verschwörungen. Eine der schlimmsten war die des Calpurnius Crassus, eines Nachkommen des Caesarmörders.

Der Imperator Nerva erfuhr von der Verschwörung – dennoch lud er Crassus und dessen Gefährten zu einer Theatervorstellung ein. Sie wußten nicht, daß er über ihre Mordpläne unterrichtet war, aber vielleicht begannen sie es zu ahnen. Er gab ihnen Schwerter in die Hand, angeblich, damit sie deren Schärfe prüften! Vielleicht, daß die Verschwörer aus Achtung vor solcher Seelengröße von ihren Plänen abließen.

Unsere rhenanischen Legionen hatten sofort den Treueid auf den neuen Princeps geleistet. Nicht anders stand es mit den Legionen am Danuvius, in Pannonia, in Moesia – überall! Diese Nachrichten waren gleich nach Rom geschickt worden – nun wußte der Imperator Nerva, daß er sich auf sein Heer verlassen konnte.

Du siehst mich fragend an, mi amice! Ob ich in diesen Wochen schon damit rechnete, daß er mich adoptieren werde? Gehofft mag ich es haben – aber ich wußte, daß es andere große Befehlshaber gab, die ihm näher standen. Überdies hatte er Verwandte, und ich war doch kein Italiker!

Ich beschloß, über die Zukunft nicht weiter nachzugrübeln, sondern als Statthalter von Germania superior einfach meine Pflicht zu tun. Pläne wurden entworfen und mit ihrer Durchführung begonnen zur Verbesserung des Straßennetzes und für neue Befestigungen auf dem rechten Rheinufer. Man konnte nicht wissen, was sich noch ereignen werde. Sollte es zu einem neuen Machtkampf um das Principat kommen, könnten sich Gallier und Germanen wiederum zu Aufständen ermutigt fühlen.

Als mein Nachfolger in Germania superior war schon Lucius Iulius Ursus Servianus vorgesehen, auch er ein Hispanier, sechs Jahre älter als ich und durch seine zweite Frau, Aelia Domitia Paulina, eine Schwester meines Neffen, mit diesem verschwägert. Die Beziehungen schienen aber nicht sehr herzlicher Art zu sein. Servianus hat einmal sogar eine ernsthafte Verstimmung zwischen meinem Neffen und mir hervorgerufen. Er legte mir allerlei Unterlagen über seine Schulden vor. Lucius Licinius Sura und die Augusta Plotina haben für eine Versöhnung gesorgt. Sie wiesen mir nach, daß der größte »Aufwand« in der Errichtung eines würdigen Mausoleums für den Dichter Ovidius Naso in Tomis bestand. Das war nun wirklich eine Ehrenpflicht, und es war höchste Zeit, daß sie erfüllt wurde.

Trotz all seiner Gehässigkeiten gegen meinen Neffen schätze ich Servianus. Im ersten Dakerkrieg hat er sich bewährt, auch mein Neffe vertrug sich gut mit ihm. Aber ich werde das Gefühl nicht los, daß es zwischen den beiden nicht immer zum Besten steht. Sie sind ihrem Wesen nach zu verschieden.

(Aus einem Schreiben des Imperators Hadrianus an den jungen Plinius: »Bestimmt hat sich mein Oheim schärfer ausgedrückt, aber du, kleiner Schlaukopf, hast es abgemildert. So kann es stehenbleiben. Seine bösartige Feindschaft gegen mich hat nie nachgelassen.«)

(Randbemerkung Dio Cassius', *Magister a libellis* des Imperators Titus Aelius Hadrianus Antoninus Augustus Pius: »Gegen Ende seines Lebens war der Imperator Hadrianus sogar gezwungen, den 90jährigen Lucius Iulius Ursus Servianus und dessen Enkel hinrichten zu lassen. Sie hatten versucht, einen Aufstand anzuzetteln, aus Neid und Mißgunst, als der Imperator den Lucius Aelius Caesar adoptierte, den jung verstorbenen Vater von Lucius Caionius Commodus, den unser Imperator nun seinerseits, auf Wunsch Divi Hadriani, adoptierte.«)

Bald nach den Calenden des November brachte mir ein Eilbote das Werk des Cornelius Tacitus über die Germanen. Hast du es zur

Hand, mi amice? (»Hier ist es, Caesar!«). Eine herzliche und ehrenvolle Widmung begleitete die Sendung. Warum gerade in diesem Augenblick? fragte ich mich. Bis ich sehr schnell erkannte, was seine Beweggründe waren – er wußte nämlich schon, was sich in Rom abgespielt hatte, und es lag ihm an einem guten Einvernehmen mit mir.

Kurz danach kam ein zweiter Eilbote, der mir die Ankunft einer Abordnung des Senats ankündigte, unter der Führung des hochangesehenen früheren Consuls Titus Vestricius Spurinna. (»Den mein Adoptivvater sehr bewunderte, Caesar. Es gibt einen langen Brief von ihm über die Lebensgewohnheiten Spurinnas, die diesen auch im höheren Alter jung und kräftig erhalten haben . . .« »Unterbrich mich jetzt nicht – wir kommen zu einem entscheidenden Ereignis!«)

An den Nonen des November traf die Abordnung in Moguntiacum ein. Schon von weitem rief mir Spurinna »Ave Caesar!« zu – alle seine Begleiter fielen in den Ruf ein. Er überreichte mir ein Handschreiben des Imperators Nerva und einen kostbaren Ring mit einer Gemme des lorbeergekrönten Hauptes von Divus Augustus, den dieser einstens Tiberius Caesar geschenkt hatte. Ehe ich das Schreiben öffnen konnte, verkündete Spurinna so laut, daß es im ganzen Marmorhof des Praetoriums, wo sich Hunderte von Offizieren und Soldaten versammelt hatten, gehört wurde:

»Am 5. Tage vor den Calenden des November stieg der Imperator Nerva Augustus Germanicus in Begleitung des ganzen Senats und einer großen Schar römischer Bürger auf das Capitol. Er begab sich in den Tempel des Iupiter Capitolinus und verkündete dort vor dem Standbild des Erhabensten, Besten und Höchsten Gottes mit lauter Stimme dem Senat und dem Volk von Rom: ›Mögen Glück und Erfolg mit dem Senat, dem Römischen Volke und mit mir selber sein. Ich, Marcus Nerva, nehme hiermit Marcus Ulpius Traianus an Sohnes Statt an!‹ Er opferte dem Gotte und begab sich dann in den Senat, der dich, Ulpi Nerva Traiane, zum Caesar erhob und dir das Imperium maius über ganz Germania übertrug und dich zum Mitherrscher bestimmte, als Imperator und als *Germanicus*. Das Römische Volk, dem dein Adoptivvater

große Spiele gab, nahm mit Begeisterung von alledem Kenntnis –
so berühmt ist dein Name! Kein Widerstand regte sich, auch nicht
von seiten der praetorischen Cohorten. An alle Proconsuln, Pro-
praetoren und Legaten im ganzen Imperium sind bereits Schreiben
abgegangen.«

»Lieber wäre ich geblieben was ich bin«, antwortete ich, »aber ich
gehorche dem Willen meines Vaters, des Imperators Nerva. Ich
gelobe, dem Römischen Volke und ihm mit allen Kräften zu
dienen. Meldet dies dem Imperator, dem Senat und dem Volke von
Rom.«

Ich ließ die Abgesandten des Senats feierlich bewirten, ich sorgte
dafür, daß die Germanischen Legionen aus dem Munde von Spurinna die Nachricht von meiner Adoption erhielten. Es wurde
vermerkt, daß sein Vorfahre, der Seher und Haruspex Spurinna,
Divus Iulius vergeblich vor den Iden des März gewarnt habe. Nun
sei dieses düstere Geschehnis durch die glückliche Botschaft seines
späten Enkels gutgemacht worden.

Erst als ich allein war, öffnete ich das Schreiben meines Vaters. Es
bestätigte, was Spurinna uns mitgeteilt hatte, fügte aber den
Wunsch hinzu, ich möge, sobald ich die volle Herrschergewalt
übernommen habe, die Demütigungen rächen, die ihm, und damit
dem Römischen Volke, vom Gardepräfecten Casperius Aelianus
und dessen Gefährten zugefügt worden sei.

Ich habe dies als ein heiliges Vermächtnis empfunden!

Jene erste Nacht als Caesar, Mitherrscher und erwählter Nachfolger habe ich vor den Altären Iupiters, Iunos, Minervas und des
Hercules verbracht.

Mein Neffe Aelius Hadrianus, begleitet von Tribunen, Centurionen und Mannschaften, erschien bei mir in Moguntiacum, um mir
die Glückwünsche der beiden in *Moesia inferior* stehenden Legionen zu überbringen, seiner eigenen, der V. *Macedonica* und der I.
Italica. Deren Haltung war besonders wichtig. Zusammen mit den
drei Legionen in *Moesia superior* bildeten sie ja eine sehr ansehn-
liche Streitmacht!

In erstaunlich kurzer Zeit hatte mein Neffe es geschafft! Er und
seine Begleiter müssen Schnellruderer und Segler den Danuvius

aufwärts benützt haben, so weit er schiffbar ist. Ich versetzte ihn nach Moguntiacum, zur XXII. Legion *Primigenia,* wobei ich zum ersten Mal von den Rechten meines *Imperium maius* Gebrauch machte.

(Aus einem Schreiben des Imperators Hadrianus: »Diese Versetzung kam mir sehr gelegen, denn nun konnte ich meinem Oheim bessere Dienste leisten und ihn von meinen Fähigkeiten, auch auf politischer Ebene, überzeugen. Allerdings hatte ich auch meine Aufgaben an der Küste des Pontos Euxinos geschätzt. Einmal war ich sogar bis zur großen Halbinsel im Norden dieses Meeres gekommen, das fast wie ein Binnensee wirkt. Die griechischen Völkerschaften dort oben sind unserm Schutze anvertraut.«)

Unmittelbar nach meiner Adoption habe ich mein Amt als Legatus Augusti für Germania superior dem Lucius Iulius Ursus Servianus übergeben. Gleichzeitig versuchte ich, ihn mit seinem Schwager zu versöhnen, meinem Neffen Hadrianus!

(Aus einem Schreiben des Imperators Hadrianus an den jungen Plinius: »Eine sehr oberflächliche Versöhnung. Er wie ich gingen nur darauf ein, um den Imperator Traianus nicht zu verstimmen. Mein treuer Freund und Berater, Lucius Licinius Sura und Pompeia Plotina rieten mir zu kluger Zurückhaltung.«)

Damit hatte ich nun die sechs rhenanischen Legionen fest in der Hand. Eine weitere wichtige Botschaft noch vor Jahresende teilte mir mit, daß ich das zweite Consulat erhalten habe, neben dem Imperator Nerva Caesar Augustus Germanicus. Die Fasti bezeichnen mich als »Imperator Caesar Nerva Traianus Germanicus.« Suffect Consuln waren Sextus Iulius Frontinus, Lucius Iulius Ursus Servianus und Titus Vestricius Spurinna – ein jeder für einige Monate. Außerdem erhielt ich die Bestätigung, daß ich die Tribunicia potestas erhalten habe. So konnte ich nach den Calenden des Januarius diesem so wichtigen und ehrenvollen Amte bereits II hinzufügen!

Da ich also nun das Imperium maius besaß und ganz Germania meiner militärischen und politischen Führung unterstand, habe ich mich in den letzten Wochen dieses so ereignisreichen Jahres ernsthaft an das Studium des Werkes über die Germanen herangemacht,

Büste von M. Ulpius Traianus (98–117 n. Chr.) mit Bürgerkrone und Ägis. Marmor. München, Glyptothek.

Pompeia Plotina, Gemahlin des Traianus. Marmor. München, Glyptothek.

So *etwa*, meint der Autor, könnte der »junge Plinius«, der *parvus puer* des Buches, ausgesehen haben, dem Traianus seine Erinnerungen diktiert. »Lüttinger Knabe« – gefunden im Rhein bei Xanten. Um 130 n. Chr. Bronze. Regionalmuseum, Xanten.

Oder so! *Jünglingskopf mit Siegerbinde. Römische Nachahmung im klassischen Stil des 5. Jh. v. Chr.; um Christi Geburt. Bronze. München, Glyptothek.*

Alexander der Große. Marmor. München, Glyptothek.

Augustus mit der Bürgerkrone. 2. Viertel 1. Jh. n. Chr. Marmor. München, Glyptothek.

*Titusbogen Rom. Dur_
gangsrelief. Triumph_
des Titus nach der Z_
störung Jerusale_*

*Grabstein des Marcus
Caelius, Hauptmann der
18. Legion, der in der
Varusschlacht 9 n. Chr. fiel.
Regionalmuseum Xanten.*

*Titusbogen Rom. D_
gangsrelief. Der erbe_
siebenarmige Leuchter_
im Triumphzug n_
tr_*

*Grabmal eines Reiter-
soldaten. Fundort Köln.
Mitte 1. Jh. n. Chr. Kalkstein. Köln, Römisch-
Germanisches Museum.*

Büste eines unbekannten Römers. Frühes 2. Jh. n. Chr. Marmor. München, Glyptothek.

Traianus. Marmorbüste.

Traiansbogen in Benevent. Stadtseite.

Traianssäule Rom. Detail.

P. Aelius Hadrianus (117–138 n. Chr.), von Traianus erzogen und von ihm adoptiert. Marmorbüste Rom, Conservatorenpalast.

das mir Cornelius Tacitus geschickt hatte. Erst jetzt las ich auch genauer ein mitgesandtes Begleitschreiben. Nun kannte ich seine Absichten ganz genau:

Es war eine Mahnung, die Eroberung Germanias, die Tiberius Caesar durch die Abberufung seines Neffen Germanicus aufgegeben hatte, ernsthaft in Angriff zu nehmen. In einem vertraulichen Begleitschreiben hieß es: »Gewiß war der Verlust der drei Varus-Legionen, der XVII., XVIII. und XIX. sehr schmerzlich, und auch die Verluste, die Germanicus, sein Heer und seine Flotte erlitten, waren nicht leichtzunehmen. Dennoch versteht man nicht, daß zwei so große Herrscher wie Divus Augustus und Tiberius Caesar darob auf die Albisgrenze verzichtet haben! Ja, nicht einmal diese entspräche den Bedürfnissen des Imperiums. Die Adler müßten bis zum Mare Suebicum und bis zu den großen Strömen, der Viadua und der Vistula gelangen, wenn nicht nocht weiter . . .

(»Noch weiter, Caesar? Bis zu den ›schmutzigen, faulen Stämmen - bis zu den häßlichen Sarmaten‹ und den Fenni, die wie Tiere von Kindheit an unter Erd- und Blätterhaufen leben? Oder gar bis zu den Hellusiern und Oxionen, die, was er für möglich hält, zwar Köpfe und Gesichter wie Menschen, aber Körper und Gliedmaßen wie wilde Tiere haben?«

»Ich sehe, parve amice, du hast ›die Germania‹ gut gelesen!«

»Das hattest du mir doch aufgetragen, Caesar. Übrigens stammt nicht alles von ihm. Manche der besten Stellen hat er Divi Iuli ›De bello Gallico‹ entnommen, andere dem Livius und neuere dem Werke des Oheims und Adoptivvaters meines Adoptivvaters, den ›Bella Germaniae‹.«

»Die waren bestimmt zuverlässiger, denn so viel ich weiß, hat dein Adoptivgroßvater solche Kriege mitgemacht. In meinem Praetorium in Castra Vetera hat man erst unlängst eine Inschrift mit seinem Namen gefunden. Aber das Werk ist kaum noch zu haben. Vielleicht, daß nur Tacitus noch einige Rollen besitzt.«)

Immerhin – seine »Germania« war doch recht nützlich. Ich lernte daraus die verschiedenen Stämme und ihre Eigenarten kennen – manche, die von Königen beherrscht werden und andere, denen der Königsname so verhaßt ist wie uns Römern. Bekanntlich ist

Divus Iulius ermordet worden, weil er sich zum König machen wollte – und in Germania haben die eigenen Verwandten ihren in keinem Kriege besiegten Cheruskerhäuptling Arminius, der unsere drei Legionen vernichtet hatte, getötet, als er die Königswürde annahm!

Ich meine, der alte Heuchler hat seine »Germania« auch geschrieben, um uns ein sittenreines Volk vor Augen zu führen – keusch, ohne Ehebrecher, ohne verderbliche Schauspiele, mit tugendsamen Frauen, starken, schönen, aber unverdorbenen Knaben, kriegstüchtigen Männern einfachster Lebensweise und darum so stark – alles im Gegensatz zu seinem Vaterland, das er für durch und durch verderbt hält, dessen angenehmes, neuzeitliches Leben er aber überaus zu schätzen weiß. Hat er sich doch sofort zum Consul wählen lassen, kaum daß Nerva Princeps wurde!

Der Götterglauben der Germanen, wie Tacitus ihn schildert, scheint mir dem der Judaeer ähnlich zu sein. Beide Völker sind der Meinung, daß die »göttliche Erhabenheit es verbiete, die Gottheit in Mauern einzuschließen und sie in menschlicher Gestalt darzustellen.«

Schon Pompeius Magnus, als er das Innerste des Tempels von Hierosolyma betrat, und nach ihm Divus Titus konnten feststellen, daß nichts darinnen sei als ein nackter Stein!

(»Caesar – gehört nicht auch bei uns in Rom der Schwarze Stein, beim Marstempel, zu unsern Heiligtümern, und werden bei ihm nicht sogar feierliche Eide geschworen?«

»Das ist ein Stein, der vom Himmel gefallen ist.«

»Vielleicht fiel auch der in Hierosolyma vom Himmel, Caesar?«

»Unterbrich mich nicht!«)

Wie die germanischen Götter wirklich heißen, weiß Tacitus wohl selber nicht. Bestimmt nicht Isis, die vom Nil stammt, oder Mars, Hercules und Mercur. Daß Odysseus auf seinen Wanderungen zum Rhenus gekommen sein soll, halte ich für möglich. Denn Zeit hatte er genug dafür – zehn Jahre, bis er endlich nach Hause kam. Ob man wirklich griechische Inschriften an der Grenze zwischen Germania superior und Raetia findet, konnte ich nicht feststellen. Ich habe mich streng gehütet, einheimische Heiligtümer zu zerstö-

ren – dadurch macht man sich ein Volk zum unversöhnlichen
Gegner. Ich habe manche germanische Kultstätten sogar erneuern
und schmücken lassen. Da gibt es wenige Meilen südlich von
Bonna eine kleine Siedlung. Dort auf hochragendem Felsen steht
eine germanische Götterburg. Tacitus schreibt, die sei dem »Mer-
curius« geweiht. Ich habe sie vor dem Verfall bewahrt, und seitdem wird dort täglich für das Imperium und den Imperator ein
Opfer dargebracht. Der Name der Himmlischen ist Nebensache.
Unter den verschiedensten Namen werden in der ganzen Welt die
gleichen überirdischen Mächte angerufen.
Tacitus meint, die Germanen seien gefährlicher als die Punier und
Parther, weil sie noch viele der Tugenden besäßen, die wir verloren
haben. Das mag stimmen – aber was sollen wir tun? Auch unsere
Lebensart hat ihre Vorteile – und vielleicht mag es eines Tages
einen Ausgleich zwischen ihren und unsern Sitten geben. Jedenfalls können wir ihnen nicht mit dem Schwert in der Hand bis nach
Sinae nachlaufen, dem Seidenland.
Manche unserer Legionen haben bereits germanische Mannschaften, sogar Centurionen. In Raetia und Noricum macht man mit
einheimischen Magistraten gute Erfahrungen. In Rom selber hat
sich bereits zur Zeit von Tiberius Caesar die germanische Leibwache bewährt.
(»Caesar – wäre es möglich, daß die Germanen eines Tages das
römische Reich übernehmen, wie wir die griechische Welt über-
nahmen, die uns früher an Gesittung und Bildung so überlegen
war, wie wir heute gegenüber den Germanen?«
»Was ist ›unmöglich‹, parve amice? Aber jetzt darüber nachzuden-
ken, wäre verfrüht.«)
Es gibt bei Tacitus eine Stelle, die ich ebenso dumm wie abscheulich finde. Diese hier – lies sie mir vor!
»Das Kapitel, in dem er seine Freude ausdrückt, daß der germanische Stamm der Bructerer durch seine Nachbarn nahezu ausgelöscht wurde?«
»Genau das meine ich! Wie heißt es da?«
» ›Wir wollen froh sein über eine solche Metzelei. Mehr als 60 000
Germanen fielen, nicht durch römische Schwerter und Lanzen.

Mögen die Germanen, flehe ich zu den Göttern, nur so weitermachen. Wenn sie uns nicht lieben, sollen sie wenigstens einander hassen. Die Uneinigkeit unserer Feinde ist das größte Göttergeschenk für das Imperium.‹«

»Abscheulich und dumm.« Was wäre aus unseren schönen gallischen Provinzen geworden, wenn Divus Iulius, Divus Augustus und ihre Nachfolger so gedacht und gehandelt hätten? Ja, aus meinem heimatlichen Hispania, hätten die Scipionen und die anderen römischen Feldherrn als oberstes Ziel nur die Vernichtung des Volkes durch Bruderkämpfe gekannt? Ich sprach von der berechtigten Abberufung Agricolas aus Britannia, der dort oftmals gehandelt hat, als nehme er die Ansichten seines Schwiegersohnes zur Richtschnur.

Wenn jener Calgatus nicht recht behalten soll, dann muß das Imperium eine Gemeinschaft freier Völker werden, zusammengehalten durch Recht, Sitte und eine gemeinsame Verteidigung gegen äußere Feinde. Aber lassen wir das jetzt, mi amice, und wenden wir uns wieder den Ereignissen jenes Jahre zu. Es ging nicht zu Ende, ohne daß ich einen schmerzlichen Verlust erlitt. Mein leiblicher Vater, Marcus Ulpius Traianus, dem ich so viel verdanke, wurde von uns genommen. Meine Schwester und meine Gattin haben nicht minder um ihn getrauert als ich. Daß der Imperator ihm ein ehrenvolles Begräbnis auf Kosten des Gemeinwesens bewilligte, hat bei den Schatten sicherlich für ihn gesprochen. Er hatte zuletzt hohe priesterliche Ämter inne, die ihm erlaubten, durch den Schleier der stofflichen Welt in das Reich des Geistes hineinzublicken.

Zehn Jahre danach habe ich ihn auf Bitten des Senats und des Römischen Volkes consecriert. Als Divus Traianus Pater wird sein Andenken jetzt öffentlich geehrt.

Dabei denke ich an die skeptischen Worte von Divus Titus ...

»wenn die verstorbenen Imperatoren nun wirklich göttlich sind und Macht besitzen ... « Ich glaube also nicht, daß wir Götter »machen« können – denn diese stehen über uns und nicht wir über ihnen. Einen edlen Verstorbenen zu consecrieren und ihn Divus zu nennen – oder Diva, wie meine geliebte Schwester Ulpia Marciana, und schon früher Diva Iulia, die Gemahlin von Divus Augustus –, kann also nur bedeuten: Wir, die wir noch leben, wollen auch öffentlich ihr Andenken ehren und sie anderen zur Nachahmung empfehlen.

(»Die *Christiani*, Caesar, nennen, wie ich dir schon berichtete, ihre verehrungswürdigen Toten ›Sanctus‹ oder ›Sancta‹. Wenn sie für den Glauben an ihren ›Meister‹ starben, werden sie ›Märtyrer‹ genannt. Ich erfahre das alles, weil ich, wie ich dir sicher schon sagte, Freunde unter den *Christianis* habe.«)

Dieses schicksalsschwere Jahr haben wir mit den Saturnalien beendet – in vielen großen Städten unserer Provinzen, in Colonia Agrippinensis, in Vetera, in Bonna, in Moguntiacum, in Agentorate. Nach Aquae habe ich viele unserer kranken oder ruhebedürftigen Offiziere und Soldaten in die dortigen Heilbäder geschickt. Zu den Saturnalien ließ ich auch Germanen zu. Am meisten beeindruckte sie, daß an diesen Tagen die Sklaven frei sind. Man erklärte ihnen: Wenngleich die Sklaverei heute noch nötig sei, so stelle sie doch einen naturwidrigen Zustand dar, wie schon Platon lehrte, und eines Tages werde sie ganz verschwinden.

Mithras, über den wir schon sprachen, ist bei den Legionen heimisch geworden. Das konnte ich an seinem Geburtstag feststellen, vier Tage nach der Sonnenwende. Ich habe diesen achten Tag vor den Calenden des Januarius zu einem öffentlichen Feiertag erklärt, um allen Anhängern dieses Kultes die Möglichkeit zu geben, an den Opferhandlungen teilzunehmen. Man kann verstehen, warum sich gerade bei den Legionen seine Verehrung so ausbreitet: Verheißt er doch, der Lichtbringer, die Unsterblichkeit! Schon während meiner Statthalterschaft gab es den Rhenus entlang mindestens zwölf Mithraeen. Inzwischen ist die Zahl bestimmt weiter angestiegen. Neue große Heiligtümer wurden unlängst mitten in unseren Legionslagern in Britannia errichtet, in Londinium und Eburacum. Auch viele Briten nehmen an den Feiern teil.

Ich habe auch dafür gesorgt, daß auf Capri die große Mithrashöhle, in der Tiberius Caesar dem Lichtgott Opfer brachte, wieder würdig instandgesetzt werde.

(»Caesar, darf ich kurz unterbrechen? Hat man dir berichtet, was sich im Hause des Flavius Clemens und seiner Gattin Sancta Domitilla, wie die *Christiani* sie nennen, abspielt? Da hat man jetzt entdeckt, daß neben dem Mithraeum, ganz tief unter der Erde, in dem eine geheimnisvolle Quelle rauscht, ein Versammlungsort der *Christiani* war. Es bestätigt sich demnach, was du schon immer vermutet hast – nicht den Judaeern stand das Ehepaar, das dem Imperator Domitianus verwandt war, nahe! Er sei ein Blutzeuge ihres Glaubens, sagen die *Christiani* und verehren ihn jetzt als Sanctus Flavius Clemens. Als Zeit seines Todes gilt der Tag nach der Sommersonnenwende.«

»Und das große Mithraeum – was weißt du darüber?«

»Nur, daß eine schöne Jünglingsstatue darinnen ist – man sagt, es sei der junge Nero Caesar. Aber um offen zu sprechen, Caesar – ich habe mit dem Mithraskult eigentlich nichts mehr zu tun.«)

Am letzten Tag des Jahres hatten sich meine Legionslegaten, Tribunen, Centurionen und die Bürger von Colonia Agrippinensis etwas Besonderes für mich ausgedacht: Hunderte von Schiffen befuhren den Rhenus, und als es dunkel wurde, flammte es auf – auf dem ganzen breiten Strom und die Ufer entlang. Der Rhenus verwandelte sich in ein Band von strömendem Feuer – Flammen der Freude und der Zukunftsverheißung, nicht des Untergangs!

Als wir nach Bonna kamen, sah ich, daß auch das hochgelegene germanische Heiligtum festlich beleuchtet war. Einer seiner Priester kam zu mir auf das Schiff, um mich zu begrüßen. Der Name *Germanicus*, den ich trage, sagte er, sei für sein Volk nicht Sinnbild eines Unterjochers, sondern einer jahrelangen Verbundenheit, die zu gegenseitiger Achtung geführt habe.

In Colonia Agrippinensis kam unser höchster Opferschauer zu mir – in der letzten Stunde, ehe an den Calenden des Ianuarius die neuen Consuln, darunter ich selber, ihr Amt antraten. Er berichtete, daß alle Vorzeichen glückverheißend seien, für das Imperium und für den »Caesar Traianus«, dem bereits in diesem Ianuarius des Jahres 851 a. U. c. die große Schicksalswende bevorstehe.

Ich habe dieses Jahr mit Opfern an die Götter begonnen und meiner Danksagung an meinen leiblichen Vater und an den, der mich an Sohnes Statt annahm.

V.
Optimus Princeps

Sechzehntes Kapitel

TRAIANUS – IMPERATOR UND PRINCEPS

Der Imperator Hadrianus an den jungen Plinius
Ich übersende dir einige meiner Aufzeichnungen. Vielleicht kannst du sie an geeigneter Stelle in den Lebensbericht, an dem du arbeitest, einfügen. Am besten beginnst du damit den neuen, entscheidenden Abschnitt im Werdegang des Imperators Traianus. Ich erwarte deine Antwort, carissime Secunde.

Der junge Plinius an den Imperator Hadrianus
Domine et Imperator Sanctissime,
ich danke dir für deine große Hilfe. Wie du es wünschtest, stelle ich deine Aufzeichnungen an den Anfang des neuen Lebensabschnitts. Ich habe sie hie und da ein wenig gestrafft, manchmal auch gekürzt, und nun bitte ich dich um die Erlaubnis, sie in dieser Weise veröffentlichen zu dürfen.

Der Imperator Hadrianus an den jungen Plinius
Nie zuvor, carissime puer, hat jemand gewagt, etwas, was ich geschrieben habe, auch nur in einem einzigen Wort zu ändern, gar es zu kürzen. Aber du hast recht, frecher, kleiner Junge. Meine Aufzeichnungen waren zu lang, und so erlaube ich dir, sie in der neuen Fassung zu veröffentlichen. Aber unterstehe dich, noch einmal so etwas zu tun! Jedoch, wie ich dich kenne, wird dich diese Warnung nicht davon abhalten – gerade darum bin ich dir wohlgesonnen. Si vales, valeo.
Es folgen nun die Aufzeichnungen des Imperators Aelius Hadrianus aus dem Jahre 851 a. U. c.:
Als mich mein Oheim zur XXII. Legion *Primigenia* in Moguntiacum versetzte, um mich, seinen nächsten männlichen Verwandten,

in der Nähe zu haben, hat er sicherlich auch an die »Versöhnung«
mit meinem Schwager gedacht, wovon ich schon einmal sprach.
Zum Glück hatte mir mein Oheim kraft seines Imperium maius
auch das Recht gegeben, mich von der Legion zu entfernen – bei
wichtigen Anlässen, ohne jedesmal meinen Schwager um Erlaubnis bitten zu müssen. So bin ich öfters aufs andere Ufer des
Stromes gefahren, habe dort den Ausbau von Castellum Mattiaco-
rum überwacht, da, wo der Moenus in den Rhenus mündet.
Manchmal ging ich zu den heißen Heilbädern von Aquae Mattia-
corum, wo viele unserer Invaliden und erholungsbedürftigen Offiziere und Mannschaften untergebracht waren. Über all dies berichtete ich unmittelbar an meinen Oheim, was mich bei meinem
Schwager nicht beliebter machte.
Am meisten schien ihn die gute Kameradschaft zu stören, die mich
mit der Truppe verband, bei meiner Legion und an den Heilquellen. Das sagte er nicht offen – vielmehr erklärte er, ein so begabter
junger Mann – ich war damals 22 Jahre alt, hatte aber doch schon
allerlei Kampferfahrungen in Moesia inferior gesammelt! – dürfe
nicht im gewöhnlichen Truppendienst verbraucht werden, in einem Legionslager und in einer Provinzstadt, wo doch eigentlich
nichts los sei.
Stattdessen solle ich das wichtige Amt des Nachrichtenoffiziers
übernehmen. Er wies mir Räume an, wo aus Rom und aus ganz
Germania täglich irgendwelche Nachrichten oder Meldungen eintrafen. Diese solle ich sammeln und die wichtigsten ihm jeden
Abend vorlegen. Einen größeren Gefallen hätte er mir gar nicht
erweisen können!
Mein Schwager blieb oft bis tief in die Nacht auf, man konnte es
ihm demnach nicht verargen, wenn er erst am späten Vormittag
seinen Dienst antrat. Ich hingegen bin von Kindheit an ein Früh-
aufsteher. Ich liebe die Sonnenaufgänge, und hier im germanischen
Winter, hinter dem eistreibenden Strom, fand ich dies Schauspiel
besonders eindrucksvoll. Woher mag Helios kommen – welche
Völker mag er gesehen haben, ehe er die Grenzen der gesitteten
Menschheit erreicht?
So kam es, daß mein Schwager den Eilboten nicht sah, der am

frühen Morgen eines der ersten Tage im Februar bei mir eintraf. Er war todmüde, er war die ganze Nacht hindurch geritten – ich half ihm vom Pferde, nahm seine Kuriertasche in Empfang und befahl ihm, niemandem von seinem Auftrag Kenntnis zu geben.

Schon seit einiger Zeit war über den Gesundheitszustand des Imperators Nerva allerlei gemunkelt worden, und so war die Botschaft, die der Mann gebracht hatte, genau das, was ich erwartet hatte: Das Ende dieses edlen Herrschers war sehr rasch gekommen – er brach zusammen, als er eine Rede vor dem Senat beendet und diesem nochmals seinen Adoptivsohn Traianus empfohlen hatte. Das war am sechsten Tag vor den Calenden des Februarius. Schon am nächsten Tage bestätigte der Senat die Nachfolgeschaft mit allen Rechten des Herrschertums und verlieh dem neuen Princeps auch den Namen *Augustus*.

Ich war der erste und bislang der einzige, der in Germania darum wußte, und mir lag daran, vor allen anderen diese Freudenbotschaft meinem Oheim zu überbringen. Fieberhaft machte ich mich fertig, um zu ihm, der sich gerade in Colonia Agrippinensis aufhielt, zu eilen – gleich, mit welchem Reisemittel. Als sich mein Schwager erhob und nach seinem Bad rief, meldete ich mich bei ihm, und ohne eigens um Urlaub zu bitten, sagte ich, daß ich innerhalb der nächsten Stunde nach Colonia Agrippinensis reisen würde. Ob er mir eine Botschaft für den Princeps Traianus mitgeben wolle? Bestimmt könne ich ihn doch der vollen Treue und Unterstützung von ganz Germania superior versichern?

Es war ihm offensichtlich höchst zuwider, was ich vorhatte, sicherlich auch, weil es die Verstimmung des Princeps gegen mich endgültig beilegen würde. Und er hatte doch *so* hart daran gearbeitet, sie herbeizuführen! Verbieten konnte er mir die Fahrt nicht – sie war durch meine Rechte unter dem Imperium maius gedeckt. Aber er versuchte allerlei Schwierigkeiten zu machen: Erst müsse man doch noch genauere Nachrichten aus Rom abwarten, und jetzt mitten im Winter – der Eisgang verhindere eine Flußfahrt, und auch die Straße sei teilweise durch Schnee und Eisblöcke . . . und dergleichen mehr. Einen Wagen habe er zur Zeit auch nicht zur Verfügung für mich.

Da sagte ich, dann würde ich mir im Ort, bei einem Fuhrunternehmer, deren es mehrere gebe, einen ausleihen und bat, mich nunmehr verabschieden zu dürfen. »Das macht einen schlechten Eindruck, wenn du in einem Mietwagen kommst«, sagte er, verließ das Zimmer, um nach wenigen Augenblicken zurückzukommen – freundlich lächelnd . . . Alles sei in Ordnung, es gäbe doch noch ein Gefährt, ein zweirädriges, das eben aus der Werkstatt gekommen sei. Es habe einen eigenen Lenkersitz. Einer seiner zuverlässigsten Leute werde mich fahren. Da ich im Namen des Princeps reise, stünden mir ja auch alle Umspannstationen und Mansionen zur Verfügung.

Es war schon gegen Mittag, als ich losfuhr. Wir kamen also nicht ganz bis Confluentes, wo die Mosella in den Rhenus mündet. Am nächsten Tag verließen wir bei Rigomagus die Provinz Germania superior und näherten uns Bonna.

Gefallen hatte mir der Kutscher von Anfang an nicht. Er machte mir einen teils mürrischen, teils hinterhältigen Eindruck. Mit Wagen und Pferden schien er nicht umgehen zu können. Mehrmals fuhr er auf vereiste Stellen auf, so daß wir fast umwarfen. Bonna ist nur hundert Meilen von Moguntiacum entfernt, ich sagte dem Mann, ich wolle dort übernachten und am nächsten Morgen die restlichen fünfzehn oder achtzehn Meilen nach Colonia Agrippinensis zurücklegen.

Aber da geschah es auch schon: Mit lautem Krach fuhr er auf einen Eisblock auf, eines der Pferde sank in die Knie, das rechte Rad meines Gefährts splitterte. An ein Weiterkommen war nicht zu denken. Ein Verdacht blitzte in mir auf: Hatte er, auf Grund eines Befehls, diesen Unfall absichtlich herbeigeführt? Fragen konnte ich nicht – ich durfte doch den Statthalter von Germania superior nicht in ein schiefes Licht bringen.

Ich hielt einen Ochsenkarren an und gelangte durchgerüttelt und verfroren nach Bonna. Ein recht nettes Städtchen, in der Mitte ein schöner Tempel der Venus Genetrix, der Stamm-Mutter des Iulischen Hauses.

Vom Tribunen vom Dienst ließ ich mir zwei Legionäre der 1. Legion *Minervia* geben und setzte noch am Abend zu Fuß den

Weg fort. Zum Glück war ich schon immer ein guter Fußgänger, und die beiden jungen Burschen waren starke Germanen, auf die man sich verlassen konnte. Mit Fackeln leuchteten sie mir voran. So konnte ich im ersten Morgengrauen Colonia Agrippinensis erreichen.

Die Wachen wollten mich nicht zum Princeps durchlassen. Ich schrie sie an: »Er ist jetzt unser Imperator, ich bin sein Neffe und bringe ihm diese Nachricht!« Sofort grüßten sie achtungsvoll. Ich betrat das Schlafgemach des neuen Herrn des Erdkreises. Durch den Lärm war er halb erwacht. Mit lauter Stimme rief ich: »Ave Imperator Auguste – Ave Romani Populi Princeps!« und dann: »Ave Imperator Sanctissime. Ave Domine Orbis Terrarum!«

Noch ehe die Wintersonne über dem Rhenus emporstieg, eingehüllt in rötliche Wolken herannahenden Schnees, stand der Imperator lorbeergekrönt in golddurchwirkter Purpurtoga vor den Legaten, Tribunen und Centurionen und mehreren Cohorten der rhenanischen Legionen und nahm den Treueid entgegen. Auch eine stetig anschwellende Menge römischer Bürger und gallischer und germanischer Einwohner hatte sich zusammengefunden – sie jubelten dem neuen Princeps begeistert zu.

Er rief mich zu sich auf die Rostra, und ich überbrachte ihm dort die Huldigung des Statthalters von Germania superior und der obergermanischen Legionen. Ich fühlte mich auch berechtigt, im Namen der beiden Legionen von Moesia inferior zu sprechen. Ich fügte hinzu, daß mich die drei Legionen von Moesia superior gleichfalls ermächtigt hätten – schon als sie mich absandten, um zur Adoption Glück zu wünschen –, ihm ihre unbedingte Treue zuzusagen.

Der Imperator umarmte und küßte mich vor allem Volke. Ich durfte an seiner Seite zum Tempel des Iupiter Optimus Maximus und des Divus Augustus gehen, ganz nahe am Rhenus-Ufer. Dort brachte er die Dankopfer dar und gelobte, stets zum Wohle des Römischen Volkes wirken und Gerechtigkeit gegen jedermann üben zu wollen.

Am Abend des gleichen Tages gab der Imperator an vielen Tischen ein Gastmahl für Zehntausende von Soldaten und für die Vertreter der römischen Behörden und des Volkes. Auch aus dem rechts des Rhenus gelegenen Städtchen Divitia und von den Gehöften ringsum waren ganze Scharen treuer Menschen gekommen.

In den nächsten Tagen fand auf Veranlassung des Statthalters von Germania inferior, Iulius Licinius Suri, in den Ebenen des Rhenus eine herrliche Schau unserer Legionen statt. Auch aus der Provinz Belgica kamen sie, insgesamt wohl an fünfzigtausend, um dem Imperator Treue zu schwören. Man muß es den Germanen hoch anrechnen, daß sie diese Gelegenheit, da die Rhenus-Front nahezu unverteidigt war, nicht zu einem Angriff benutzten. Sie haben sich als gesitteter erwiesen als seinerzeit Germanicus, der den friedlichen Stamm der Marsen überfiel, als sie ein Fest feierten und sorglos auf ihrem Lager ausgestreckt waren. Kein Weib wurde geschont, kein Greis, kein Kind. Damals hat er auch das Heiligtum der Göttin Tanfana in Brand gesteckt, die von allen germanischen Stämmen verehrt wird. Dieser »Heldentat« hat er sich auch noch gerühmt!

Wieder stand der Rhenus in Flammen – mit riesigen Fackeln und Kübeln brennenden Pechs. Sura muß diese nächtliche Feier lange vorausgesehen und vorbereitet haben. Wohlverpackt in Seidenstoffe hatte er sich über India mit großen Kosten aus dem fernen Sinae Feuerwerkskörper kommen lassen. Manche schossen hunderte von Fuß in den nachtdunklen Himmel, dann öffneten sie sich wie eine leuchtende Pinie in zahllose Äste und ließen einen Regen von bunten, grell blitzenden Sternen fallen. Andere erhoben sich nur mannshoch, strahlten aber ein so starkes Licht aus, weiß, rot, grün, daß beide Ufer davon überflutet wurden. Wiederum andere versprühten Flammen wie ein berstender Vulkan – dann gab es einen betäubenden Donnerschlag, den die Hügel auf beiden Seiten des Stroms hundertfach zurückwarfen.

Zum Abschluß und als Höhepunkt erschien mitten im eistreibenden Strom auf einer an den Ufern mit Ketten befestigten Barke das Bild des Tempels des Capitolinischen Iupiter und davor, lorbeergekrönt, im roten Feldherrnmantel, der neue Imperator!

Wie ich es vorausgesehen hatte: Dem Überbringer einer solchen Nachricht, von der die Jahrhunderte noch sprechen werden, kann man nicht länger zürnen. Ich erfuhr auch, daß Sura und die Augusta Plotina für mich ein gutes Wort eingelegt hatten. Sie wollte auch dafür sorgen, daß die Gehässigkeiten meines Schwagers eingestellt würden. Gelungen ist es ihr nicht, nur war er von da an vorsichtiger. Diese Frau gehört zweifellos zu den hervorragenden Gestalten unserer Geschichte. Obgleich wir im Alter nicht sehr weit auseinander waren, bestand doch zwischen uns ein schönes Mutter-Sohn-Verhältnis. Ihr hatten die Götter eigene Kinder versagt, und ich hatte meine Mutter frühzeitig verloren.

Nach diesen Feiern kehrte ich zu meiner Legion in Moguntiacum zurück, vermied, so viel ich konnte, meinen Schwager zu sehen und wartete auf neue Aufträge seitens des Imperators, meines Oheims.

(Soweit die zur Veröffentlichung freigegebenen Aufzeichnungen des Imperators Aelius Hadrianus. Eine weitere Stelle fand sich in den geheimen Tagebüchern des jungen Plinius:
»Hier will ich auch schon das abscheuliche Geschwätz zurückweisen, daß die Gunst der Augusta auf einem Liebesverhältnis mit mir beruhte. Als ich erfuhr, daß auch Suetonius plane, eine *Vita Plotinae* zu schreiben, in der er dergleichen behaupten würde, habe ich ihn aus meinem Dienst gejagt und ihm einen *Maiestas*-Prozeß angedroht. Hierauf hat er seine Herrscherbiographien ›De vita Caesarum‹ nur bis zum Tode des Imperators Domitianus veröffentlicht und alles Spätere vernichtet.
Als Zeichen seiner Zuneigung hat mir mein Oheim bald nach dem Antritt seines Principats seine Großnichte, Vibia Sabina, zur Frau gegeben. Nicht, wie böse Zungen behaupteten, um mein Leben besser beobachten zu können, sondern um eine engere Verbindung zwischen uns herzustellen.«
Auch die Abschrift eines Briefes des jungen Plinius hat sich gefunden: »Domine et Imperator Sanctissime, der ›kleine, vorlaute Junge‹ hat sich erlaubt, diese Stellen fortzulassen, und er bittet im Nachhinein um dein Verständnis und deine Vergebung. Die Augusta, nunmehr Diva Plotina, und der Princeps des Römischen Volkes stehen so hoch, daß verleumderisches Geschwätz nicht

einmal bis zur ihren Fußknöcheln reicht. Auf solche Anwürfe einzugehen, erwiese dem lüsternen Pöbel viel zu viel Ehre und könnte sogar ausgelegt werden, daß doch irgend etwas daran sein müsse.«

Aus der Antwort des Imperators Hadrianus: »Beim Hercules! Wie ich es voraussah, hast du kleiner, vorlauter Junge schon wieder gewagt, etwas zu unterdrücken, was ich schrieb, und noch dazu, mir Lehren zu erteilen! Aber du hast recht – ich schätze deinen Mut und deine Treue!«)

Wir sind eine Weile nicht zum Arbeiten gekommen, mi amice. Jetzt gib gut acht, denn wir sind bei einer entscheidenden Stelle angelangt. Bald nach der großen Feier und der Vereidigung der rhenanischen Legionen trafen aus allen Provinzen Treuebekenntnisse ein, von den Proconsuln und den Legati Augusti und von vielen Legionslegaten.

Nur in Judaea, meldete mir die X. Legion *Fretensis*, habe meine Nachfolge im Principat Unruhe ausgelöst. Denn dort gälte ich als ein Feind des judaeischen Volkes. Habe doch mein Vater diese Legion unter dem Oberbefehl des Imperators Vespasianus und seines Sohnes Titus in manchen siegreichen Kämpfen angeführt. Später, als mein Vater Legatus Augusti von Syria wurde, hätte ich sogar selber als Legionslegat der III. Legion *Gallica* an der Belagerung und Zerstörung von Masada teilgenommen.

Außerdem habe sich herumgesprochen, daß ich wiederholt mit Vertretern der *Christiani* zusammengekommen sei. Aus alledem ergebe sich, daß es eine heilige Pflicht für alle Gesetzestreuen sei, mich bedingungslos zu bekämpfen.

Es kam zu örtlichen Zusammenrottungen, sogar auf dem Tempelberg, dessen Betreten verboten ist. Es war nicht schwer, die Ruhe wiederherzustellen, aber ich gewann nahezu die Gewißheit, daß wir mit diesem eigenartigen Volke noch manches zu tun haben würden. Kein anderes im ganzen Imperium ist ihm ähnlich . . .

(»Caesar – vielleicht die Germanen, die auch keine Götterbilder haben und die zwar zu besiegen, aber nicht zu unterwerfen sind. In der Schule haben wir Tacitus gelesen, er läßt den Arminius sagen: ›Der echte Germane wird es nie verzeihen, daß sich zwischen Albis und Rhenus Ruten, Beile und die Toga haben blicken lassen.‹«

»Da hast du ganz recht, kleiner Schulmeister. Genauso wollen die Judaeer verhindern, daß sich in Hierosolyma Adler und Götterbilder blicken lassen! Fahren wir fort!«)

Nun kamen auch aus Rom die Treuegelöbnisse wichtiger Persönlichkeiten, früherer Consuln und Praetoren und nahezu aller Senatoren.

(»Caesar, das erste Schreiben, das du bekamst, war doch das von meinem Adoptivvater? Damit bin ich in seinem Hause großgezogen worden. Eine Abschrift habe ich für diese Arbeitsstunde mitgebracht. Willst du es nochmals hören?«

»Lies es mir vor, parve puer!«

»Domine et Imperator Sanctissime, redet er dich an . . .«

»Ich weiß – so haben sich die Zeiten gewandelt. Heute ist Dominus die übliche Anrede für den Princeps, während Divus Augustus und Tiberius Caesar noch sagten, Dominus seien sie nur für ihre Sklaven. Der Imperator Domitianus wurde sogar Dominus et Deus genannt – von den Schmeichlern! Nur als Vertreter von Iupiter, wie Martialis ihn bezeichnete, hat er diese Anrede geduldet. Schon die dauernden Verschwörungen mußten ihn daran erinnern, daß er ein sterblicher Mensch sei.

Der gleiche Senat, der sich an Unterwürfigkeit nicht genug tun konnte, hat nach seiner Ermordung die *Damnatio memoriae* über ihn verhängt und alle seine Erlasse für ungültig erklären wollen. Dann hätten aber auch viele, die durch ihn zu Amt und Würden kamen, auf ihre Stellungen verzichten müssen – und daran ist der Vorschlag gescheitert.

Divus Nerva hat die Anrede ›Dominus et Deus‹ sofort beseitigt, denn römische Imperatoren maßten sich nicht an, wie die Nachfolger Alexanders es taten, als ›Gott-Könige‹ zu gelten. Auch den Senat hat er von seinen Kriechern gesäubert. Aber lies jetzt vor, was dein Adoptivvater mir schrieb.«

Folgt der Text des Begrüßungsschreibens des Consuls Gaius Plinius Caecilius Secundus:

›Deine Sohnesliebe hat Dich zu dem heißen Wunsche bewogen, erst möglichst spät Deinem Vater nachzufolgen. Aber die Unsterblichen beeilten sich, das Gemeinwesen Deiner Obhut anzuvertrauen – eine Aufgabe, für die Du auserlesen warst. Daher flehe ich, daß Du und durch Dich das menschliche Geschlecht blühen und zum Glück gelangen möchten, würdig unseres Jahrhunderts. Als einfacher Bürger, wie auch im Namen meines Amtes, wünsche ich Dir Gesundheit und reichsten Segen – *o Imperator Optime*!‹

Der junge Plinius sagte dann noch: »Caesar, hier wirst du zum ersten Male *Imperator Optimus* genannt – ein Name, den bislang noch niemand geführt hat. Das Volk hat ihn von Anfang an als berechtigt empfunden, wenngleich der Senat ihn erst Jahre später bestätigte.«)

Ich hatte nicht die Absicht, sofort nach Rom zu gehen. Erst wollte ich die Grenze am Rhenus und Danuvius sichern und die Einweihung meiner Thermen in Castra Vetera vornehmen. Sie gelten noch immer als die schönsten nördlich der Alpen!

Um die Verbindung mit der Hauptstadt sicherzustellen, richtete ich einen eiligen Botendienst ein. Alle militärischen und zivilen Stellen wurden angewiesen. Pferde, Wagen, Unterkünfte, Wachmannschaften ständig bereitzuhalten. Auch war Sorge zu tragen, daß die Straßen in diesem winterlichen Wetter von Schnee und Eis geräumt würden. Nachts waren Fackelträger zu Pferd und zu Fuß bereitzuhalten. Mit einem Wort: Der Tag wurde auf vierundzwanzig Stunden ausgedehnt.

So erreichte ich es, daß meine Sendschreiben innerhalb weniger »Doppeltage« nach Rom gelangten, und in der gleichen Zeit konnte ich vom Tiberis Nachrichten empfangen.

Mein erstes Schreiben enthielt den Befehl, daß die Gebeine und die Asche meines Adoptivvaters von Senatoren in das Mausoleum Divi Augusti zu tragen und dort beizusetzen seien. Gleichzeitig ersuchte ich den Senat um die Consecrierung des Entrückten, um die Errichtung eines Tempels und die Bestallung von *Flamines* für den Kult von *Divus Nerva*.

Ich bin ihm stets dankbar geblieben. Du kennst die Münzen, mi amice, die ich viele Jahre später prägen ließ. Sie zeigen ihn lorbeergekrönt, zusammen mit der Augusta Plotina.

Um Casperius Aelianus und seine Gefährten zu mir zu bringen, bedurfte es keines Sendschreibens. Vorsorglich hatte ich bereits einen treuen Freund, den Sextus Attius Suburbanus, im stillen zum neuen Gardepräfecten ernannt und mit den nötigen Vollmachten ausgestattet. Ich beauftragte ihn, sie alle gleich nach dem Tode von Divus Nerva nach Colonia Agrippinensis zu schicken, ohne ihnen zu sagen warum. So meinten sie wohl, daß ich sie ehrenvoll empfangen und in ihren Ämtern bestätigen würde! Stattdessen wurden sie in Ketten gelegt und abgeurteilt. Sie baten, ihre Todesart selber wählen zu dürfen, aber einer solchen Gunst waren sie nicht würdig. Auf dem Forum von Colonia Agrippinensis, vor einem Standbild Divi Nervae, wurden sie mit dem Schwert geköpft.

Später, als ich nach Rom kam, habe ich dem treuen Suburbanus seine Ernennung zum Praefecten der Praetorianischen Cohorten bestätigt. Ich übergab ihm das Schwert, das er stets tragen muß, zog es aus der Scheide, hielt es hoch und sagte: »Nimm dieses Schwert, damit du es für mich verwenden kannst, wenn ich gut herrsche – doch gegen mich, wenn ich ein schlechter Herrscher würde!«

Er hat mich nicht enttäuscht. Schon drei Jahre später rückte er zum Consulat auf, er wurde ein angesehener Priester und erlangte auch das zweite Consulat.

(»Und daß er sein Schwert nicht gegen dich, Caesar, verwandte, zeigt, daß auch du ihn nicht enttäuscht hast!«

»Parve puer, nur dir lasse ich eine solche Bemerkung durchgehen . . !«)

In einem weiteren Sendschreiben an den Senat sprach ich dieser hohen Körperschaft meinen Dank aus für die Bestätigung meiner Nachfolgeschaft. Ich sagte, daß ich den Tag, an dem dies erfolgte – das war der Tag nach dem Tode von Divus Nerva – als meinen *Dies Imperii* betrachten würde – denn erst an *diesem*, dem 5. vor den Calenden des Februarius, hätte ich rechtmäßig die Vertretung des Römischen Volkes übernommen. Weiter schrieb ich den Versammelten Vätern, daß ich Leben und Ehrenstellungen jedes einzelnen achten werde. *Maiestas*-Prozesse bräuchten sie nicht mehr zu fürchten, und wie Divus Augustus, Tiberius Caesar, Divus Vespasianus und Divus Titus würde ich den Senat in allen wichtigen Angelegenheiten zu Rate ziehen, und ein jeder könne freimütig seine Meinung äußern, auch wenn sie von der meinen abwiche.

Hier im Osten, wo man kaum den Wechsel der Jahreszeiten merkt, sehne ich mich manchmal nach dem Frühling am Rhenus zurück. Im Jahre meines Regierungsantritts kam er nach einem sehr harten Winter erstaunlich früh und mit einer Urgewalt. Das zerbrechende Eis türmte sich auf und wurde von der befreiten Strömung fortgerissen.

Schon anfangs März war die Schiffahrt wieder offen. Auf einem Schnellruderer fuhr ich stromabwärts nach Castra Vetera, um mich über den Fortgang der Arbeiten zu unterrichten. Die beiden Amphitheater, das neue und das alte, das ich wiederherstellen ließ, hatten schon mit ihren Vorstellungen begonnen. Auch des Abends, bei Fackelschein, gab es stets viele Besucher.

Die »Insel« der Bataver, das Land zwischen den zwei Mündungsarmen des Rhenus, hatte die Verwüstungen des Civilis-Aufstandes überwunden. Die Frühlingssaat grünte, schmucke Gehöfte gab es wieder, und gut genährtes Vieh graste auf den Weiden.

Nun mußte ich mich entscheiden: Sollte ich die Politik Divi Iuli aufnehmen oder die meines anderen Vorbilds, Alexander? Jene würde bedeuten, den Verzicht auf die Albisgrenze rückgängig zu machen. Ich sagte ja schon: Nie habe ich verstanden, wie zwei so große Herrscher, Divus Augustus und Tiberius Caesar, der Varusschlacht wegen die Grenze des Imperiums auf den Rhenus zurücknahmen.

Die Lage hatte sich ganz entschieden zu unseren Gunsten gewandelt. Seit der Niederwerfung der letzten Aufstände herrschte Friede. Es gab einen regen Grenzverkehr, denn viele Germanen hatten erkannt, daß man in römischer Freundschaft und Bundesgenossenschaft gut und frei leben könne.

In Rom erwartete man von mir, daß ich Rutenbündel und Adler mindestens bis zur Albis tragen würde – vielleicht sogar fast kampflos. Es gibt nichts mehr, was mich bei diesem Volke ver-

wundern würde. Erst hatten uns die Cherusker unter Arminius, diesem Verräter, jahrelang bekämpft und uns den Verlust der drei Legionen zugefügt, dann wandten sie sich an Divus Claudius und ließen sich von ihm einen König geben, den Neffen des Arminius, den in Rom aufgewachsenen Italicus! Andere germanische Könige und Fürsten waren schließlich nach blutigen Kriegen zu uns herübergekommen und hatten um Schutz und einen geruhsamen Lebensabend gebeten – zuletzt noch Iulius Civilis! Vorsorglich waren meine Sendboten schon lange im Innern von Germania tätig. Es wäre also kein Abenteuer gewesen, durch Verhandlungen und friedliche Durchdringung die Varus-Schlacht endgültig auszulöschen. Wozu mich ja auch Tacitus drängte! Der große und mächtige Stamm der Hermunduren, die niemals gegen uns in Waffen standen, ließ mich wissen, daß ich durch sein Gebiet am Moenus und hin bis zur Albis, zum Danuvius und zu den Sudetenbergen als sein Freund und Bundesgenosse ziehen könne. Gleichzeitig dankten sie mir, daß sie, als einziger germanischer Stamm, jederzeit unsere Grenzen überschreiten dürften, bis tief hinein nach Raetia und nach Noricum, um Handel zu treiben! Tatsächlich wimmeln ja das Forum und alle Straßen von Augusta Vindelicorum von Hermunduren. Die meisten sehen bereits recht gesittet aus, viele ziehen sich an, als seien sie Römer. Nur mit einer kleinen Begleitung habe ich damals ihrer Einladung folgend einige Tage bei ihnen verbracht. Ich fand den Moenus und die sanften Hügel, die ihn begrenzten, bepflanzt sogar schon mit Kirschbäumen, die ich hier nicht vermutet hätte. Eine herrliche Landschaft, würdig mit dem Imperium in noch nähere Verbindung zu kommen. Ihre Fürsten und Gemeindeväter haben mir, und damit Rom, alle Ehren erwiesen.
Immer lauter wurden die Rufe, die aus Rom zu mir drangen: »Imperator, ziehe in deine Hauptstadt ein – dein Volk erwartet dich, oder rücke zur Albis vor – am Rhenus hast du schon alles zum Besten geordnet!«
Unser Dichter Martialis schloß sich diesen Bitten an, so wie seinerzeit Horatius die Rückkehr von Caesar Augustus in vielen Gedichten erflehte.

217

(»Caesar, ich wußte, daß du heute Martialis erwähnen würdest. Willst du die Epigramme hören?«
»Wenn sie nicht zu lang sind – genau erinnere ich mich nicht mehr!«
»Jedes ist nur einige Zeilen. Ich fasse sie zusammen: ›Glücklich jene, denen Fortunas Urne gestattet / Unsern Fürsten zu sehen im feurigen Glanze / Nordischer Sonnen und Sterne./ Aber wann wird die süße Hoffnung sich erfüllen,/ Wenn sichtbar für ganz Rom hinter Caesars / Herkunft die Staubwolke auf der Flaminischen Straße / Und dich kündet? / Dann werden dir folgen die Ritter und die / Bemalten Mohren vom Nil und *eine* Stimme / Des Volkes wird rufen: ›Ist er gekommen? !‹
In anderen Epigrammen läßt er ›Tiberis, den Herrn‹ selber sprechen, daß ›die Nymphen des Rhenus dich endlich freilassen und dich, Traiane, deinem Volke zurückgeben möchten‹.«)
Fahren wir fort, mi amice! Ich ließ *Aurei* schlagen und in Rom verteilen mit meinem wirklichen Bild (früher besaßen die Münzstätten keines!) und der Inschrift *Germania placata*. Das bedeutete, daß in Germania alles friedlich und wohlbestellt und daher im Augenblick kein Lorbeer zu gewinnen sei!
Schließlich haben mir die Götter die Entscheidung abgenommen. Ich erhielt Nachricht, daß sich wilde germanische und sarmatische Stämme am Oberlauf der Vistula und an den Hängen der Carpathes Montes erhoben hätten und unsere Provinzen am Danuvius bedrohten. Auch der Dakerkönig Dekebalus, der mit dem Imperator Domitianus Frieden geschlossen hatte, stand wieder gegen uns in Waffen.
Also auf zum Danuvius, nach Dacia, nach den mir wohlbekannten Moesischen Provinzen, und vorläufig nicht zur Albis! Nun wirkte sich das Durchzugsrecht unserer lieben Hermunduren günstig aus. Ich nahm die I. Legion *Minervia* aus Bonna mit. Die XXII. Legion *Primigenia*, bei der mein Neffe diente, folgte auf der großen Straße, die Moguntiacum mit dem Danuvius verbindet. Durch Eilboten machte ich die fünf Moesischen Legionen und die XIII. Legion *Gemina* in Pannonia mobil. Aus Italia forderte ich neue Waffen und junge Mannschaften an. Am Tiberis war man,

wie ich sofort erfuhr, von dieser Schicksalswende begeistert. Neuer Ruhm für die Republik und der erste nichtitalische Princeps und Imperator, der es verstand, seine Legionen anzuführen, und gewiß zum Sieg!

Siebzehntes Kapitel

Bei den Legionen am Danuvius und in Hellas

Am nördlichsten Punkt, den der Danuvius auf seinem langen Weg zum Pontos Euxinos erreicht, gelangte ich mit meinen Truppen wieder auf römisches Gebiet. Die Fürsten und Oberen der Hermunduren hatten uns bis hierher ehrenvolles Geleit gegeben. Anscheinend hatten sie ihren Kriegern befohlen, die Wälder auf beiden Seiten unserer Märsche zu bewachen und Angriffe wilder Stämme abzuwehren. Ich beschenkte diese treuen Bundesgenossen, die uns ein ganz anderes Bild von Germania gaben, als man es sonst kennt, reichlich, als sie sich von uns verabschiedeten.

In unserem neuangelegten Lager gegenüber der Mündung eines starken Nebenflusses erwartete uns schon die XXII. Legion *Primigenia*. Gemeinsam zogen wir am rechten Ufer des Danuvius weiter – in Eilmärschen. Denn mehr und mehr Nachrichten kamen, daß germanische und sarmatische Stämme unsere Provinz Pannonia bedrohten. Unter »Sarmaten« konnten wir uns nichts Rechtes vorstellen, außer daß unser Cornelius Tacitus schon jede Beimischung sarmatischen Blutes als äußerst häßlich bezeichnet hatte. Sie dürften Schlitzaugen und breite Nüstern haben und ungefähr zur Zeit der Kämpfe zwischen Iulius Caesar und Pompeius aus dem innersten, finstersten Asien, wohin noch nie ein Strahl unserer Gesittung gelangt ist, bis zum Danuvius vorgedrungen sein.

Mit einem anderen eigenartigen Volke, am linken Danuviusufer, beginnend ungefähr bei Aquincum, wo der Strom das große Knie macht, mit den Jazygen, hatten wir auch bald zu tun. Manchmal waren sie mit uns verbündet, wenn die Sarmaten sie bedrängten. Dann fielen sie uns wieder in den Rücken. Daß diese Bedrohung einmal beseitigt werden mußte, wurde mir sehr schnell klar.

Es wird aber auch behauptet, daß die Jazygen ein »ausgewanderter« Stamm der Sarmaten seien und daß sie alle erst durch Jahrhunderte der Vermischung mit inner-asiatischen Völkerschaften ein solches Aussehen bekommen hätten. Ursprünglich seien sie medisch-iranisch, aber als Kyros der Große, um 200 a. U. c., Media unterwarf, seien mehrere ihrer Stämme nach Norden ausgewichen und hätten sich allmählich zu den heutigen »Sarmaten« entwickelt. Ihre Ostgrenze liegt nicht fest.

Obgleich kein feindliches Verhältnis besteht, mußten wir doch stets auf der Hut sein vor den flinken, räuberischen Reiterscharen der Jazygen. Dann kamen auch wieder Abgesandte und baten um Belohnung dafür, daß sie den syrischen und den Legionen vom Danuvius eine große Schar ihrer Reiter angeboten hatten, als es darum ging, Divus Vespasianus die Herrschaft zu verschaffen.

Im Augenblick waren sie mir als ein Riegel gegen die Daker willkommen. Deren König, Dekebalus, verhielt sich noch still – seine Kriegsvorbereitungen hatte er abgebrochen, als er erfuhr, mit welch großen Streitkräften, unter meiner persönlichen Führung, die Römer heranrückten. Daß es zum Kriege kommen würde, wußte ich. Der Imperator Domitianus hatte zwar einen Frieden mit ihm geschlossen, der wie ein römischer Sieg aussah, aber der Vertrag war unserer unwürdig, und ich war entschlossen, ihn zu zerreißen, sobald ich alle nötigen Vorbereitungen getroffen haben würde: Straßen, Kastelle, Waffenvorräte, Lebensmittellager und was eben dazu gehört.

So hatten wir uns jetzt nur mit den Karpathenvölkern herumzuschlagen, den häßlichen Bastarnae, die den Germanen, zu denen sie gehören sollen, keine Ehre machen. Sie sind schmutzig, faul, hinterlistig. Dazu kamen zwei- oder dreitausend Venedis, die weit östlich an der mittleren Vistula zu Hause sind, aber zum Plündern gerne westwärts ziehen. Sogar von den nördlichen Teilen des Mare Suebicum waren einige hundert Krieger gekommen, die sich Aestier nennen. Keine gefährlichen Gegner, denn eiserne Waffen haben sie nicht, nur dicke Knüppel. Ihre Sprache, die ich zum Teil verstehen konnte, ist der in Britannia ähnlicher als der germanischen. Es stellte sich bald heraus, daß sie eigentlich gar nicht zum Kampfe gegen uns, sondern um schwungvollen Bernsteinhandel zu treiben, hergekommen seien. Sie sind eines der wenigen Völker dort oben an der Küste, die Bernstein sammeln, *Glaesum*, wie sie ihn nennen, das *elektron* der Griechen. Den Wert kannten sie nicht, bis römische Kaufleute sie darauf aufmerksam machten. Ich bin der Meinung, daß es sich um uraltes Gerinnsel von Baumharz handelt, von Bäumen, die es vielleicht gar nicht mehr gibt. Eingeschlossen findet man oft winzige Lebewesen, Kriechtierchen, geflügelte Geschöpfe, Fliegen, oder was immer.

Zu eigentlichen Schlachten kam es nicht, aber wir erlitten doch erhebliche Verluste in den Wäldern und tiefeingeschnittenen Tälern. Manchmal drohte einer ganzen Legion das Schicksal des Quinctilius Varus. Am meisten zu schaffen machten uns die Reiterscharen von kleinen halbnackten Männern, die ohne Sattel und Saumzeug auf struppigen Pferden saßen. Gefangene, die wir machten – die Verständigung war höchst mühsam – erzählten, daß sie von weit, weit hinter dem Lande der Skythen herkämen. Dort säßen Hunderttausende von ihnen. Sie wollten nach Osten ins Land der Serer, woher die Seide kommt, aber um sie abzuwehren, hätten diese eine gewaltige Mauer gebaut, so lang, daß noch niemand sowohl Anfang wie Ende gesehen habe.

Ein Limes also! Das gab mir den Gedanken, auch am Danuvius eine starke Verteidigung mit Wall, Graben und Castellen aufzubauen. Noch besser wäre es, wie die Natur es getan hat, Carpathes und Sudetes als unsere stärksten Mauern zu betrachten. An einem späteren Zeitpunkt könnte man von dieser göttergegebenen Grenze vom Durchbruch der Albis aus nach Norden vorstoßen bis zum Quellgebiet der Viadua und von der Vistula aus zum Mare Suebicum.

Allmählich könnte man dann auch verschiedene andere Stämme, die Burgundianes, Rugii, Gotones an römische Gesittung und die Pax Augusta gewöhnen und in das Imperium eingliedern.

Wie im Westen der Okeanos die natürliche Grenze des Imperiums bildet, so wäre es im Nordosten das Mare Suebicum. Vielleicht, daß einer meiner Nachfolger die Legionsadler bis zu diesem Nordmeer und zu den großen Strömen des Ostens tragen wird! Ich mußte mich darauf beschränken, nach dem Muster des Limes am

Rhenus und Danuvius, einen festen Wall um Dacia herumzulegen
– als ich es als neue Provinz dem Römischen Volke untertan
gemacht hatte.
In Aquincum kamen die Augusta und meine Schwester zu mir.
Seit ich Lager und Städtchen zur Zeit meiner Statthalterschaft in
Moesia inferior gesehen hatte, waren Jahre vergangen, in denen
sich sowohl die Soldaten- wie die Bürgersiedlungen weiter entwik-
kelt hatten. Der Legatus Augusti der Provinz Pannonia war niemand anderer als der Schwager meines Neffen, Lucius Iulius Servianus, den ich aus Germania superior hierher versetzt hatte, er
führte mir die Legion II. *Adiutrix* vor. Am Ufer des Danuvius, im
Praetorium, in unserm Stil erbaut, mit einem marmornen Atrium,
einem weiten Peristyl, in dem ein Springbrunnen plätscherte, hatte
Servianus für die Frauen und mich schöne Räume vorbereitet.
Auch für ein reibungsloses Nachrichtenwesen mit Rom und allen
wichtigen Dienststellen in den Provinzen war gesorgt.
Schon erhoben sich zwei Amphitheater, eines für die Soldaten, das
andere für die einheimische Bevölkerung. Nichts bringt ja den
Geist von Rom den Provinzialen näher als unsere Schaustellungen!
Es gab auch bereits ein großes Mithraeum und drei kleinere. Eine
schriftliche Botschaft empfing mich, daß die Patres – du weißt, mi
amice –, jene, die den Siebenten Rang der Einweihung bilden, mich
vor kurzem in geheimer Wahl im Mithraeum tief unter dem Palast
von Flavius Clemens, nicht weit vom Flavium Amphitheatrum,
zum *Pater patrum* erkoren hatten. Eine nicht unwesentliche Stär-
kung meiner imperatorischen *auctoritas*, da ich nunmehr den Kult
in all den Hunderten von Mithraeen bestimmen und Weisungen
geben konnte, für wen und mit welchen Absichten die Stieropfer
darzubringen seien.
Doch hat uns in Aquincum ein großes Unglück getroffen. Als wir
ein Schiff auf dem Danuvius bestiegen, um die stromaufwärts
gelegenen Legionslager von Brigetio, Carnuntum und Vindobona
zu besichtigen, stürzte die Augusta so unglücklich, daß sie eine
Fehlgeburt erlitt. Ich mußte sie im Legionsspital von Aquincum
zurücklassen und die Fahrt allein unternehmen. Meine Schwester
blieb bei ihr.

223

Als ich nach vierzehn Tagen zurückkam, eröffneten mir die Ärzte, daß die Augusta kein Kind mehr werde bekommen können. (»Caesar! So ist es meiner Tante Calpurnia ergangen! Daraufhin hast du ja ihr und meinem künftigen Adoptivvater das Dreikinderrecht verliehen. Dir, Caesar, verdanke ich meine Adoption!«
»Ich weiß, parve puer! Die Wege der Götter sind unerforschbar!«
»Caesar, hast du nicht gleich daran gedacht, dir durch Adoption einen Sohn zu erwählen?«
»Die Augusta und ich haben darüber gesprochen. Mehrere junge Männer wurden in Erwägung gezogen. Aber zu einem Entschluß kamen wir nicht – weder damals noch bis zum heutigen Tage. Frage nicht weiter!
Etwas anderes aber tat ich, nachdem ich in die Stadt eingezogen war. Doch gehört dies jetzt noch nicht hierher. Ich werde darüber sprechen, wenn es so weit ist. Fahren wir fort!«)
Als die Augusta wiederhergestellt war, brachen wir nach Moesia auf. In Begleitung meiner lieben Schwester konnte sie im milden Wetter manche schöne Fahrt auf dem Pontos Euxinos machen und sich ganz erholen. Auch einige Griechenstädte an den Ufern, die unserm Schutz unterstellt waren, besuchte sie. Wir taten unserm Neffen Aelius Hadrianus den Gefallen, ihn mitzunehmen, als die Augusta, meine Schwester und ich gemeinsam in Tomis das Ehrengrab des Ovid besichtigten. Er hatte es wirklich mit großem Geschmack – wenn auch, wie ich schon erwähnte, unter großen Kosten! – errichten lassen. Wir sorgten dafür, daß es nie wieder vernachlässigt werde.
Die Kriegsvorbereitungen des Königs Dekebalus waren so offensichtlich, daß ich ohne weiteres berechtigt gewesen wäre, sofort den Kampf gegen ihn zu eröffnen.
Was mich hinderte, war die Nachricht, daß es in Dacia Unruhen gebe und einige Stammesführer sich gegen den König verschworen haben. Mir fiel der kluge Rat ein, den mir mein lieber Iulius Sextus Frontinus auf den Weg gegeben hatte:
Während des Bürgerkrieges nach dem Tode von Nero Caesar, als Galba, Otho, Vitellius und Vespasianus um die Herrschaft stritten, hätten die Daker es leicht gehabt, in unsere Provinzen Moesia oder

Pannonia einzufallen. Die Legionen vom Danuvius waren ja schon großen Teils auf dem Marsch nach Italia. König Dekebalus, noch ein junger Mann, aber schon mit Kriegserfahrungen, drängte zum Angriff. Da brachte ihm ein kluger Ratgeber, der Stammeshäuptling Scorylo, zwei Hunde, denen er ein Stück Fleisch vorwarf. »König, gib acht, was geschehen wird!« sagte er. Bissig fielen die Hunde übereinander her – es schien ein Kampf auf Leben und Tod zu werden. Da hetzte Scorylo einen Wolf auf sie los. Sofort ließen sie vom Kampf ab und stürzten sich gemeinsam auf den Wolf. »Siehst du, König, so würden die Römer sich verhalten, wenn wir sie jetzt angriffen!«

Geduld – die Befestigungen weiter ausbauen – genügend Truppen zurücklassen, um Angriffe der Daker abzuwehren und auf den rechten Augenblick warten – den die Griechen *kairos* nennen, dem man nicht vorgreifen und den man nicht ungenützt vorübergehen lassen darf. Ich übergab den Oberbefehl Lucius Ursus Servianus und stellte ihm den Legaten Augusti pro praetore der Provinz Moesia inferior zur Seite, den Hispanier Quintus Pomponius Rufus. Unter meinem Vater hatte er als Militärtribun gedient.

(»Caesar, ehe du von eurer Fahrt nach Hellas erzählst, erkläre bitte etwas genauer, wer der König Dekebalus war, den du schon öfters erwähnt hast. Ich selbst weiß einigermaßen über ihn Bescheid – mein Adoptivvater hat viel von ihm gesprochen. Aber wir wollen doch einen weiten Leserkreis gewinnen, auch unter der Jugend, und wer von meinen Altersgenossen und auch von den Älteren weiß etwas von ihm.«

»Ein ungebildetes Zeitalter, pflegt mein Neffe Aelius Hadrianus zu sagen. Bist du der gleichen Meinung?«

»Neulich fragte ich einen Gleichaltrigen, was er mit dem Namen ›Germanicus‹ verbinde?«

»Das ist unser Princeps, der Imperator Traianus, weil er die barbarischen Germanen besiegt hat!«

»Ganz richtig. Aber früher einmal, der erste, der so hieß, was weißt du von dem?«

»Das war doch der erste Römer, der zu den Olympischen Spielen zugelassen wurde und mit dem Viergespann siegte.«

»Nicht der allererste, aber das mit dem Viergespann stimmt. Was weißt du sonst von ihm?«

»Daß er bei der nächsten Olympiade nicht mehr mitmachte. Vielleicht war er schon zu alt dafür.«

»Glaube mir, Caesar – auch von Divus Iulius und Divus Augustus weiß die heutige Jugend nur noch, daß sie überall Tempel haben.«

»Und wie steht es mit der Literatur – unsern großen Dichtern?«

»Von Homer und Vergilius dürften die meisten gehört haben – gelesen haben sie sie wohl kaum. Martialis, ja! Die unanständigen Epigramme, die wir alle gelesen haben, weil sie verboten waren.«

»Nun weiß ich was du meinst. Also der Dakerkönig Dekebalus . . .«)

Schon sehr früh kamen wir mit den Dakern in Berührung – Pompeius Magnus war mit ihnen gegen Iulius Caesar verbündet. Es ist kein einheitliches Volk. Wie die Germanen gliedern sie sich in viele Stämme, die einander bekriegten, bis ein großer König namens Burebista sie unter seiner Herrschaft vereinigte und sie mit griechischer und römischer Gesittung vertraut machte. Er war auch ein großer Eroberer, der zu einem so gefährlichen Gegner werden konnte, daß Iulius Caesar alle Vorbereitungen traf, um gegen ihn zu ziehen. Aber beide, er wie Burebista, wurden fast gleichzeitig ermordet.

So wie die Iden des März in den folgenden Bürgerkriegen den Bestand des Imperiums bedrohten, so zerfiel Dacia nach dem Tode seines großen Königs wieder in Einzelstämme.

Erst in unsern Tagen hat König Dekebalus Dacia wieder geeinigt und gegen den Imperator Domitianus manchen Sieg errungen. Schließlich mußte er sich unterwerfen. Aber dies tat er nur, um Zeit für neue Rüstungen zu gewinnen. In vielen Dingen erinnert er an Hannibal. Er war schlau, voll von Kriegslisten – ein hervorragender Taktiker, der immer den richtigen Zeitpunkt kannte – sei zum Angriff, sei es, um sich zurückzuziehen. Zum Unterschied von Hannibal, der »zu siegen verstehe, aber nicht den Sieg zu nützen«, hat Dekebalus jeden Sieg bis ins letzte ausgenützt, und – was genauso wichtig war – er verstand es, sich aus jeder Niederlage klug herauszuziehen. Sicherlich einer der würdigsten Gegner, den

Rom je hatte. Nichts ist törichter, als wenn unsere Schreiber ihn herabsetzen! Es ist ehrenvoll, einen solchen Mann geschlagen zu haben, und je größer der Feind ist, den wir besiegen, um so ehrenvoller für uns.‹

Auf Vorschlag meines Neffen hatte ich einen sehr gebildeten, des Griechischen kundigen Mann, Caius Caristanius Iulianus, als Proconsul nach Achaia geschickt. In der kurzen Zeit, die er jetzt in Korinth war, hat er schon Erhebliches zur Verschönerung der Stadt geleistet. Mein Neffe hat ihn dabei reichlich mit Geld unterstützt. Denn daß wir Korinth zerstörten, im gleichen Jahre, da Karthago unterging, gilt in der hellenischen Welt immer noch als Schandfleck. Dabei hat Divus Iulius beide Städte neu gegründet, und sie stehen jetzt glänzender da denn je.

Mein Neffe drängte mich auch, anläßlich unseres Besuches der Stadt einen großen Aquaeduct aus dem Tal von Stymphalos zu schenken. Aber das muß warten, sagte ich ihm, unsere Mittel sind recht knapp, und in Rom stehe mir die Auszahlung des Donativs an die Praetorianischen Cohorten bevor.

Wir nahmen den Weg über Thracia und Macedonia, während eine Legion auf dem Seeweg nach Nikopolis vorausfuhr. In Thessalonike machten wir etwas länger halt, da mein lieber Neffe unbedingt einen Besuch in Pella machen wollte, um im Geburtshaus von Alexander dem Großen dessen Manen zu opfern. Dann wollte er auch noch Pydna sehen, wo Aemilius Paullus, 68 Jahre vor der Geburt von Divus Iulius, den letzten makedonischen König, Perseus, vernichtend geschlagen und dem makedonischen Königreich ein Ende gesetzt hat.

Fast kam es mir manchmal vor, als ob mein Neffe dieses Ereignis bedauerte und ihn nur tröstete, daß dieser Perseus ein übler, unwürdiger Thronräuber war, dem die Rettung seiner Schätze wichtiger war als die Ehre seiner Waffen.

Je tiefer wir nach Hellas hineinkamen, desto griechischer wurde mein Neffe. Schließlich ging er in Sandalen und begann sich den Bart wachsen zu lassen, um wie einer der alten Philosophen auszusehen. Die Augusta Plotina neckte ihn: »Kein Wunder, daß die Menschen dich schon *Graeculus,* das Griechlein, nennen«, sagte sie. »Demnächst wirst du selbst mit uns nur noch griechisch sprechen wollen.« Er nahm das gar nicht übel – im Gegenteil, es schien ihm zu schmeicheln. Ich sagte damals zu Plotina, mir scheint es, als ob unser Neffe größeren Ehrgeiz habe, Archon von Athen zu sein und Philhellenios genannt zu werden als römischer Princeps und Imperator.

(Aus den geheimen Tagebüchern des jungen Plinius ergibt sich, daß er diese Stelle streichen wollte, aber auf ausdrücklichen Wunsch des Imperators Hadrianus stehenließ. Es heißt in einem seiner Briefe: »Carissime Secunde, ich sehe nicht ein, warum du dies auslassen willst. Divus Traianus hatte doch gar nicht Unrecht, und nun ist ja wirklich in Erfüllung gegangen, was er damals nur scherzhaft gemeint hat: Die Athener haben mich zu ihrem Archonten gewählt, und den Namen Philhellenios habe ich auch von ihnen bekommen. Dennoch ist es mir lieb, römischer Princeps zu sein, weil ich nur so für Hellas wirklich etwas tun kann. Wo hätte ich andernfalls die Mittel hergenommen, um die Vollendung des Zeustempels, des Olympieions am Ilissos zu planen, nicht weit von der Stelle, da Sokrates mit Phaidros sein Gespräch über den Eros führte. Manchmal erinnerst du mich an ihn, nur daß er bestimmt nicht so naseweis und keck war, wie du . . .«)

Mein Neffe drängte uns, doch möglichst schnell nach Athen zu reisen, dort erwarte man uns schon. Aber ich fand es richtig, erst an die Westküste zu gehen, zum Ambrakischen Golf, wo sich bei Aktium durch den Sieg von Caesar Octavianus über Marcus Antonius und Kleopatra das Schicksal des Erdkreises entschied.

Ich wäre nicht Caesar und Augustus und Princeps des Römischen Volkes, hätte die Schlacht einen anderen Ausgang genommen. Aber die Götter wollten nicht, daß Kleopatra, wie sie es angekündigt hatte, »vom Capitol aus Gesetze gebe«. Ob Apollo, wie Divus Augustus meinte, wirklich selber eingegriffen habe, das kann ich nicht beurteilen. Seinen Tempel habe ich in der Siegesstadt, Nikopolis, nahe von Aktium, jedenfalls erneuern und reich schmücken lassen. Für alle Divi Imperatores brachten wir Opfer dar. In Liebe und Dankbarkeit gedachte ich besonders meines zu den Göttern erhobenen Vaters und meines Adoptivvaters Divus Nerva. Auch den Manen des Besiegten opferten wir, des Marcus Antonius, des Stammvaters aller Caesaren, die Tiberius Caesar nachfolgten, bis zu Nero Caesar, dem letzten.

Von Nikopolis reisten wir nach Delphi zu Apollo, als dem weissagenden Gott. Sein Spruch sagte mir, daß ich stets unbesiegt bleiben werde, aber daß mein Werk mich nicht lange überleben würde. Was der Gott meinem Neffen offenbarte, hat er mir nicht mitgeteilt.

(Aus einem Briefe des Imperators Hadrianus: »Der Gott sagte mir, daß der Erdkreis, den ich kennenlernen würde, von mir Geduld, Mut und Ausdauer erwarte, aber daß ich immer mit Lügen, Verleumdungen und großem Leide werde rechnen müssen. Vor einem Strome solle ich mich hüten – er werde mir den liebsten Menschen entreißen.«)

Über dem Parnassos sah ich zwölf Adler kreisen – ein solches Vorzeichen des Glückes, sagten die Priester, hätten sie noch nie erlebt. Ich habe sie reich belohnt.

Als wir nach Athen aufbrechen wollten, kam eine Abordnung aus Olympia: Der Imperator Traianus, Divi Nervae Filius, werde gebeten, die Spiele zu eröffnen. Mein Neffe war über die neuerliche Verzögerung nicht glücklich, aber einer solchen Einladung konnte ich mich nicht entziehen. Ehe wir Abschied nahmen, gingen wir zum Omphalos, zum Nabel des Kosmos, und opferten allen Göttern des Imperiums, den bekannten und den noch unbekannten. Einer aus meiner Begleitung schlug vor, den Omphalos nach Rom zu bringen, denn dort, nicht mehr hier, sei der Mittelpunkt der Welt. Ich wies ihn ungnädig ab – Rom sei überall, sagte ich, wo sein Schutzgott, Apollo, verehrt werde!

Begleitet von einer großen Schar von Priestern begaben wir uns zur heiligen Quelle Kastalia, die der Gott selber erschloß. Nirgends in Hellas sprudelt das Wasser mit solch unerschöpflicher Kraft und ist so rein und erfrischend.

Fast zweitausend Fuß hinunter führte uns der Weg zur Hafenstadt Kirrha, wo Apollo an Land kam, um die dunklen Erdmächte, die sich in der Pythonschlange verkörperten, zu bekämpfen. Erst als er sie getötet hatte, konnte er dieses Orakel begründen.

Ich trug den pythischen Lorbeerkranz, als wir die Fahrt über den Sinus Korinthiacus antraten. Viele Tausende von Menschen erwarteten uns an der Küste von Achaia und begleiteten uns bis nach Olympia, am Ufer des Alpheios. Schmeichler, die ich nicht ausstehen kann, drängten sich heran. Wohl um mir zu gefallen, fielen sie über Nero her, der doch schon so lange tot ist! Ich winkte ab – diese Geschichten über sein törichtes Verhalten in Olympia kannte ich doch schon aus meiner Knabenzeit.

»Laßt ihn doch endlich ruhen«, sagte ich schließlich. »Ihr kennt doch das alles nur vom Hörensagen. Mich langweilt ihr mit diesem abgestandenen Geschwätz.«

Gerne denke ich an diese ersten Spiele, die ich besuchte, zurück. Ich muß meinem Neffen recht geben, der mir schon damals sagte: »Wieviel edler sind diese Wettkämpfe als unsere widerlichen Gladiatorengefechte und Tierhetzen!« Aber des Volkes wegen kann ich sie nicht verbieten. Manchmal hilft auch das Verbot nicht, daß sie nicht bis zum Tode durchgeführt werden dürfen. Wenn ich nicht selbst anwesend bin, geschieht es nur allzuoft, wenn der Pöbel es will!

Zu Schiff traten wir nun die Fahrt nach Athen an, durch den Sinus Korinthiacus nach Korinth, das wiederum durch ein Erdbeben gelitten hatte. Obgleich Divus Iulius die Stadt neu gründete und sie heute reicher ist denn je zuvor, hängt uns Römern in Hellas immer noch nach, daß im gleichen Jahre, da Karthago unterging, im Auftrag des Senats der Consul Marcus Lucius Mummius die Stadt zerstören mußte. Aber daran haben die damaligen Griechen mit ihrer Treubrüchigkeit mehr Schuld als wir.

Über die Landenge, wo Nero Caesar in kluger Überlegung – überhaupt ist sein Name in Hellas auch heute noch hochgeehrt! – einen Durchstich zum Sinus Saronicus plante, gelangten wir nach Kenchreae. Dort bestiegen wir wieder ein Schiff. In Salamis ließ ich auf Bitten meines Neffen anhalten – wir könnten doch nicht an dieser Insel vorbeifahren, wo im Jahre 263 a. U. c. der Perserkönig Xerxes vernichtend geschlagen und die Freiheit der Hellenen gerettet wurde. Ohne Salamis, sagte er, wäre das Werk Alexanders undenkbar, und heute könnten wir nicht die Parther schlagen!

Im Tempel der Artemis, der Zwillingsschwester Apollons, haben wir Opfer dargebracht, desgleichen am Gedenkstein für den großen Themistokles, den seine undankbaren Landsleute in die Verbannung schickten. Er hat doch die Hellenen gerettet, indem er den Delphischen Spruch richtig deutete: Man solle sich hinter »hölzernen Mauern« verteidigen. Also baute er eine Flotte und gab Athen preis! Seit Aktium vernachlässigen wir Römer den Flottenbau, ein Fehler, den ich zum Teil gutmachte. Wie können wir Britannia und den ganzen Norden beherrschen und gegen die Parther siegreich kämpfen ohne eine starke Seemacht! Wir steuerten den Hafen von Piraeus an, der auch dem Themistokles zu verdanken ist. Schon ehe wir einliefen, sahen wir den goldenen Helm und die Lanzenspitze der Athena Promachos von Pheidias auf der Akropolis im Sonnenlichte aufglühen.

Vom Hafen bis hinein in die Stadt war es ein herrlicher Triumphzug. Einen einzigen Lictor hatte ich mitgenommen und folgte damit dem Beispiel des Germanicus, der in Nikopolis sein zweites Consulat angetreten hatte. Nun war auch ich im zweiten Consulat und wollte ebenfalls, der uns durch ein Bündnis befreundeten ruhmreichen Stadt zuliebe, als Freund und Beschützer einziehen. Denn in Athen wollte ich nicht als Herr der Blutgerichtsbarkeit auftreten.

Wir sind zu den verschiedensten Tageszeiten zur Akropolis hinaufgestiegen: am frühen Morgen, wenn die Sonne hinter dem Hymettos aufgeht – des Mittags, wenn man in der Ferne Salamis sieht und wiederum am Abend, wenn Helios hinter dem Aigalion versinkt. Im Parthenon opferten wir vor dem Gold-Elfenbein-Standbild der Athene, die der Stadt den Ölbaum schenkte und damit den Wettstreit mit Poseidon gewann, der ein Streitroß gebracht hatte. Der Ölbaum wird immer noch gezeigt, auch die Quelle, die Meereswasser gibt, ist nicht versiegt. Es heißt, daß Poseidon, ergrimmt über seine Niederlage, seinen Dreizack in den Felsen warf, worauf diese Salzquelle entsprang.

Ich habe alles mit großer Achtung vor der Geschichte von Hellas betrachtet und es verständlich gefunden, daß unsere heutigen Griechen gerne von ihrer glorreichen Vergangenheit sprechen.

Auch haben sie ja großen Teilen des Erdkreises ihre Sprache geschenkt. Aber ich habe nicht die nahezu schwärmerische Begeisterung meines Neffen geteilt. Wenn die Sonne hinter dem Aigalion sank und die Akropolis rot aufleuchtete wie im Lichte von tausend Fackeln, rief er aus: »Nun feiern die Götter im Parthenon mit ihren Lieblingen ein Gastmahl!« Vom Standbild der Athena sagte er, gewiß habe Pheidias die Gnade empfangen, die Göttin selber schauen zu dürfen.

Als Imperator und Princeps des Römischen Volkes kann ich nicht einem einzelnen Lande meine ganze Liebe schenken – alle Völker des Erdkreises haben Anspruch auf meine Fürsorge, wenngleich ich unsere besonderen Verpflichtungen den Hellenen gegenüber, denen viel Unrecht zugefügt wurde, anerkenne.

Ich bestätigte den Athenern ihre städtische Freiheit. Sie sollen sich selber verwalten und nicht unter den Ruten und Beilen des Proconsuls stehen. Ihre Dankbarkeit schäumte über, als ich ihnen überdies zwanzig Millionen Drachmen, die den Wert unserer Denare haben, überweisen ließ. Das mag ihnen eine Weile aus ihren dauernden Nöten helfen.

Einige wichtige Lehren habe ich in Athen empfangen: Einen Sklavenhandel gibt es hier nicht mehr. Kein Hellene darf einen anderen als Sklaven halten. Sie berufen sich auf Platon, der gelehrt habe, Sklaverei sei nicht im Naturrecht begründet, sondern menschliche Satzung. Es gebe keinen König, soll er gesagt haben, der nicht von einem Sklaven und keinen Sklaven, der nicht von einem König abstamme.

(»Darf ich eine Frage stellen, Caesar? Wurdest du bei diesem Besuch in Athen an deinen Jugendfreund Aemilianus, den Sohn des Areopagiten, erinnert?«

»Eine Frage, die mir Schmerz bereitet! Ja, ich dachte an ihn, als mir zu Füßen der Pnyx eine Schar begegnete, mich als *Sebastós* und *Autokrator* begrüßte. Daß ich griechisch verstehe, schienen sie als selbstverständlich anzunehmen. Als ich sie fragte, wer sie seien, antworteten sie: ›*Christianoi esmèn*‹. Dann wiederholte einer auf Latein: ›*Christiani sumus*‹.«)

Sie ließen es sich nicht nehmen, mir von dem Mann aus Tarsos zu erzählen, der hier auf der Pnyx den »Unbekannten Gott« verkündet, aber nur *einen* als Jünger gewonnen habe: Dionysios den Areopagiten.

Aber von ihm sei mehr ausgegangen als von Hunderten von Mitläufern, die rasch vergäßen, was sie gehört hätten. Heute gebe es in Athen, in Korinth, in Thessalonike und vielen anderen Orten in Hellas große Gemeinden.

»Läßt man euch in Ruhe?« fragte ich.

»*Kaisar* – in Hellas herrscht Menschlichkeit. Hast du nicht auf der Akropolis den Altar gesehen, der dem Geiste des Mitleids geweiht ist und den anderen für die Liebe und die Gegenliebe?«

Damit wollte ich es genug sein lassen, aber wie vorhin die Geschichte vom Areopagiten, die mich tief bewegte, so mußte ich mir jetzt anhören, wie sich Gallio, der Bruder Senecas, in Korinth verhalten habe, als jener Tarsite von den Judaeern vor seinen Richterstuhl gezerrt wurde.

Diese braven Leute, die einen durchaus anständigen Eindruck machten, fanden in meinem Neffen einen Fürsprecher. Der war ja schon immer von unersättlicher Neugierde. Alles Fremde, Eigenartige, besonders auf dem Gebiete der Religion, hat es ihm angetan.

(Aus einem Briefe des Imperators Hadrianus: »Diese Sätze können stehenbleiben, parve puer. Ich finde, es ist die Pflicht des Imperators, allen Religionen im Imperium, wenn sie nicht umstürzlerisch sind wie die der Judaeer, ein aufgeschlossenes Verhältnis entgegenzubringen.«)

Als Abschiedsgeschenk überreichten mir die Athener einen goldenen Pokal mit der Inschrift: *Paideia – Philia – Eleutheria* – oder auf Lateinisch: *Humanitas – Amicitia – Libertas.* Dies seien die ewigen Wesenszüge des Hellenentums, erklärte man mir. Humanitas sei nicht möglich ohne libertas, und amicitia nicht ohne libertas und humanitas. Das hätten, wie Platon in seinem *Symposion* schrieb, schon die alten Tyrannen gewußt. Daher hätten sie Freundschaft zwischen Edlen zu unterdrücken versucht. Sei doch Hipparchos, der Tyrann von Athen, am Panathenäenfest dem Freundespaar Harmodios und Aristogeiton zum Opfer gefallen.

Mein Neffe kehrte zu den Legionen am Danuvius zurück. Meine Gemahlin, meine Schwester und ich traten von Colonia Augusta Aroë Patrensis, dem ehrwürdigen, neu erstandenen Patrai, die Fahrt nach Italia an. Der Hafen, den wir ansteuerten, war Brundisium, das wir bei günstigen Winden innerhalb weniger Tage erreichten.

Achtzehntes Kapitel

Der Imperator Traianus in Rom

Unsere ganze Flotte aus Ravenna war ausgelaufen, um mich zu
begrüßen. Auch ein Geschwader aus Misenum war eingetroffen.
(»Caesar, darauf war mein Adoptivvater sehr stolz – das hat er mir
oft erzählt. Weil doch sein Oheim die Flotte in Misenum befehligt
hatte.«)
Sieben der neun Praetorischen Cohorten versuchten die unüber-
sehbaren Menschenmassen zurückzuhalten, als wir an Land gingen. Ich winkte ihnen, die Absperrung aufzuheben und die Leute
an mich heranzulassen, viele Kinder und Jünglinge darunter. Ich
muß damals Tausenden die Hand gegeben haben, und auch
Kranke drängten sich heran, die meinten, daß eine Berührung mit
mir ihnen Heilung bringen könne. Das scheint auch bei manchen
eingetreten zu sein, dank ihrem festen Glauben an die von den
Göttern geheiligte Ausstrahlung des römischen Princeps.
Schließlich trugen mich vier junge Männer auf den Schultern hoch
über den Köpfen der Menge ins Praetorium. Für meine Gemahlin,
meine Schwester und meine nächsten Freunde, Amtsträger und
Begleiter, bahnten mir die Lictoren eine Gasse. Gewalt brauchten
sie nicht anzuwenden – scheu, aber nicht ängstlich, wichen die
Menschen von selber zurück.
Im Praetorium empfing ich die letzten Berichte aus Rom und den
Provinzen – es herrschten Friede und freudige Erwartung in der
Hauptstadt, und an den Grenzen war alles ruhig. Der Senat teilte
mir mit, daß er und das Römische Volk mich als Triumphator
empfangen würden. Denn am Danuvius und in Germania hätte ich
Siege errungen, ohne blutige Schlachten schlagen zu müssen.
Ich dankte dem Senat, sagte ihm aber, daß ich einen Triumph erst
dann feiern wolle, wenn ich ihn durch Waffentaten verdient oder

durch Verhandlungen das Reich gemehrt habe. Bis jetzt hätte ich nur die Grenzen in Germania sicherer gemacht und am Danuvius einem Angriff des Dekebalus vorgebeugt.

Mit der ganzen, nun schon seit längerer Zeit eingespielten *velocitas Caesaris* ging die Fahrt nach Rom weiter. So rasch war sie, daß die Menschen, die mich begleiten wollten, zurückblieben. Aber in jedem neuen Ort, durch den wir kamen, sammelten sich die Bürger, jung und alt, zu unserer Begrüßung. Manchmal verließen Plotina, Ulpia und ich den festlich geschmückten Wagen und ritten zu Pferd voraus, begleitet nur von zwölf Lictoren und den praetorianischen Tribunen.

Ich bemerkte, daß die Via Appia an verschiedenen Stellen ausgebessert und verbreitert werden müßte und gab sofort entsprechende Befehle. Meist erfuhr ich bereits im nächsten Ort, daß sie durchgeführt worden seien.

In Beneventum, das bis zu unserm großen Sieg über die Samniter Maleventum hieß, machten wir zwei Tage lang halt. Man sagte mir, daß die Via Appia von hier zurück nach Brundisium nicht nur stellenweise, sondern gründlich erneuert werden müsse. *Via Traiana*, so heißt sie jetzt!

Ein anderer aus meiner Begleitung, der sich mit dem Senat von Beneventum besprochen hatte, fragte mich, ob ich nicht hier, in der Mitte des Weges von Brundisium nach Rom, einen Triumphbogen, der mein bisheriges Leben in vielen Tafeln festhalten würde, haben möchte? Ich habe damals abgelehnt, aber nun haben sie ihn doch errichtet, und bald soll er fertiggestellt werden. Ich freue mich darauf, ihn bei meiner endgültigen Rückkehr nach Italia zu sehen und ihn einweihen zu können. Vielleicht, daß bis dahin noch einige weitere Siege in den Marmorplatten dargestellt werden können. Doch welcher Irdische vermag in die Zukunft zu blicken? !

In Caudium, nicht weit von Beneventum, ließ ich wieder anhalten. Nie noch hatte bislang ein Imperator der Gefallenen und Gefangenen gedacht, die hier im Jahre 321 a. U. c. dem Samnitischen Heere unter seinem edlen Feldherrn Caius Gavius Pontius zum Opfer fielen. Es war hauptsächlich die Schuld unserer Consuln, des Spurius Postumius und des Titus Veturius. Sie haben die Legionen in dieser unwegsamen Berg- und Waldlandschaft in Engpässe geführt, ähnlich wie jenen unglückseligen Varus mit seinen drei Legionen im Teutoburger Wald.

Aber letzten Endes waren es doch Bruderkriege zwischen uns und den Samnitern – die Samniter waren genau wie wir ein italischer Volksstamm und ihre Sprache war dem Lateinischen eng verwandt.

Unser Heer mußte damals unter dem Galgen in den Caudinischen Pässen hindurchgehen, um so auf schändliche Weise in die »Freiheit« zu gelangen. Gavius Pontius dachte groß genug, um keine Rache für den Vertragsbruch, den der Senat beging, an den unglücklichen Geiseln zu nehmen.

Ich habe daher in Caudium den Manen sowohl der gefallenen Römer wie der gefallenen Samniter Sühneopfer dargebracht.

Wir zweigten von der Via Appia ab, um Nola zu besuchen, wo Divus Augustus zu den Göttern zurückkehrte. Ich habe sein Todeshaus zu einem Tempel umwandeln lassen und angeordnet, daß immer dreizehn Tage vor den Calenden des September, am Tage seiner Entrückung, feierliche Opfer dargebracht werden.

Eine Abordnung aus Neapolis kam nach Nola, um mir die Treuegelöbnisse ihrer Stadt und von ganz Campania zu überbringen. Sie bat mich, die uralten Rechte aller Griechenstädte zu bestätigen. Zu diesen gehört auch Paestum, das mit dorischen Tempeln so reich geschmückte ehemalige Poseidonia. Das hatten die wilden Lukanier überfallen und allen Einwohnern barbarische Namen aufgezwungen. Nur einmal im Jahre, berichtete man mir, trafen sie sich heimlich und nannten sich einander unter Tränen mit ihren griechischen Namen. Dann haben wir sie befreit. Das wurde nie vergessen. Hat doch die Stadt auch nach unserer Niederlage bei Cannae uns die Treue bewahrt, ja, uns all ihre Tempelschätze angeboten!

Ich habe auch ihr altes Recht bestätigt, eigene Münzen zu schlagen. Überall, auch auf Aenaria und Capri, sollte die Selbstverwaltung und die griechische Sprache bewahrt bleiben.

In Capua gedachten wir des großen Appius Claudius, der zur Zeit der Samniterkriege die erste Wasserleitung Roms baute, die ich mir später zum Vorbild nahm, und der bis hierher die nach ihm benannte Via Appia anlegte. Auch ist er ein Vorfahre von Tiberius Caesar, den ich immer verehrt habe und dessen Manen ich opferte. Immer näher kamen wir nun an die Stadt heran. Wir übernachteten in Alba Longa, keine vierzehn Meilen von der Stadt, um am nächsten Morgen frühzeitig einziehen zu können. Wie die Nacht, nachdem mir in Moguntiacum meine Adoption mitgeteilt wurde, habe ich diese letzte vor der Begegnung mit dem Senat und Volk von Rom vor den Altären der Vaterlandsgötter zugebracht.

Als die Sonne über den Albanerbergen aufging, begann die letzte Strecke des Wegs. Für mich werden diese wenigen Meilen stets eine Via sacra sein, denn sie führten mich zum Römischen Volke, dem wahren Herren des Erdkreises, dessen Vertreter und Beschützer ich nun war. Wie würde es mich empfangen – wie werden die praetorischen Cohorten sich verhalten?

Meine Lictoren ritten voraus – ich folgte ihnen, begleitet von zwölf Militärtribunen. Pompeia Plotina und meine liebe Schwester blieben in einem schnellen zweirädrigen Wagen ein wenig zurück, würden aber kaum nach mir an der Porta Capena eintreffen.

Am vierten Meilenstein der Via Appia hielten wir an. Dort, auf der rechten Seite, steht das Haus meines Landsmannes, des Philosophen Seneca, der den jungen Nero erzog und für ihn fünf Jahre lang das Imperium regierte. Dann mußte er auf Befehl seines ehemaligen Zöglings aus dem Leben scheiden. Dieser Bericht gehört zu den nicht allzuvielen Stellen im Werke des Cornelius Tacitus, die ich schätze.

Wir fanden das Haus und den schönen Park, wo er den Flammen übergeben wurde, unverändert. Adoptivenkel wohnen jetzt dort. Sie pflegen seinen Nachlaß und achten darauf, daß nichts verlorengeht. Ich versicherte sie meines Schutzes und meiner hohen Achtung für den großen Mann.

Zwei Meilen weiter – schon angesichts Roms – kam mir ein Zug von Senatoren, Rittern und Bürgern entgegen, geführt von meinen Mitconsuln dieses Jahres, A. Cornelius Palma Frontinianus und Sulpicius Barba.

Ich stieg vom Pferde, Plotina und meine Schwester kamen an meine Seite, und so gingen wir auf die Porta Capena zu. Immer mehr Menschen kamen uns entgegen, die Lictoren hatten bald Mühe, uns den Weg freizuhalten.

Tuben ertönten, als wir die Pforte durchschritten. Unübersehbar waren die Menschen, die wohl meinten, ich werde in einem Triumphwagen, gezogen von vier Schimmeln, in die Stadt kommen. Statt dessen sahen sie mich in der schlichten Toga, wie die Consuln und Praetoren sie tragen, meine Hauptstadt betreten.

Einige Augenblicke herrschte Totenstille – dann brach ein tausendfacher Jubel los. Jugend in blühendem Alter, alte Leute, Kranke drängten sich heran – ich erlaubte den Lictoren, alle zu mir kommen zu lassen. Rufe ertönten: »Man erkennt unsern Imperator – ragt er doch hoch über alle empor – er braucht nicht, wie andere vor ihm, getragen zu werden!«

Dein Adoptivvater muß das beobachtet haben, denn er erwähnt es in seinem *Panegyricus*. Dabei ist es doch nicht mein Verdienst, daß ich hochgewachsen bin wie viele Römer in Hispania.

Der ganze Senat hatte sich zu unserm Empfang versammelt. Ich begrüßte jeden einzelnen mit einer Umarmung und einem Kuß. Dann . . .

(»Caesar – darf ich dich unterbrechen?«

»Eigentlich nicht. Oder nur, wenn es etwas sehr Wichtiges ist.«

»Das ist es, Caesar. So können wir deinen Lebensbericht nicht veröffentlichen. Die Leser wären enttäuscht. Sie wollen genauer erfahren, wie dieser erste Tag war.«

»Was soll denn noch gesagt werden? Das Wichtigste habe ich dir doch schon diktiert.«

»Aber nicht, was mein Adoptivvater, der Augenzeuge war, erlebt und aufgeschrieben hat.«

»Keine weiteren Unterbrechungen!«)

(Der junge Plinius vermerkt in seinen geheimen Tagebüchern: »Der Imperator Hadrianus war, wie ich es vorausgesehen hatte, mit dieser zu kurzen Darstellung des Einzugs in Rom unzufrieden. Er befahl mir, die wichtigsten Stellen aus dem *Panegyricus* einzufügen.«)

Hier folgt nun ein Auszug aus der Rede – dem *Panegyricus* –, die Caius Plinius Caecilius Secundus im Senat hielt, als Dank für das Consulat, gesprochen auch im Namen seines Amtsgefährten, Iulius Cornutus Tertullus: »Die Gebete der Bürger haben dich heimgerufen, Caesar, und deine Liebe zum Vaterland ließ dich sie erhören. Davor mußte auch das berechtigte Verlangen nach soldatischem Ruhm zurücktreten. Deine Heimkehr war nicht überhastig, war schlicht, wahrlich als kehrtest du zurück nach Abschluß eines Friedens. Wie stünde es mir an, es eine Tugend zu nennen, daß kein Vater und kein Ehegatte deine Ankunft fürchtete. Andere haben sich in die Brust geworfen ob ihrer sittlichen Reinheit – aber dir wohnt sie inne und braucht nicht eigens gepriesen zu werden. Auch hast du zum Unterschied von anderen, die auf Kosten des Gemeinwesens sich erhöhen zu dürfen meinten, dem römischen Volke, das dir mehr am Herzen liegt als dein eigener Ruhm, alle unnötigen Ausgaben erspart. Dein Beispiel wird weiterwirken – ob sie wollen oder nicht, werden deine Nachfolger gezwungen sein, sich ähnlich zu verhalten.

Deine Verdienste um das Gemeinwesen haben dir seit langem das Recht erworben, dich Pater patriae zu nennen – aber du hast diesen Namen abgelehnt, bis endlich nach einem langen Kampfe zwischen uns, den Senatoren, und deiner Bescheidenheit du dazu überredet werden konntest. Andere haben sich von Anfang an so genannt, du aber warst es in unsern Herzen, lange ehe du es dem Namen nach wurdest.

Der Titel machte keinen Unterschied oder nur den: Wir litten unter einem Gefühl der Undankbarkeit, solange wir dich als Imperator und nicht als Vater anreden durften. Jetzt, da du auch den Vaternamen trägst, lebst du wirklich unter den Bürgern wie ein Vater unter seinen Kindern.

Du verließest die Stadt als Bürger und kehrst als Imperator zurück – weder deine noch unsere Gedanken haben sich geändert. Du lebst unter uns so, wie wir alle leben, doch als der Größte, einfach deshalb, weil du Optimus bist – Optimus Princeps – der Beste Fürst!

Nun laß mich jenes Tages im Spätsommer gedenken, da du in die

Stadt zurückkehrtest – so lange schon erhofft und so sehr ersehnt! Während manche deiner Vorgänger sich nicht einmal mit dem Gepränge eines Triumphators zufriedengaben, sondern auf den Schultern ihrer Mitbürger hereingetragen zu werden wünschten, ruhte *dein* Triumph nicht auf unserer Erniedrigung. Weder Alter, Gebrechlichkeit oder Krankheit noch Unterschiede des Geschlechts haben die Römer zurückgehalten, ihre Augen an solch unerwartetem Anblick zu weiden.

Schon die kleinen Römerknaben erfuhren, wer du seist, die größeren wiesen auf dich hin, alte Männer, Jünglinge und Frauen bewunderten deine hochragende fürstliche Gestalt.

Manchen Leidenden, die sich zu dir hindrängten, hat die bloße Berührung die Gesundheit wiedergegeben!

Schreie hörte man aus der Menge: ›Da wir dich gesehen haben, war unser Leben lang genug!‹ Frauen frohlockten – nun dürften sie Kinder gebären, die unter deiner Herrschaft als Bürger und Soldaten dem Vaterlande dienen würden.

Unter der Last der Schaulustigen sind Hausdächer eingesunken – doch niemand wurde verletzt. Kein Fußbreit Bodens war sichtbar, bis auf eine schmale Gasse, die du durchschreiten mußtest. So dicht waren die Straßen auf beiden Seiten besetzt! Jubelnd und trunken vor Glück umbrandete dich die Volksmenge. Mit jedem Schritt, den du tatest, schwollen die Wogen der Begeisterung.

Und dann, als du die Mitglieder des Senats umarmtest, als du auch den Rittern die Ehre der Begrüßung erwiesest – niemanden brauchtest du, um sie dir vorzustellen! Welche Freundschaft strahltest du aus bei jedem Gruß! Bis zu einem leuchtenden Himmel wuchsen die Stürme der Begeisterung empor, als du inmitten der Menge, fast wie von ihr getragen, weitergingest. Obgleich dich die Menschen so dicht umdrängten, haben deine Lictoren dir höflich und ruhig den Weg gebahnt. Die Soldaten unterschieden sich in nichts von den Bürgern, weder in der Kleidung noch im Verhalten, noch in ihrer achtungsvollen Rücksichtnahme . . .

Dann stiegest du zum Capitol hinauf, und alle erinnerten sich daran, daß Nerva, den du zu den Göttern erhobest, dort dich an Sohnes Statt annahm. Neuer Jubel – als man dieses segensreichen

Tages gedachte. Überall leuchteten die Opferfeuer auf den Altären – die Gebete aller galten nur deinem Heil, denn ein jeder wußte, daß alle Bürger, alte und junge, daran teilnehmen würden, sollten die Götter diese Gebete erhören.

Dann betratest du das Palatium, mit der gleichen bescheidenen Haltung, als gingest du in ein schlichtes Haus, und alles Volk kehrte heim, um sich im Kreise der Lieben dem gleichen Glücksgefühl hinzugeben ... «

(*Anmerkung des jungen Plinius*: »Hier breche ich den Bericht meines Adoptivvaters vorläufig ab, um zu der Arbeitsstunde mit Divus Traianus zurückzukehren.«)

Schreibe also weiter: Auf dem Capitol, das ich betreten konnte, als die Menge mir den Weg freigab, habe ich Iupiter, Iuno und Minerva geopfert und meinem Vater, Divus Nerva, einen neuen Altar geweiht.

Was die Augusta sagte, als sie das Palatium betrat, das haben wir schon festgehalten. In den Jahren, die seither vergangen sind, hat sie sich nicht gewandelt. Möge sie dereinst, wenn ich nicht mehr unter den Lebenden bin, mein Erbe verwalten, wie Iulia Augusta das Erbe von Divus Augustus verwaltet hat.

(»Caesar – möge die Augusta noch lange darauf warten müssen. Die Erde braucht dich nötiger als der Olymp. Obgleich auch dort manchmal ein kluger Ratgeber, der sich auf Erden auskennt, nicht schaden würde!«

»Ich weiß deine Treue zu schätzen, care puer – aber diese Bemerkung geht zu weit. Sie grenzt an Lästerung der unsterblichen Götter, die keines menschlichen Rates bedürfen.«

»Aber wenn ein Mensch, mit seinen irdischen Erfahrungen, unter die Unsterblichen versetzt wurde ... ?«

»Laß das, du weißt, was der Imperator Titus über die Divi Imperatores gesagt hat.«)

Schreibe weiter: Daß Diva Ulpia mir ihre Tochter Matidia hinterließ, ist ihr bleibendes Geschenk. Gewiß wacht sie über ihr.

Wie von Kindheit an war ich am nächsten Tage wach, ehe noch die Sonne aufging. Ich gab Weisung, alle in Rom anwesenden Soldaten, die Praetorischen Cohorten vor allem, auf dem Marsfeld zusammenzurufen. Ich würde zu ihnen sprechen. Die Bürger sollten sich am Nachmittag auf dem Forum versammeln.

Nicht mehr in der Bürgertoga trat ich vor die Soldaten. Ich trug einen Kranz aus frischem Lorbeer, wie Tiberius Caesar, der überzeugt war, ein Fürstenhaupt, gekrönt mit diesen dem Iupiter geheiligten Zweigen, könne nicht von einem jähen Schicksalsschlag getroffen werden. Über den Schultern trug ich das purpurne, aus feinem Leinen gewobene Paludamentum, darunter die purpurverbrämte Tunica aus Sererseide. Meine vierundzwanzig Lictoren trugen die Rutenbündel ohne Beile.

Ich mußte mit einer Meuterei rechnen – ja, mit einem Angriff auf mein Leben. Denn die öffentlichen Kassen waren so erschöpft, daß ich nur einen Teil des erwarteten Donativums auszahlen konnte – es waren 650 Denari –, eine gewaltige Summe, aber gering im Vergleich zu den Kosten, die eine Meuterei oder ein neuer Bürgerkrieg verschlungen hätten. Die Zahlmeister verteilten das Geld in *Aurei* mit meinem Kopfbild und Denare mit der *Fortuna Redux* zur Feier meiner glücklichen Heimkehr. Im Augenblick konnten jedem einzelnen nur 400 Denari ausgezahlt werden. Ich trat nicht vor sie hin, als ob ich eine Meuterei erwartete, sondern in der selbstverständlichen Annahme, daß die Leute zufrieden sein würden. Diese Haltung merkten sie, und so regte sich nicht ein Laut des Aufruhrs. Vielleicht hatten sie auch gefühlt, daß ich mich im Falle einer Meuterei benehmen würde wie seinerzeit Divus Iulius, als ihm seine Legionen den Gehorsam aufsagten und in der Meinung, er sei auf sie angewiesen, um ihre Entlassung baten. Er hat sie ihnen sofort gewährt und zum Zeichen dafür sie nicht mehr als »Commilitones« – Kameraden – angeredet, sondern »Quirites« – Bürger! Worauf sie flehentlich baten, wieder aufgenommen zu werden.

Ich sprach ganz kurz zu meinen Soldaten – berichtete, was in Germania und am Danuvius geschehen sei und daß dort ein großer Krieg drohe. Sollte Dekebalus weiterrüsten – was er tat! –, so würde ich ihm nicht erlauben, das Imperium anzugreifen. Vielmehr würde ich als Sachwalter des Römischen Volkes den Krieg in seine Länder tragen. Ich hätte auch die Absicht, die vor über

243

hundert Jahren damals weise von Divus Augustus gesteckten Grenzen zu überschreiten und dem Römischen Volke neue Provinzen am Danuvius und dann im Osten, am Euphrates und am Tigris, zu gewinnen.

Ich wollte noch weitersprechen, aber meine Worte gingen unter in einem tausendfachen Jubelschrei — »Ave Imperator invicte – Ave Pater patriae – Ave ... Ave ... «

Gerade konnte ich noch ankündigen, daß jetzt alle Vorbereitungen zum Kampfe gegen Dekebalus beschleunigt durchgeführt werden müßten und daß ich beabsichtigte, zwei neue Legionen auszuheben.

Zum Volk sprach ich von den Rostra aus, gegenüber dem Altar von Divus Iulius und dem Tempel der Siegesboten Castor und Pollux.

Wenn gewisse Consularen und Senatoren meinten, ich würde das Andenken des »Tyrannen« Domitianus in den untersten Hades wünschen, wurden sie bitterlich enttäuscht. Ich ging auch auf ihre Zurufe nicht ein, etwa: »Ave, Imperator optime – dich haben die Götter gesandt – welch ein Glück, daß der böse, der blutgierige, erschlagen wurde!«

Ich ließ durch die Herolde Ruhe gebieten, sagte, ich wünschte nicht, mich auf Kosten eines meiner Vorgänger zu erhöhen! Dann verkündete ich gelassen, nach welchen Grundsätzen von Recht und Billigkeit ich die Herrschaft ausüben würde. Die Schmeichler waren beschämt, das Volk jubelte mir zu.

Ich ließ an zweihunderttausend Bürger Getreide verteilen und zahlte an weitere hundertfünfzigtausend das volle, versprochene Donativum von 650 Denaren aus. Es war wohl das größte Geschenk, das ein Imperator je dem römischen Volke machte, aber wiederum kann ich nur sagen: Ein Bürgerkrieg wäre teurer gewesen.

Daß mich nun das Volk von Rom hochleben ließ, hatte bestimmt mit den Zuwendungen zu tun – aber es wurde mir doch vertrauenswürdig berichtet, daß ich die Liebe meiner Mitbürger gewonnen hatte. Sie hätten nicht gemurrt, auch wenn ich ihnen, wie den Soldaten, nur einen Teil gezahlt und sie für den Rest auf später vertröstet hätte. Ich habe dir vor einiger Zeit zu schreiben gegeben, daß ich einen neuen Weg fand, der mich zum Glück eines Vaters führen werde. Ich habe auf den mütterlichen Rat der Augusta hin ein Werk aufgegriffen, dessen kleine Anfänge auf die Zeit von Divus Nerva zurückzugehen. Ich schuf ein Fürsorgewerk für mittellose Knaben und Mädchen! Erst waren es fünftausend stadtrömische Kinder, dann habe ich diese Fürsorge auf ganz Italia und schließlich auf manche Provinzen ausgedehnt, zuerst in der Baetica und im südlichen Gallia. Dafür mußten eigene Kassen geschaffen werden.

»Vater und Mutter« der italischen Jugend, ja, der Jugend des Imperiums hätten wir uns seitdem nennen dürfen. Aber die Augusta und ich haben solche Namen abgelehnt. Da uns die Götter eigene Kinder versagt haben, uns aber mit der höchsten Macht betrauten, konnten wir uns selber Kinder schaffen, viele tausende, Knaben und Mädchen, patricische, plebeische, italische, hispanische, gallische, hellenische aus allen Völkerschaften des römischen Erdkreises. Jahre sind seit meiner ersten *Constitutio*, der Gründungsurkunde, vergangen, heute läßt sich die Zahl unserer »Kinder« nicht mehr abschätzen. Viele habe ich als tapfere Soldaten kennengelernt, manchem, der tödlich verwundet wurde, habe ich selber die Augen zugedrückt und ihm versprochen, daß ich mich um seine Angehörigen kümmern werde.

(»Caesar, selbst wenn alle deine Schlachtensiege je vergessen werden sollten, diese Tat wird im Gedächtnis der Menschen weiterleben. Noch in Jahrtausenden werden gute Herrscher deinem Beispiel folgen. Die *Christiani* – ich sagte dir ja, ich habe Freunde unter ihnen – sind der Meinung, du gehörtest zu ihnen, auch wenn du es nicht weißt.«

»Das wird mir jetzt zu viel! Ich ein *Christianus*?!«

»Sie sagen, Caesar, du befolgtest die Gebote ihres ›Meisters‹, selbst ohne sie zu kennen. ›Lasset die Kleinen zu mir kommen und wehret ihnen nicht!‹ habe er gesagt. Du erfülltest also seinen Willen, weil eine innere Stimme es dir befahl. Vielleicht weißt du es nicht, Caesar: Viele deiner ›Kinder‹ gehören jetzt zu den *Christiani*. Sie sagen, du habest ihnen den Weg gewiesen.«

»Genug davon, parve puer! Als römischer Imperator und Pontifex maximus habe ich unsern Göttern zu dienen und nicht einem judaeischen ›Unbekannten Gott‹.«

»Nur noch eines, Caesar: Die *Christiani* sagen, jede menschliche Seele sei ihrer Natur nach *anima Christiana*.«

»Dann wäre ja der ›Meister der *Christiani*‹ dem Uranos gleich, aus dem alles geworden ist und vor dem nichts war als das Chaos.«

»Darüber weiß ich nicht Bescheid, Caesar. Über solche Geheimnisse sprechen die *Christiani* nicht mit mir, weil ich nicht dazu gehöre. Vielleicht später einmal – du hättest doch nichts dagegen, Caesar?«

»Wenn es feststeht, daß sie keine Verbrechen begehen! Das mußt du sehr genau prüfen. Aber jetzt wollen wir fortfahren – wir sind eben bei meiner Ankunft in Rom angelangt!«

»Ein letztes, Caesar! Sie schließen dich täglich in ihre Gebete ein – wie könnten sie da Verbrecher sein!«

»Der Senat, kleiner Schullehrer, bringt den Göttern seine Gelübde dar für das Wohl des Imperators und die ewige Dauer des Imperiums. So wurde es gehalten, bis dein Adoptivvater eine Änderung beantragte. Nun lauten die Bitten, wie du weißt, ›die Götter mögen mit mir sein, wenn und solange ich das Gemeinwesen gerecht und zum Nutzen der Allgemeinheit leite‹. Er hat hinzugefügt, das Gemeinwesen habe mit den Göttern ein Abkommen geschlossen, sie möchten mein Heil und meine Sicherheit so lange beschützen, als ich für jedermann, hoch oder niedrig, das gleiche tue.«

»Die *Christiani*, Caesar, fügen ihren Gebeten keine solchen Einschränkungen hinzu. Sie wissen, daß du im Geiste einer höchsten Ordnung handelst und daß das Heil des Erdkreises von dir abhängt.«

»Da bin ich mir selber gegenüber strenger. Jedes Jahr bitte ich die Götter zu prüfen, ob sie nicht ihre Meinung über mich ändern möchten – für den Fall, daß ich im Laufe der letzten Zeit anders geworden sei. Jetzt aber wirklich genug davon! Fahren wir fort!«)

Meine Erfahrungen auf der Via Appia hatten mir gezeigt, daß das ganze Straßennetz des Imperiums überprüft werden müsse, denn die Sicherheit des Gemeinwesens hängt davon ab. Rasch müssen wir an jede gefährdete Stelle unserer so langen Grenzen Truppen werfen können, die Feinde müssen wissen, daß Rom, dank seinen Straßen, immer nahe ist. Doch auch des inneren Friedens wegen dürfen wir die Straßen nicht weiter verfallen lassen. Der Warenaustausch hängt davon ab, und lernfreudige Jugend, Gelehrte, Ärzte, Künstler, Lehrer müssen ungehindert und rasch ihre Wege gehen können.

Ich rief aus Rom und aus den Provinzen die Fachleute zusammen, die mir auf großen Blättern die Straßen und ihre schadhaften Stellen zeigten mußten. Da »alle Wege nach Rom führen«, mußten alle Straßen dorthin verbessert, zum Teil erheblich verbreitert werden, nicht nur die Via Appia; auch die Via Flaminia, die Via Latina, die Via Ostiensis zu unserm Hafen von Ostia und wie sie alle heißen. Auch in den Provinzen mußte etwas für den Straßenbau geschehen, in den beiden Germania, in Gallia, in Britannia und ganz besonders in Pannonia, den Danuvius entlang, in Moesia – stand doch der Krieg mit Dekebalus bevor. In Numidia in Africa proconsularis ließ ich durch meinen Legaten, den Befehlshaber der III. Legion *Augusta*, meiner Schwester zu Ehren die Colonia Marciana Traiana anlegen und die Orte Thamugadi mit Theveste verbinden. Gegen die im Süden hausenden räuberischen Stämme mußten gleichfalls Militärstraßen angelegt werden.

Ich fand auch, daß sich Rom immer noch nicht ganz von der Zerstörung der Brände und der Bürgerkriege erholt habe. Daher begann ich schon damals mit großen neuen Bauten, Säulenhallen, einem Forum, das jetzt nach mir heißt, mit Tempeln und mit Verbesserungen am Circus maximus und am Flavium Amphitheatrum.

Das alles kostete viel Geld, und ich war gezwungen, den Silberfeingehalt des Denars zeitweilig auf ein Fünftel zu senken. Dennoch ist keine Teuerung eingetreten, denn das Volk hat anscheinend zu den Münzen mit meinem Kopfbild mehr Vertrauen gehabt als zum früheren Silbergehalt.

(»Caesar, als ich zehn Jahre alt war und zum ersten Male meinem Adoptivvater als Schreiber dienen durfte, hat er mir einige Münzen geschenkt, die du damals schlagen ließest – ich habe sie noch immer. Darunter die, die auf der Rückseite die *Victoria* zeigen, andere die *Concordia*, weil zwischen dir und dem Senat Einstimmigkeit herrschte. Dann habe ich noch andere, vom Bau des Triumphbogens über der Via Appia, da sieht man dich auf der Attika mit einem Zehngespann, dazu die *Victoria* und gefesselte Barbaren. Eine andere Münze zeigt dich, zusammen mit der Friedensgöttin *Pax*.«

»Weil damals mehrere Monate ohne Krieg vergingen, mein kleiner Numismaticus! Hebe sie gut auf, diese Münzen, sie sind heute sehr selten.«)

An den Calenden des Januar des Jahres 853 a. U. c., als ich mein drittes Consulat antrat, habe ich beim ersten Morgengrauen die Curia betreten, wo der Senat schon vollzählig versammelt war. Ich habe dieser ehrwürdigen Körperschaft ihre alten Rechte und Freiheiten zugesichert und feierlich erklärt, daß ich ohne Rücksicht auf Parteiungen das Wohl aller Bürger vertreten wolle. Alle Senatoren, sagte ich, könnten von nun an frei und offen ihre Meinung vertreten. Ich erinnerte an die Worte von Tiberius Caesar, daß in einem freien Gemeinwesen Wort und Schrift frei sein müßten.

Dafür, daß ich gelobte, ich würde Leben und Ehrenstellen eines jeden unangetastet lassen, brauche ich nicht bedankt zu werden! Wie Annaeus Seneca an Nero Caesar schrieb: »In den Augen eines Fürsten ist niemand von so geringem Werte, als daß dessen Untergang nicht beachtet würde. Mag er sein, was er will, auch der Geringste ist Teil des Imperiums.« Die Gespräche mit meinem Paedagogen Archelaos fielen mir ein – unsere Gespräche über Senecas *Clementia Caesaris* –, daß Milde und Gerechtigkeit einen Fürsten besser schützen als alle Leibwächter es könnten!

Wenn der Fürst zum Schutze des Imperiums das Schwert trägt, möchte ich hinzufügen, dann soll er als sein Kennzeichen auch die Waage der Gerechtigkeit führen.

Zwei Aufgaben warteten beim Antritt des dritten Consulats auf mich: Die Freilassung und Rückberufung aller Verbannten, um die Nerva sich zu kümmern keine Zeit mehr hatte, und dann die Bestrafung der noch übrigen Spitzel und Angeber.

(»Caesar – hat man dir nicht berichtet, daß unter denen, die der

Imperator Domitianus auf die Insel Patmos verbannt hatte, der letzte noch lebende Jünger des ›Meisters‹ der *Christiani* war – er hieß Johannes und hat nach deinem Gnadenerweis noch einige Jahre als Episcopos in Ephesus gelebt, wo er auch begraben ist und nunmehr als ein Heiliger verehrt wird. Er hätte dir viel von den Lehren des ›Meisters‹ berichten und dir auch vieles über die Zukunft des Imperiums und des ganzen Kosmos mitteilen können. Er soll vorausgesagt haben, daß die Erde und alle Gestirne einmal in Feuer und Grauen untergehen würden, um der Geburt einer neuen Erde und eines neuen Himmels Platz zu machen.«

»Das entspricht den Lehren der Stoiker. Auch sie meinen, die Welt werde in einem allesverzehrenden Feuer untergehen. Ob er diese Lehren gekannt hat?«

»Das weiß ich nicht, Caesar. Darüber sprechen die *Christiani* nicht mit mir. Vielleicht bin ich ihnen zu jung, oder sie haben gehört, daß ich dem Kult des Mithras nahestehe.«

»Mit deinem Wissen über Götter und Menschen, o praecox puer, werde ich dich noch einmal ins Collegium der Auguren berufen – ich meine das ganz im Ernst.«

»Caesar – meinen Adoptivvater hast du in seinem 43. Lebensjahr zum Augur ernannt ... wie käme ich nun dazu ...«

»Jetzt bist du rot geworden! Lassen wir das! Es hat ja auch noch Zeit.«)

Auf Wunsch des Senats und des Volkes von Rom habe ich die Angeber, die über so viele gute Bürger Unglück gebracht haben, nach uraltem, wenn auch seit langem nicht mehr geübten Brauch den Göttern zur Bestrafung überlassen. Ein Gemeinwesen, das auf Recht und Gesetz gegründet ist, darf nicht durch deren Mißbrauch untergehen. Diese Verderber Roms wurden vom Forum und aus den Tempeln verjagt und zu den Hafenstädten getrieben. Dort lagen Schiffe bereit, ohne Steuermann. Die mußten sie besteigen. Die Ankertaue wurden gekappt, als der Wind zum Meere wehte. Nun waren sie den Wogen und den Winterstürmen überantwortet und die Götter konnten entscheiden, ob sie eine ferne Küste erreichen oder versinken würden.

Wichtig erschien mir, das menschliche Vertrauen unter den Bürgern wieder herzustellen. Am übelsten hatten sich manche Sklaven aufgeführt, die ihre Herren bespitzelt und sich dadurch lieb Kind machten. Wo kämen wir hin, wenn nicht einmal im eigenen Hause, am Familientisch, ein offenes Wort gesprochen werden könnte. Was stört es den Princeps, was schadet es dem Gemeinwesen, wenn bei den Penaten Bürger noch so sehr über uns herziehen. Daher habe ich strengstens verboten, daß Sklaven ihre Herren bespitzeln, gar anzeigen dürfen – es sei denn, es handle sich um wirkliche Verbrechenspläne – Mord, Verrat, oder was immer – Dinge, die unter die allgemeinen Strafgesetze fallen.

Das alles sind Maßnahmen, für die ich kein Lob erwarte – auch nicht, daß ich während der Monate, da ich das Consulat bekleidete, selber Recht sprach – nicht als Princeps und Imperator, der das Recht selber gestalten könnte, sondern als Consul, gemäß den Gesetzen des Gemeinwesens.

Nicht anders haben Divus Augustus, Tiberius Caesar, auch Divus Claudius und die flavischen Imperatoren gehandelt. Recht zu sprechen gehört zu den Pflichten unseres Amtes. Guten Gewissens konnte ich, als ich das Consulat niederlegte, den Eid leisten, daß ich nichts gegen die Gesetze getan habe.

Aber während meine Freunde und ich in Rom und in den Provinzen das Gemeinwesen ordneten, zog immer drohender der Krieg am Danuvius herauf, und immer mehr wurde ich gezwungen, den nötigen Rüstungen meine Aufmerksamkeit zuzuwenden.

Neunzehntes Kapitel

AUFBRUCH ZUM ERSTEN DAKERKRIEG

Dein Adoptivvater, mi amice, hatte mich eingeladen, die Saturnalia bei ihm in seinem Hause Laurentum bei Ostia zu verbringen. Die Räume seien würdig des Princeps und groß genug für ihn, für die Augusta und das ganze Gefolge und die Lictoren. Die Haussklaven und Freigelassenen stünden mir zu Verfügung.
Aber ich konnte noch nicht von Rom fort, erst mußte ich ja vor dem Senat sprechen und die weiteren Maßnahmen treffen, die du eben aufgezeichnet hast. Nunmehr, an den Iden des Januarius, war ich bereit. Pompeia Plotina wollte aber in Rom bleiben, um mich sofort zu benachrichtigen, sollte etwas Unerwartetes eintreten. An ihrer Stelle begleitete mich meine Schwester.
Ich nahm kein großes Gefolge mit: einige Schreiber, den neuen Praefectus praetorio, Marcus Mettius Rufus, da Sextus Attius Suburbanus um seine Entlassung gebeten hatte, um sich um das Consulat und ein Priesteramt zu bewerben. Unter dem Imperator Domitianus war Mettius zwei Jahre lang Praefectus Aegypti gewesen, dann aber auf Grund einer verleumderischen Anklage in Ungnade gefallen und auf eine kleine, unwirtliche Insel verbannt worden. Von dort habe ich ihn heruntergeholt – auf seine Treue konnte ich mich verlassen!
Das Laurentum deines Adoptivvaters ist nur siebzehn Meilen von Rom entfernt und leicht zu erreichen. Wem gehört es jetzt eigentlich?
»Mir, Caesar, meine Tante und Adoptivmutter hat es mir testamentarisch vermacht. Aber ich bekomme es erst, wenn ich 21 Jahre bin. Jetzt sitzt ein Verwalter mit seiner Familie dort.«
»Nach Laurentum willst du dich einmal zurückziehen, wenn du alt bist?«

»Ich glaube nicht, daß ich alt werde, Caesar ... auch könnte ich mir das gar nicht leisten. Laurentum würde ich verkaufen, um in Comum am Lacus Larius bei entfernten Calpurnischen Verwandten leben zu können.«

»Was willst du dort tun?«

»An die Zeit mit dir denken, Caesar, und alles aufschreiben, was deinem Ruhm dienen kann. Aber ich sagte schon – ich glaube nicht, daß ich alt werde.«

»Ich habe dich noch nie so ernst gesehen. Du bist jung und gesund – die Götter haben gewiß noch viele Jahre vor dir ausgebreitet ... du schweigst ...?«

(Aus den geheimen Tagebüchern: »Ich weiß nicht, warum ich an diesem Tage solche Gedanken hatte. Der Imperator unterbrach unsere Arbeit, um mir Zeit zu geben, mich wieder zu fassen.«)

Dein Adoptivvater hat ja in verschiedenen Briefen sein liebes Laurentum genau beschrieben, wir brauchen uns also nicht lange dabei aufzuhalten. Gerade im Winter war es mit seinen Hypokausten und seinen offenen Kaminfeuern ein sehr angenehmer Aufenthalt. Ich suchte mir die Zimmer aus, von denen man die stürmische See sah, deren Gischt oft bis zu den Fenstern heraufspritzte. Kaum bräuchte man hier eine Heizung, so stark ist auch im Januar die Sonnenstrahlung. Schön fand ich auch das große beheizte Schwimmbecken mit seinen blauen und weißen Kacheln und den fröhlichen Delphinen und Neiaden. Da schwimmt man im tiefsten Winter und sieht vor sich, ganz nahe, das winterliche Meer und meint, man sei mitten darinnen.

Dein Adoptivvater hatte auch eine große Bibliothek angelegt, die mir später als Vorbild zur Errichtung der meinen in Rom gedient hat. Ich fand dort die ausgezeichneten Werke seines Oheims und Adoptivvaters über die Germanenkriege und die vielen Rollen seiner Naturgeschichte. Auch ganz selten gewordene Bücher, griechische, selbst ägyptische und indische, gab es – die Schätze von Jahrhunderten. Es wäre ein großer Verlust, wenn sie von einem Käufer, der nichts davon versteht, verschleudert würden. Mi amice – du sollst Laurentum nicht verkaufen – ich werde dafür sorgen, daß du es halten kannst!

»Ich danke dir, Caesar . . . «

»Damit bewahren wir diese Schätze auch für die Nachwelt. Du brauchst mir nicht zu danken!«

Dein Adoptivvater beklagte sich, daß Laurentum noch kein fließendes Wasser habe, obgleich doch überall Quellen erschlossen werden können. So nahe vom Meer, und dennoch ist das Wasser klar und frisch. Als Gastgeschenk habe ich ihm Leitungen legen lassen – nun kann man, wie du weißt, kaltes und heißes Wasser in den Baderäumen und allen Schlafzimmern und in der Küche haben.

Was aber diese zehn Tage in Laurentum unvergeßlich macht, das waren die abendlichen Gespräche, zu denen dein Adoptivvater den griechischen Philosophen und Geschichtsschreiber Plutarchos aus Chaironeia einlud, dazu den Consular Lucius Florus Marcus Mestrius, der Plutarchos das römische Bürgerrecht verschafft hatte, und den Quintus Sosius Senecio, der als Procurator von Achaia Plutarchos kennengelernt hatte. Er heiratete die Tochter meines treuen Freundes Sextus Iulius Frontinus, meines Mit-Consuls in diesem Jahre. Ihm habe ich, wie ich schon erwähnte, manchen guten Ratschlag bei meinen Feldzügen zu verdanken und auch, wie ich die Wasserversorgung Roms ausbauen und verbessern könnte.

Als ich Rom betrat, hat mich Quintus Sosius Senecio begrüßt, bekleidete er doch das Consulat! Richtig kennengelernt habe ich diesen hervorragenden Mann aber erst in Laurentum. Als Legatus Augusti pro praetore von Moesia inferior, wozu ich ihn ernannte, hat er sich bekanntlich im zweiten Kriege gegen Dekebalus ausgezeichnet. Ich habe ihm die *ornamenta triumphalia* verliehen und ihn sogar mit einer Statue ausgezeichnet.

(»Caesar, damals war ich sieben oder acht Jahre alt, aber ich erinnere mich gut daran. Mein Adoptivvater hat oft davon erzählt, und er war sehr stolz darauf, daß die winterlichen Zusammenkünfte in seinem Laurentum dir einen so tüchtigen Mitstreiter gaben.«

»Dabei haben wir damals zwar auch über militärische Dinge – den kommenden Krieg gegen Dekebalus vor allem – gesprochen, aber doch mehr über philosophische. Denn auch davon verstand er viel.

253

Sein Tod vor einem Jahr war ein großer Verlust für das Imperium. Dein Adoptivvater hat bei diesen abendlichen Gesprächen selten selber das Wort ergriffen. Er hat sie freundschaftlich gelenkt, ausgleichend, wenn die gegensätzlichen Meinungen aufeinander-zuprallen drohten. Aber alles vollzog sich in voller Freiheit. Ich wurde in keiner Weise bevorzugt. Da ich meiner soldatischen Jugenderziehung nach wenig Gelegenheit gehabt habe, mich phi-losophisch zu bilden, haben diese Gespräche manches nachgeholt. Plutarchos, ein Jünger Platons, liebte es, über ›letzte Dinge‹ zu sprechen – war er doch auch ein Priester des Delphischen Apollon. Der Gedanke an den Tod hat mich immer stark bewegt. Nicht weil ich ihn fürchtete – kommt er doch, wann er kommen soll! Aber weil ich mich fragte – und das tue ich noch immer –, wieviel Zeit mir die Götter gönnen würden, um das Gemeinwesen nach innen zu ordnen, nach außen zu sichern und dem Römischen Volke neue Provinzen zu gewinnen. Wie sollte ich meine Zeit einteilen, was sollte ich zuerst tun?«

»Caesar – wenn du einen Sohn hättest, würdest du dann weniger Sorgen um das Gemeinwesen haben?«

»Divus Nerva hatte auch leibliche Nachkommen, hat sie aber zu meinen Gunsten übergangen. Vielleicht würde ich dasselbe tun.«

Aus einem Schreiben des Imperators Hadrianus: »Da hättest du doch fragen können ... warum hast du das nicht getan?«

In den geheimen Tagebüchern des jungen Plinius fand sich die Abschrift eines Antwortbriefes, in dem es heißt: »Domine et Im-perator Sanctissime, als Divus Traianus in Laurentum war, warst du erst 25 Jahre alt. Bestimmt hat er damals nicht an dich gedacht – eine solche Frage hätte ihn nur verstimmt. Vielleicht hätte er auch einen ganz anderen Namen genannt, und das wäre doch sicher nicht in deinem Sinne!«)

Mit Plutarchos habe ich immer Verbindung gehalten. Ich schätze ihn sehr, wenn ich auch von Philosophie nicht viel verstehe. Was mich beeindruckt, ist seine Lehre vom göttlichen *Logos*, die er von Platon übernommen hat.

(»Caesar, damit steht auch Plutarchos, genau wie Platon selber, den *Christianis* nahe. Erst unlängst erfuhr ich von meinen Freun-

254

den, daß eine Schrift des Mannes, den du aus seiner Verbannung auf Patmos herausließest, mit den Worten beginnt: »Im Anfang war der *Logos*.«

»Ich werde dich doch noch zum Auguren machen, schon ehe du achtzehn Jahre alt bist. Fahren wir fort!«

»Jetzt werde ich dich nicht mehr unterbrechen, Caesar!«

»Davon bin ich überzeugt – bis zum nächsten Mal!«)

Plutarchos ist aber auch ein guter Kenner Senecas, das merkte ich in Laurentum. Er sagt, niemand sterbe zu früh oder zu spät – jeder stirbt zu der ihm eigenen Zeit, und das konnte er durch recht bissige Beispiele »erweisen«: Divus Augustus mußte so lange leben, um die Härte, die er zu Anfang zeigte, vergessen zu machen – wäre er jung gestorben, hätte niemand ihn geliebt! Divus Titus hingegen hatte das Glück, nach einer Regierung von nur zwei Jahren, zwei Monaten und zwanzig Tagen zu sterben – auf der Höhe seines Ruhmes und geliebt seiner Milde wegen. Hätte er länger gelebt, vielleicht daß sein Ruf heute ein ganz anderer wäre. Wie steht es mit der ärztlichen Kunst – kann die unser Leben verlängern, wollte ich wissen. Nein – antwortete er –, sie kann in Krankheiten unser Leben erträglicher machen, sie kann Schmerzen lindern, aber dem Leben keine Stunde hinzufügen, denn von Gott ist es festgelegt und begrenzt. Wobei mir auffiel, daß er »Gott« sagte und nicht »die Götter«.

Plutarchos war gerade dabei, seine vergleichenden Biographien zu beginnen, die er dem Quintus Sosius Senecio widmete. Ich komme zwar nicht darin vor, aber ich weiß, daß seine Verehrung für mich ihn stark beeinflußt hat in seinem so günstigen Urteil über das Imperium und seine Herrscher.

(Die folgende Stelle ist auf Wunsch von Hadrianus nachträglich eingefügt worden: »Der Grieche Plutarchos hat auch um ein größeres Verständnis geworben zwischen Römern und Griechen, die er als gleichwertige Träger des Imperiums betrachtete . . . «

Post scriptum – nicht zur Veröffentlichung: »Carissime Secunde – den Plutarchos habe ich sehr gut gekannt – er starb erst vor einem Jahr. Er wußte, wie sehr ich Hellas liebe, und das hat seine Freundschaft für Rom wesentlich mitbestimmt.«)

Gerade als wir in Laurentum alle zusammen waren, kam die Nachricht, daß der Consular und Dichter Titus Catius Asconius Silius Italicus in Neapolis in seinem 75. Lebensjahr freiwilligen Hungertodes gestorben sei. Wieder ein Beispiel, daß manche Menschen eines langen Lebens bedürfen, um ihre Anfänge in Vergessenheit zu bringen. Er war der letzte Consul, den Nero Caesar ernannte, noch während seines Consulats kam dieser um.

Ein überaus begabter und wohlhabender Mann, dessen dichterische Darstellung der Punischen Kriege ihn überleben wird. Nicht von der Kraft der caesarischen Commentarien ist das Werk des Italicus, doch eine gute Ergänzung zu den trockenen Darstellungen des Livius!

Aber er hatte einen sehr schlechten Ruf, er galt als böser Angeber, der sich durch seine Verrätereien die Gunst von Nero Caesar erschlich und bewahrte. Schnell ist er dann zu Vitillius übergelaufen – benahm sich aber ehrenvoll, ebenso als Proconsul der Provinz Asia – und damit hat er sehr bald die Flecken, die ihm anhafteten, weggewaschen.

Bei Neapolis hatte er ein schönes Haus erworben, das einstens Cicero gehörte, und mit großer Sorgfalt kümmerte er sich um das Grab des Vergil.

(»Wie dein Neffe, Caesar, um das Grab des Ovid . . . «
»Nur, daß er alles aus eigener Tasche bezahlte!«)

Dessen Geburtstag beging er feierlicher als seinen eigenen!

Als früherer Consul hätte er zu meiner Begrüßung nach Rom kommen müssen – er bat mich aber, ihn zu entschuldigen, und ich gewährte ihm seine Bitte.

Er litt anscheinend an einem unheilbaren Tumor – das dürfte der Grund für seinen Freitod gewesen sein. Er starb umgeben von Freunden und Clienten, die er auf seinem Sofa liegend empfing, heiter bis zum Ende.

Auch in unsere Gespräche über den Tod paßte diese Nachricht hinein. Dein Adoptivvater sagte, sie erfülle ihn mit Gram und Mitleid – nichts sei so kurz und so vergänglich wie selbst das längste menschliche Leben! Es sei noch wie gestern, daß Nero Caesar starb – und doch ist jetzt keiner mehr da, der unter ihm das

Consulat innehatte. So eng, meinte er, seien dem menschlichen Leben Grenzen gezogen, daß man es dem Perserkönig Xerxes nachfühlen könne, was Herodotos berichtet: Beim Anblick seines herrlichen Heeres, das eben den Hellespont überschritten hatte, weinte er – denn in hundert Jahren werde kein einziger aus der Schar dieser blühenden Jünglinge mehr am Leben sein.

Wie das so seine Art war, hat dein Adoptivvater sich an mich gewandt, als spräche er auf dem Forum oder im Senat: »Caesar, ich weiß, du bedarfst keiner anfeuernden Worte – aber ich spreche jetzt wie zu einem willigen Pferd: Da unser Leben so kurz ist, wollen wir die vergänglichen Augenblicke durch unsere Taten verlängern – um der Nachwelt Beweise zurückzulassen, daß wir gelebt haben!«

»Ich danke dir, carissime Secunde«, habe ich geantwortet. »Die Tage in deinem Laurentum haben mir viel gegeben!« Damit beendete ich diese Art von Gesprächen und zog mich mit meinen militärischen Freunden und Ratgebern zurück, um den Kampf mit Dekebalus vorzubereiten. Wir haben damals schon überlegt, daß die Erwerbung einer neuen Provinz – Dacia – nicht lange ausreiche. Um Alexanders Werk wieder aufzunehmen, müßten wir ganz Armenia und Assyria erobern und, als Vorbereitung zum Zug nach Indien, unsere Grenzen vom Euphrates an den Tigris und dann zum Indus vorverlegen.

(»Deinem Adoptivvater stellte ich in Aussicht, ihn bald mit neuen wichtigen Aufgaben im Osten betrauen zu wollen. Ich dachte damals schon an die Statthalterschaft der Provinz Bithynia und Paphlagonia-Pontos, wo er mir den Rücken bei Kriegen gegen die Parther decken sollte. Eine wichtige Provinz – sie beherrscht den Zugang zum Pontos Euxinos und eine große Strecke seiner Südküste. Ich hoffte, daß er sich meinem Rufe nicht versagen werde, wenngleich er sich lieber seinen Studien in Rom gewidmet hätte.«

»Caesar, mein Adoptivvater war sehr beglückt, daß du ihn zum *Legatus pro praetore consulari potestate* ernanntest. Er freute sich, dir in diesem Amte noch besser dienen zu können, denn du weißt ja, wie sehr er dich verehrte.«

»Er war ein ausgezeichneter Statthalter, dein Adoptivvater – wenn

257

er manchmal auch ein wenig zu vorsichtig war und mich bei den geringsten Kleinigkeiten um Rat fragte. So zum Beispiel, ob man in der hübsch gelegenen Stadt Amastris, am Ufer des Pontos Euxinos, einen stinkenden Kanal, voll von den Abwässern und voll von Unrat, zudecken dürfe. Ja, gewiß! habe ich geantwortet, wenn hier eine Gefahr für die Gesundheit der Einwohner besteht – aber sorge dafür, daß genügend Mittel für dieses Werk vorhanden sind! Oder wenn er mich fragte, ob man in Nikomedia, wo eine Feuersbrunst die schönsten Wohnviertel zerstört hat und wo es anscheinend keine Löschgeräte gab, eine Kompanie von Feuerwehrleuten bilden solle. Ich hatte meine Bedenken, denn da schleichen sich manche üble Gesellen ein, die unter dem Vorwand, Feuerwehrleute zu sein, Unruhe stiften wollen! Ein anderes Mal wollte dein lieber Adoptivvater wissen, ob man in Prusa das alte, verfallene öffentliche Bad durch ein neues ersetzen dürfe! Aber im allgemeinen waren die Briefe wichtig und zur Sache. Wir kommen noch darauf zurück.«

»Caesar – noch eine Frage. Hast du in der Bibliothek in Laurentum auch die Werke des Dichters Publius Papinius Statius anzuschauen, gar zu lesen, Zeit gehabt?«

»Über Statius haben wir doch schon gesprochen, im Zusammenhang mit seinem Preisgedicht auf den jungen Flavius Earinos, den Geliebten des Imperators Domitianus.«

»Auch über den Imperator selber, den du schätzt, Caesar, hat er viel Schönes geschrieben.«

»Ich weiß! Leider war auch dein Adoptivvater in seinem Urteil über den Imperator sehr ungerecht. Aber was hat das mit unserer heutigen Arbeit zu tun?«

»Nur eines, Caesar, weil wir doch öfters über die *Christiani* sprechen. Diese scheinen Statius zu den ihren zu zählen. Er habe, sagen sie, von den ›Unbekannten, glückhaften Altären‹ geschrieben, und wem könnten diese schon geweiht sein als dem ›Unbekannten Gott‹.«

»Sie verehren diesen Mann also jetzt, wie du einmal sagtest, als ›Sanctus‹?«

»Anscheinend noch nicht. Ein Jünger des Johannes, den du aus

Patmos herausholtest und der behauptet, hellseherisch zu sein, sagt, noch müsse Statius eine gewisse Zeit in einem ›Reinigungsort‹ verbringen, ehe er ins Elysium darf, weil er sich nicht offen als *Christianus* bekannte.«

»Wen die noch alles zu einem *Christianus* machen werden! Kümmere dich mehr um deine Arbeiten – neulich hast du mehrere Schreibfehler gemacht.«)

(Auf Wunsch des Imperators Hadrianus später eingefügt: »Statius hat auch über die Athener etwas sehr Schönes geschrieben, was die *Christiani* in ihrem Sinne auslegen: Da stehe inmitten Athens ein Tempel, der keinem machtbesessenen Gott, sondern der *Clementia* geweiht sei. Kein Flehender wird von ihr abgewiesen – Tag und Nacht darf man sich ihr nahen – nicht mit Weihrauch, gar mit Blut wird ihr geopfert, sondern mit Tränen der Reuigen, der Sünder und der Hilfesuchenden. Diese Göttin wirkt nicht in metallenen Ebenbildern – sie liebt es, in den Herzen und den Seelen der Menschen zu wohnen . . . Für die Himmlischen war Athen schon immer ein benedeites Land, das gute Gesetze gab der ganzen Menschheit und in eine bis dahin unfruchtbare und dürre Erde den Samen des Geistes einpflanzte. So ist dies nun eine geheiligte Zufluchtstätte für alle Verfolgten, alle Unterworfenen, alle Geknechteten, woher sie auch stammen mögen, seien sie Könige oder Knechte.«

»Caesar, das müßtest du selber lesen. Vielleicht hat Statius gehört, daß auf der Pnyx der ›Unbekannte Gott‹ verkündet wurde. Und – Caesar –, daß er den Areopagiten für sich gewann, den Vater deines Freundes Aemilianus.«)

Von Laurentum sind wir nach Rom zurückgekehrt. Pompeia Plotina hatte mich dort bestens vertreten. Ehe ich aber zum Danuvius aufbrechen konnte, mußte ich dem Volke Spiele geben — »Brot und Spiele«, hat Iuvenal geschrieben, darauf glauben unsere Römer Anspruch zu haben.

Im Neronischen Feuer hatte der Circus maximus schwer gelitten. Ich mußte ihn wiederherstellen lassen, denn in all diesen Jahren war er nicht ausgebessert worden.

Der Senat bot mir hierfür allerlei Ehrentitel an, die ich ablehnte.

Der Circus ist Eigentum des Römischen Volkes, nicht des Princeps. Ich ließ eine Inschrift über dem Haupttor anbringen, daß er nun seines Eigentümers wieder würdig sei.

Diesen verwöhnten Massen mußte man wiederum besondere Schaustellungen bieten – Elephanten, Tiger, Löwen, Nilpferde. Dazu See- und Landschlachten in größtem Ausmaße. Aber wozu das alles wiederholen, es ist genügend bekannt und mit dir, mi amice, habe ich auch schon öfters darüber gesprochen.

Neu war vielleicht, daß ich die weißen Felsen der britannischen Küste auftauchen ließ und daß man die Flotte von Divus Iulius sah, wie sie landete und wie die Legionen festen Fuß faßten.

Auch die Fahrt von Tiberius Caesar ließ ich darstellen, bis hinauf zur Spitze des kimbrischen Chersonnes, Scandia gegenüber.

Aber es gab auch Bilder des Friedens: In der wassergefüllten Arena schwammen Delphine, die Orpheus und andere Schiffbrüchige auf den Rücken nahmen. In Tunis habe ich ja selbst erlebt, daß ein Delphin, der einen Knaben liebte, tagelang mit ihm spielte und ihn weit ins Meer hinaustrug.

Das Volk kam jedenfalls auf seine Rechnung. Solcher Spiele wegen hätte es mir sogar verziehen, wenn ich ein böser Tyrann gewesen wäre. Aber vielleicht kam doch allmählich ein echtes Gefühl auf. Bei meinem Einzug mag es die Schaulust gewesen sein, die das Volk auf die Straßen führte – jetzt, wenn man mir zurief: »Ave, Optime Princeps!« fühlte ich einen Hauch von Liebe.

Die Gladiatorenkämpfe – mit stumpfen Waffen – benützte ich als taktische Übungen für den kommenden Feldzug. Daher ließ ich im Circus Berge aufbauen, dichte Wälder herbeischaffen und plötzlich reißende Wasserfälle niederstürzen. Für manche dieser »Spiele« entwarf ich selber die Pläne, als wäre es der Ernstfall.

Auch das Vaterlandsgefühl wollte ich beleben. Daher ließ ich unsere Niederlagen vom Trasimenischen See, von Cannae und im Teutoburger Wald darstellen. Eine Stimme, die Divus Augustus sein sollte, rief »Vare, Vare – redde mihi legiones . . .«

Als ich merkte, wie sehr dies das Volk bewegte, ja, wie es nach Rache rief für so schmähliche Niederlagen, ließ ich nach einigen Tagen der Vorbereitung auch die furchtbare Niederlage von Carrae aufführen, die Crassus von den Händen der Parther erlitten hatte – außerdem zeigte ich Dekebalus und, wie er, obgleich ihn der Imperator Domitianus besiegt hatte, doch wieder aufbegehrte und wie er jetzt zum Kriege gegen uns rüste.

Mein Herold erklärte dem Volke alle Geschehnisse und fragte dann:

»Wollt ihr solche Schmach ungestraft lassen – oder soll euer Princeps Rache nehmen?« Hunderttausendfach schallte der Ruf zurück: »Ave Imperator invicte!« Die Antwort war eindeutig – ich wußte nun, daß das Volk hinter mir stand.

Als trotz meinem Verbot, nicht bis zum Tode zu kämpfen, der Sand mit Bächen von Blut durchtränkt wurde, war es zu spät, um Einhalt zu gebieten. Dein Adoptivvater, mi amice, hat mich sogar dafür gerühmt – ich hätte das Volk erfüllt mit ehrenvoller Sehnsucht nach einem wundenschlagenden Kampfe und es gelehrt, den Tod zu verachten. Meine Spiele hätten Liebe zu Ruhm und das Verlangen nach Siegen entzündet – selbst wenn die Kämpfer in ihrer Mehrheit Verbrecher und Sklaven gewesen seien.

(»Caesar, darf ich hier eine Frage stellen: Du weißt doch, daß Divus Iulius, wenn er bei solchen Spielen anwesend sein mußte, Briefe diktierte oder Magistrate und fremde Gesandte empfing, um nicht hinschauen zu müssen – und Tiberius Caesar, den du verehrst, blieb solchen Kampfspielen fast immer ganz ferne, wofür Tacitus ihn zu schelten wagt! Wie konntest du, Optime Princeps, milder Vater des Vaterlandes, dann solchen Massenschlächtereien zuschauen – ja sogar sie veranstalten?«

»Eine kecke Frage, parve puer, die ich dir kaum erlaube, weil ich eigentlich keine Antwort darauf weiß. Außer dieser: Ich mußte das Volk befriedigen, ehe ich zum Kriege am Danuvius aufbrach – und schon an den Krieg an Euphrates und Tigris dachte.«)

(Die nächsten Sätze wurden auf Verlangen des Imperators Hadrianus gestrichen, fanden sich aber in den geheimen Tagebüchern des jungen Plinius:

»Vielleicht aber auch, mein vorlauter kleiner Freund, weil ich mich selber abhärten und an den Anblick von Blut, Massensterben und Leichenhaufen gewöhnen wollte. Aber, wenn auch widerwillig, gebe ich dir recht: Weder Divus Iulius noch Tiberius Caesar haben solche Spiele geschätzt oder gar nötig gehabt . . .«

Eine zusätzliche Bemerkung aus einem Briefe des Imperators Hadrianus: »In Hellas hat man dergleichen unmenschliche Scheußlichkeiten nie gekannt – nur in Korinth gibt es sie, aber erst, seit die Stadt eine römische Colonie geworden ist. Hellas hat Rom schon viele Gesetze gegeben – beten wir zu den Göttern, welche es auch geben mag, daß die hellenische Sitte die römischen Unsitten überwinden möge . . .«)

Auch während dieser Spiele blieb ich in dauernder Verbindung mit den Ereignissen im Imperium und an den Grenzen. Es gab keinen Zweifel mehr, daß Dekebalus zum Kriege rüstete und daß er seine Boten, die zum Aufruhr gegen uns hetzten, bis nach Germania, Britannia und Gallia schickte. Mit seinen Versuchen, die Hellenen aufzuwiegeln – im Mutterland und in unsern Provinzen jenseits der Propontis – hatte er kein Glück.

Jeder in Rom, schon jeder Schuljunge liest heute neben Divi Iuli »De bello Gallico« meine Commentarien über die beiden Dakerkriege. Wir brauchen also hier nicht viel Zeit darauf zu verwenden. Ich habe die größte Streitmacht zusammengezogen, die jemals in Pannonia und an den Ufern des Danuvius Stellung bezog – zehn Legionen. Darunter mehrere, die ich aus den germanischen Provinzen holte, so die I. Minervia aus Bonna, die XI. Claudia aus Vindonissa (aus Germania superior), dazu Alen, starke Reitergeschwader aus Britannia, Germania superior, aus Rom selber, auch mehrere Praetorische Cohorten unter meinem treuen T. Iulius Aquilius Saturninus Claudius Livianus. Ich schätzte ihn so hoch, daß ich ihn zu den Verhandlungen mit Decebalus hinzuzog.

Die übrigen Legionen kamen aus Pannonia, den beiden Moesiae und Vindobona. Mein Neffe Hadrianus war zwar eben Quaestor geworden, begleitete mich aber doch auf den Kriegsschauplatz und zeichnete sich durch seinen Mut und seine soldatischen Leistungen auf das höchste aus.

(In den geheimen Tagebüchern des jungen Plinius fand sich ein Schreiben des Imperators Hadrianus: »Carissime Secunde, mit deiner bekannten Keckheit – hättest du da nicht die Frage stellen können, ob Divus Trainaus nicht endlich an eine Adoption seines begabten jungen Neffen hätte denken sollen?«

Ein Entwurf der Antwort hat sich auch gefunden: »Domine et Imperator Sanctissime – manchmal überschätzt du die Geduld und Nachsicht meines großen, imperialen Freundes . . . er mag gemerkt haben, daß ich eine solche Frage stellen wollte und hat abgewinkt . . .«)

Zwei wichtige Männer begleiteten mich: Mein Leibarzt Titus Statilius Kriton – denn man kann ja nie wissen! Oft hat schon eine kleine Wunde, wenn sie nicht behandelt wurde, zu Siechtum oder Tod geführt! Außerdem war er ein guter Schriftsteller und hat die Geschichte der Dakerkriege in seinem Werk »Getica« beschrieben. Der andere war der berühmte Architekt Apollodoros von Damaskus, den ich zum Generalquartiermeister machte und ihm alle Zeughäuser unterstellte.

Ich konnte sie nicht zurückweisen, als Pompeia Plotina und meine Schwester Ulpia mich baten, an meiner Seite bleiben zu dürfen. Anders als jene Agrippina, die Gemahlin des Germanicus, die selber Legionen befehligen wollte, hat Pompeia Plotina niemals in meine Führung eingegriffen. Sie hat sich im Felde nicht anders verhalten als in Rom. Sie und meine Schwester haben mir an manchem Schlachtenabend durch ihre Liebe und Fürsorge Kraft und Mut gegeben.

An den Iden des März des Jahres 854 a. U. c. hat der Senat dem Dekebalus in aller Form den Krieg erklärt. Man hatte durch unsere Späher in Erfahrung gebracht, daß der König nördlich des Danuvius in kriegerischer Absicht Straßen und Castelle bauen ließ und von der Westküste des Pontos Euxinos verbündete Scharen von Geten und Mysiern heranholte. Auch römische Söldner und verräterische Überläufer und in Rom geschulte Festungsarchitekten standen ihm zur Verfügung.

Mir kamen die Gespräche zugute, die ich Jahre davor in Nordafrica mit dem ausgezeichneten Stammesfürsten Lusius Quietus geführt hatte. Er bat, in Gnaden aufgenommen zu werden und brachte mir eine starke Abteilung von Berberreitern aus Mauretania mit.

Zehn Tage nach der Kriegserklärung wurden die feierlichen Opfer

und Gebete dargebracht, gerichtet an Iupiter, Iuno, Minerva –
Iupiter den Sieger und Heilbringer des Gemeinwesens – an Mars
Pater, Mars Victor – an die Göttin Victoria und an Fortuna Redux
– Göttin der glücklichen Heimkehr – an Vesta Mater, Poseidon
Pater und Hercules Victor – daß sie dem Caesar Imperator – Divi
Nervae Filius Nerva Traianus Augustus Germanicus – gute und
glückhafte siegreiche und unverletzte Heimkehr gewähren
möchten.

Es war der Tag, an dem ich mich zum Aufbruch aus Rom entschloß. Aber etwas geschah, was eine gewisse Verzögerung verursachte. Wir brauchen hierüber keine Zeit zu verlieren, jedermann
kennt ja diese Geschichte.

(»Caesar, unserer Leser wegen, vor allem unter der Jugend, wäre
es aber doch wichtig, jene Geschehnisse genauer aufzuzeichnen.
Auch die *Christiani* möchten mehr darüber wissen.«

»Immer deine *Christiani!* Jetzt haben sie schon das Ehepaar Flavius Clemens und den Dichter Statius für sich in Anspruch genommen! Wen noch alles?«

»Vergil, Caesar.«

»Der ist doch gestorben, ehe, nach allem, was mir berichtet wird,
der ›Meister‹ der *Christiani* geboren wurde.«

»Aber er habe die Geburt eines göttlichen Kindes vorausgesagt.
›Des Iupiter mächtigen Nachwuchs‹, heißt es in seiner IV. Ekloge.
Damit habe er niemand anderen als den ›Meister‹ gemeint, sagen
die *Christiani.*«

»Damit kann ich nichts anfangen. Ich nehme die Werke unserer
großen Dichter und Schriftsteller wie sie sind, ohne etwas hinein-
zulegen, was nicht darinnen steht. Wenn ich auch Pontifex maximus bin, so bin ich doch kein *Theologe.* Und wie ich dir schon
einmal sagte – verpflichtet bin ich Iupiter, Iuno, Minerva und den
anderen Himmlischen, die über dem Imperium wachen. Auf jenen
Zwischenfall mit der Mutter des ermordeten Sohnes gehe ich jetzt
nicht ein. Schluß damit! Fahren wir fort.«)

(Eingefügt, mit Erlaubnis des Imperators Hadrianus, auf Grund
der Berichte älterer Augen- und Ohrenzeugen: »Der Imperator
Traianus war an der Spitze einer großen Streitmacht vom Marsfeld

aufgebrochen und zog in östlicher Richtung quer durch die Stadt. Ganz Rom, jung und alt, Gesunde und Kranke – manche von ihnen auf Tragbahren – waren gekommen, um ihrem großen Fürsten zu huldigen, ihm Sieg und gesunde Heimkehr zu wünschen. Über der Stadt lag eine Wolke duftenden Weihrauchs, der aus allen Tempeln und von Hunderten und Hunderten von Straßenaltären aufstieg.

Als der festlich-kriegerische Zug zwischen dem Flavium Amphitheatrum und dem Titusbogen war, gab es plötzlich Unruhe – ein Gewirr von Stimmen. Hinter den Praetorianern und Magistraten drängten und stießen sich die Menschen, die bis dahin geordnet gegangen waren. Ein Anschlag auf das Leben des Imperators? Manche seiner Begleiter griffen nach ihren Schwertern, die Lictoren scharten sich um den Fürsten, der ruhig weiterritt, als ob ihn das ganze nicht beträfe.

Aus dem Lärm und Durcheinander vernahm man jetzt eine grelle Frauenstimme. Die Volksmenge, die Bürger, Soldaten, Lictoren wurden beiseite gedrängt.

Jetzt konnte man verstehen, was die Frau schrie

›Appello in Caesarem – appello in Caesarem!‹

Damit hatte die Ruferin erreicht, daß sie durchgelassen werden mußte. Wer war sie? Eine hagere Frau, der die grau-weißen Strähnen ins Gesicht fielen – die Wangen waren naß – die Augen gerötet von Tränen. Sie sprang nach vorne, ergriff die Zäume des Pferdes – jäh riß es der Imperator zurück und brachte es zum Stehen. Er beugte sich herunter und fragte streng, aber nicht ohne Güte, was sie wolle.

›Caesar – Optime Princeps – mein Mann ist unter deiner Führung in einem Scharmützel am Danuvius gefallen – zu gering, als daß es verzeichnet worden wäre. Nun ist mein einziger Sohn, achtzehn Jahre alt – meine einzige Stütze – ermordet worden. Caesar – ich kenne die Mörder – schaffe mir Rache – nur du kannst es – denn es sind angesehene, reiche Leute – Verbrecher, die römische Waffen für unsern Feind, König Dekebalus, aufkaufen. Mein Sohn, der bei der Stadtpolizei diente, erfuhr es und wollte es anzeigen. Da haben sie ihm aufgelauert und ihn ermordet. Caesar, schaffe mir Recht –

Caesar, räche das unschuldige Blut – Caesar, erbarme dich einer Witwe, deren Mann und nun deren Sohn für das Vaterland starben . . .‹

Viele, sehr viele hatten sie gehört. Totenstille senkte sich herab. Die Feldzeichen mit den goldenen Adlern umflatterten die behelmten Häupter. Ein milder Frühlingswind ergriff den Helmbusch des Imperators.

Er beugte sich herab, maß die Bittstellerin mit den Augen und sagte: ›Warte mit deiner Sache, bis ich zurückkomme!‹

›Und wenn du nicht zurückkehrst, Caesar?‹ Ein unerhörtes Wort, das die Menge erschauern ließ. Konnte es doch wie ein böses Omen klingen. Aber der Imperator sagte ganz ruhig: ›Dann wird sich mein Nachfolger deiner annehmen.‹

Nochmals widersprach sie: ›Nichts wird jener tun, wenn du dich nicht jetzt meiner annimmst.‹

›Mutter – du hast recht‹, sagte er. ›Sei getrost – du hast nicht umsonst gebeten – es ziemt sich, daß ich jetzt das schuldige Werk vollbringe. Das Recht verlangt es, und dein Leid bewegt mein Herz. Wie könnten wir auf die Hilfe der Götter hoffen, wenn ich dir nicht hülfe . . .‹

Er stieg vom Pferde, umarmte die arme Witwe, als sei sie seine Mutter, und befahl, der Schuldigen sofort habhaft zu werden und an ihnen die Todesstrafe zu vollziehen – zur Warnung für künftige Untäter, öffentlich und nach ›der Väter Art‹.

Auch ließ er der armen Frau eine Börse übergeben, um für eine würdige Totenfeier für ihren jungen Sohn zu sorgen und um ihr über ihre bittere Not hinwegzuhelfen.

Dann stieg er wieder zu Pferd und der wundervolle Zug ging weiter – erfüllt nunmehr mit neuem Vertrauen auf die Hilfe der Götter, die einen solchen Fürsten nicht im Stiche lassen würden.«

Nachschrift aus den geheimen Tagebüchern des jungen Plinius: es waren in der Menge, ja selbst unter den nächsten Begleitern des Imperators Traianus, zahlreiche *Christiani* – sie haben noch am gleichen Tage und während des Feldzuges für das Heil des Princeps gebetet.)

Fahren wir fort, mi amice, habe ich gesagt, unterbrich mich nicht mehr, bis wir Brundisium erreicht haben, wo Pompeia Plotina, meine Schwester und ich sich mit mehreren Cohorten einschifften. Andere Abteilungen hieß ich auf dem Landweg durch Illyria und Pannonia marschieren, um sich dort mit den bereitgestellten und den noch erwarteten Legionen aus Germania und Britannia und den Alen aus Hispania und den Reiterschwadronen unter Lusius Quietus zu vereinen.

Ich war mir bewußt, daß es ein Krieg sein würde, den man nicht in einem Sommerfeldzug beenden könne. Er werde ein Vorspiel sein für den noch größeren, an der Südküste des Pontos Euxinos, bis zum Mare Caspium und am Tigris. Sollten die Götter uns gnädig sein, dann, als Alexanders Erben, bis zum Indus!

Zwanzigstes Kapitel

DIE ERSTE STEINERNE BRÜCKE ÜBER DEN ISTER

Nach einer ruhigen Überfahrt gingen wir bei Dyrrhachium an
Land, um Apollonia zu besuchen, wo der junge Octavianus stu-
dierte und wo er von der Ermordung seines Großoheims erfuhr.
Als Caesar Octavianus eilte er zurück nach Italien.
(Aus einem Briefe des Imperators Hadrianus an den jungen Plinius: »Was dir der Imperator Traianus hier diktiert hat, nenne ich
eine Kurzfassung der Ereignisse. Das Entscheidende war doch,
daß der ›Großoheim‹ in seinem Testament den jungen Octavianus
an Sohnes Statt annahm. Warum hast du nicht darauf aufmerksam
gemacht?«
Aus einem Antwortschreiben des jungen Plinius: »Domine et
Imperator Sanctissime, ich nehme an, daß Divus Traianus ganz
bewußt eine solche Fassung wählte, um Fragen der von dir ange-
deuteten Art nicht aufkommen zu lassen. Du weißt doch auch, daß
ich in keiner Weise den Argwohn des Imperators erwecken
durfte.«
Aus einer kurzen Erwiderung des Imperators Hadrianus: »Ton
und Stil deines letzten Briefes gefallen mir nicht, kleiner, frecher
Junge. Aber leider hast du recht. Lassen wir das!«)
Mein Neffe Hadrianus bat mich um Urlaub. So nahe bei Hellas zu
sein und es nicht besuchen zu können, wäre doch zu schmerzlich.
Er wolle auch prüfen, wie die griechischen Städte mit ihren Geldmitteln umgehen – denn selbst er, ein großer Freund von Hellas,
habe hier einige Bedenken!
Diese Bemerkung hat mich veranlaßt, einen Freund deines Adoptivvaters, Sextus Quintilius Valerius, der bis dahin Quaestor in
Bithynia war, als *Corrector* nach Achaia zu schicken – er solle in
freundschaftlicher, nicht verletzender Weise die finanzielle Lage

der freien Städte überprüfen. Ich gab ihm die Stellung eines Legatus Augusti pro praetore – mit Einverständnis des Senats, der ja
eigentlich für die Verwaltung von Achaia verantwortlich ist.
(Aus einem Schreiben des Imperators Hadrianus an den jungen
Plinius: »Ein braver Mann, dieser Sextus Valerius Maximus, aber
von der hellenischen Geschichte und Kultur wußte er wenig. Sein
Griechisch war holprig wie von einem Schuljungen. Daher habe
ich deinen Adoptivvater gebeten, ihm einige Lehren auf den Weg
zu geben. Ich möchte, daß du dies in irgendeiner Weise in den Text
einfügst.«
Aus der Antwort des jungen Plinius: ». . . ich werde den Text so
gestalten, als sei es der Imperator Traianus gewesen, der meinen
Adoptivvater veranlaßte, dem Valerius Maximus eine freundschaftliche Unterweisung über das Hellenentum zu erteilen.«)
Valerius Maximus, mi amice, schreibe das nieder, war ein anständi-
ger, ehrlicher Verwaltungsbeamter, aber seine Bildung war etwas
lückenhaft. Ich hatte Sorge, daß er in Unkenntnis des hellenischen
Wesens befehlshaberisch auftreten würde. Daher bat ich deinen
Adoptivvater, ihm die nötigen Richtlinien zu geben – so freundschaftlich, daß es ihn nicht kränken würde. Du hast sicherlich die
Briefe deines Adoptivvaters zur Hand – ersparen wir uns die Zeit
eines Diktates, füge die wichtigsten Stellen des von mir veranlaß-
ten Briefes an Valerius Maximus ein.
(Es folgt nun ein vom Imperator Traianus genehmigter Auszug aus
dem Briefe von Gaius Caecilius Plinius Secundus: »Unser Princeps, mein lieber Valerius, hat dich in die Provinz Achaia geschickt, weil er weiß, daß du in hohem Maße geeignet bist, die
Angelegenheiten, vor allem die finanziellen der freien Städte, takt-
voll und gründlich zu regeln. Ich schreibe dir also in seinem
Namen, nicht weil du etwa nicht wüßtest, in welch großes und
wunderbares Land du entsandt wurdest, sondern nur, um dir
einige Tatsachen ins Gedächtnis zurückzurufen. Ist es doch das
wahre und eigentliche Hellas, das dich erwartet – das Land, in dem
der Gedanke der Menschlichkeit – die Literatur und der Ackerbau,
der uns von den Wilden unterscheidet – geboren wurden. Du gehst
zu Menschen, die frei sind – im höchsten Sinne des Wortes *Men*-

schen und *Freie,* denn sie haben die ihnen von Natur eigenen Rechte bewahrt, durch ihren Mut und ihre sittlichen Verdienste, und schließlich durch Vertrag und gebilligt von den Göttern. Achte diese als die Gründer ihres Gemeinwesens und die Namen, die sie tragen – habe Ehrfurcht vor ihrem alten Ruhm und ihrer Überlieferung, die weit zurückreicht und im Einzelmenschen unsere Verehrung erweckt – in den Städten unsere Verneigung vor ihrer Heiligkeit. Erweise ihrer uralten Geschichte, ihrem Heldentum, selbst noch den Legenden der Vergangenheit jede Ehrerbietung. Verletze niemandes Würde und Freiheit, auch nicht seine Selbstachtung – denke vielmehr daran, daß dies das Land ist, das uns Recht und Gesetze gab, nicht kraft der Eroberung, sondern auf unsere Bitten – daß es Athen ist, wohin du gehst, und Sparta, wo du regieren wirst! Sie ihres Namens zu berauben und des Schattens der Freiheit – alles dessen, was ihnen geblieben ist –, wäre eine Handlung der Grausamkeit, der Unbildung, ja, des Barbarentums. Jeder Hochmut, jeder Anflug von Herrschsucht seien dir ferne! Habe keine Furcht, daß man dich darob geringachten könnte! Niemand, der die Rangabzeichen höchster Gewalt trägt – des Imperiums und des Princeps –, wird je verachtet, es sei denn, er mache sich durch Schmutzigkeit und Ehrlosigkeit vor sich selber verächtlich. Es ist übel bestellt um das Ansehen eines hohen Amtes, wenn es seine Macht nur erweisen kann, indem es andere beschimpft und herabsetzt und wenn Achtung nur erworben wird durch Terror. Die Liebe ist ein wirksameres Mittel als die Furcht zur Erreichung deiner Ziele, die Furcht verschwindet mit deinem Weggang, die Liebe bleibt – Furcht entzündet Haß, die Liebe wandelt sich in echte Verehrung.

Nie – niemals (ich wiederhole es!) vergiß den hohen Rang, den du trägst, und behalte klar im Auge, was es bedeutet, daß du die Verfassung freier Städte regeln sollst. Nichts dient einer Stadt besser als geordnete Verhältnisse, nichts ist so kostbar wie die Freiheit – und keine schlimmere Schande gibt es, als die Freiheit zu stürzen und sie durch Knechtschaft zu ersetzen. Du bist dein eigener Richter. Du bringst mit den ausgezeichneten Ruf, den du dir als Quaestor in Bithynia erwarbst – du bringst mit die Anerkennung des Princeps und die Erfahrung als Tribun, als Praetor und Träger deines jetzigen Amtes, das dir der Princeps in Anerkennung deiner Dienste übertrug. Du darfst also nicht den Anschein erwecken, als ob du ein besserer, milderer und erfahrener Verwalter gewesen seist in einer fernen Provinz als in einer, die Rom näher liegt – oder gar, solange du mit unterwürfigen, und nicht mit freien Menschen, zu tun hattest. Und überdies – wie du sicherlich schon oft gehört und gelesen hast: Es ist beschämender, einen guten Ruf zu verlieren, als sich nicht einen zu erwerben.

Laß mich nochmals sagen, daß im Sinne unseres Princeps, der den Brief kennt, dieser nicht geschrieben wurde, um dich über die Größe und Bedeutung von Hellas zu belehren, sondern nur um sie dir wiederum ins Gedächtnis zu rufen. Vale!«)

Auf der Via Egnatia setzten wir unseren Zug fort. In Thessalonike holte uns mein Neffe ein, und nun erfuhr ich, was der eigentliche Grund für sein Urlaubsgesuch gewesen ist: Er hat sich vor allem in Eleusis aufgehalten, das er, umringt von Priestern und Jüngern, auf der Heiligen Straße von Athen aus erreichte. In Eleusis gab man ihm Unterkunft.

Drei Tage und drei Nächte blieb er im Heiligtum der Demeter und ist dort, wie er mir sagte, »in die höchsten Mysterien eingeweiht worden«.

Da ich kein Eingeweihter von Eleusis bin, durfte er nicht einmal mir das eigentliche Mysterium berichten. Dennoch erfuhr ich einiges von ihm – so, daß Tiberius Caesar, dessen Standbild in Eleusis nie ohne Opfergaben sei, ein Eingeweihter war wie Divus Augustus, worüber ja sogar Suetonius schreibt. Er deutete an, daß er nun *wisse* – nicht bloß »glaube«, daß es ein Fortleben nach dem Tode gebe – denn drei mal vierundzwanzig Stunden habe er voll bewußt außerhalb seines Körpers gelebt. Auch Nero Caesar habe in Eleusis diese Einweihung empfangen, auf die er aber nicht vorbereitet war, sondern die er kraft seiner Herrschergewalt erzwang: mit dem Ergebnis, daß er als Wahnsinniger Eleusis verließ. Denn er meinte, zu einem »Gott« geworden zu sein, weil er leibfrei in der geistigen Welt gelebt habe.

Mein Neffe deutete auch an, daß man in Eleusis von einem »Unbekannten – aber herangenahten – Gott« spreche, was nahezu die Ausdrucksweise des Lehrers der *Christiani* sei.

(»Caesar, aus den wenigen Erfahrungen in den unteren Stufen des Mithraskultes – um den ich mich schon eine ganze Weile nicht mehr kümmere – weiß ich, daß man auch in den Mithrasmysterien ähnliches sagt – daß man dort eine Theophanie erwartet . . .«

»Mi amice, das ist mir als Pater patrum und Pontifex maximus nicht unbekannt. Diese Verheißungen beziehen sich einerseits darauf, daß aus dem ›Osten‹ ein Weltherrscher kommen werde – und das hat sich erfüllt, als Divus Vespasianus von den Syrischen Legionen zum Imperator ausgerufen wurde. Die andere lautet – damit bin ich aufgezogen worden: ›Einmal wird aus Hispania der Führer und Herr des Weltalls erstehen.‹ Diese Verheißung hat sich erfüllt, als der Imperator Galba in Hispania zum Imperator ausgerufen wurde und von Hispania nach Rom zog. Alles übrige sind Hirngespinste – verliere nicht deine Zeit damit.«

»Caesar – du kommst doch auch aus Hispania – bist sogar dort geboren –, während Galba nur Statthalter von Hispania Tarraconensis war.«)

(In den geheimen Tagebüchern des jungen Plinius steht: »Hierauf hat der Imperator Traianus nicht geantwortet. Er sagte nur, etwas ungehalten: ›Fahren wir fort!‹«)

Mein Neffe wußte auch zu berichten, daß man in Eleusis von »wiederholten Erdenleben« spricht. Vielleicht daß dies ein indischer Einfluß ist, wie er seit Alexander dem Großen zu uns herübergedrungen ist. Es gebe sogar Menschen, sagte er, die sich an frühere Leben erinnern könnten. Genaueres habe er nicht erfahren können, meine aber, schon zur Zeit des Perikles, als die Akropolis neu gebaut wurde, in Athen gewesen zu sein. Dazu kann ich keine Stellung nehmen, das mag so oder so sein.

Von Thessalonike sind wir quer durch Makedonien den Axious-Fluß entlang in Eilmärschen weitergezogen, dann die Marous entlang bis zu ihrer Mündung in den Danuvius beim Städtchen Viminacium, dem Standlager der VII. Legion *Claudia* und IV. *Flavia,* die der Imperator Domitianus aus Dalmatia abgezogen hatte. Nach und nach trafen auch die anderen Heeresverbände ein, aus

Gallia, Germania, und dreitausend berittene Berber unter dem tapferen Lusius Quietus.

(»Caesar, was hat dein Neffe Hadrianus gegen Lusius Quietus?« »Ich weiß, daß er ihn nicht mag. Er traut ihm nicht recht, und vielleicht ist er der Meinung, daß er mit besserem Geschick, mit weniger Blutvergießen die judaeischen Aufstände niederwerfen könnte. Aber mische dich nicht in Dinge, die dich nichts angehen!«)

(Aus einem Schreiben des Imperators Hadrianus an den jungen Plinius: »Das ist nicht ganz unrichtig. Zum Niederwerfen von Aufständen bedarf es mehr als des Schwertes. Was mich mißtrauisch machte, war sein oftmals dreistes, zu selbstsicheres Auftreten. Wie ich aus seiner Umgebung hörte, habe er sogar mit dem Gedanken gespielt, das Principat an sich zu reißen. Aber einen dunkelhäutigen Afrikaner, der nichts von griechischer und römischer Wesensart kennt, wollen wir ja nicht wirklich haben. Noch nicht! Es mag die Zeit kommen, da die Götter, wenn wir sie allzusehr verstimmen, uns einen solchen Halbbarbaren bescheren. Gleich nach der Entrückung von Divus Traianus wollte ich ihn daher verhaften lassen. Aber auf Anordnung des Senats, nicht auf meine, ist er bekanntlich auf der Reise nach Rom getötet worden. Das hat meinen Gegnern Stoff gegeben, mich einer so ›willkürlichen Handlung‹ zu beschuldigen – daher habe ich den Vorfall bedauert. Daß ich um ihn getrauert hätte – das kann ich nicht behaupten!«

In den geheimen Tagebüchern des jungen Plinius fand sich die Abschrift eines Briefes an den Imperator Hadrianus: ». . . man sagt, daß ein neuer judaeischer Aufstand drohe, da ein Judaeer, der sich Barkochba nenne und behaupte, der vom judaeischen Höchsten Gott versprochene Retter zu sein, das Volk aufwiegle.«

Aus der Antwort des Imperators Hadrianus: »Ich kenne diesen Barkochba, den ›Sternensohn‹, wie er sich nennt, nur dem Gerede nach. Die *Christiani* versichern mir, daß er ein falscher ›Prophet‹ sei. Er strebe nach Macht mit jedem Mittel, während ihr Meister erklärt habe, sein Reich sei nicht von dieser Welt. Aber man muß· alle solche Aufwiegler in diesem stets unruhigen Volke sehr genau beobachten. Ich halte es für möglich, daß wir neue Aufstände

273

erleben werden. Ich bekomme dauernd drohende Schreiben, ich möge mich hüten, das immer noch in Trümmern liegende Hierosolyma aufzubauen und es gar – auch das hat sich schon herumgesprochen – in Aelia Capitolina umzunennen und auf dem Platz, auf dem der von Divus Titus zerstörte Tempel stand, einen neuen zu errichten, der dem Iupiter Optimus Maximus geweiht sein wird.

Die Dreistigkeit ist ungeheuer, dem römischen Princeps Vorschriften machen und ihn einschüchtern zu wollen!«)

Die ausgezeichneten Aufmarschpläne des Imperators Domitianus kamen mir sehr zustatten. Ich teilte unsere Streitkräfte in zwei nahezu gleichstarke Heeressäulen. Die eine übergab ich dem erprobten Marcus Laberius Maximus, die andere übernahm ich selber. Der Vater des Laberius Maximus war ein Jahr nach der Eroberung von Hierosolyma vom Imperator Vespasianus zum Procurator von Judaea ernannt worden. Unter dem Imperator Domitianus wurde er Praefect von Ägypten, dann Gardepraefect. Er selbst war Statthalter von Moesia inferior, als ich ihn mit diesem wichtigen Kommando betraute.

Meine, die westliche Heeressäule, überquerte unterhalb von Viminacium auf zwei Schiffsbrücken den breiten Ister. An meiner Seite waren Lucius Licinius Sura und mein Neffe, als Legat der V. Legion *Macedonica*. Auch Apollonius, dieser großartige Baumeister, der später in Rom viele meiner Pläne verwirklichte, hat gleich gesagt, man müsse doch eine steinerne Brücke bauen – die Schiffe könnten bei jedem Sturm oder Hochwasser auseinandergetrieben werden. Ist denn das möglich? fragte ich ihn zweifelnd. »Wenn du mir genug Geld bewilligst, Caesar – tüchtige Arbeiter zur Verfügung stellst!« antwortete er. »Dann müssen wir warten bis nach den ersten Siegen – wenn wir Gefangene gemacht haben!« beschied ich ihn.

Über eine andere Schiffsbrücke setzte die gesamte östliche Heeressäule unter Marcus Laberius Maximus aufs linke Ufer über. Damit standen wir schon in Feindesland.

Tapae an der Porta Ferrea des Ister nahmen wir und stießen nach Norden vor. Ein lächerlicher Versuch, uns aufzuhalten! Eine Gesandtschaft der Buri, eines Barbarenstammes in den nördlichen Karpates Montes, brachte mir einen großen Pilz, auf dem in lateinischen Buchstaben eingekratzt war: Ich solle umkehren und »den Frieden bewahren«! Sie meinten wohl, ich werde an Divus Claudius und den großen Pilz denken, durch den er zu den »Göttern – dann in den Hades« – wie Seneca meinte – befördert wurde. Eine Morddrohung also! Später hat Decebalus versucht, sie wahr zu machen. Darauf kommen wir noch.

Die recht verlustreiche Schlacht, die bald folgte, habe ich in meinen Commentarien beschrieben – hier wollen wir nur daran denken, daß das Verbandszeug für unsere Verwundeten nicht mehr ausreichte. Ich habe meine Bekleidung, selbst meinen roten Feldherrnmantel, in Streifen schneiden lassen und sie den Ärzten gegeben.

Für unsere Gefallenen habe ich, nach errungenem Siege, einen Altar errichtet, und seitdem werden dort jedes Jahr Opfer dargebracht.

Auch die Ostarmee war siegreich weitermarschiert. In Tibiscum am gleichnamigen Fluß, nicht mehr weit von Sarmizegetusa, der Königshauptstadt, vereinigten wir uns, und Decebalus gab seine Sache für den Augenblick verloren. Aber ich hätte an seine Hinterhältigkeit denken sollen, die der Imperator Domitianus so oft erlebte. Um unsere Bedingungen zu verbessern, machte er noch schnell einen Angriff an der Mündung des Ister und fiel in unsere Provinz Moesia inferior ein, berannte, wenn auch vergeblich, einige unserer Castelle und machte ein paar Gefangene, darunter – wie ruhmvoll! – den Bäcker Callidromos, einen Sklaven des Marcus Laberius Maximus. Als Zeichen seines »Sieges« schickte er den unglücklichen Bäcker zum Partherkönig Pacorus II., um ihn zu einem Bündnis zu bewegen.

(»Caesar – ich kenne diese Geschichte ein wenig anders. Vielleicht erinnerst du dich nicht mehr an den Brief, den dir mein Adoptivvater schrieb – ich erinnere mich sehr gut daran, denn mir hat er ihn diktiert. Dieser Callidromos muß eine zwielichtige Erscheinung gewesen sein, denn er blieb mehrere Jahre im Dienst von König Pacorus, entfloh dann, kam nach Nikomedia und wurde meinem Adoptivvater vorgeführt, der ihm nicht recht Glauben schenkte. Er behauptete, daß ihm ein wertvoller Ring gestohlen worden sei, mit dem Bildnis des Königs in vollem Krönungsschmuck. Ein Klumpen Goldes, den er bei sich hatte, sei von ihm in den Bergwerken von Parthia ehrlich gekauft worden. Mein Adoptivvater hat dir dieses Gold geschickt.«

»Was sollte ich damit anfangen? Ich habe es zurückgeschickt und deinen Adoptivvater gebeten, es dem Callidromos wiederzugeben. Was immer er in Wirklichkeit erlebt haben mag – er hat sicherlich genug gelitten.«)

Immerhin sah mir die Lage so bedrohlich aus, daß ich mein Standlager in Viminacium verließ, rasch eine Flotte auf dem Ister zusammenzog und im Legionslager von Novae an Land ging. Meine Verstärkungen rückten heran, erst in einer Reiterschlacht, bei der sich Lusius Quietus wieder auszeichnete, dann in einem recht blutigen Nahkampf warfen wir die Daker über den Strom zurück und erbeuteten sogar den Kriegsschatz des Decebalus. Geld und Gefangene hatten wir nun so reichlich, daß ich Apollodoros den Auftrag geben konnte, mit dem Bau der steinernen Brücke anzufangen. Ich habe damals die dritte Imperator-Acclamation von meinen Legionen erhalten.

Aber leider konnten wir nicht verhindern, daß auch die Daker einige römische Gefangene machten, sie mitschleppten und grausam marterten.

Dieser Zwischenfall am unteren Ister hat den Dakern den Vorteil verschafft, daß ich in diesem Jahre Sarmizegetusa nicht mehr nehmen konnte. Aber als Lusius Quietus mit seinen berberischen Reitern unmittelbar vor den Toren der Stadt stand, sah Decebalus wirklich ein, daß seine Sache verloren war – besonders, als er auch noch erfuhr, daß die Heeressäule, die Marcus Laberius Maximus unterstand, sich gleichfalls der Stadt näherte.

Doch kaum daß Decebalus einige örtliche Erfolge erzielte, versuchte er wieder Zeit zu gewinnen. Ich hatte ihm die Demütigung ersparen wollen, selber vor mir zu erscheinen. Ich schickte zwei meiner höchsten Offiziere zum vereinbarten Treffpunkt – Licinius Sura und den Gardepräfecten Claudius Livianus. Wer aber nicht erschien, war Decebalus. Daher eröffnete ich die Kriegshandlungen von neuem. Eine dakische Festung nach der anderen wurde auf der linken Seite des Ister erstürmt – Scharmützel und größere Zusammenstöße folgten. Immer mehr Gefangene brachten wir ein und konnten auch manche der unsern befreien. Ihr jämmerlicher Zustand feuerte den Kampfesmut und die Empörung unserer Leute an! Auch den Adler der V. Legion *Alauda,* der während des Feldzugs des Imperators Domitianus in Feindeshand gefallen war, brachten wir zurück und erbeuteten viel Kriegsgerät – römisches zumeist, das jene verräterischen Händler den Dakern geliefert hatten!

Unweit von Sarmizegetusa kam es zur Entscheidungsschlacht. Nach unserm großen Sieg – ich kämpfte in den vordersten Reihen mit – wurde ich von den Legionen zum vierten Male zum »Imperator« ausgerufen. Daß diese Schlacht für ihn schlecht ausgehen würde, scheint Decebalus geahnt zu haben. Er hätte sie gerne vermieden, daher sandte er mir tags davor eine Abordnung, die um Frieden bitten sollte, lauter langhaarige, hübsche Jünglinge, von denen keiner eine verantwortliche Stelle bekleidete. Ich sandte sie sofort zu ihrem König zurück.

Hierauf erschien eine neue Abordnung, diesmal zusammengestellt aus den Vornehmsten der Daker, »Kappenträger«, wie sie genannt wurden. Sie warfen die Waffen weg, stürzten zu meinen Füßen nieder und baten, da ich nun siegreich sei, Milde walten zu lassen und ihren König zu empfangen. Er werde alles tun, was der *Imperator invictus* befehlen würde. Ich willigte ein, und so erschien Decebalus vor mir. Als sei ich ein persischer Großkönig, Xerxes, Artaxerxes, Darius oder gar Kyros, versank er in die tiefste *Proskynesis* und bat, meinen Befehlen lauschen zu dürfen.

Demütig nahm er alle Friedensbedingungen entgegen: völlige Entwaffnung, Auslieferung aller römischen Überläufer, aller Kriegsgeräte und ihrer Hersteller. Alle Festungen seien zu schleifen und das besetzte römische Gebiet müsse sofort geräumt werden. Außerdem mußte er feierlich geloben, die Feinde Roms als seine Feinde, die Freunde Roms als seine eigenen zu betrachten. Nie wieder dürfe er römische Überläufer aufnehmen und solle sich hüten, jemals wieder auf römischer Erde Soldaten zu werben – oder gar Waffenschmiede.

Erst müsse der Senat diese Bedingungen billigen, sagte ich. Bis wir Antwort hätten, könne nur von einem Waffenstillstand gesprochen werden. Die wichtigsten Forderungen seien aber sofort zu erfüllen: Entwaffnung, Übergabe der Verräter und allen Kriegsgeräts. Zähneknirschend, doch immer noch in scheinbarer Unterwürfigkeit, nahm er dies alles an.

Ich bestimmte die Mitglieder einer Abordnung, die unter dem Schutze einer Cohorte der V. Legion *Macedonica* nach Rom reisen sollte. Auf dem schnellsten Wege! Daher ließ ich *Diplomata* ausfertigen zur Benützung des *Cursus publicus*. Daß sich der Senat über meine Maßnahmen freuen würde, das wußte ich; gab ich ihm damit doch Befugnisse zurück, wie er sie vor dem Principat gehabt hatte und seitdem nie wieder.

Decebalus blieb in ehrenvoller Gefangenschaft bei uns zurück. Ich ließ ihn zur Warnung auch wissen, daß Apollodoros bereits mit dem Bau der ersten steinernen Brücke über den Ister begonnen habe. Knapp zwei Jahre brauchte er dazu, und wirklich, diese Brücke ist ein Wunderwerk! Sie ruht auf zwanzig fest ineinander gefügten Steinpfeilern, hundertfünfzig Fuß über dem Strom. Sie stehen hundertundsiebzig Fuß voneinander entfernt und sind durch große Bogen miteinander verbunden. Breit ist sie 60 Fuß – hat also genügend Raum für marschierende Kolonnen, Pferde, alles nötige Kriegsgerät.

Aus der ganzen Welt sind inzwischen Fachleute gekommen, die in ihren Ländern auch solche Brücken bauen möchten. Inder wollen den Indus, sogar den Ganges, zu dem Alexander so gerne gelangt wäre, überbrücken. Für Germania denke ich an die Albis, für den Krieg gegen die Parther immer noch an eine Steinbrücke über den Tigris.

Der Ister, dieser bald sanfte, bald stürmische Strom, dessen Quellen nahe dem Rhenus zuerst Tiberius Caesar und sein Bruder Drusus entdeckt haben, durchfließt die verschiedensten Völkerschaften, ehe er sich, ähnlich dem Nilus, in vielen Armen in den Pontos Euxinos ergießt. Da, wo jetzt die Brücke steht, unterhalb der Porta Ferrea und der Stromschnellen, ist der Strom auf ungefähr ein Drittel seines Bettes zusammengepreßt – aber das macht ihn so reißend und tief. Der Grund ist schlammig – *da* die Pfeiler einzurammen, war ein besonderes Meisterstück! Außerdem hatte Apollodoros mit den wilden Strudeln zu kämpfen, und von Zeit zu Zeit drohten die Arbeiter, obgleich sie zum großen Teil Kriegsgefangene waren und keine Rechte für sich beanspruchen konnten, die Arbeit niederzulegen. Sie verlangten höhere Tagegelder, bessere Unterkünfte und den Elfstundentag. Ich wies Apollodoros an, alles zu bewilligen – denn Geld hatten wir ja jetzt genug!

Nun steht diese Brücke seit vielen Jahren und hat uns im zweiten Krieg mit Dekebalus, aber auch für den Aufbau unserer neuen Kolonie Dacia unschätzbare Dienste geleistet. Notwendig war freilich, sie auf beiden Ufern zu schützen, auf dem rechten durch das Castell Pontes, auf dem linken – also im ehemaligen Feindesland – durch das Castell Theodora. Ich hoffe, daß das Werk des Apollodoros jahrhundertelang stehen wird.

(Aus einem Brief des Imperators Hadrianus an den jungen Plinius: »So wie wir zum linken, so könnten die Feinde eines Tages über diese Brücke aufs rechte Ufer gelangen. Wer weiß denn, was für Barbarenstämme aus dem Norden und den weiten asiatischen Ebenen hereinbrechen und unsere Castelle zerstören könnten? So sehr auch ich das große Werk Divi Traiani schätzte, habe ich doch, wie du weißt, die Brücke abbauen lassen. Aber du brauchst deshalb den Bericht, den dir Divus Traianus diktierte, nicht auszulöschen!«)

Schon ehe die dakische Abordnung zurück war, erfuhr ich durch unsere berittenen Eilboten, daß der Senat die Friedensbedingungen gebilligt habe: Die Abgesandten des Königs falteten die Hände wie Gefangene und redeten die versammelten Väter demütig und flehentlich an: Sie möchten zustimmen und ihren König als treuen Clienten und Bundesgenossen, der niemals ohne Erlaubnis Roms Krieg führen würde, anerkennen.

Ich brauchte also die Rückkehr der Daker aus Rom nicht abzuwarten. Ich unterrichtete Dekebalus vom Abschluß des Friedens, ließ ihn frei und ermahnte ihn, die Bedingungen genau einzuhalten. Denn die Macht Roms habe er ja jetzt kennengelernt. Er tat sehr zerknirscht und gelobte ewige Treue – aber ich glaubte ihm kein Wort! Ich ließ daher an einigen wichtigen Stellen Besatzungstruppen zurück und sorgte für einen raschen Nachrichtendienst. Es gelang uns auch, im Lager des Dekebalus, selbst an seinem Hof und in seiner nächsten Umgebung, Leute in unsern Sold zu nehmen . . .

Diesmal eilte ich mit größter Geschwindigkeit nach Rom. Manche in meiner Umgebung meinten, diese *celeritas Caesaris* sei ein unverzichtbares Merkmal meiner Würde, sie gehöre zur Verehrung, die man mir entgegenzubringen habe. Aber das waren Schmeichler, und solche Leute konnte ich nie leiden.

Nicht meiner Würde wegen ging ich so rasch vorwärts – achtzig bis hundert Meilen am Tag, manchmal mehr –, sondern weil dringende Aufgaben mich zurückriefen. Alle Legionsposten, alle Ortschaften waren durch Schnellboten angewiesen, schon viele Meilen vor meinem Zug die Straßen freizuhalten. Überall mußten frische Pferde zur Verfügung stehen. Pompeia Plotina und meine Schwester blieben immer bei mir. Ihnen machte diese rasche Reise Freude, während sie für mich Pflichterfüllung bedeutete.

Es war Herbst geworden. Die Blätter färbten sich gelb. In den Alpentälern wurde jetzt die Ernte eingebracht. Als wir nach Italia kamen, waren die Scheunen schon voll – die Götter hatten diesmal unsere Felder gesegnet. Wir konnten sogar nach Ägypten, das sonst uns belieferte, aber unter einer Mißernte zu leiden hatte, viele Getreideschiffe schicken. Wir bannten diesmal ihre Hungersnot – nicht sie eine römische!

Am Ister bis hinunter zum Pontos Euxinos versuchen jetzt einige römische Veteranen, Reben anzupflanzen. Aber ihr Wein ist zu süß oder zu sauer. Erst als wir auf der Via Postumia, von Emona ins Gebiet der Veneter und zum Straßenknotenpunkt, der Hafenstadt Aquileia, kamen, gab es wieder guten Wein, vor allem den raetischen, den schon Divus Augustus geschätzt hat.

(»Du brauchst gar nicht zu lachen, frecher, kleiner Junge . . . Wein ist ein kostbares Geschenk des Dionysos . . .«

»Caesar – ich habe überhaupt nicht gelacht! Ich wollte dir nur

noch einmal sagen, daß dich niemand jemals trunken sah, so viel
du trinken magst – und, um es zu wiederholen: Das ist das einzige,
was dich von Alexander dem Großen unterscheidet!«)
In Aquileia, gerade als wir eine Ruhepause machten, traf Dio
Cocceianus, genannt der »Goldmund« – Chrysostomos – aus Rom
ein. Er muß Tag und Nacht geritten sein.
(»Caesar, ich erinnere mich aus meiner Kindheit gut an ihn. Er war
ein Freund meines Adoptivvaters – ein Grieche aus Prusa in Bithynia, aber später hatten sie irgendeinen Zusammenstoß.«
»Den ich vor Gericht zu seinen Gunsten beigelegt habe. Er war
und ist immer noch ein treuer Freund, dessen Reden mir viel
geholfen haben. Nur daß er mich gerne ›Herakles‹ nennt, mag ich
nicht. Ich verehre Herakles, nach dem die Meeresstraße zwischen
dem Inneren Meer und dem Atlantik in meiner hispanischen Heimat benannt ist – aber von göttlichen Ehren will ich nichts wissen.
Auch Tiberius Caesar hat sie – wir sprachen schon darüber –
abgelehnt. Für einen Menschen ist es Hybris, eine Versuchung der
Unsterblichen, sich ihnen gleichsetzen zu wollen. Jetzt unterbrich
mich nicht wieder!«)
Dio Cocceianus brachte mir zwei gute Nachrichten: Der Senat
hatte mir einen Triumph genehmigt und mir den Siegernamen
Dacicus zuerkannt. Außerdem wurde ich um meine Einwilligung
zum Schlagen von Aurei und Denarii gebeten. Dio Cocceianus
brachte schon Muster mit: Ich erscheine auf diesen Münzen gekrönt von der Victoria – auf einer anderen werde ich nackt wie ein
griechischer Halbgott dargestellt, mit dem rechten Fuß auf einem
um Gnade flehenden Daker. Was blieb mir übrig, als meine Einwilligung zu geben – denn, wie Dio Cocceianus gestand, all diese
Münzen waren bereits im Umlauf.
Diesmal nicht zu Fuß, sondern im Triumphwagen, gezogen von
vier Schimmeln, hielt ich meinen Einzug in Rom – gekleidet in die
Purpurtoga und die Tunica palmata, das Gesicht mit Mennige rot
gefärbt wie die Standbilder Iupiters, den ich jetzt vertrat. Wir
durchfuhren die Porta Flaminia, die zur Via Labicana und zum
Marsfeld führt.
Dort erwartete mich der Senat, angeführt von den Consuln dieses

Jahres, Lucius Licinius Sura und Lucius Iulius Ursus Servianus, dem Schwager meines Neffen Hadrianus. Dazu die Praetoren, Priester, die Vestalinnen und unübersehbare Mengen. Die Praetorischen Cohorten unter ihrem Praefecten Claudius Livianus waren angetreten und Zehntausende von Legionären mit ihren Tribunen und Centurionen, unter dem Oberbefehl von Lusius Quietus, des Marcus Laberius Maximus, des Legionslegaten Gnaeus Pompeius Longinus, eines ausgezeichneten Offiziers, und viele andere, die sich Ruhm erworben hatten.

»Ave Imperator invicte – ave optime Princeps . . . Triumpe – triumpe . . .« Der stürmische Oceanos könnte keine höheren Wellen schlagen! Auch Pompeia Plotina und meine Schwester wurden liebevoll begrüßt.

Dann über das Velabrum, das Nero Caesar aus einem sumpfigen Viertel zu einem der blühendsten der Stadt gemacht hatte – die Via Sacra entlang zum Forum. Vierundzwanzig Lictoren gingen voraus. Wolken von Weihrauch und der Duft von Rosen, Nelken und Oleander umhüllten die Stadt. Den Elfenbeinstab mit den Adlerköpfen hielt ich fest umschlossen. Als Vertreter von Iupiter Optimus Maximus mußte ich regungslos auf dem Wagen stehen – so wie Er selber in ewiger Ruhe verharren muß, wenn Er das Weltall nicht erschüttern will.

Meine Soldaten sangen Lob- und Spottlieder. Auch dabei durfte ich keine Bewegung zeigen, denn das gehörte zu einem Triumph, zur Freiheit der Legionen! Hatten sie doch sogar Divus Iulius bei seinem Gallischen Triumph verhöhnt, weil er als Jüngling der Geliebte des Königs Nikomedes von Bithynia gewesen sei!

Es war das römische Volk selber, das zu unserer Begrüßung erschienen war, aus allen Ständen – auch die Ärmsten festlich geschmückt – nicht »Pöbel«! Ich war in diesen Stunden wirklich Herrscher über den Erdkreis. Und ich fühlte die Liebe, die dieses Volk mir entgegenbrachte.

(»*Optimus Princeps,* Caesar – wenngleich der Senat dir diesen Namen noch nicht bestätigt hatte. Aber das Volk wußte, daß du es bist – der Beste, der jemals über Rom geherrscht hat . . .«

»Laß mich in meinem Bericht fortfahren, parve amice!«)

282

Unser Festzug ging zum Capitol hinauf, die Lictoren umwanden ihre Rutenbündel mit Lorbeer. Viele Gefangene wurden mitgeführt.

Im Tempel des Iupiter Capitolinus legte ich die wertvollsten Beutestücke nieder und brachte für das ganze Volk die Reinigungsopfer dar. Vestalische Jungfrauen wuschen die rote Farbe von meinem Gesicht ab, denn meine Stellvertretung Iupiters war beendet.

Noch im gleichen Herbst verabschiedete ich viele meiner tapferen Veteranen und wies ihnen schöne Gehöfte in Pannonia und Moesia an. Ich sorgte auch für die Erstausstattung an Vieh und Ackergeräten. Die Junggesellen ermahnte ich, einheimische Frauen zu heiraten.

Wiederum veranstaltete ich Kampfspiele zu Wasser und zu Land. Scharen gefangener Daker in voller Ausrüstung, doch mit stumpfen Waffen, traten gegen gleich starke Abteilungen von Gladiatoren an. Ich habe immer wieder das Zeichen der Gnade gegeben, dennoch mußte ich mir die Vorhaltungen meines Neffen anhören, der zum Antritt meines vierten Consulats am 1. Januar des Jahres 855 a. U. c. nach Rom gekommen war.

Gold und Silber hatten wir nun in reichlichem Maße, so konnte ich Apollodoros den Auftrag geben, mit dem Bau meines Forums, meiner Säulenhalle und schöner Thermen zu beginnen.

Kopf für Kopf gewährte ich dem römischen Volke ein *congiarium* von 650 Denaren – gewiß wiederum ein hoher Preis, um die Plebs ruhig zu halten! Auf einem Sesterz wurde die Austeilung des *congiarium* festgehalten. Diese Münze gehört heute zu den geschätztesten Sammelstücken.

Einundzwanzigstes Kapitel

NACH KURZEM WAFFENSTILLSTAND:
DAS ENDE EINES GROSSEN KÖNIGS

Daß der Krieg mit Decebalus nicht wirklich zu Ende sei, war mir
bewußt. Der kluge, hinterhältige Mann, dieser neue Hannibal,
würde sich niemals geschlagen geben, sondern sofort wieder angreifen, wenn unsere Macht im Sinken wäre. Ich habe daher gleich
nach meiner Rückkehr nach Rom unsere Schlagkraft in Pannonia
und Moesia verstärkt. Die Legion X. *Gemina* und die XXX.
Legion *Ulpiana* verlegte ich nach Brigetio am Danuvius westlich
von Aquincum. Von dort konnte ich sie jederzeit stromabwärts
kommen lassen. Unsere Brücke näherte sich schon der Vollendung!
Aber diese Vorbereitungen durften mich nicht hindern, in Rom
meine Herrscherpflichten auszuüben – aber zuerst noch ein Wort
über die Spiele, die Tänzer, die Pantomimen!
Ich weiß, daß dein Adoptivvater, als wir zusammen in Vienna in
Gallia Narbonensis waren, sich heftig für ein Verbot der gymnastischen Spiele, bei denen nackte Knaben, Jünglinge und Männer
auftreten, einsetzte. Schon unter Divus Nerva war dort der Streit
losgegangen. Nun aber redete mir dein Adoptivvater zu, solche
Spiele auch in Rom zu verbieten. Dabei hatte ich sie gerade erst
zugelassen. Wie konnte man denn einen so wunderbaren Tänzer
wie Pylades, der meine ganze Liebe gewonnen hatte – jetzt hat er
eine hervorragende Tanzschule eröffnet – zu unterdrücken versuchen!
Solche Spiele seien »unsittlich«, meinten die Bürger von Vienna
und dein Adoptivvater, in Rom seien sie noch viel gefährlicher –
die »Laster« von Vienna blieben auf das Weichbild der Stadt
beschränkt, während sie sich von Rom aus weit und breit über den

284

ganzen Erdkreis ausdehnen würden. Ich merkte mir einen seiner Sätze: »Die schlimmsten Krankheiten eines Körpers – eines menschlichen oder politischen – sind die, welche vom Kopf ausgehen.«

Ich selber habe beim Antritt meines Principats die Schauspieler aus Rom verbannt. Nicht aus falscher Sittlichkeit, die man auch Heuchelei nennen könnte – etwa wie bei Suetonius und Tacitus! –, sondern aus recht gewichtigen politischen Gründen. Viele dieser Tänzer ließen sich von aufrührerischen Leuten bezahlen. Es kam im Circus und im Flavium Amphitheatrum zu nahezu hochverräterischen Zusammenrottungen – Forderungen unerfüllbarer Art des lichtscheuen Pöbels – etwa, daß der Princeps monatlich ein Geschenk von dreißig bis vierzig Denaren machen müsse, auch wenn sie nicht arbeiten.

Mein Neffe Hadrianus hat mich gelobt, als ich das Verbot wieder aufhob. Auch Liebesakte auf der Bühne darzustellen, meinte er, sei nicht unsittlich, und jeder Jugendliche in Rom kenne sich doch längst dabei aus.

Ich habe nicht widersprochen, ihn aber auf die Unruhen hingewiesen, die schon so oft durch die Pantomimen hervorgerufen wurden. Tiberius Caesar, der gewiß kein Heuchler war, hat aus den gleichen Gründen wie ich die Theater unter scharfe Beobachtung gestellt. Sie sollen ein Erziehungsmittel des Volkes sein – »wie in Hellas«, sagte mein Neffe und war zufrieden, daß ich diesen Begriff verwandte –, nicht eine Brutstätte von Neid, Eifersucht und Unruhe. Tiberius Caesar hatte noch selber solche Unruhen, ja, blutige Pöbelkämpfe miterlebt, die sich zur Zeit von Divus Augustus abspielten. Damals wurden sie ausgelöst durch die Eifersucht zweier Pantomimen aufeinander, des Pylades und des Bathyllos, der ein Liebling von Maecenas war.

(»Caesar – auch damals schon ein Pylades? War er so schön wie der deine?«

»Erspare dir solch ungehörige Fragen, frecher, kleiner Junge!«)

Caligula, der Wahnsinnige, hat die Verbannung, die Tiberius Caesar über die Pantomimen verhängte, nicht nur aufgehoben, sondern diese mit Geschenken überschüttet.

285

Verbote haben nie genützt. Das Volk wollte seine Schauspieler zurückhaben. Schließlich sind mimische Aufführungen, auch von nackten und frechen Bengeln, immer noch besser als die Gladiatorenkämpfe und Tierhetzen, die ich der Plebs zuliebe dauernd veranstalten mußte.

Immer noch gilt überdies, was der damalige Pylades – genauso keck wie du, parve puer – zu Divus Augustus sagte, als dieser ihn wegen seines Streits mit Bathyllos zurechtwies: »Es ist doch nur zu deinem Vorteil, Caesar, wenn sich die Leute mehr um uns Jungen kümmern als um die traurigen Angelegenheiten des Gemeinwesens!«

Als der Imperator Domitianus die Pantomimen von den öffentlichen Bühnen verbannte, geschah dies bestimmt nicht aus »sittlichen« Gründen – auch er war kein Heuchler, sondern aus politischen Erwägungen. Divus Nerva hat sie wieder zugelassen, und dann ließ ich mich überzeugen,

(»Durch deinen Freund Pylades, Caesar –?«

»Das habe ich überhört.«)

daß mein Verbot den Zeitumständen nicht mehr gerecht wurde.

Aber jetzt Schluß mit den Pantomimen. Es gibt Wichtigeres als sie. Zu den vornehmsten Pflichten des Princeps gehört die Wahrung der Gerechtigkeit, als Gesetzgeber wie als Richter. Auch Divus Augustus, Claudius Caesar und der Imperator Domitianus haben ihr Richteramt sehr ernst genommen. Von diesem mußten selbst seine ärgsten Verleumder berichten, daß er als Richter unermüdlich tätig war und in den schwierigsten Fällen gerechte und wohlausgewogene Urteile fällte. Mit äußerster Strenge ging er gegen Richter vor, die sich bestechen ließen. Die Verleumder müssen sogar zugeben, daß die Rechtsprechung und die Verwaltung Roms und der Provinzen niemals besser und gerechter gehandhabt wurden als zur Zeit seines Principats.

Wie du weißt, mi amice, zog er auch oft deinen Adoptivvater als »Assessor«, als Rechtsberater heran. Unser Recht und unsere Straßen sind das große Erbe, das wir der Nachwelt hinterlassen werden. Aber die Straßen müssen ausgebaut und unser Recht muß biegsamer und gleichzeitig fester gestaltet werden. Jetzt verkündet der Praetor jedes Jahr, nach welchen Grundsätzen er urteilen werde. Wenn auch seine Amtsnachfolger meist dieses *Edictum praetorium* übernehmen, sind sie doch nicht daran gebunden, und das schafft eine Rechtsunsicherheit.

(Im *Tabularium*, den öffentlichen Archiven, die im Capitol verwahrt wurden, fand sich ein Schreiben des Imperators Hadrianus, in dem es u. a. heißt:»Ich habe bekanntlich die Gedanken von Divus Traianus beherzigt und daher im dreizehnten Jahre meines Principats das *Edictum perpetuum* erlassen, womit die Rechtsunsicherheit beendet wurde, da nunmehr kein Praetor mehr davon abweichen kann.«)

Ich hielt mich an den einfachen Grundsatz, nach dem das Recht »die Kunst des Guten und Gerechten« ist. Auch die Stoische Lehre von der Gemeinschaft alles Lebendigen hat viel für sich. Daher sollte alles menschliche auf dem natürlichen Rechte ruhen. Statt *Natura* könnten wir auch Iupiter Optimus Maximus sagen, denn die Natur ist seine Tochter.

Gemäß solchen Grundsätzen sprach ich öffentlich Recht, auf dem Forum, in der Säulenhalle von Diva Iulia Augusta, aber auch in den Provinzen, in Gallia und in meinem heimatlichen Hispania. Auch, wie es ja selbstverständlich ist, trat ich in italischen Städten als Richter auf, wie in Centum Cellae an der etrurischen Küste. Dabei hat mich dein Adoptivvater als Rechtsberater gut unterstützt.

Dort dauerten die Verhandlungen drei volle Tage. An den Abenden lud ich meine Freunde und Berater zu einer schlichten Mahlzeit ein.

(»Caesar, davon hat mein Adoptivvater oft erzählt. Er war sehr stolz darauf und hingerissen von deiner Güte und Schlichtheit. Wurden nicht bei Tisch und nachher, bis in die Nacht hinein, Gedichte aufgesagt?«

»Du hast ein gutes Gedächtnis, mi amice! Ich wohnte und bewirtete meine Freunde in einem schönen Haus, inmitten von grünen Feldern mit einem Ausblick auf die Meeresbucht, die ich dann zu einem großen Hafen ausbauen ließ.«)

Auf meinem Richterstuhl habe ich auch viele Streitigkeiten zwischen Städten, Provinzen und sogar ganzen Völkerschaften geschlichtet. Ich erwähnte ja schon, daß die Augusta einmal für die Judaeer gegen die Alexandriner auftrat – durchaus mit Recht! Aber das scheinen die Starrköpfe vergessen zu haben.

Ich habe die Zeit des Waffenstillstands auch benützt, um den Hafen von Ancona im Picinum auszubauen. Über die Via Salaria ist er leicht zu erreichen, und von dort kann man rasch nach Dalmatia übersetzen und den südlichen Strang der Via Postumia erreichen. Das ist wahrscheinlich der schnellste Weg zum Danuvius. Auch für den Handel nach dem Osten hat sich Ancona gut entwickelt, und es entlastet Ravenna, das als Kriegshafen schon etwas zu eng wurde. Die Bürger haben mir als Zeichen ihrer Dankbarkeit einen schönen Bogen errichtet.

Auch der Hafen von Ostia mußte erweitert werden, und den Schandfleck Italias, die Pontinischen Sümpfe, hätte ich gerne ganz beseitigt. Jedenfalls konnte ich im Laufe der Jahre die Via Appia vom Beginn dieser Sümpfe von Tripontium bis Tarracina umbauen. Schon der alte Hippokrates aus Kos hat ja erkannt, daß aus solchen Sümpfen ein tödliches Fieber aufsteigen kann. Auch in Rom selber bekommen wir es immer wieder zu spüren, wenn der Tiberis aus den Ufern tritt.

(»Caesar, in der Schule haben wir von der Fahrt des Horatius gelesen, die er auf einem Hausboot zusammen mit Vergil und Maecenas auf dem Kanal neben der Via Appia unternahm. Wir haben alle sehr gelacht, wie er sich über das Quaken der Frösche und die bösen Mücken beschwerte und über die Erzählungen der Schiffsknechte, alle schon reichlich betrunken. Der arme Dichter und seine Begleiter mußten, statt schlafen zu können, sich das Gesinge über wildfremde Mädchen anhören!«

»Heute sind wir doch besser dran, unsere Hausboote sind gegen Mücken abgedichtet, und die Schiffer stehen in unserm Dienst. Nur gegen die Frösche sind wir nach wie vor machtlos! Aber da du Vergil und Horatius erwähnst ... wie glücklich war Augustus, solche Dichter zu seinen Freunden zählen zu können ...«

»Caesar – das hast du nicht nötig. Das ganze römische Volk ist dein Dichter, der deinen Ruhm preist ...«)

Ich hätte gerne die Pontinischen Sümpfe ganz ausgetrocknet. Man müßte Abzugskanäle bauen. An der Küste ist das Land etwas aufgewölbt, so daß das Wasser aus den Bergen von Latium nicht richtig ablaufen kann. Aber man hat mir gesagt: »Eher würden die Sümpfe dich und den ganzen Schatz des Gemeinwesens austrocknen, ehe du sie austrocknen kannst!« Immerhin habe ich einiges neues Ackerland gewonnen, was auch für die Menge der Veteranen, die ich versorgen muß, wichtig ist. Wir wollen auch nicht vergessen, daß unser köstlichster Wein, der Caecuber, aus dieser Sumpflandschaft kommt. Ein Gleichnis dafür, daß Menschen aus niedrigstem Stand zu höchsten Ämtern gelangen können. Schon Tiberius Caesar hat von einem solchen *homo novus*, einem »Emporkömmling«, der Consul und dann Proconsul von der Provinz Afrika wurde, gesagt: »Mir scheint, Curtius Rufus ist sein eigener Ahnherr!«

Wieder mußte ich aufwendige Spiele geben. Lieber hätte ich die großen Summen, die sie verschlangen, für Waffenkäufe ausgegeben, denn immer deutlicher zeigte es sich, daß Decebalus gegen uns zum Kriege rüstete. Ich schätze zwar nicht, vorsorglich selber mit dem Angriff zu beginnen. Denn man kann den Göttern nicht in ihre Planungen hineinschauen, aber ich meinte damals, daß wir Decebalus unbedingt zuvorkommen müßten.

Aus seinem eigenen Königreich erhielt ich jetzt laufend Nachrichten: Immer mehr Stämme verließen ihn und erkannten das Römische Volk als ihren wahren Herrn an. Als sich die Abfallbewegung verstärkte, sandte mir der König wieder eine Abordnung von »Kappenträgern« und bat um Frieden – obgleich noch kein Krieg erklärt war. Als Zeichen guten Willens übergab ich ihnen die Schwester ihres Königs, die in die Hände des Marcus Laberius Maximus gefallen war. Sie hat bei uns in sehr angenehmen Umständen gelebt, und ich bin gar nicht sicher, daß sie sich über ihre Heimkehr freute. Andererseits: Was sollte ich mit dieser Frau? Man hätte dem Arminius seine Gemahlin Thusnelda zurückgeben sollen, die Germanicus gefangengenommen hatte. Vielleicht hätte uns dies viel Blutvergießen erspart.

Durch seine Kappenträger ließ mir Decebalus sagen, daß er ganz genau die Friedensbedingungen einhalte. Zum Wiederaufbau seines Landes benötige er aber einige Mittel, wie sie ihm der Imperator Domitianus seinerzeit zugesagt habe – und würde ich ihm nur einen Teil seiner Schätze zurückgeben, könnte er Rom als noch treuerer Bundesgenosse zur Seite stehen. Er wolle dieses Geld ja nicht geschenkt haben – er möchte nur eine Anleihe, die er zu 12% im Jahre verzinsen werde.

Ich wies ihn nicht schroff ab, denn ich war mit unsern Rüstungen noch nicht fertig. Man soll nie ein glattes »Nein!« sagen, wenn man um etwas gebeten wird.

Daß seine Freundschaftsschwüre so wertlos waren wie alle die früheren, erfuhr ich nur allzubald. Er besetzte einen Teil des Gebietes der Iazyges, eines mächtigen Sarmatenstammes zwischen Ister und Tisia. Sie waren vor bald dreihundert Jahren von der Tanais, weit drinnen in Asia, westlich vom Nordende des Mare Caspium über die Karpates nach Süden vorgerückt und hatten dakische Stämme aus ihrem Siedlungsgebiet vertrieben. Sie sind sogar, wie Ovid, der sie kennenlernte, schreibt, bis zum unteren Danuvius, dem Ister, an dessen Mündung in den Pontos Euxinos gekommen. Gegen den Imperator Domitianus haben sie Krieg geführt. Es gelang mir aber, sie als Bundesgenossen zu gewinnen. Das verpflichtete mich, ihnen zur Hilfe zu kommen.

Ich hätte gerne mehr Zeit gehabt für die Werke des Friedens, die ich dem Kriegshandwerk vorziehe, aber nun blieb mir nichts anderes übrig als den Senat zu bitten, an Decebalus den Krieg zu erklären, wenn er sich nicht binnen eines Monats aus dem Gebiete der Iazyges zurückzöge. Er hat hierauf nicht einmal geantwortet – ließ mir aber durch irgendwelche frechen Burschen bestellen: wenn mir an den Iazyges mehr läge als an seiner Freundschaft, dann solle ich wählen »Krieg oder Frieden – ihm sei es gleichgültig«.

Er hätte an den Orakelspruch denken sollen, als er die Tisia überschritt – an jenen, der dem König Kroisos von Lydia gegeben wurde: »Wenn du den Halys überschreitest, wirst du ein großes Reich zerstören.« Der Halys war der Grenzfluß – nun war es die Tisia! Er soll dann, als Kyros seine Hauptstadt nahm, seinem

Leben freiwillig ein Ende gemacht haben. Des Kroisos Hauptstadt hieß Sardies – die des Decebalus Sarmizegetusa. Das ist der einzige Unterschied.

Er scheint aus der Entlassung vieler Veteranen geschlossen zu haben, daß ich in voller Abrüstung begriffen sei – und damit war die abschreckende Macht der Legionen nicht mehr glaubwürdig. Ehe ihn noch unsere Kriegserklärung erreichte, schlug er los – demnach kein Praeventivkrieg, sondern ein *bellum iustum* – ein Verteidigungskrieg, und das war mir der Götter wegen willkommen! Überall waren seine Werber tätig, selbst in Thrazia, Moesia, Pannonia und Noricum! Das Handgeld bestand aus reinem Gold. Vor allem lag ihm daran, Männer mit Kriegserfahrung einzukaufen. Zu den Parthern und Armeniern sandte er seine Boten, selbst zu germanischen Stämmen, den Quaden und Markomannen. Wie seinerzeit Hannibal, hat er anscheinend versucht, einen Aufstand der Völker gegen uns zu entfesseln. Denn bis nach Gallia hinein konnten wir seine bösen Machenschaften verfolgen. Gleichzeitig berannte er verschiedene unserer Befestigungen und machte die Besatzungen grausam nieder.

Unsere sechs Legionen in den beiden Moesiae erhielten durch Eilboten alle nötigen Befehle. Die I. Legion *Minervia,* unter meinem Neffen, die V. *Macedonica* und die IV. *Flavia* gelangten auf schnellstem Wege zum Kriegsschauplatz, zu Schiff den Danuvius hinunter und auf den breiten Zufahrtsstraßen. Sie trafen ein, noch ehe ich mich am siebenten Tage vor den Iden des Iunius 858 a. U. c. von Rom verabschiedete. Von meinem neuen Hafen Ancona aus trat ich die Überfahrt an.

Zu meiner Begleitung gehörte Lucius Licinius Sura, den ich wieder zum Generalstabschef ernannte. Auch Claudius Livianus mit seinen Praetorischen Cohorten kam mit, ebenso der zuverlässige Consul vom vorhergehenden Jahre, Decimus Terentius Scaurinus, ein Mann gallischer Abkunft aus der Narbonensis.

Ich war nun zum fünften Male Consul. Zu meiner vierten Ausrufung als *Imperator* sollten bald die V. und VI. kommen. Die Tribunizische Gewalt hatte ich zum zehnten, bald zum elften Male inne. Daß ich den Namen *Dacicus* erhalten hatte, wußten jetzt alle Legionen. Decebalus, wurde mir berichtet, höhnte: Er werde mir bald zeigen, daß er eher *Romanus* genannt werden sollte!

Wie immer begleiteten mich meine Gemahlin und meine Schwester, deren Rang als *Augustae,* den ich ihnen verlieh, vom Senat bestätigt worden war. In meinem Herzen und in meinen Gedanken waren sie es schon seit langem. Auf der fertiggestellten Brücke des Apollodoros überschritten wir den Strom und rückten in breiter Front ins Feindesland. Unsere Flanken wurden durch die Reiterei des Lusius Quietus gedeckt. Mein Neffe, an der Spitze seiner Legion, war ganz vorne, das blanke Schwert in der Hand. Auch ich nahm in den ersten Reihen Stellung, gleichfalls mit gezogenem Schwerte.

Wir kamen zur rechten Zeit, denn Decebalus hatte schon wiederholt das Brückencastell Theodora am linken Ufer berennen lassen und sogar Stoßtrupps auf Booten auf das rechte geschickt, gegen Pontes. Daß er in offener Feldschlacht gegen uns nicht bestehen konnte, war ihm klar geworden. Aber er war ein Meister im Kleinkrieg, nicht unähnlich der bekannten germanischen Taktik: Kleine bewaffnete Haufen würden blitzschnell vorstoßen, einzelne unserer Leute niedermachen, den Nachschub angreifen – manchmal warfen sie Fackeln in unsere Wagen – und ebenso schnell wieder in Gebüschen, Wäldern, Sümpfen, die nur ihnen bekannt waren, verschwinden. Wir haben erhebliche Verluste erlitten – aber die Wut und Kampfeslust unserer Leute wurden nur gesteigert.

Der Consular und frühere Legatus Augusti von Moesia inferior und Pannonia, Cnaeus Pompeius Longinus, der sich schon im ersten Kriege gegen Decebalus ausgezeichnet hatte und dem jetzt unsere Besatzungstruppen am linken Ufer unterstanden, hatte sich erneut mein volles Vertrauen erworben. Er war es, dem es gelang, einen der Mordbuben abzufangen, die Decebalus nach Moesia geschickt hatte: Der König wußte, daß ich der Kriegsläufte wegen allgemein zugänglich war und zu meinen Lagebesprechungen alle zuließ, die darum baten. Warum sollte ich also einem Centurio der V. Legion *Macedonica* und vier aus Pannonia stammenden Legionären den Zutritt verweigern? Ich konnte ja nicht wissen, daß es sich um verräterische Überläufer handelte! Einer dieser Burschen fiel auf, da er seine Ausrüstung falsch trug. Man brachte ihn vor Longinus, der ihn befragte, woher er stamme, zu welcher Legion er gehöre – »Zur V. *Macedonica*«, sagte er – aber weiter kam er nicht. Er wußte nicht, wo diese früher gestanden hatte, kannte seine Offiziere und obersten Befehlshaber nicht, verwickelte sich immer mehr in Widersprüche. Hierauf ließ ihm Longinus eiserne Ruten, dann Zangen und schließlich glühende Eisenstäbe zeigen. Da brach er jämmerlich zusammen und gestand den ganzen Mordplan – nannte die Namen der Mitverschworenen, wieviel Gold sie erhalten hatten und wann sie das Verbrechen ausführen sollten – »schon am nächsten Abend...«! Decebalus hatte sich überlegt: Würde ich beseitigt, dann bräche bestimmt ein Streit unter den hohen Befehlshabern aus und dann über die Nachfolge im Principat. Das aber würde das Ende des Krieges bedeuten.

(»Caesar – hättest du damals schon einen Adoptivsohn gehabt, wäre Decebalus nicht auf so abscheuliche Gedanken gekommen.« – Aus den geheimen Tagebüchern: Der Imperator Traianus hat nicht darauf geantwortet, sondern nur unwillig den Kopf geschüttelt.)

Ein Kriegsgericht, zusammengesetzt aus drei langgedienten Centurionen und zwei Tribunen, trat zusammen, unter dem Vorsitz meines Neffen: Der Anführer, der römischer Bürger war, wurde zum Tode verurteilt »nach der Väter Brauch« – die anderen zum Tode am Kreuze.

Ich habe mein Gnadenrecht ausgeübt: Der Anführer wurde enthauptet, die übrigen, gemäß einem Vorbild, das Divus Iulius setzte, als er die Seeräuber, die ihn gefangengenommen hatten, hinrichten ließ – befahl ich zu töten, ehe sie ans Kreuz geschlagen wurden.

Decebalus erfuhr von der Aufdeckung der Verschwörung. Damit brach eine seiner größten Hoffnungen zusammen. Wieder schickte er hochgestellte »Kappenträger«, die mich, unter günstigen Bedingungen, um Frieden bitten sollten. Diesmal verlangte ich bedingungslose Übergabe – die »Bedingungen«, die das Römische Volk durch mich dann stellen würde, hingen von meiner Gnade und seinem Verhalten ab. Als erstes habe er seine Waffen abzuliefern und gemäß den früheren Vereinbarungen die neugebauten Befestigungen zu schleifen und alle römischen Verräter und Überläufer auszuliefern!

Die Kappenträger kehrten zu ihrem König zurück und bestellten mir dann, daß er bereit sei, auf meine Forderungen einzugehen, sollte ich mich entschließen können, sie ihm selber vorzutragen. Cnaeus Pompeius Longinus und alle anderen Befehlshaber rieten mir auf das dringendste davon ab, und schließlich erklärte sich Longinus bereit, an meiner Stelle zu Decebalus zu gehen. Er nahm nur einen seiner Centurionen und einen verläßlichen jungen Freigelassenen mit. Von diesem Entschluß setzten wir Decebalus in Kenntnis, der ein Antwortschreiben sandte, in dem er in freudig bewegten Worten versicherte, er wolle alles tun, was der Consular Longinus im Auftrag des Princeps verlangen werde.

Mehrere Tage hörten wir nichts, dann traf ein dreistes Schreiben des Decebalus ein: Der Centurio und der Freigelassene seien bewaffnet gewesen, also offensichtlich zu seiner Ermordung mitgeschickt! Das habe ihn gezwungen, alle drei festzunehmen.

Was sich dann abspielte, haben wir erst später erfahren, als zuerst der Freigelassene und schließlich auch der Centurio zurückkehrten:

Erst hatte Decebalus Longinus öffentlich auszufragen versucht, was meine Pläne seien. Selbstverständnis hat er jede Auskunft verweigert. Hierauf führte er ihn unter Bewachung ab, aber nicht in Fesseln. Als nächstes sandte er mir einen Boten mit der Zumutung, »ihm alles Land bis zum Ister zurückzugeben und ihm alle Kosten seiner Kriegsführung zu ersetzen ... dann werde er Longinus freilassen«.

Damit war er zu einem gewöhnlichen Verbrecher geworden, zu einem Straßenräuber und Erpresser und hatte seine Königswürde verloren. Denn er hatte die Gesetze verletzt, die selbst den wildesten Barbaren noch heilig sind! Unterhändler sind unverletzlich; sie zu entführen, und außerdem noch einen Preis für ihre Freilas-

sung zu verlangen, stellt die Täter außerhalb der menschlichen Ordnung. Jeder Tag, jeder Augenblick, da eine Geisel zurückgehalten wird, ist ein Verbrechen gegen Götter und Menschen. Ich beschloß ihm nachzujagen und ihn aufzuspüren, wo immer er sich versteckt halten mochte – so wie seinerzeit Alexander dem Bessus nachjagte, der Darius ermordet hatte. Im Triumphzug würde ich ihn mitführen und ihn dann im Mamertinischen Kerker unterhalb des Capitols hinrichten lassen – wie Iugurta hingerichtet wurde, jener verräterische König der Numidier, oder der Gallier Vercingetorix, der Divus Iulius gegenüber mehrfach die Treue gebrochen hatte.
Freilich mußte ich auch versuchen, das Leben des Longinus zu retten. Ich schrieb an Decebalus in einer Weise, die ihn nicht glauben ließ, ich betrachtete Longinus als über allen Maßen wichtig und andererseits auch nicht als unwichtig. Damit wurde etwas Zeit gewonnen, denn der verbrecherische Mann überlegte, was er tun solle. In der Zwischenzeit war es Longinus gelungen, sich mit Hilfe des Freigelassenen Gift zu verschaffen.
Gleichzeitig versprach er Decebalus, er werde versuchen, mich für die Bedingungen zu gewinnen – so daß jener keinen Verdacht schöpfen solle, was er, Longinus, zu tun beabsichtige. Er verfaßte eine Bittschrift für den Freigelassenen und übergab sie Decebalus zur Beförderung. Dann, als er den Freigelassenen im römischen Lager wußte, trank er des Nachts das Gift und starb.
Decebalus war außer sich vor Wut, versuchte aber weitere Erpressungen: Er verlangte, daß der Freigelassene zurückgesandt werde, dafür wolle er mir die Leiche des Longinus und zehn römische Gefangene schicken. Diese freche Botschaft ließ er mir durch den Centurio überbringen, den er zusammen mit Longinus gefangengenommen hatte.
Durch diesen Centurio haben wir dann diese ganze niederträchtige Geschichte erfahren. Selbstverständlich habe ich weder den Centurio noch den Freigelassenen dem Decebalus übergeben – ihre Sicherheit war wichtiger für die Würde des Imperiums als ein Begräbnis für Longinus. Doch habe ich diesem wahrhaften Vaterlandsfreund und Helden ein Denkmal setzen lassen!

(Anmerkung des Magister a libellis des Imperators Antoninus Pius Augustus: Bis zum heutigen Tage gedenkt man in Dankbarkeit und Ehrfurcht des Cnaeus Pompeius Longinus, der lieber starb, als Rom entehrende Bedingungen auferlegen zu lassen.)
Ich habe den Tod nie gefürchtet. Stets habe ich es als meine Pflicht betrachtet, in der Schlacht allen meinen Soldaten voranzugehen. Aber die Untat, die Decebalus an Longinus beging, und die Schande, die er auf uns häufen wollte, haben mich zu noch größerem Einsatz beflügelt. Den »tapferen Traianus« nannten mich die Soldaten – aber das war ein Lob, das ich nicht suchte. Wer Princeps ist, muß dies auch im Kampfe sein – als *Dux* und *Primus Legionum.*
Mein Ziel war wiederum die Hauptstadt Sarmizegetusa. Ich führte eine Zangenbewegung durch, indem ich zwei Legionen von der Porta Ferrea aus angreifen ließ. Decebalus hatte die geschleiften Mauern wieder errichtet, was mich zu einer Belagerung zwang. Das hätte lange dauern können – zum Glück hatten wir drinnen mindestens hundert Leute in unserm Sold, die uns nachts die Tore öffneten. Nicht verhindern konnten wir, daß die Daker, als sie sahen, daß wir einzogen, die Stadt an allen vier Ecken in Brand steckten. Gleichzeitig gaben sich viele der hochadeligen »Kappenträger« selbst den Tod.
Ein Teil der Einwohnerschaft floh aus der brennenden Stadt, andere versuchten zu löschen und begrüßten uns jubelnd als Befreier. Nicht vergessen soll die Tat eines schlichten Reiters sein, der aus Germania inferior stammte: Beim letzten Sturm auf Sarmigezetusa wurde er schwer verwundet und vom Schlachtfeld ins Ärztezelt getragen. Da meinte man noch, daß sein Leben gerettet werden könnte. Als er hörte, daß keine Hoffnung bestehe, rannte er den Ärzten davon, stürzte sich unter die Fußsoldaten und vollbrachte noch große Heldentaten – bis er plötzlich tot zusammenstürzte. Auch ihm habe ich ein Standbild errichten lassen.
In den Trümmern der Stadt, über die noch Rauchschwaden hinwegzogen, haben mich die Legionen zum fünften Mal zum Imperator ausgerufen.
Rechtzeitig war Decebalus ostwärts geflohen. Ich zog ihm nach,

296

bis zur dakischen Festung Apulum am rechten Ufer der Marisia, die nach Westen fließt und in die Tisia mündet. Noch einmal versuchte Decebalus, mit starken Kräften eine Einheit unserer Hilfstruppen, die den Nachschub zu sichern hatten, zu vernichten. Ich hoffte den König im Zweikampf stellen und töten zu können, um damit die Spolia optima, die schon lange kein römischer Feldherr mehr erworben hatte, im Tempel des Capitolinischen Iupiter niederlegen zu können. Aber als der dakische Ansturm abgeschlagen war, wandte sich Decebalus als erster zur Flucht. Zersprengt zogen sich seine Kämpfer ins Gebirge zurück, wo sich wieder viele der Adeligen den Tod gaben. Ich wurde zum VI. Mal zum Imperator ausgerufen.

Eine Abteilung der berberischen Reiter meines wackeren Lusius Quietus setzte Decebalus nach, tief hinein ins Gebirge. Dort fanden sie ihn – seine Begleitung wurde niedergemacht, ihn sollten sie fangen. Aber er durchschnitt sich mit seinem Sichelschwert die Kehle. Man könnte ihn einen großen König nennen, hätte er den Tugenden der Tapferkeit und kluger Kriegsführung die für einen wahren König wichtigste hinzugefügt: die der Ehre und zum gegebenen Worte zu stehen! Immerhin – sein Tod hat manche Flecken seines Lebens abgewaschen. Ich ließ seine Leiche ehrenvoll verbrennen, sein Kopf wurde nach Rom gesandt.

Schon nach dem ersten Dakerkrieg hatte ich gedacht, die Schätze des Königreichs gefunden zu haben. Welch ein Irrtum! Jetzt erst wurden sie entdeckt – in reichstem, überreichem Maße! Decebalus hatte Berge von Gold, Silber, Körbe und Säcke voll von Edelsteinen, kostbarsten Geweben, Kunstwerken aus Indien, aus dem Sererlande – auch Tausende von *Aurei* mit dem Kopfbild von Divus Augustus, von Tiberius Caesar und seiner Nachfolger, besonders aber vom Imperator Domitianus – der sich teuer den Frieden erkauft hatte –, alles wohl verborgen. Sie waren tief unter dem Bett des Sargetia-Flusses vergraben, der an seinem Palast vorbeifließt. Durch Kriegsgefangene war der Fluß in ein neues Bett geleitet worden. Die Schätze wurden in gewaltigen Höhlen untergebracht, die man fest vermauerte. Dann wurde der Fluß zurückgeleitet, und alle, die an diesen Arbeiten beteiligt waren, ließ er hinrichten. Seine Königsgewänder und andere Dinge, die keine Feuchtigkeit vertrugen, wurden in Bergtälern versteckt. Auch die daran beteiligten Gefangenen ließ er grausam umbringen. Es gelang uns aber, einen Vertrauensmann des Königs namens Bicilis gefangenzunehmen. Wir sicherten ihm Leben und Freiheit und reichen Lohn zu, worauf er uns zu allen versteckten Schätzen führte. Heute lebt er in einer Villa am Golf von Neapel!

Das Hauptziel des Krieges war erreicht – die ganze Westküste des Pontos Euxinos war in unsern Händen! Meinen Neffen sandte ich im Herbst nach Rom, um die Praetur anzutreten, ich selber entließ zwar zahlreiche Soldaten, blieb aber doch noch mit starken Kräften den ganzen Winter, bis in den Frühling hinein, in Dacia, das noch gesäubert werden mußte, aber nunmehr unangefochten eine Provinz des Römischen Volkes war. Es waren nun auch genügend Mittel da, um die Siegesspiele, die mein Neffe in Rom gab, auf das glänzendste auszugestalten!

Zum ersten Legaten der Provinz Dacia ernannte ich den Gallier Decimus Terentius Scaurinus. Auftragsgemäß machte er Sarmizegetusa, das er rasch wieder aufbaute, zur römischen Colonie unter dem neuen Namen Ulpia Traiana. Die Stadt wurde zum Sitz der Verwaltung und zu einem Straßenknotenpunkt für das ganze linke Isterufer. Pannonia teilte ich in zwei Provinzen. Pannonia inferior – sehr wichtig, da es an einen Teil von Dacia, an Moesia superior und Dalmatia grenzt, erhielt mein Neffe als Legatus Augusti pro praetore.

Wie groß der Jubel über meinen Dakersieg in Rom war, zeigte sich auch aus den vielen Münzprägungen, zu denen ich mit Freude meine Zustimmung gab: Immer wieder die PAX – DACIA CAPTA – der Flußgott DANUVIUS – Darstellungen meiner Brücke – der neuen Stadt Ulpia Traiana, aus der die Daker nicht ausgetrieben wurden.

Drei Legionen beließ ich im Standlager in Apulum, wo bislang nur die Legion XIII. *Gemina* stand. Mir lag besonders daran, die neue Provinz schnell dem römischen Geist zu erschließen – nicht nur unserer Macht. Daher erbat ich mir eine große Zahl von Schullehrern und richtete selber auch in den Dörfern Schulen ein. Jetzt, nach wenigen Jahren, sprechen die meisten Einwohner schon lateinisch und können lesen und schreiben. Da sich Zehntausende von Dakern freiwillig in die Berge zurückzogen, entstand die Gefahr eines Bevölkerungshohlraums, der feindliche Stämme anlocken könnte. Ich habe daher Tausende von landsuchenden dalmatinischen Familien nach Dacia verpflanzt, und auch eine große Anzahl eines illyrischen Stammes, der früher oft recht hartnäckig gegen uns Kleinkrieg geführt hatte. Sogar Divus Iulius mußte einmal eigens nach Illyrien fahren, um einen ihrer Aufstände niederzuschlagen. Nun waren sie aber friedlich geworden und kannten sich gut im Bergbau aus. Das war der Hauptgrund, warum ich sie herholte und im Nordwesten, im goldreichen Gebiet von Alburnus, ansiedelte. Sie haben sich glänzend bewährt – diese Goldgruben. Wenn richtig bearbeitet, sind sie unerschöpflich. Ich erlaubte ihnen den Namen Alburnus in *Vicus Pirustarum* umzuändern, und damit war ihrem Stammesstolz Genüge getan!

Für den Ackerbau brauchte ich gute, tüchtige Bauern, und die fand ich in Galatia in der Umgebung von Ancyra und in Bithynia.

Erst als alles ganz geregelt war, kehrte ich nach Rom zurück. Der Senat ließ hierfür Gold- und Silbermünzen schlagen: *Adventus Augusti* beschriftet, und aus Dank, daß die Gebete, die bei meinem Abschied gesprochen worden waren, erfüllt wurden, auch Denare, geweiht der Göttin glücklicher Heimkehr, der *Fortuna Redux.*

Zweiundzwanzigstes Kapitel

TRAIANUS' WERKE DES FRIEDENS

(Diese ersten Absätze finden sich nur in den geheimen Tagebüchern des jungen Plinius:
»Caesar, da du heute nicht weiterarbeiten wolltest, darf ich vielleicht deine bisherigen Berichte durch die Worte ergänzen, die mein Adoptivvater fand, um dich als Friedensherrscher zu preisen?«
»Ich habe nichts dagegen, mi amice. Aber wenn mir dieses Lob zu überschwenglich erscheint – vor allem mag ich, wie du weißt, keine Schmeicheleien –, behalte ich mir vor, es zu kürzen oder auch abzuändern.«
»Caesar, auf keinen Fall wird es ohne deine Genehmigung in deinem Lebensbericht erscheinen!«)
(Aus der Antwort des Imperators Traianus auf die Lobrede des Consulars Gaius Plinius Caecilius Secundus:
»Carissime Secunde – ich danke dir für die ehrenden Worte, die du gefunden hast, um meine Friedensliebe zu preisen. Ich wollte, ich könnte noch viel mehr Zeit den Werken des Friedens widmen – doch die Sicherheit und der Ruhm des Römischen Volkes rufen mich immer wieder an die Grenzen des Imperiums. Die Götter gaben mir aber treue Freunde und Mitarbeiter, so daß auch in Zeiten des Krieges die Werke des Friedens nicht vernachlässigt werden müssen.«)
(Das ist es nun, was mein Adoptivvater im Senat sagte, Domine et Imperator Sanctissime:
»Obgleich du aufwuchsest in der Luft ruhmvoller Kriege, bist du, Caesar, dennoch ein liebender Freund des Friedens geblieben – und auch hierfür, für deine bescheidene Zurückhaltung, gebührt dir unser aller Dank. Dein verewigter Vater hatte die Abzeichen

300

des Triumphes erhalten und am Tage deiner Adoption wurde dem Iupiter Capitolinus Lorbeer geopfert, aber du hast nicht die Gelegenheit gesucht, eigene Triumphe zu erwerben. Weder fürchtest du den Krieg noch hast du den Wunsch, einen zu entfesseln. Wie herrlich war es doch, erlauchter Imperator, am Ufer des Danuvius zu stehen, wissend daß ein Triumph dir sicher sei, wenn du bloß den Strom überschrittest – aber du wußtest auch, daß der Tag anbrechen werde, da du, der siegreiche Imperator, kommen würdest, geschmückt mit allen wohlverdienten Ehrenzeichen – ein Sieger, der gleichzeitig Frieden bringt und das Ende des Krieges. So offensichtlich würde die Unterwerfung des Feindes sein, daß nichts mehr zu erobern übrigbliebe.

Hier sehen wir eine Leistung, edler als den Triumph selber. Früher war es oft so, daß unsere Siege erst gewonnen wurden, nachdem unsere Macht verhöhnt worden war. Jetzt aber, wenn wiederum ein Barbarenfürst in unsinnigem Wahnwitz sich erdreisten sollte, deines gerechten Zornes Empörung auf sein Haupt herabzuziehen, dann werden ihn weder Meere noch mächtige Ströme noch schroffe Berge schützen: All diese Hindernisse werden vor deinen Schritten zusammenbrechen – die Berge werden einstürzen, die Ströme versiegen und die See vertrocknen . . .«

»Genug davon, mi amice – das grenzt an Hybris, an eine Versuchung der Götter. Nur diese haben Gewalt über Berge, Strom und Meer.«

»Dennoch hast du, Caesar, den größten Strom Europas überbrückt, du hast Berge überwunden und nun beherrschst du den ganzen Pontos Euxinos.«

»Genug, sagte ich! Fahren wir fort.«)

Was dein Adoptivvater geschildert hat – meinen neuen Triumph – das ist wirklich eingetreten. Die beiden jungen Söhne des Königs Dekebalus folgten an der Spitze der Gefangenen. Ich habe sie für die Untaten ihres Vaters nicht büßen lassen. Sie erhielten eine gute Erziehung, bald sogar das römische Bürgerrecht. Vielleicht können sie später in unsern Militärdienst aufgenommen werden.

Viele Kappenträger waren unter den Gefangenen, Männer, nicht unwert ihres früheren Ranges. Zu menschlichen Bedingungen habe ich Tausende von einfachen Leuten, Krieger, Bauern Apollodoros zur Durchführung unserer Planungen in Rom und den Provinzen zur Verfügung gestellt. Sie sollten den gleichen Lohn erhalten wie jeder freie Arbeiter und nach einigen Jahren innerhalb des Imperiums angesiedelt werden.

Die Kriegsbeute an Edelmetallen ermöglichte mir nicht nur die Errichtung meiner Bauten und die Anlegung neuer Straßen. Ich konnte auch meinen 80 000 Soldaten Kopf für Kopf fünfhundert Denare auszahlen lassen und dem Römischen Volke ein Congiarium in der gleichen Höhe gewähren. Auch vielen meiner verdienten Mitstreiter konnte ich Ehren und reiche Entlohnung zuteil werden lassen. Voran Lucius Licinius Sura! Aber auch tapfere Tribunen und Centurionen wurden freigebig bedacht.

(»Caesar – darf ich jetzt doch noch einige Sätze aus dem Panegyrikos meines Adoptivvaters einfügen?«

»Wirklich nur einige Sätze . . .!«

»Vielleicht die folgenden, Caesar:

›Jeder König, der von nun an wagen sollte, sich mit dir zu messen, müßte erschauern nicht nur vor dem Glanz deiner Waffen, sondern auch vor den Adlerblicken deiner Augen . . .‹«

»Damit wollte dein Adoptivvater auf die Schilderung der Augen von Divus Iulius anspielen! Jetzt genug davon!«

»Nur noch diese Sätze, Caesar: ›Deine zurückhaltende Bescheidenheit, Caesar, ist Gewähr dafür, daß du, wann immer du der Ehre des Imperiums wegen zu einem Verteidigungs- oder Angriffskrieg gezwungen sein solltest, deinen Triumph durch den Sieg erringst, nicht aber den Sieg suchst, um einen Triumph zu feiern.‹«

»Mein Adoptivvater hat damals, wie ich weiß, seinen gelehrten Freund, den Schriftsteller Caninius Rufus, ermutigt, eine Geschichte der Dakischen Kriege zu schreiben – hierzu bedürfe es keiner dichterischen Ausschmückungen, denn die Tatsachen sprechen für sich selber: die neuen Ströme, die jetzt das Land durchfließen, die großen Brücken, die Feldlager über den steilen Abgründen – und dazu das Ende eines vertriebenen Königs, der mutig blieb bis zum Tode . . .«

»Ich kenne diese Geschichte, so weit sie bei seinem Tode vorlag.
Aber inzwischen haben wir eine dauerhaftere geschaffen, dank
Apollodoros, auf der hundert Fuß hohen Säule, die meinen Namen trägt, und in deren Sockel eines Tages meine Aschenurne
aufbewahrt werden soll . . .«)
Gleich nach dem Triumphzug habe ich dem Volke wieder große
Spiele gegeben – an hundertdreiundzwanzig Tagen des Jahres. Das
heißt: an jedem erlaubten Tage, da ja an Gerichts- und Ferientagen
keine Spiele stattfinden dürfen.
(»Darf ich nochmals unterbrechen, Caesar? Ist dir aufgefallen, daß
bei deinem Triumphzug Scharen von *Christiani* unter ihrem Episkopos Alexander von Rom zugegen waren, die ihrem Höchsten
Gott für deine Heimkehr dankten, und die beteten, du mögest
nunmehr Arabia und ganz Iudaea von ihren Verfolgern säubern?
Mein Adoptivvater hat oft darüber gesprochen, er wußte nie genau, wie er sich den *Christiani* gegenüber verhalten sollte.«
»Darauf komme ich noch. Wahrscheinlich wußten die *Christiani*
schon, daß ich dem Legaten von Syria, Aulus Cornelius Palma
Frontinianus, Befehl gab, das ganze Nabatheische Königreich dem
römischen Volke untertan zu machen. Viele Judaeer sind nach der
Zerstörung von Hierosolyma dorthin geflohen, und nun fürchte-
ten sie, daß wir sie vertreiben würden. Aber erst wollen wir über
einige Werke des Friedens weitersprechen.«)
Diese Spiele waren noch viel prächtiger als jene nach dem ersten
Dakerkrieg. Elftausend Tiger, Löwen, Elephanten, Leoparden traten gegeneinander an – in den Naumachien kämpften Krokodile,
Nilpferde, Seeschlangen, im Circus und im Flavium Amphitheatrum standen oft zehn- und fünfzehntausend Streiter einander
gegenüber. Viele der Sieger wurden freigelassen, einige haben sogar schon Kinder, die römisches Bürgerrecht besitzen.
Zu diesen Spielen kamen Häuptlinge, Fürsten, Könige und auch
Weise und Gelehrte aus dem ganzen Erdkreis – sogar von »jenseits
der Garamanten in Africa und India«, wie Vergil es vorausgesehen
hat. Ich wies diesen fremden Gesandtschaften Ehrenplätze unter
den Senatoren an. Mein Neffe fand an den Indern den größten
Gefallen. Er berichtete mir über manches nächtliche Gespräch mit

ihnen; über die jenseitige Welt, über wiederholte Erdenleben und über die Lehren ihres großen Meisters, den sie Buddha nennen, den Erleuchteten, und der vor ungefähr sechshundert Jahren gelebt habe.

Mich kümmerten diese Dinge weniger – auch habe ich die Inder bei all ihrer scheinbaren Weltabgeschiedenheit stets für gute Kaufleute gehalten. Schon zur Zeit von Divus Augustus haben sie günstige Handelsverträge erreicht – dabei waren sie gekommen, um für ihre Teilnahme an der Schlacht von Aktium auf seiten des Marcus Antonius und der Kleopatra um Verzeihung zu bitten! Was ich vor allem erfahren wollte, waren die Straßenverhältnisse, welche Pässe am besten gangbar sind, zu welcher Jahreszeit man am sichersten von der Mündung von Euphrates und Tigris zum Indus gelangen könnte.

Daß ich nicht an so vielen Tagen den Spielen beiwohnen konnte, hat das Volk verstanden. Ich habe gerade damals die Straße durch die Pontinischen Sümpfe pflastern lassen. Weil diese Gegend so unsicher war und die Fremden von bösen Caupos, betrügerischen, manchmal sogar mörderischen Gastwirten ausgenommen wurden, habe ich unter Aufsicht eines Procurators anständige Tavernen und Herbergen die Straße entlang errichten lassen. Über einige besonders tückische Sumpfstellen mußten auch Brücken gebaut werden.

Ich habe abgenütztes Gold- und Silbergeld eingezogen und durch neues ersetzt. Gleichzeitig verhängte ich Strafen über die Geldwechsler, die Goldmünzen über rauhe Tücher oder gar Reibeisen warfen, um dann den Goldstaub einzuheimsen.

Dann ging ich während dieser Friedenszeit daran, mein Forum aufbauen zu lassen. Dazu das Nymphaeum, das im Sommer herrliche sprudelnde Wasserfälle zeigt und die Luft erfrischt. Noch wichtiger aber war, einen Teil des großen Gold- und Silberschatzes des Königs Dekebalus für eine gründliche Verbesserung der wichtigen Wasserleitungen Roms und zum Bau einer neuen einzusetzen, die jetzt Aqua Traiana heißt.

In ganz alter Zeit gewann man das nötige Trink- und Kochwasser aus dem Tiberis – da war er noch rein! Und aus Quellen in der

Umgebung der Stadt. Auch Brunnen konnte man noch in wenigen Fuß Tiefe erschließen.

Wie mein lieber Freund Sextus Iulius Frontinus, der während des ersten Dakerkrieges starb, in seiner berühmten Sorgfalt errechnet hat, hat dieser erfreuliche Zustand vierhunderteinundvierzig Jahre nach Gründung der Stadt angehalten. In jener Zeit wußte man auch noch, daß manche Quellen kraft der Götter und Nymphen, denen sie heilig waren, heilende Eigenschaften besaßen – so wie auch heute noch die Quelle der Iuturna auf dem Forum beim Castor- und Pollux-Tempel.

Aber dann, als die Stadt immer mehr wuchs, genügten diese Wasser nicht mehr. Der große Appius Claudius Censor, »Der Blinde«, wie er heißt, weil ihn die Götter seiner allzu vorausschauenden Weisheit wegen blendeten, hat uns das erste frische Wasser gebracht. Er, der Erbauer der Via Appia, hat auch den ersten Aquaeduct erbauen lassen. Von ihm stammen bekanntlich alle Claudier ab, auch Tiberius Caesar und die Nachkommen seines Bruders Drusus!

Vierzig Jahre nach der Appia, 481 a. U. c., konnte mit der Kriegsbeute, die wir durch den Sieg über König Pyrrhus erwarben, die zweite Wasserleitung errichtet werden, schon von der für damalige Verhältnisse erstaunlichen Länge von 43 000 Doppelschritten. Dieses Wasser, »Anio vetus«, ist dem Aniofluß entnommen. Aber die Leitung, wie auch die der Appia, wurde brüchig, und außerdem zapften Diebe sie an vielen Stellen an. Deshalb hat dann 680 a. U. c. als Beauftragter des Senats der Praetor urbanus, Quintus Marcius Rex, die Aquaeducte instandzusetzen und neue Quellen zu finden gehabt. Das geschah auch. Die Aqua Marcia, die er erschloß, vom oberen Anio-Tal bis zum Capitol, strömt in alter Frische.

Divus Augustus konnte sich rühmen, eine Stadt aus Backsteinen übernommen und eine marmorne zurückgelassen zu haben. Er konnte hinzufügen: eine Stadt herrlichster Brunnen, Schwimmbecken, Nymphaeen, über deren Felswände ganze Fluten herniederstürzen – so daß auch die einstmals ungesunde Luft Roms gereinigt und selbst in der heißesten Jahreszeit frisch ist! Auch in vielen Wohnhäusern gibt es ja jetzt fließendes Wasser. Als sich einstmals das Volk bei Divus Augustus beklagte, der Wein sei teurer geworden, antwortete er: »Mein Schwiegersohn Marcus Vipsanius Agrippa hat durch reichliche Wasserversorgung der Stadt dafür gesorgt, daß niemand Durst leiden müsse!«

Jeder Mensch weiß, wie die Wasserversorgung weiter entwickelt wurde. Divus Claudius – die gute Aqua Claudia ist ein Ruhmesmal für ihn – hat neue Leitungen gebaut, auch Nero Caesar und der Imperator Domitianus und mein verewigter Vater haben sich darum gekümmert.

Aber man darf sich nicht mit dem Gegebenen begnügen. In manche Leitungen ist Schmutz und Schlamm eingedrungen, Diebe haben sie immer wieder angebohrt. Ein Glück aber, daß mir der nach Tausenden von Pfund zählende Gold- und Silberschatz von Dacia die Möglichkeit zu gründlichen Verbesserungen aller Aquaeducte und zum Bau eines neuen, noch reichlicher strömenden gab! Heute kann jeder wieder klares, kühles Wasser trinken – zu Hause und aus den öffentlichen Brunnen. Ich habe soviel vom Lacus Sabatinus nach Rom gebracht, wie man es dem schönen See gegenüber verantworten kann! Am Ianiculus wird das Wasser nach allen Stadtteilen weitergeleitet.

(»Caesar – damit bist du zu einem Neugründer der Stadt geworden. Wie ehrenvoll ist die Inschrift, die der Senat oberhalb der großen Tore des Wasserwerks einmeißeln ließ: ›Imperator Caesar Nerva Traianus Augustus.‹«

»Vielleicht hast du sogar recht, parve puer, mit dem Worte ›Neugründer‹. Denn ohne gesundes und reichliches Wasser würde Rom binnen weniger Jahre ausgestorben sein. Ich weiß nicht, ob die Mengen, die heute täglich nach Rom strömen, nicht sogar größer sind als die Wasser, die der Tiberis mit sich führt!«)

Schon der Imperator Domitianus hatte am rechten Tiberisufer eine Naumachia graben lassen. Durch Apollodoros ließ ich sie wesentlich erweitern und ausschmücken. Auch zwei große neue Thermen zu erbauen schien mir wichtig.

Damit haben wir heute in Rom außer den Thermen über 850 öffentliche Bäder, Röhrenbrunnen und Wasserbecken! Auch dem

Ärmsten sind unsere Bäder zugänglich – ich habe den Eintrittspreis, der schon immer niedrig war, nochmals herabgesetzt. Jetzt beträgt er einen Quadrans – ein Viertel Ass!!
Ich meine auch, daß unsere Aquaeducte die Zeiten überdauern werden – beträgt doch allein die Gesamtlänge der nach Rom führenden Aquaeducte über dreihundert Meilen!
Nimmt man unsere schönen Gärten mit ihren Springbrunnen, Grotten und Teichen hinzu, sieht man eigentlich nicht ein, warum man, wie so viele es tun, im Sommer in die Albanerberge flüchten soll!
(»Caesar – ist es wahr, daß Judaeer niemals in die öffentlichen Bäder gehen? Als Herodes der Große, ein guter Freund von Divus Augustus, in seinem Königreich Thermen und Gymnasien baute, soll es einen Aufruhr gegeben haben?«
»Nacktheit gilt bei ihnen als unsittlich. Ganz früh scheint dies auch bei den Griechen der Fall gewesen zu sein. Das änderte sich erst, als der junge Orsippos aus Megara, in der 15. Olympiade, das war so um 33 a. U. c., beim Wettlauf seinen Lendenschurz fallen ließ und nackt weiterlief. Man hat ihm ein Denkmal gesetzt, weil er bewiesen hat, daß Nacktheit nicht Sittenlosigkeit ist. Von da an konnte man Götter und Menschen nackt darstellen, und schließlich sind alle Athleten in Olympia nackt gelaufen!
»Ob man die heutigen Judaeer nicht auch davon überzeugen könnte – wie Herodes es doch schon versuchte? Dann könnte auch ein Mann wie Tacitus nicht mehr behaupten, die Judaeer seien Schmutzfinken und von einer entstellenden Seuche geschlagen, daher zeigten sie sich nicht nackt.«
»Dazu sind die *fanatici* noch zu mächtig. Da die Judaeer Menschen sind wie alle anderen, müssen diese Hetzer künstliche Unterschiede erfinden. Sonst, fürchten sie, könnte das judaeische Volk in anderen aufgehen, wie schon mancher Stamm, etwa die Samniter, die ursprünglich unsere Feinde waren, inzwischen römisch geworden sind. Aber fahren wir fort!«)
Ehe ich wieder in den Krieg zog, konnte ich noch mein Forum den Göttern weihen. Jetzt gilt es als das schönste von Rom mit seiner säulengetragenen, zwei Stock hohen Basilika, umgeben von einer

307

weiten Doppelhalle. Granit, einheimischer und griechischer Marmor, goldene Platten und poliertes Silber konnten wir verschwenderisch verwenden – soll es doch ein Bau werden zu Ehren der Ewigen Roma!

Auch die beiden Bibliotheken, die lateinische und die griechische, konnte ich auf meinem Forum unterbringen.

(»Caesar – was kann ein Junge wie ich wagen, dir zu schenken – wie kann er sich für all deine Güte erkenntlich erweisen? Schon seit unserm Gespräch über deinen Besuch in Laurentum habe ich darüber nachgedacht – darf ich es sagen – nicht aus ›Keckheit‹, sondern – –«

»Was liegt dir denn am Herzen, parve puer –?«

»Wenn du es mir erlaubst, Caesar, will ich dir für deine Bibliotheken alle Bücher schenken, die du in Laurentum gesehen hast und dazu alle im Familienhaus in Comum am Lacus Larius. Dort liegen auch viele Manuskripte, Landkarten und Kriegstagebücher des älteren Plinius, die noch niemand richtig angeschaut oder gar verwertet hat. Unter deiner Obhut, sind diese Werke besser aufgehoben. Wer weiß, was sonst einmal damit geschieht, wenn ich sterbe . . .«

»Jetzt sprichst du schon wieder vom Tode, parve puer. Du sollst mich viele Jahre überleben . . .«

»Bis alles aufgezeichnet ist, was ich zu deinem Ruhme sagen kann, Caesar. Nimmst du meine Gaben an –?«

»Ich danke dir, mi amice. Ich will sie für das römische Volk annehmen. Aber so lange du lebst, sollen die Werke in Laurentum und in Comum bleiben!«)

Die hundert Fuß hohe Säule, die mir der Senat inmitten meines Forums aufstellte, habe ich schon erwähnt. Ich hoffe, sie wird stehen und den Ruhm des Römischen Volkes und seiner tapferen Legionen, die Dacia unterwarfen, künden bis zum Untergang der Stadt, also bis zum allgemeinen Weltenbrand, von dem die Stoiker sprechen. Ich habe selber die Künstler und Steinmetzen besucht, die unter Leitung von Apollodoros diese einmalige Geschichte unserer beiden Danuvius-Kriege schufen – sechshundert Fuß ist das Band lang, das sich um den Schaft der Säule windet – über

308

hundertfünfzig fortlaufende Bilder sind eingemeißelt – ich selber komme sechzigmal vor – weniger wäre vielleicht mehr gewesen: Ich leite die Kriegshandlungen, ich spreche zu den Männern – wir überschreiten die Ströme – meine Brücke wird dargestellt – man sieht den feindlichen Einbruch in Moesia inferior und wie wir ihn zurückschlagen. Bau- und Schanzarbeiten sieht man, alles in starken Farben – wiederum ich, wie ich vor den Wällen des Lagers den Göttern opfere – selbst jener merkwürdige Pilz, der mich warnen sollte, weiter vorzurücken, ist erkennbar – gefangene Daker – an fünfhunderttausend! – in langärmeligen Kitteln und weiten Hosen – an ihren Haarbüscheln werden sie mir vorgeführt. Und was sich noch alles abgespielt hat! Schließlich sind die feindlichen Drachenfahnen in unserer Hand, Dekebalus liegt zu meinen Füßen – die Verwundeten werden gepflegt und verbunden und der Kampf geht weiter: feindliche Verschanzungen aus Holz und Stein, die wir nehmen, unsere Geschütze fahren auf ... Die Truppen begrüßen mich als Imperator und die Göttin Victoria selber beschreibt eine Tafel mit der Siegesnachricht. Dann der Zweite Dakerkrieg mit der großen Darstellung der Königsburg, die in Flammen aufgeht und dazu die Fürsten, die »Kappenträger«, die aus einem großen Kessel den Gifttrank schöpfen. Schließlich sieht man sogar, wie mir der Kopf des Dekebalus auf einer Schüssel gereicht wird und wie die langen Reihen der Besiegten, Männer, Frauen, Kinder, und die Herden aus dem Heimatland abziehen.
Gewiß hat es so etwas in der ganzen griechischen und römischen Geschichtsschreibung noch nicht gegeben ...
(»Aber Caesar, wer kann denn hinaufklettern und diese Bilder anschauen? Könntest du nicht Auftrag geben, daß sie abgezeichnet und in alle Geschichtsbücher, vor allem für die Schuljugend, übernommen werden?«
»Das ist ein guter Vorschlag, ich will ihn mir überlegen. Aber es gibt schon so viele Berichte hierüber, daß eigentlich jeder wissen sollte, was sich am Ister ereignet hat.«)
Auf unserer Säule ist mein treuester Freund und hispanischer Landsmann, Lucius Licinius Sura, der so viel zu unsern Siegen beitrug, mehrmals neben mir abgebildet. Man sagte von ihm, er sei

der »zweite Mann im Imperium«. Er hat sich bei Divus Nerva sehr für meine Adoption eingesetzt. Sehr bald nach seinem III. Consulat ist er gestorben, und das war ein sehr schmerzlicher Schicksalsschlag. An Neidern und Verleumdern hat es ihm nicht gefehlt – manche wollten mir sogar ins Ohr flüstern, daß er seinen großen Reichtum benütze, um mich zu stürzen. Darum habe er dem römischen Volk ein prächtiges Gymnasium geschenkt und Spiele gegeben, die den meinen kaum nachstanden. Er warte nur darauf, mich zu ermorden, um sich dann durch die Volksgunst zum Princeps und Imperator aufzuwerfen! Je übler sich die Verleumder aufführten, desto enger zog ich Sura an mich heran. Schließlich ging ich uneingeladen in sein Haus zum Abendessen, sandte meine ganze Leibwache weg und rief zuerst einmal den Hausarzt Suras und bat ihn, meine Augen zu salben. Dann ließ ich den Barbier kommen und befahl ihm, mir das Kinn sauber zu rasieren. (Den Bart überlasse ich meinem Neffen!) Danach nahm ich ein Bad und legte mich mit Sura zum Essen. Erst dann ließ ich meine Diener kommen, die mich mit Fackeln durch das nächtliche Rom führten. Am nächsten Tage sagte ich zu den Ohrenbläsern: »Wenn Sura mich hätte ermorden wollen, wäre es gestern für ihn ein leichtes gewesen.«

Nach seinem Tode habe ich ihm ein öffentliches Leichenbegängnis gegeben und eine Statue gesetzt. Aber das bringt ja die Toten nicht zurück . . .!

(Aus einem Schreiben des Imperators Hadrianus in den geheimen Tagebüchern des jungen Plinius: »Licinius Sura war auch mir ein treuer Freund. Hätte er länger gelebt – der Streit um meine Adoption wäre nie aufgekommen. Denn er legte Divus Traianus immer wieder nahe, sich doch möglichst bald einen Sohn und Nachfolger zu wählen – und das konnte nur ich sein!«)

Daß meine Fürsorge sich auf die Provinzen erstreckte, ergibt sich aus den Pflichten meines Amtes. In Hispania, Africa, Germania, im Osten – und wo nicht? – zeugen Straßen, Brücken, Tempel von meiner Tätigkeit. Die Gespräche mit den Indern haben auch meine handelspolitischen Erwägungen angeregt, nicht nur die militärischen. Ich habe daher die Arbeiten in Ägyptus wieder aufgegriffen, die der Pharao Necho um 155 a. U. c. großzügig begann und die Darius I., als er Herr von Ägyptus geworden war, ungefähr zur Zeit der Schlachten von Marathon und Salamis vollendete: den östlichen Arm des Deltas vom Nilus mit dem westlichen Sinus Arabicus zu verbinden. Diese *Fossae Traianae*, wie der Verbindungskanal jetzt heißt, sollen die Schiffahrt vom Inneren Meer nach India erleichtern, während man bislang die Waren mehrmals teuer, umständlich und unsicher umladen mußte.

Da gehen die Karawanen nilaufwärts bis zum Weihrauchland Punt und werden in den Hafenstädtchen *Myos hormos* und Berenike auf die Lastschiffe verfrachtet!

Auch seitdem der tüchtige griechisch-ägyptische Seefahrer Hippalos zur Zeit des Imperators Nero entdeckt und nutzbar gemacht hat, daß vom Siriusaufgang Mitte Juli vierzig Tage lang die Winde nach Osten wehen und im Winter in umgekehrter Richtung, dauert die Fahrt von Alexandria nach India immer noch drei Monate.

Wenn man den Verkehr jetzt durch meine Fossae Traianae lenken würde, könnte man die Reisezeit bestimmt auf sechs Wochen verkürzen. Es stünde dafür – denn immerhin fahren mindestens zweihundert Kauffahrteischiffe jährlich nach India. Edelsteine, feine Musseline, Baumwolle, Seide aus dem Sererland, Perlen und nicht zuletzt wilde Tiere führen wir von dort ein – aber das kostet uns jährlich hundert Millionen Sesterzen! Diese Summe könnte erheblich verringert werden, könnten wir rascher und mit niedrigsten Transportkosten unsere Waren ausführen.

Dann könnten wir vielleicht, was der große Alexander unvollendet lassen mußte, weil seine Makedonen stürmisch seine Umkehr verlangten, vollenden und den Ruhm des Römischen Volkes bis zum Ganga vortragen – wie Vergil es vorausgesagt hat.

Oft sind ja schon die Kaufleute den Legionen vorangegangen. Vielleicht daß Divus Iulius Gallia nicht in so wenigen Jahren hätte erobern können, wäre das weite Land nicht schon seit langem an unsere Händler und ihre Waren gewöhnt gewesen. Ähnlich ist es in Britannia und in den germanischen Provinzen.

(»Caesar – aber wenn du India nimmst, dann muß man damit rechnen, daß auch indische Sitten zu uns kommen. Ist das so erstrebenswert? Viele Inder haben den Ruf, den Dingen dieser Welt, in der wir doch leben müssen, nur geringe Beachtung zu widmen!«

»Auch die Ägypter, selbst die Syrer arbeiten mehr, mi amice, seitdem Rom über ihnen wacht. Mit den Indern wird es nicht anders sein!«)

Wenn ich neulich sagte, daß sich meine Fürsorge als Princeps auch auf die Provinzen erstreckt, so hat dies noch einen tieferen Grund. Freilich, es ist wichtig, die Aquaeducte in Gallia, in Hispania, in Nordafrica auszubauen, für gute Straßen und sicheres Reisen zu sorgen und unredliche Statthalter zu bestrafen – dies ist sogar eine sehr wesentliche Aufgabe! Ich komme darauf zurück.

Aber all diese Maßnahmen ergeben sich daraus, daß das Imperium, wie schon Divus Augustus, wie Seneca, ja sogar Nero Caesar geplant hatten, eine große Völkerfamilie werden müßte, wenn es die Jahrtausende, von denen Iupiter sprach, überdauern soll.

(»Caesar, die *Christiani* sagen das gleiche. Auch sie meinen, Rom werde nie untergehen, denn sein Untergang wäre gleichbedeutend mit dem Ende der Welt.«

»Aber möchten sie nicht unser ›*civis Romanus sum*‹ durch ihr ›*Christianus sum*‹ ersetzen?«

»Viele von ihnen sind ja römische Bürger und stolz darauf. Ihr ›*Christianus sum*‹ verstehen sie auch als ein Bekenntnis zum Imperium.«

»Wenn nur die Judaeer ebenso dächten!«

»Einige Judaeer tun dies auch!«

»Soweit sie römische Bürger sind, ist dies eine selbstverständliche Pflicht.«

»Sollte man dann nicht den Treuen das römische Bürgerrecht geben?«

»Unterbrich mich jetzt nicht!«)

Über den recht bedeutenden Heerführer Tiberius Alexander, dessen Sohn mein Mitschüler war, habe ich schon gesprochen. Dieser Mann judaeischer Abstammung – –

(»Caesar, da siehst du, daß ich recht habe . . .«

»Halte endlich den Mund!«)

Auch wenn ich an Iulia Augusta denke, die den Judaeern wohlgesonnen war, an Divus Iulius, der dem späteren König Herodes
dem Großen vielleicht sogar seine Rettung in Ägypten zu verdanken hat – Parve amice, du hast ganz recht –, vielleicht daß man
nach der Niederschlagung des Aufstandes die Überlebenden für
das Imperium gewinnen sollte.
(Auf Wunsch des Imperators Hadrianus eingefügt in den Text ein
Commentar des griechischen Geschichtschreibers Flavius Ap-
pianos:
»Ich habe den judaeischen Aufstand in Ägyptus miterlebt. Nach
seiner Niederschlagung gab es kaum mehr Judaeer am Nilus und
in Kyrene. Dennoch werde ich das Gefühl nicht los, daß sich
dieses Volk, trotz seiner ungeheueren Blutverluste, niemals mit
dem Römischen Reiche abfinden werde.«
Ein weiterer *Commentar,* eingefügt auf Wunsch des Imperators
Antoninus Pius Augustus:
»Der Aufstand in den letzten Lebensjahren des Imperators Hadrianus hat mich nicht überrascht. Wäre der Anführer, Barkochba,
der ›Sternensohn‹, wie er sich nannte und der sich als den göttlich
verheißenen ›Messias‹ ausgab, nicht von einer Giftschlange getötet
worden, der Aufstand hätte noch jahrelang weitergehen können.
Aber seine Anhänger wandten sich ab, als er starb, denn, so sagten
sie, dem wahren ›Messias‹ hätte eine Giftschlange nichts anhaben
können.«)
So wie Tiberius Alexander mehrere Legionen befehligte, könnte
man eines Tages versuchen, römisch gebildete Judaeer in die Pro-
vinzverwaltungen, auch in den Senat zu berufen.
Schon Divus Iulius hat Gallier in den Senat geholt – Divus Claudius folgte diesem Beispiel und ließ Gallier zu den höchsten Ämtern zu. Und heute? Die Augusta Pompeia Plotina stammt aus
Nemausus in Gallia Narbonensis! Der Princeps ist Hispanier –
viele seiner besten Mitarbeiter und Freunde sind es. Lusius Quietus ist ein dunkelhäutiger Africaner, mein Apollodoros stammt aus
Damaskos. Mein Ziel ist, in allen Provinzen allmählich eine einheimische Verwaltung heranzuziehen. Auch in den Legionen, wo sich
dies schon bewährt hat – wobei man sich durch einzelne Verräte-

reien, wie die des Arminius und in neuerer Zeit des Iulius Civilis, nicht abschrecken lassen darf.

Wie wichtig die Schullehrer sind, habe ich schon erwähnt. Selbst unsere dakischen Bauern fangen schon an, Latein zu sprechen. Bald bestellt man sich aus der Insel Ivernia römische Paedagogen! In Britannia und Gallia entstehen neue Sprachen aus den einheimischen Mundarten und dem Latein Ciceros!

Seitdem wir das ganze West- und Nordufer des Pontos Euxinos beherrschen, nehmen sogar die uralten Griechenstädte wie Odessus, Tomis, Tyras, Olbia und Pantikaion und Theodosia, am Eingang zum Maeotis Palus, das Lateinische an und blühen als Handelsstädte auf.

Mein Neffe ist freilich nicht ganz glücklich darüber, aber ich versichere ihm immer wieder, daß es nicht meine Absicht ist, das Griechische zu unterdrücken. So wie wir jetzt schon zwei Kanzleien *a libellis* haben, die eine für die lateinischen, die andere für die griechischen Bittschriften, so sollte im Osten und Westen ein doppelter Sprachunterricht eingeführt werden. Dabei dürften auch die Volkssprachen nicht unterdrückt werden. Aber wie soll sich denn ein römischer Bürger aus dem Süden von Ägypus mit einem anderen aus dem Norden von Britannia verständigen? Auch darin könnten wir von den Judaeern manches lernen. Die meisten von ihnen sprechen außer ihrer Muttersprache sowohl Griechisch wie Latein. Selbst ihre überlieferten Orakelsprüche, die sie »heilige Schriften« nennen, liegen auf Griechisch vor. Wie ich höre, werden sie jetzt ins Lateinische übersetzt.

(»Von den *Christiani*, Caesar. Nur daß diese überall, wo von einem kommenden Erlöser, einem ›Messias‹ gesprochen wird, sagen, diese Weissagungen hätten sich bereits erfüllt. Auch feiern sie nicht mehr den Tag des Saturns, den die Judaeer für heilig halten, sondern den Dies Solis, den Tag der Sonne.«

»Das ist doch der Tag, der dem Mithras geweiht ist . . .!«

»Ich sagte dir ja, Caesar, daß hier viele Gemeinsamkeiten zu bestehen scheinen . . .«)

Vielleicht, daß ich auch in den Provinzen Bibliotheken errichten sollte. Dafür, mi amice, werden die Schriften deines Adoptivgroßvaters von besonderem Wert sein, da in ihnen, wie ich weiß, alle Völkerschaften und die ganze Welt geschildert werden. Was mir vorschwebt, ist ganz einfach: Wenn einer »*civis Romanus sum*« sagt, soll dies nicht bloß einen Rechtszustand bezeichnen oder die Zugehörigkeit zu Rom oder einem aus Italia stammenden Geschlecht. Diese Worte sollen gleichbedeutend werden mit: »*Homo* sum«.

Dreiundzwanzigstes Kapitel

TRAIANUS: WIE MAN CHRISTIANI BEHANDELT

Wir müssen uns wieder dem Osten zuwenden, mi amice. So wie
die Nordgrenze unseres Kernlandes Italia ungeschützt war, bis
Divus Augustus, Tiberius Caesar und sein Bruder Drusus die
Alpenstämme unterwarfen und schließlich, nach der Gründung
von Augusta Vindelicorum, den Danuvius zur Grenze machten, so
war auch der Schutz unserer Herrschaftsgebiete am östlichen Inneren Meer hauchdünn. Erst als wir nach dem Tode des Urenkels
von Herodes, Herodes Agrippa II., drei Jahre, nachdem ich das
Principat erlangt hatte, ganz Judaea der Herrschaft des Römischen
Volkes unterstellten, besserte sich die Lage. Doch hielt ich es für
nötig, gleich nach dem Zweiten Dakerkrieg den Statthalter der
Provinz Syria, A. Cornelius Palma, der über vier Legionen verfügte, zu beauftragen, dem schwachen Nabataeerreich ein Ende zu
machen.
Aber erst noch ein Wort über jenen letzten Herodianer, den
Bruder der schon oft von mir erwähnten Berenike. Er hatte uns im
Krieg um Hierosolyma gegen seine aufständischen Glaubensge-
fährten treu zur Seite gestanden. Wiederholt hatte er sie ermahnt,
Vernunft anzunehmen – unter Rom ginge es ihnen doch ausge-
zeichnet, niemand hindere sie, ihren Höchsten Gott zu verehren,
wie Moyses es vorschrieb! Alles umsonst – schließlich kam es
gegen den Willen des Caesars Titus zur völligen Zerstörung des
Tempels und der Stadt.
Der damals noch sehr junge König folgte in seiner Treue zu uns
der Überlieferung seines Urgroßvaters, der zu Divus Iulius und
Divus Augustus stand, freilich erst, nachdem die Götter klar und
deutlich zu deren Gunsten entschieden hatten.
Zur Belohnung für seine Haltung – und wohl auch auf Bitten von

Divus Titus und seiner geliebten Berenike – ließ man deren Bruder die Herrschaft über Caesarea Paneas und Tiberias im nördlichsten Teil des judaeischen Landes. Persönlich war er ein mutiger Mann und hatte sich an der Spitze der Hilfstruppen, die er uns brachte, ehrenvolle Narben geholt. Er blieb auch im höheren Alter ein tapferer Soldat und schützte die Gaulanishöhen und das obere Jordantal bis zu den Quellen gegen arabische Räuberbanden. Hätte er einen Sohn gehabt, vielleicht, daß ich ihm das väterliche Erbe anvertraut hätte.

Aber die Provinz Judaea bedurfte weiteren Schutzes, daher mein Befehl an A. Cornelius Palma. Wir haben dann die Provinz Arabia errichtet und Münzen prägen lassen mit der Aufschrift *Arabia adquisita*. Es hat einige Kampfhandlungen gegeben, bei denen sich die syrischen Legionen und die ägyptischen auszeichneten, die III. Legion *Cyrenaica* und die XXII. *Deitariana*. Ich habe Palma die Ornamenta triumphalia verliehen und ihm auf dem Augustusforum eine Statue errichten lassen.

Dem letzten König, Rabilos, Nachkomme von zwölf Herrschern, beginnend mit einem Arethas, fast zweihundert Jahre vor der Geburt von Divus Iulius, haben wir in Ravenna einen ehrenvollen Platz angewiesen. In der gleichen Stadt hat schon Thusnelda, die Gemahlin des Arminius, gelebt, auch ihr Vater und dann der Markomannenkönig Marobodus. Ein schöner, angenehmer Aufenthalt für frühere Herrscher und Herrscherinnen.

Rabilos, ein Araber wie alle seine Landsleute, spricht fließend Griechisch und Latein, ich erlaubte ihm, einen großen Teil seiner Schätze mitzunehmen. Dadurch, daß wir nunmehr den ganzen Karawanenhandel des ehemaligen Nabathaeerreiches selber in der Hand haben, sind wir reichlich für unsere Kriegskosten entschädigt. Damit beherrschen wir auch die Handelsstraßen von Aegyptus bis Mesopotamia, was im kommenden Partherkrieg sehr nützlich war. Ich habe dafür gesorgt, daß dieses arabische Volk seine eigenen Götter auch weiterhin ungestört verehren kann, wenngleich ihr Kult uns barbarisch anmutet. Es genügt mir, wenn sie Iupiter Capitolinus oder Zeus die schuldige Achtung erweisen und im übrigen an den Altären der zu den Sternen erhobenen Caesaren ihre Opfer darbringen. Auch ihre eigene Schrift wollen wir ihnen lassen, von der ich übrigens höre, daß sie sich auch auf andere arabische Stämme auszubreiten beginnt.

Für mich ist eine Erkenntnis wichtig: daß selbst ein arabisches Volk geeignet ist, allmählich die hellenisch-römische Bildung in sich aufzunehmen – so wie ja auch manche germanischen Stämme schon aus dem Zustand der Barbarei herausgewachsen sind.

Die Erwerbung des nabathaeischen Gebietes hat die Aufstellung einer neuen Legion nötig gemacht, der II. *Traiana,* die ich nach Ägypten sandte, da ich die III. *Cyrenaica* im Norden der neuen Provinz brauchte. Als Standquartier wies ich ihr Bostra an, das wir zur Hauptstadt machten.

Sehr rasch wurden auch auf meine Weisung hin Militärstraßen angelegt und der Arabische Limes errichtet, von Bostra nach Akaba am Sinus Arabicus, den manche Mare Rubrum nennen, fast zweihundert Meilen lang. Heute führt diese Straße, von der Breite der Appia, über Philadelphia und Petra bis Aila bei Akaba.

Das ermöglichte mir, auf dem Mare Rubrum eine Flotte zu bauen, deren Wirkungskreis bis nach Indien gehen soll. Du siehst, mi amice, es sind immer die Pläne Alexanders, die mich beschäftigen, und wenn ich auch nicht gleich Indien militärisch erobern könnte, will ich doch durch diese Flotte unsern Handel verstärken . . . wie ich schon sagte: Die Kaufleute als Vorboten der Legionen. Gleichzeitig konnte ich damit den Parthern, mit denen ich den Krieg deutlich kommen sah, ihre Handelswege abschneiden. Da wir nun auch den Pontos Euxinos und das ganze Mare Rubrum in der Gewalt haben, kann uns niemand mehr unsere Stellung als erste Handelsmacht des Erdkreises streitig machen.

(Aus einem Schreiben des Imperators Hadrianus an den jungen Plinius:

»Laß dies alles so stehen, obgleich ich mich manchmal frage, ob man das alte Nabathaeerland nicht den Judaeern als neue Heimat hätte anweisen sollen.«)

Ich habe Bostra, Petra und die ganze Provinz Arabia inzwischen besucht. Petra, im Schatten gewaltiger Felsmassen, hat mich besonders beeindruckt. Ich habe dort einen Tempel von Iupiter

Capitolinus und Divus Titus gegründet, um dem Volke die Verehrung unserer Götter näherzubringen.

Aber das Imperium wird nicht nur durch die Legionen geschützt. Als Princeps habe ich dafür zu sorgen, daß die Provinzen nicht ausgebeutet werden, daß meine Beauftragten niemanden erpressen, sich nicht bestechen lassen und in jeder Weise der Ehre Roms und der Gerechtigkeit dienen. Das ist ein alter Grundsatz, der Jahrhunderte zurückgeht – Klagen der Provinzen, auch von Einzelpersonen wegen des *Repetundarum crimen*. Die *Lex Calpurnia* und die *Lex Iunia* und schließlich die *Lex Acilia* zur Zeit von Divus Augustus haben die gesetzliche Grundlage geschaffen. Ursprünglich das Doppelte der erpreßten Summe, dann das Zweieinhalbfache – durch eine *Lex Iulia* von Divus Iulius sogar die Todesstrafe in besonders schweren Fällen.

Leider sind diese Gesetze oft sehr schlecht angewendet worden, und das hat großen Schaden angerichtet. Wie etwa im Falle des Quinctilius Varus, der, wie es heißt, »das reiche Syria als armer Mann betrat und das arme Syria als reicher Mann verließ«. Man hätte ihm den Prozeß machen müssen, statt ihn als Legaten nach Germania zu schicken, wo er unsere drei Legionen verlor – und dazu einen reichen Gold- und Silberschatz, den er mitführte und auf den er wahrscheinlich gar keinen Anspruch hatte.

In einem besonders schlimmen Zustand befand sich die wichtige senatorische Provinz Bithynia-Pontos. Zwei ihrer Statthalter mußten in Repetundenprozessen wegen Bestechungen und Erpressungen angeklagt werden. Beide Male war dein Adoptivvater mit den Zeugen der Anklage und der Verteidigung befaßt und hat einen ausgezeichneten Einblick in die Mißwirtschaft dieser Provinz gewonnen. Daher lag mir daran, ihn als Legatus Augusti consulari potestate dorthin zu schicken.

(Caesar, ich sagte dir ja schon, wie glücklich er war, als er erfuhr, daß du ihm ein so wichtiges Amt übertragen habest. Er schwankte – nicht etwa weil er sich dir versagen wollte, sondern weil er sich fragte, ob er bei seiner schwachen Gesundheit die Erwartungen deinerseits auch werde erfüllen können. Daher wollte er sich eigentlich von allen öffentlichen Geschäften zurückziehen, um sich ganz seinen wissenschaftlichen Forschungen und schriftstellerischen Aufgaben zu widmen.«

»Ich war sehr froh, daß er sich dann doch entschloß, meiner Bitte Folge zu leisten. Denn Bithynia-Pontos war ja eigentlich, wie ich schon sagte, eine senatorische Provinz, und ich mußte den Senat bewegen, sie ihm zu übertragen. Daher der Zusatz zu seiner Amtsbezeichnung ›*ex senatus consulto missus*‹.«

»Aber Caesar, er hat doch unmittelbar an dich berichtet und hat deine Weisungen befolgt?«

»Wo immer es nötig war, habe ich eingegriffen, und der Senat hatte nichts dagegen. Dein Adoptivvater hat sich stets mehr als meinen Beauftragten empfunden als einen Proconsul des Senats . . .«

»Für mich als kleinen Schuljungen war es eine ungeheuere Sache, plötzlich in Nikomedia zu sein, statt in Rom.«

»Bald nachdem dein Adoptivvater in die Provinz kam, habe ich dich zum ersten Male gesehen.«

»Und daran erinnerst du dich noch, Caesar . . .?«)

Bithynien verdankt das Römische Volk bekanntlich der Jünglingsfreundschaft Divi Iuli mit dem König Nikomedes, der uns testamentarisch zu Erben einsetzte. Dem Ahnherrn und Gründer des Königreiches Nikomedes' I. verdanken wir die schöne Stadt Nikomedia.

Pompeius Magnus hat dann nach Niederwerfung des Königs Mithradates VI. dessen Königreich Pontos mit Bithynia vereinigt. Verwaltungsmäßig habe diesem großen wichtigen Gebiet die uralte Griechenstadt Byzantium zugehört.

Nun gehört Bithynia-Pontos zu unsern wichtigsten Provinzen. Ein fruchtbares Land, das reichlich Korn, Öl, Nüsse hervorbringt! Große Schaf- und wilde Pferdeherden weiden dort, die Berge liefern uns Eisen, Kupfer, Silber, auch etwas Gold. Von Pontos an der Küste des Meeres hat Lucius Licinius Lucullus, der auch heute noch als Feinschmecker sprichwörtlich ist, die Kirsche nach Europa verpflanzt. Sogar bis zu den britannischen Nebelinseln ist diese köstliche Frucht bereits vorgedrungen.

Auch militärisch ist diese Provinz von großer Bedeutung. Die lange Küste muß sorgsam überwacht werden. Denn immer wieder kommt es zu Überfällen räuberischer Stämme von jenseits des Kaukasos und aus den inner-asiatischen Gebieten.

Dein Adoptivvater, mi amice, hat mich nicht enttäuscht, auch wenn ihm manchmal die Entschlußfreudigkeit fehlte und er sich in nebensächlichen Angelegenheiten an mich wandte, statt selber zu entscheiden. Ich erwähnte ja schon die Geschichte mit dem übelriechenden Kanal, den er erst zudecken ließ, nachdem er um meine Erlaubnis gebeten hatte! Vorbildlich waren seine Finanzverwaltung und seine erfolgreichen Bemühungen, Betrügereien, vor allem im Baugewerbe, aufzudecken.

Da habe ich einmal einen Bericht von ihm aus Byzantium bekommen, der einen schon fast zum Lachen reizen könnte: Als er die öffentlichen Ausgaben der edlen Stadtväter überprüfte, fand er heraus, daß 12000 Sesterzen vorgesehen seien als »Reisekosten« für einen der ihren, um mir eine jährliche Glückwunsch- und Treuebotschaft zu überbringen! Er strich diese Summe und übernahm es, mir diese Botschaft auf dem kostenlosen Dienstweg zu übermitteln. Weitere 3000 Sesterzen waren ausgeworfen, wiederum als »Reisekosten«, um dem Statthalter von Moesia inferior die Grüße der Stadt zu überbringen. Zahllose andere überflüssige Spesen, die sich die Stadtväter und ihre Freunde gegenseitig zuschanzten, ließ er gleichfalls streichen, und ich schrieb ihm sofort, daß ich mit diesen Maßnahmen einverstanden sei. Ich fügte etwas spöttisch hinzu: »Gewiß wird der Statthalter von Moesia inferior es ihnen verzeihen, wenn sie etwas weniger ausgeben, um ihm ihre Achtung zu erweisen!«

Ein anderer Bericht wiederum aus der schönen Stadt Nikomedia unterrichtete mich, daß man drei Millionen dreihundertachtzehntausend Sesterzen für einen Aquaeduct ausgegeben hatte, den man dann halbfertig aufgab und sogar niederreißen ließ. Hierauf hat man weitere 200000 Sesterzen nachgeschoben, weil wahrscheinlich noch andere sich mit schlechten Baustofflieferungen bereichern wollten. Dein Adoptivvater hat mir einen sehr guten Entwurf für eine weit billigere (zum Teil aus Ziegelsteinen) zu erbauende Wasserleitung vorgelegt, die, wie er schrieb, »Nützlichkeit mit Schönheit verbindet und meiner Regierung würdig sein«. Ich genehmigte den Plan, ersuchte ihn aber, die Schuldigen an diesen Vergeudungen öffentlicher Gelder herauszufinden.

Ähnlich war es in Nikaia, der zweitgrößten Stadt von Bithynia – da fiel das Theater zusammen, weil man schlechten Baustoff verwendet hatte und das Gebäude auf weichem, nassem Grund errichtet wurde. Auch mit ihrem neuen Gymnasium gab es solche Unerfreulichkeiten. Eine riesige Summe wurde dafür ausgesetzt, zum Schein wurden Mauern aufgetürmt, dicker als alles in Rom, aber aus zerbröckelnden Steinchen. Unweigerlich werde dies alles zusammenstürzen.

In Claudiopolis wiederum ging es um den Bau eines gewaltigen öffentlichen Bades am Fuß eines Berges. Dort hat man versucht, meine Freigebigkeit auszunützen. Die Gelder flossen in die Togafalten von Schwindlern – und so ging es weiter. Ich habe mich mit all diesen Dingen befassen müssen, deinen Adoptivvater für seine Sorgfalt und Treue gelobt, aber ihm auch höflich zu verstehen gegeben, daß ich ihn nach Bithynia et Pontos schickte, weil ich auf sein eigenes Urteil vertrauen konnte. Was ich damit meinte, hat er bestimmt, ohne gekränkt zu sein, verstanden.

In Prusa war es nicht anders – auch dort haben sich gerissene Unternehmer an öffentlichen Geldern bereichert, und wo nicht! Waren diese finanziellen Dinge schon ernst genug – viel schlimmer standen die politischen, ehe dein Adoptivvater auch hierin Ordnung schaffte. Die Provinz, die seit langem keinen verläßlichen Statthalter mehr gehabt hatte, war durchzogen von aufsässigen, zum Teil aufrührerischen Geheimgesellschaften, die ihren bösen Einfluß auch ausübten, um Kaufleute zu erpressen, ihnen »Schutzgelder« abzunehmen, die römische Verwaltung zu unterhöhlen und vielleicht auch im Bund waren mit den parthischen Feinden. Das ist auch der Grund, warum ich der Einrichtung einer besonderen Feuerwehr in Nikosia ablehnend gegenüberstand, obgleich dein Adoptivvater mich darum bat. Hatte doch eine große Feuersbrunst, angefacht durch einen starken Wind, viele Häuser und auch den Tempel der Isis zerstört. Die Leute standen stur und teilnahmslos dabei und dachten gar nicht daran zu helfen.

Ich mußte ihm antworten, er solle lieber dafür sorgen, daß es genügend Löschgeräte gebe und daß die Hauseigentümer sich ihrer bedienen und die Menge, die sich gerne bei Bränden ansammelt, zu Hilfe rufen. Wir dürfen nämlich nicht vergessen, daß sich üble Kräfte gerne in solchen Collegien zusammenfinden, um gerade in dieser Provinz Unruhe zu stiften. Am Ende geschieht es dann, daß die »Feuerwehrleute« – statt zu löschen – Feuer legen! Manche meinten auch, daß die Gärungen und gelegentlich sogar bewaffnete Zusammenstöße in Bithynia-Pontos auf das Überhandnehmen der *Christiani* zurückzuführen seien. Mit den Judaeern vertragen sie sich bekanntlich am wenigsten, aber auch bei den Griechen, denen ihr Glaube eine Torheit ist, sind sie oft unbeliebt. Wie war es denn unter euch Jungen – das gibt manchmal ein Bild von den Zuständen unter den Erwachsenen!

(»Caesar, im allgemeinen haben wir nicht danach gefragt, ob ein Mitschüler Christianus, Judaeer, Anhänger des Mithras oder streng römisch ist und den anerkannten Göttern opfert, ob ihre Namen lateinisch oder griechisch sind. Aber daß die *Christiani* in meiner Schule Unruhen stifteten, das stimmt nicht, und wenn sie über ihre Eltern sprachen, dann immer, daß diese treue Bürger seien, die für dich, Caesar, beten.«

»Was erzählte euch der Vater zu Hause?«

»Er fragte mich manchmal, wer von meinen Mitschülern nicht vor den Götterstatuen und vor deinem Standbild Weihrauch streue. Ich habe geantwortet, daß ich das nicht wisse . . .«

»Das war richtig, parve puer, denn nichts ist abscheulicher als Angeberei.«

»Eines, Caesar, muß ich noch sagen: Hie und da erzählte er, daß er *Christiani,* schon auf ihren bloßen Namen hin zum Tode verurteilt habe. Es sei ihm schrecklich – aber er meinte, dir und dem Imperium so harte Maßnahmen schuldig zu sein. Es kamen auch oft widerliche Menschen zu ihm, um ihm gegen Geld die Namen von *Christianis* zu nennen. Meine Tante und Adoptivmutter und ich selber, der ich mir weinend solche Dinge anhörte, haben ihn gedrängt, dir, Caesar, zu schreiben, unser *Optimus Princeps* werde mit solchen Maßnahmen nicht einverstanden sein.«

»Er hat mir dann auch sehr ausführlich geschrieben, und ich habe
ihm sofort geantwortet. Bleiben wir eine Weile dabei. Hast du die
Unterlagen zur Hand? Wir wollen Teile davon meinem Lebensbericht einfügen:

Er selbst, schreibt er, sei bei Verhören von *Christianis* – wohl
unter der Folter – nie anwesend gewesen, daher wisse er auch
nichts von der Art und dem üblichen Ausmaß der Strafen und
auch nicht, warum man eine Untersuchung einleite und wie weit
man sie treiben solle. Wörtlich heißt es dann – lies es vor, mi amice
und füge es deinem Manuskript ein:

›Ich weiß auch nicht, ob man auf Altersunterschiede achten solle,
ob also junge Leute und Erwachsene gleich oder ungleich behandelt werden sollen. Weiter: Soll man Angeklagten vergeben, die
ihren Glauben verleugnen – oder soll einer, der zugibt, einmal
Christianus gewesen zu sein, nichts davon haben, wenn er jetzt
abschwört? Oder ist es bereits der Name *Christianus,* der strafbar
ist, auch wenn der Angeklagte keines Verbrechens schuldig befunden werden kann?

Bis zu Deiner Entscheidung, Caesar, nehme ich die folgende Haltung ein: Wenn mir Leute vorgeführt werden unter der Beschuldi-
gung, *Christiani* zu sein, frage ich sie, ob dies zutrifft, und wenn
sie es eingestehen, wiederhole ich meine Frage ein zweites und
drittes Mal und verwarne sie gleichzeitig, welche strafrechtlichen
Folgen dies haben könnte. Beharren sie darauf, lasse ich sie zur
Hinrichtung abführen. Denn hinsichtlich ihres Geständnisses bin
ich der Meinung, daß ihre Starrköpfigkeit und Widerspenstigkeit,
die durch nichts zu erschüttern sind, nicht ungestraft hingenom-
men werden dürfen. Andere, nicht weniger fanatisch, die aber
römische Bürger sind, habe ich in ein Verzeichnis aufgenommen
aller jener, die zur Aburteilung nach Rom geschickt werden sollen.
Aber die Anklagen häufen sich und nehmen die verschiedenste
Gestalt an – ich muß mich also genauer mit diesen Fragen beschäftigen! Ein anonymes Pamphlet ist im Umlauf mit den Namen und
der Zahl verdächtiger Leute. In manchen Fällen würde ich hier das
Verfahren einstellen, wenn sie bestreiten *Christiani* zu sein oder
gewesen zu sein und wenn sie eine Anrufung unserer Götter, die

ich ihnen vorspreche, wiederholen und Wein und Weihrauch vor deinem Standbild opfern, das ich in den Gerichtssaal habe bringen lassen, zusammen mit den Götterbildern – und außerdem, wenn sie den Namen ,Christus' schmähen. Aber nichts von alledem, das ist mir jetzt klar, wird ein wirklicher *Christianus* jemals zu tun veranlaßt werden können.

Andere wiederum, deren Namen mir durch Spitzel genannt wurden, haben anfangs alles zugegeben, aber dann ihre Aussagen zurückgenommen – sie behaupteten, daß sie schon vor zwei oder mehr Jahren – einige sogar vor zwanzig Jahren! – aufgehört hätten, *Christiani* zu sein. Sie haben dann alle deinem Standbild und den Götterbildern höchste Verehrung gezollt und den Namen Christi gelästert. Sie gaben auch an, daß ihre Schuld oder ihre Verirrung nicht mehr als das folgende beinhalteten: Sie seien regelmäßig im Morgengrauen an einem bestimmten Tage zusammengekommen und hätten einen Wechselgesang zu Ehren Christi angestimmt, als sei dieser ein Gott. Durch einen Eid verpflichteten sie sich, nicht etwa zu verbrecherischem Tun, sondern sich von Diebstahl, Raub und Ehebruch fernzuhalten, keinen Treubruch zu begehen und alles, was ihnen zur Aufbewahrung anvertraut wurde, auf Verlangen dem Eigentümer sofort zurückzugeben. Nach diesen Zusammenkünften sei es ihre Sitte gewesen, auseinanderzugehen, um sich später wieder zusammenzufinden, um Speise harmloser, gewöhnlicher Art gemeinsam zu sich zu nehmen. Aber all dies hätten sie aufgegeben, seitdem ich auf Deine Weisung hin eine Verordnung erlassen habe, die alle geheimen Gesellschaften – die ,Haeterien' – verbieten.

Dies alles veranlaßte mich – sehr widerstrebend! –, unter der Folter aus zwei Weibern die Wahrheit herauszupressen. Die *Christiani* nennen sie ,Diakonissinnen'. Ich ermittelte aber auch dabei nichts als eine verkommene Art von Kulthandlungen, die sich ungewöhnlich lange hinziehen.

Daher habe ich weitere gerichtliche Verhöre jetzt vermieden und mich beeilt, Dich um Rat zu bitten. Die Angelegenheit scheint mir Deiner Beachtung wert zu sein, besonders im Hinblick auf die große Zahl der gefährdeten Personen, und zwar jeden Alters und jeden Standes. Männer wie Frauen werden unter Anklage gestellt, und so dürfte das weitergehen. Es sind nicht nur die Städte, sondern auch die Dörfer und selbst das flache Land, die angesteckt sind durch Berührung mit diesem abscheulichen Aberglauben. Ich meine aber, daß es noch möglich sein sollte, alledem Einhalt zu gebieten und die Angesteckten zu heilen, denn ganz zweifellos eilen die Leute wieder in die Tempel, die eine Weile nahezu verlassen dalagen. Selbst die heiligen Opferhandlungen, die lange nicht mehr vollzogen wurden, finden wieder statt, und überall kann man jetzt das Fleisch von Opfertieren erstehen, das bis vor kurzem kaum mehr Käufer gefunden hat.

Daraus kann man den Schluß ziehen, daß viele Leute auf den rechten Weg zurückgefunden haben – sicherlich, weil wir ihnen die Möglichkeit zu tätiger Reue gaben!‹

»Caesar, ich erinnere mich sehr genau an diesen Brief, der mich und manche meiner Schulfreunde entsetzt hat. Mein Adoptivvater war gerade aus der Hafenstadt Amisos am Pontos Euxinos zurückgekehrt – ziemlich niedergeschlagen. Ich hatte ihn gebeten, mich mitzunehmen, da ich gerne schwimmen gegangen wäre – aber er wollte nicht. Wahrscheinlich damit ich nicht dort, bei einem der größten Prozesse gegen *Christiani,* zugegen sei. Er war kein harter oder grausamer Mann und bestimmt war es ihm schwer gefallen, wiederum Todesurteile auszusprechen. ›So geht das nicht weiter‹, sagte er, ›ich muß dem Princeps schreiben‹. Einen Teil dieses Briefes hat er mir diktiert.«)

Ehe ich deinem Adoptivvater antwortete, holte ich weitere Berichte ein – recht widersprüchliche. Viele, das konnten wir feststellen, waren wertlos, denn sie kamen von berufsmäßigen Angebern, die eine Belohnung erwarteten, andere »sine auctore« – Feiglinge, die sich nicht trauten, ihren Namen zu nennen.

Andere wiederum scheinen einfach aus dem Werke des Livius auf die *Christiani* übertragen zu wollen, was er über die abscheulichen Zusammenkünfte der »Bacchanalien« schrieb.

(»Caesar, als du von deinem Jugendfreund Aemilianus sprachst, hast du doch gesagt, daß er niemals so scheußliche Dinge tun würde, wie man sie den *Christianis* vorwirft. Das war dir also schon damals klar. Ich glaube, die Ankläger sind zu dumm, um selbst etwas zu erfinden. Daher schreiben sie ab, was sie bei Livius gelesen haben.«

»Da aber seit dem Bacchanalienprozeß geheime Zusammenkünfte verboten sind, würde es zu einer Verurteilung schon ausreichen, wenn *Christiani* daran teilnehmen, selbst wenn nichts Unrechtes dabei geschieht.«

»Aber Caesar – das ist doch sehr ungerecht . . .«

»Unterbrich mich jetzt eine Weile nicht!«)

Mit den Berichten, die ich von vielen Seiten bekam, stimmte überein, was dein Adoptivvater mir schrieb: Die *Christiani* kämen an bestimmten Tagen zusammen, nicht bloß im Morgengrauen, sondern oft auch im Dunkel der Nacht, in Höhlen, in unterirdischen Gelassen.

(»Caesar – *das* hat mein Adoptivvater nicht geschrieben, das weiß ich genau –«)

Ihr Vorsteher befiehlt ihnen, Mutter und Schwester mitzubringen, weil dem blutigen Opfermahl Blutschande folgen soll.

(»Verzeih', Caesar, das ist doch Unsinn. Wer mit Mutter oder Schwester Blutschande treiben will, kann das doch zu Hause tun.«

»Du sollst mich doch nicht unterbrechen! Aber eigentlich hast du recht!«)

Ein Vorsteher, den sie »Vater« nennen, wurde mir weiter berichtet, lege ein zartes Kleinkind auf den Opfertisch. Je lieblicher es lächelt, desto lüsterner werden sie alle. Auch weiches Brot muß mitgebracht werden, um das frische Blut aufzufangen.

Zwei Leuchter stehen da, an die Hunde angebunden sind.

Erst stößt der »Vater« ein Messer in das Herz des Kindes oder er durchschneidet ihm die Kehle, da sprudelt das Blut besser heraus. Dann dürfen alle das gleiche tun. Schließlich wird das Kind zerstückelt und zusammen mit dem blutgetränkten Brot an die »Gäste« verteilt.

(»Caesar – hat ein Augenzeuge darüber berichtet?«

»Wie könnte er! Dann müßte er sich ja selber der Menschenfresserei beschuldigen!«

»Wer hat demnach berichtet –?«

»Treue Bürger, nehme ich an, die davon gehört haben.«

»Aber Caesar – hier handelt es sich doch um ein Mysterium – um ein abscheuliches freilich, sollten diese Berichte stimmen! Aber alle Mysterien sind streng geheim, die guten und noch mehr die bösen. Die Mysterien von Samothrake und Eleusis sind viele Jahrhunderte alt, aber nie ist nach außen gedrungen, was dort geschieht. Bei den Mithraischen Mysterien ist es nicht anders. Wer zum zweiten Grade gehört, weiß nicht einmal, was der dritte beinhaltet.«

»Vielleicht hat die Göttin Fama, besorgt um das Wohl des Imperiums, uns diese Berichte zukommen lassen.«

»Caesar, du erinnerst dich doch auch aus deinen Schultagen, wenn sie auch länger zurückliegen als meine, was Vergil im IV. Buch der *Aeneis* über die *Fama* sagt – sie ist die Trägerin von bösen Gerüchten, von allen Übeln das schlimmste. Ihre Raschheit verleiht ihr Stärke – je weiter sie fliegt, desto mächtiger wird sie – klein zuerst, wächst sie bald hinauf zum Himmel, wandelt über die Erde, mit dem Haupt in den Wolken. Terra gebar dieses scheußlichste aller Unwesen, aus Haß gegen die Götter, nachdem sie schon viele böse Geister hervorgebracht hatte! *Fama* – Schwester des aufrührerischen Titanen Enceladus – Tag und Nacht sitzt das Scheusal auf Wacht, lauscht und lügt und verkündet das verruchteste Geschwätz als unumstößliche Wahrheit –«

»Genug, mein gelehrter, kleiner Schuljunge! Sicherlich hat Vergil recht, aber es ist die Pflicht des Princeps als Beschützer des Römischen Volkes, selbst solche Gerüchte untersuchen zu lassen. Fahren wir fort!«)

Meine Gewährsmänner wollen wissen, was die *Christiani* treiben, nachdem sie sich am Fleisch und am Blut des unschuldigen Opfers befriedigt haben: Sie werfen den Hunden einen Brocken hin, die springen darauf los und werfen die Leuchter um. Und nun, in der Dunkelheit, vollziehe sich die widerlichste aller Orgien allgemeiner Vermischung und der Blutschande.

(»Caesar, mein Adoptivvater hat das nicht berichtet, das weiß ich! Diese Geschichten von der Blutschande – da haben diese üblen Angeber Teile der Oedipussage zusammengestückelt. Du hast recht, Caesar – man muß das alles untersuchen –, damit du, wie schon dein zu den Göttern erhobener Adoptivvater es tat, gegen diese Angeber und Verleumder vorgehen kannst!«

»Also keine geheimen Zusammenkünfte – keine Opfermahle – kein Fleisch und Blut –?«

»Doch, Caesar, aber nicht Fleisch und Blut eines Menschen. *Das* weiß ich, aber mehr noch nicht.«

»Nachdem ich alles genau überlegt und untersucht hatte, bin ich zu ähnlichen Ergebnissen gekommen, mi amice, und ich schrieb deinem Adoptivvater einen Brief.«

»Ich kenne ihn, Caesar. Ich durfte ihn meinem Adoptivvater vorlesen. Ich habe eine Abschrift mitgebracht.«

»Füge den Inhalt wörtlich in meinen Lebensbericht ein!«

Es folgt das Schreiben des Imperators Traianus an den Legatus Augusti der Provinz Bithynia-Pontos, Caius Caecilius Plinius Secundus:

»Du hast, mein lieber Secundus, pflichtgemäß gehandelt, als Du jene Menschen verhört hast, die man beschuldigt, *Christiani* zu sein. Allgemein gültige Regeln kann man hier nicht aufstellen. Aber eines ist klar: Sie dürfen nicht aufgespürt werden. Nur wenn sie vor Dich gebracht und die Anklagen bewiesen werden, müssen sie bestraft werden. Wenn aber einer bestreitet, *Christianus* zu sein und bereit ist, unsern Göttern zu opfern, muß man ihn seiner tätigen Reue wegen freisprechen, auch wenn sein Verhalten in der Vergangenheit verdächtig war. Aber Anschuldigungen *sine auctore,* also ausgehend von heimtückischen Verleumdern, die zu feig sind, ihre Namen zu nennen, dürfen niemals berücksichtigt werden. Sie würden das übelste Beispiel schaffen, und sie entsprechen nicht mehr dem Geiste unseres Jahrhunderts.«)

Der Episkopos von Rom, ein Mann namens Alexander, und der von Alexandria, ein gewisser Primus, haben mir schriftlich gedankt und mir versichert, daß an den scheußlichen Gerüchten kein Wort wahr sei. *Christiani* hätten alles gemeinsam, mit Ausnahme ihrer Ehefrauen. Scheidungen gebe es bei ihnen nicht, und schon im Mutterleib sei das Kind ihnen heilig . . .

(»In Rom, Caesar, ist das ja alles etwas anders . . .«
»Unterbrich mich jetzt nicht!«)

Sie versicherten mir, daß sie in Treue zu mir und zum Imperium stünden. Der Höchste Gott habe dieses Imperium gegründet, und es müsse dauern bis zum Ende der Welt.

Bei ihren Zusammenkünften handle es sich um unblutige Opfer von Brot und Wein, zum Gedächtnis ihres Meisters, der für alle Menschen sein Blut vergossen habe – dann von den Toten auferstand und eines Tages in strahlendem Lichte wiederkommen werde.

Damit könne ich nichts anfangen, ließ ich ihnen mitteilen. Aber ich nähme ihr Treuegelöbnis entgegen und werde alle Legaten und Proconsuln vom Inhalt meines Schreibens an deinen Adoptivvater unterrichten. Daß es immer noch örtliche Verfolgungen gibt, die der Pöbel anstiftet, dafür kann ich nichts. Später sagte mir dein Adoptivvater, viele *Christiani* seien stolz auf ihr »Martyrium«, wie sie es nennen, das ihnen das »Ewige Leben« gewönne, und überdies sei ihr Blut der Samen neuer *Christiani*.

Wer mit meinem Schreiben nicht so recht einverstanden ist, das ist mein Neffe Hadrianus. Nicht, daß er etwa *Christianus* werden möchte, aber alles Fremdartige und Neue zieht ihn an, und er meint, wenngleich mein Schreiben den *Christiani* Erleichterungen bringe, so belohne es doch die Feiglinge und Verräter, während die Standhaften – und solche brauche das Römische Reich! – hart getroffen würden. Auch hätte ich es deutlicher machen müssen, daß ich als »bewiesene Anklage« nur verstünde: Hochverrat und gemeine Verbrechen bei ihren Zusammenkünften.

(Aus einem Schreiben des Imperators Hadrianus an den jungen Plinius: »Diese Kurzfassung gefällt mir nicht. Ich möchte, daß du mein Schreiben, das ich an Divus Traianus richtete, in seinen Lebensbericht aufnimmst, und zwar in der folgenden Weise:

In einem ausführlichen Schreiben verständigte er mich davon, daß zahlreiche hohe römische Beamte und Offiziere bei ihm vorstellig geworden seien, er möge doch zur Kenntnis bringen, daß immer noch Verurteilungen auf den bloßen Namen ›Christianus‹ hin stattfinden. Wörtlich heißt es dann im Schreiben meines Neffen: ›Die Angelegenheit darf nicht leichtgenommen werden. Man muß künftig verhindern, daß anständige Menschen gequält werden und den Schurken, die sie quälen, geholfen würde. Wenn Statthalter einen stichhaltigen Anklagepunkt gegen *Christiani* haben, dann sollen sie nur diesen berücksichtigen und nicht auf die ›Fama‹ oder das Gebrüll des Pöbels achten. Wenn jemand die *Christiani* vor Gericht zieht und sie anklagt und beweist, daß sie Gesetzwidriges tun, dann freilich soll man entsprechend der Art ihres Unrechts entscheiden. Aber beim Hercules! Wenn sich da einer aufmacht und *Christiani* anklagt, um zu erpressen, muß gegen diese lügnerischen Ankläger mit der vollen Schärfe des Gesetzes vorgegangen, die *Christiani* aber müssen freigesprochen werden.‹«)

Die *Christiani,* will ich noch hinzufügen, haben den Standbildern meiner geliebten Schwester Ulpia Marciana, die um diese Zeit von uns ging, ihre Ehrerbietung nicht versagt. Sie ist schon am Tage ihres Todes als Diva vom Senat, auf meine Bitte hin, zu den Schutzgeistern Roms erhoben worden. Aus Kreisen der *Christiani* habe ich gehört, daß sie daran keinen Anstoß nehmen, nur für die Abgeschiedene einen anderen Namen gewählt haben.

(»Ich weiß, Caesar – sie verehren sie so sehr, daß sie von ihr als Sancta Ulpia sprechen und sie als Schützerin der Ehe betrachten.«

»Das ist auch gerecht. Unsere Ehe – Plotinas und die meine – ist durch die Liebe meiner Schwester immer wieder gefestigt worden.«)

Ich habe *Aurei* mit ihrem Bildnis schlagen lassen und mit der Umschrift *Diva Augusta Marciana.* Die Rückseite zeigt einen Adler mit ausgebreiteten Schwingen auf einem Zepter, mit der Umschrift: *Consecratio.*

Ihr Rang als Augusta ist auf ihre Tochter, meine geliebte Nichte Matidia, übergegangen. Auch für sie ließ ich *Aurei* schlagen mit ihrem Bildnis und der Umschrift: *Matidia Augusta Divae Marcianae Filiae.*

Heute sind diese Goldstücke selten geworden. Zur Erinnerung an diese Stunde, parve puer, will ich dir zwei von ihnen schenken.

Vierundzwanzigstes Kapitel

UM DAS ERBE ALEXANDERS DES GROSSEN

Wir nähern uns immer mehr dem Heute, mi amice – aber ein
kurzer Rückblick ist dennoch nötig. Ohne die verruchte Tat der
Iden des März wäre uns schon damals vielleicht das ganze Erbe
Alexanders zugefallen. Hatte Divus Iulius doch auf das sorgfältig-
ste den Krieg vorbereitet. Erst wollte er in kleineren Gefechten die
Kampfesweise dieses Reitervolkes erkunden, das sich in den Besitz
großer Teile des alten Perserreiches und Alexanders und dessen
Nachfolger gesetzt hatte. Wie er Gallia unterwarf und den Okeanos bezwang, so hätte er bestimmt die Legionen siegreich über den
Tigris bis zum Indus geführt.
Es hieß, nur ein König könne die Parther besiegen. Aber der
römische Princeps und Imperator ist mehr als ein König – denn er
verleiht fremden Fürsten diesen Rang. Ariovist hatte vom Römischen Volke den Königsnamen erhalten. Nero Caesar hat den
Tiridates aus parthischem Königshaus, der sich Armenias bemäch-
tigt hatte, mit höchsten Ehren in Rom empfangen. Als dieser sich
vor ihm niederwarf, hat ihm Nero Caesar selber das Diadem
aufgesetzt und wurde damit zum Oberherrn des Königs.
Das Römische Volk hat demnach unbestreitbare Rechte in Armenia. Das Land ist für unsere anderen Provinzen im Osten viel zu
wichtig, als daß wir dort parthische Herrscher dulden könnten.
Schon als ich die Daker bekämpfen mußte, hatte es zwischen dem
König Dekebalus und den Parthern Verbindungen gegeben. Als
nun der uns treue armenische König starb und sein Bruder mit
Einwilligung des Römischen Volkes König wurde – Axidares,
auch Exadares genannt –, hat ihn Choroës, der parthische Großkönig, vertrieben und den Bruder unseres Freundes, Parthamasiris, der parthisch gesinnt war, eingesetzt.

332

Damit haben die Parther wieder einmal versucht, Armenia unter ihre Oberhoheit zu bringen, genau wie sie es in den letzten Regierungsjahren von Tiberius Caesar taten. Sie meinten wohl, er werde nichts dagegen unternehmen – aber da haben sie sich im alten Löwen von Capri geirrt. Er befahl dem Legaten von Syria, Lucius Vitellius, dem Vater des späteren Imperators Aulus Vitellius, die Legionen über den Euphrates zu führen und setzte einen neuen König ein, einen Römerfreund namens Mithradates, aus dem Königshaus der Iberer, dem streitbaren Küstenvolk am Mare Caspium. Da gleichzeitig im Partherreich, nicht ohne Mitwirkung von Tiberius Caesar, ein Aufstand ausbrach, überschritt Vitellius den Euphrates und setzte in der Hauptstadt Ktesiphon einem Freunde des Imperiums, der in Rom aufgewachsen war – wie so viele hieß er Tiridates –, die Tiara auf!

Was Tiberius Caesar in seinem 76. Lebensjahr vermochte – das konnte erst recht ich, der gerade 60 Jahre alt war und selber die Legionen führen würde – – bislang stets unbesiegt!

Ehe ich nach dem Osten aufbrach, haben wir den Vaterlandsgöttern unsere Opfer dargebracht. Wir flehten, daß sie mit uns sein möchten, denn nicht wir, sondern die Parther wären die Schuldigen – *bellum iustum* demnach, für die berechtigte Verteidigung der Sache des Gemeinwesens. Daß ich schon von Rom aus die nötigen Legionen zusammenzog, war eine gebotene Vorsichtsmaßnahme. Auch die neuaufgestellte III. *Cyrenaica* holte ich aus Aegyptus zurück. Mit allen Alen und Hilfstruppen – auch den erprobten Berbern unter Lusius Quietus – war es schließlich die stärkste Streitmacht, die Rom jemals an ein und derselben Front versammelt hatte. An die Stelle des Licinius Sura trat als Generalstabschef nunmehr mein Neffe Aelius Hadrianus, der sich, wie stets, wiederum hervorragend bewähren sollte.

(Aus einem Schreiben des Imperator Hadrianus an den jungen Plinius: »Das wäre doch wieder eine Gelegenheit gewesen ... Konntest du denn keine Bemerkung einfließen lassen ...?«
Aus der Antwort des jungen Plinius: »Domine et Imperator Sanctissime – du weißt doch, daß ich bestimmte Fragen nicht stellen konnte. Immerhin konnte ich etwas tun, was ich aber ohne deine

Erlaubnis nicht in den Lebensbericht Divi Traiani aufnehmen will:
Er erwähnte, daß er den großen Rechtsgelehrten Lucius Neratius
Priscus als Praefectus urbi in seiner Abwesenheit zurückgelassen
habe, ›mit einem ganz bestimmten Gedanken‹, hat er hinzugefügt,
dann, wie in einem Selbstgespräch: ›Sollte ich aus dem Partherkrieg nicht zurückkehren, ist er an Ort und Stelle, und der Senat
wird verstehen, was ich gewollt habe.‹
Ich habe darauf gesagt: »Aber Caesar, dieser große Rechtsgelehrte
versteht doch nichts von militärischen Dingen. Was würden denn
die Legionen dazu sagen?«
Er hat nicht ungnädig erwidert: »Vorlauter kleiner Junge, da hast
du wieder einmal recht!« Dann wurde nicht mehr darüber gesprochen. Soll ich nun – oder soll ich nicht, Domine, dieses Gespräch
in den Lebensbericht aufnehmen?«
Aus der Antwort des Imperators Hadrianus: »Du weißt ganz
genau, daß du es nicht sollst!«)
Die Augusta Plotina und die Augusta Matidia haben mich begleitet, als ich aufbrach. Auch mein getreuer Gardepraefect, Acilius
Attianus, kam mit. Drei seiner Cohorten, die sich schon früher oft
ausgezeichnet hatten, ließ er nachkommen.
Am VI. Tage vor den Kalenden des November des Jahres 866
a. U. c., in meinem VI. Consulat, im XVIII. Jahre meiner Tribunizischen Gewalt, sind wir endlich aufgebrochen. Eine ungünstige
Jahreszeit – die Auguren warnten mich, der Tag meines Aufbruchs
stünde nicht unter guten Sternen. Ich sagte: »Dann sollen sie ihren
Lauf ändern, wenn ich als Sieger zurückkehre!«
»Lästre nicht, Caesar – die Götter verzeihen viel, aber nicht Läste-
rungen!« erwiderten sie. »Die Götter, wenn sie allwissend sind,
wissen auch, daß ich auf Erden ihr getreuer Sachwalter bin. Sie
haben das Römische Reich gegründet – ich beschütze es!« Worauf
sie sich schweigend entfernten.
Die Verzögerung meines Aufbruchs war aus verschiedenen Gründen nötig: Ich mußte die Säule auf meinem Forum einweihen, die
gemäß meinen eigenen Berichten den Verlauf der Dakerkriege der
Nachwelt melden soll.
(»Caesar, vergiß nicht, Abbildungen in die Schulbücher aufneh-

men zu lassen! Auch die flinkesten Jungen können ja nicht hinaufklettern, um die Bilder anzuschauen!«

»Du brächtest es fertig, wie ich dich kenne! Trotz aller Verbote!«)

Auch den baufällig gewordenen Tempel der Venus auf dem Forum Caesars, den ich wiederherstellen und prächtig schmücken ließ, mußte ich einweihen. Ich habe um Sieg für das Römische Volk und um meine glückliche Heimkehr gefleht. Dafür ließ der Senat auf mein Ersuchen hin Münzen in Gold und Silber schlagen, auch Sesterzen für den allgemeinen Gebrauch: mit meinem Kopfbild und der Legende *Profectio Augusti,* und andere mit Iupiters Bildnis als dem *Conservator Patris Patriae* – meinem Schützer und Bewahrer! Auch der *Fortuna Redux,* die eine glückliche Heimkehr verleihen möge, wurden Münzen geweiht.

Aber ich war mir auch stets darüber im klaren, daß die Götter von uns tätige Mithilfe erwarten. Es hieße sie versuchen, wollte man träge abwarten, was sie für uns entscheiden.

(»Caesar – so viel ich weiß, entspricht dies auch der Haltung der *Christiani.* Nur meinen sie, daß es etwas gäbe, was über das Menschliche hinausginge. Sie nennen es Gnade – die wird einem geschenkt, ohne daß man einen ›Anspruch‹ darauf habe.«)

Die Via Traiana, die die holprige und zu enge Via Appia zwischen Beneventum und Brundisium ersetzte, war nun fertig und mußte eingeweiht werden. Zu den Festspielen, die ich in Beneventum gab, wollte Pylades, mein geschätzter Pantomime, mitkommen.

(»Ich weiß, parve puer, das hörst du nicht gerne – laß mich fortfahren: Ich erfüllte seine Bitte nicht!«)

Der Triumphbogen, den Senat und Volk von Rom mir errichten ließen, bestand erst im Entwurf – ich sah verschiedene Zeichnungen – Szenen aus meinem Leben, die mir sehr gut gefielen. So mein Einzug in Rom in der Bürgertoga. Ein anderer Entwurf soll meine Friedensverhandlungen mit germanischen Fürsten am mittleren Danuvius bei Carnuntum darstellen. Sie stehen unter einer Eiche. *Iupiter Feretrius,* bärtig, mit nacktem Oberkörper, gewährleistet die Heiligkeit der Eide. Mich selber sieht man umgeben von meinen Lictoren. Auch mein Werk für arme Knaben und Mädchen ist bildlich dargestellt: Ein kleiner Junge und ein kleines Mädchen

335

danken mir! Gegenüber wird die *Tellus Italiae* dargestellt, mit langem Pflug, als Göttin unserer italischen Erde. Der Gott mit dem Füllhorn – der *Felicitas Augusti* – zeigt die ruhige Friedenszeit an, die den größten Teil meines Principats ausfüllt. Das ist mir lieb – ich will nicht bloß als ein Krieger und Eroberer in die Annalen des Römischen Volkes eingehen!

Aber es fehlt auch nicht an Entwürfen, die den Geist der Legionen ehren. Einmal werde ich mit den Zügen Alexanders des Großen dargestellt. Das nahm ich als gutes Omen für den bevorstehenden Feldzug um die Rückgewinnung des makedonischen Erbes.

In Gesprächen mit den beiden Augustae sagte ich aber schon in Beneventum: Auch wenn mich die Götter nach Ktesiphon und Babylon führen sollten, will ich mich nicht, gleich Alexander, zum »Großkönig« machen. Ich denke daran, daß Divus Iulius, als ihm am Luperkalienfest Marcus Antonius das Königsdiadem aufsetzen wollte, ausrief: »Iupiter allein ist König der Römer!« Mit dem Diadem ließ er das Haupt des Iupiter Optimus Maximus auf dem Capitol krönen.

Der Praefect von Beneventum, als Beauftragter des Senats, sagte mir, daß der Bogen erst nach der erhofften und erwarteten Niederwerfung der Parther vollendet werden würde. Denn man wolle die neuen Siege des »stets unbesiegten Imperators« darstellen. Bei meiner Rückkehr nach Italia werde der Bogen aber in vollem Schmucke dastehen, ein Geschenk des dankbaren Senats und des Römischen Volkes.

(Aus einem Briefe des Imperators Hadrianus an den jungen Plinius: »Während die Säule auf dem Forum die großen Taten meines Adoptivvaters vor allem in den Dakerkriegen und seine Fürsorge für mittellose Knaben und Mädchen darstellt, ist dieser Bogen ein einmaliges *documentum* auch seiner menschlichen Größe.«)

Von Brundisium setzten wir nach Achaia über und eilten ohne Zwischenaufenthalt nach Athen, wo mich bereits mein Neffe Aelius Hadrianus erwartete. Die Athener hatten ihn zu ihrem Archonten gewählt, also zum »Oberhaupt« ihrer Polis, und das gab ihm eine große Befriedigung.

Er hatte auch schon angefangen, die Wasserleitung bauen zu lassen, und die Bürger aufgefordert, für die Vollendung des Zeustempels nahe dem Ilissos eine Sammlung zu veranstalten.

Schon im Perserreich gab es einen ausgezeichneten Geheim- und Spionagedienst, und die Parther haben ihn weiter ausgebaut. König Chosroës hatte genau erfahren, wann ich von Rom aufgebrochen war, wann ich nach Achaia übersetzte und in Athen eintreffen würde. Schon wenige Tage nach meiner Ankunft erschien eine Gesandtschaft von ihm bei mir: Sie solle um Frieden bitten, obgleich der Krieg noch gar nicht begonnen hatte, und sollte mir erklären, warum er unsern Freund, den Armenierkönig Axidares – Exadares, absetzen »mußte«: Dieser sei ganz und gar unfähig gewesen und weder für die Parther noch auch für uns Römer brauchbar! Er bat, daß wir dessen Bruder Parthamasiris als König belassen möchten – und all seine Bitten versuchte er durch reiche, überreiche Geschenke schmackhaft zu machen.

Ich wies sie zurück und ließ Chosroës bestellen: »Der Römische Princeps nimmt nur Tribute an, aber keine Geschenke.« Die Gesandtschaft schickte ich mit dem Bescheid zurück, daß ich nach dem Rechten sehen werde, sobald ich in der Provinz Syria sei.

Nachdem ich mit meinem Neffen die genauen Aufmarschpläne durchgesprochen, auf der Akropolis und im Poseidontempel von Sunion geopfert hatte, setzte ich mit den Augustae und allen meinen Begleitern vom Piraeus nach Ephesos über.

(»Caesar, kurz vor deiner Ankunft ist der Episkopos Johannes, den ich schon mehrmals erwähnte, gestorben. Du erinnerst dich, daß er nach dem Tode von Imperator Domitianus von Patmos nach Ephesos kam und dort bis ins höchste Alter lebte.«

»Jetzt erinnere ich mich. Ein neuer ›Episkopos‹, wie sich diese Auguren der *Christiani* nennen, wollte mich zu seinem Grab führen. Ich hatte keine Zeit, ließ ihm aber eine große Gabe hierfür überreichen. Er dankte, nicht überschwenglich und nicht demütig, und sagte, alle Kirchen in Asia würden für meinen Sieg und meine glückliche Heimkehr beten. Vor allem in Bithynia-Pontos, in Galatia und Städten wie Ephesos, Sardies, Smyrna, Laodicea, Philadelphia, Antiochia, Nikaia, Nikomedia, Sinope, selbst in Trapesus, weit östlich am Ufer des Pontos Euxinos, in Armenia, ja, am

Euphrates, am Tigris, und in Judaea – fast überall im Osten, hat es wohl schon damals viele *Christiani* gegeben. Im Hinblick auf den Aufstand der Judaeer war mir dies gar nicht unlieb.«

»Sie alle, Caesar, kannten deinen Brief an meinen Adoptivvater und waren dir dankbar dafür, daß du sie vor den ärgsten Ungerechtigkeiten geschützt hast.«

»Bist du jetzt doch einer von ihnen geworden?«

»Nein, Caesar. Aber ich gehöre nicht mehr der Mithras-Gemeinde an. Ich habe auf die Erlangung des Dritten Grades verzichtet, aber versprochen, nicht über das zu reden, was ich im Ersten und Zweiten erfuhr.«)

Ich habe den Artemistempel, den jener Herostratos in der Nacht anzündete, da Alexander geboren wurde, neu ausstatten lassen und der Stadt ein Nymphaeum geschenkt. Auch den Tempel von Divus Vespasianus habe ich schmücken lassen – den ersten großen Caesarentempel in Asia. Ursprünglich war er dem Imperator Domitianus geweiht, daher habe ich ihm zum Dank für seine Feldzüge, die die meinen vorbereiteten, ein Standbild setzen lassen.

Auch ein Orakel gibt es bei Ephesos. Ich habe es nicht aufgesucht – ebenso wie ich diesmal in Hellas nicht nach Delphi ging. Ich wollte mich durch zweideutige Sprüche nicht beunruhigen, nicht einmal beeinflussen lassen.

Die Straßen waren gut ausgebaut – mit der ganzen *celeritas caesaris* zogen wir durch Lydia, Lycia und die angrenzenden Provinzen. Dann das letzte Stück zur See, von Tarsos aus nach Seleukia und Antiochia – nicht lange vor den Saturnalia.

Antiochia kannte ich ja sehr gut, diese so schöne Stadt, die nur allzubald verwüstet werden sollte . . .

Fließendes Wasser in nahezu jedem Haus. Nachts keine Raubüberfälle, da die Straßenbeleuchtung, die uns in Rom immer noch fehlt, die Nacht zum Tage macht. Eine Stadt der Freude, des Lebensgenusses, der Kunst, der Dichtung, des Theaters, aber wie die Heuchler gerne sagen: »Neben Alexandria die Stadt der ärgsten Laster«. Aber Laster, was immer man so nennen will, gibt es für den, der sie sucht, doch überall.

Wir verdanken Antiochia die Einrichtung der Thermen und der

Volksbäder, und daß man auch nachts in den breiten und engeren Straßen Harfen- und Flötenspieler hören kann, spricht nicht gegen die Stadt! Im herrlich ausgestatteten Palast der Seleukidischen Könige nahmen die Augustae, ich selber, mein Neffe und Acilius Attianus, die ja miteinander eng befreundet sind, Wohnung. Ich ließ die Legaten der bereitgestellten Legionen zu mir kommen. Wir hielten mehrere Tage lang Rat, und zwar an Hand von neuen Landkarten, in denen unsere Späher jede Burg, jede feste Stellung, ja jeden Bach und jede Straße und jede Brücke im Partherreich eingezeichnet hatten. Leider erfuhr ich aber auch vom bedauerlichen Zustand mancher unserer Legionen, vor allem der syrischen. Ganze Cohorten waren der militärischen Disziplin entwöhnt, der Dienst war schlapp. Ähnlich war es schon bei einem früheren Krieg, zur Zeit von Nero Caesar mit den Parthern gewesen. Tacitus, obgleich ich ihn nicht sehr schätze, hat den damaligen Zustand beschrieben, der leider sehr genau auf den jetzigen paßte: Verwöhnt durch den langen Frieden, berichteten manche Legaten, haben selbst Tribunen und Centurionen ihren Dienst versäumt. Sie duldeten aus Angst vor ihren Leuten oder um sich auf Kosten von Imperium und Imperator beliebt zu machen, daß die Soldaten, statt sich im Lager aufzuhalten, sich in den Städten herumtrieben, Reichtümer ansammelten, sich betranken, unpünktlich zum Appell erschienen, nie auf Posten standen, oft keinen Helm und Panzer trugen und sich vor jeder Schanzarbeit drückten. Domitius Corbula, ihr Oberbefehlshaber, berichtet Tacitus, habe ihnen keine Dienstwidrigkeiten durchgehen lassen. Wer auch nur ein einziges Mal vor dem Feinde Feigheit zeigte, wurde mit dem Tode bestraft. Dadurch sind die Verluste in der Schlacht geringer geworden als bei der bislang geübten Nachsicht.

Ich befahl den Legaten, diesem Beispiel zu folgen. Innerhalb weniger Wochen waren die Einheiten wieder kampffähig.

Doch nicht mit Strenge allein erreichte ich das Gewünschte. Ich ging von Lager zu Lager, von Zelt zu Zelt, von einem Wachtposten zum andern und überprüfte die Unterbringung der Leute.

Auch in kaltem und schlechtem Wetter ging ich mit bloßem Kopf und leicht bekleidet.

Wie ich es von Jugend an gewöhnt war, habe ich Soldaten, die ich aus den Dakerkriegen kannte, beim Namen genannt. Ich habe ihre Taten gerühmt, um ihnen zu zeigen, daß ich sie nicht vergessen habe. Bei vielen erinnerte ich mich sogar lustiger Spitznamen, wie »Altes Kriegsroß«, »Eisenbart«, »Falke«, »Sturmvogel«, »Wölfchen«. Wichtig war, ihnen die Furcht vor den Parthern zu nehmen, wie seinerzeit Divus Iulius seinen Legionen die Angst vor den Germanen nahm. Noch gab es die Erinnerung an böse römische Niederlagen – die Legionen des Triumvir Crassus waren bei Charrae vernichtet, er selbst getötet worden. Auch Marcus Antonius, einst Schwager von Divus Augustus, war von den Parthern geschlagen worden.

Daher haben so manche schon beim ersten Anblick der Parther die Flucht ergriffen, und die Tuben schienen ihnen nicht das Zeichen zum Angriff zu geben, sondern zum Davonlaufen!

Als ich die Legaten zu ihren Legionen zurückschickte, wußten sie, daß ich bald nachkommen und die Durchführung meiner Befehle genau überwachen würde. Es gab keine Klagen.

Einer meiner wichtigsten Gäste in Antiochia war der Abgesandte des Königs Abgaros VII. von Osroëne, eines kleinen, aber strategisch bedeutungsvollen Königreiches in der Nordwestecke von Mesopotamien, am linken Euphratesufer, mit der Hauptstadt Edessa. Der König sandte mir Geschenke, die ich annahm, weil ich sie reicher erwidern konnte – dazu eine Botschaft der Freundschaft. Er möchte im Streit zwischen Rom und Parthia neutral bleiben. Daher sei er noch nicht selber vor mir erschienen. Aber sollte ich nach Edessa kommen, bäte er, mich besuchen zu dürfen.

Ich ließ mich bewegen, zum Zeustempel auf dem Mons Kasios zu gehen, um Beutestücke aus den Kriegen gegen die Daker, die man manchmal mit den Geten verwechselt, niederzulegen. Da erhielt ich ein Gedicht meines Neffen Aelius Hadrianus – in griechischer Sprache, ein Musenfreund also, dem nicht nur Mars, sondern auch Apollo wohlgesonnen ist!

(»Caesar, darf ich unterbrechen? Es ist ein schönes Gedicht und ich möchte dich bitten, es in deine Lebensbeschreibung aufnehmen zu dürfen!«

»Wenn du meinst, mi amice . . . Ich habe nichts dagegen.«)

Es folgt nun das Huldigungsgedicht:

Dir, Zeus Kasios, weihte der Aineade Traianus
er, der Sterblichen Fürst, dir, der Unsterblichen Herrn,
zweier Pokale getriebenes Werk und das Horn eines Auers,
das, aufs feinste geziert, überall funkelt von Gold.
Beutestücke sind es von früher errungener Beute, als hart er
mit dem Speere das Volk trotziger Geten bezwang.
Du aber, Dunkelumwölkter, gewähre ihm, daß er den Feldzug gegen Achaimenes' Land ruhmvoll zu Ende nun führt.
Daß dein Herz sich freut beim Anblick der doppelten Beute,
von den Geten sowohl wie von des Arsakes Volk.

Warum er mich Aineade nennt, wird niemand verstehen – ich bin kein Iulier, stamme also nicht von Aineas ab!

(»Aber du bist ihr Erbe, Caesar, und der Vollender ihres Werkes!«)

Daß er mit »des Arsakes Volk« die Parther meint, deren erster König so hieß, wird außerhalb der Schulen auch niemand wissen.

(»Aber Caesar – es ist doch schön, einen so gebildeten Neffen zu haben!«

»Sei nicht so vorlaut! Schreibe weiter!«)

Als ich den Tempel des Iupiter Kasios verließ, baten mich die Priester, auch nach Heliopolis zu gehen, um dort das Orakel des Zeus Heliopolitanus zu befragen. Die Augusta Plotina, die mich begleitet hatte, schloß sich dieser Bitte an, denn ihr Geburtsort Nemausus ist ja dem Iupiter Optimus Maximus Heliopolitanus geweiht. Auch gebe es bei Heliopolis wie in ihrer Geburtsstadt eine heilige Quelle, die dem Gott Nemausus geweiht sei. Es seien heilkräftige Wasser, und da ich mich in letzter Zeit manchmal über Müdigkeit und ein leichtes Unwohlsein beklagt hätte, könnte mir ein solcher Besuch nur Gutes bringen.

Gerne tat ich es nicht, da ich vor Orakeln eine gewisse Scheu habe. Denn bei den meisten fragt man sich doch, wie sie zu deuten seien. Aber ich wollte mich den Bitten der Augusta nicht versagen und habe es auch nicht bedauert, denn ich erhielt eine klare und gute Antwort: »Sei ohne Sorge, du wirst als Triumphator zu deiner Säule in Rom zurückkehren.« Die Tempelwächter und Priester haben mir eine Ehreninschrift gesetzt – wofür sie eine reiche Belohnung erwarteten, die ich ihnen nicht vorenthalten durfte!

Wir sind dann nordöstlich weitergezogen, bis nach Zeugma am rechten Ufer des Euphrates. Die Stadt wurde von Seleukos I. Nikator, dem Gründer des Seleukidenreiches, erbaut, dem wir auch Antiochia und viele andere Städte verdanken. Crassus hat dort viele böse Vorzeichen erlebt: Ein Schaft mit dem goldenen Legionsadler war so tief in die Erde eingerammt, daß man ihn nur mit Gewalt herausreißen konnte. Ein gewaltiger Sturm riß die große Fahne mit dem Namen des Oberbefehlshabers den Trägern aus den Händen und warf sie in den Strom. Auch alle Opfer waren voll böser Vorzeichen. Dichter Nebel umhüllte den Euphrates, so daß die Soldaten übereinander herfielen. Zum Schluß brach auch noch die Brücke ein, ehe alle hinüber waren.

Ein Grund mehr für mich, nunmehr mit flatternden Fahnen und blitzenden goldenen Adlern den Übergang zu unternehmen – in strahlendem Sonnenschein und ermutigt durch die besten Vorzeichen, die uns die Vogelschauer melden konnten: Sechs Adler flogen uns voran – ein anderer ließ sich auf dem Denkmal von Seleukos I. nieder, unter dem dieses Nachfolgereich des großen Alexander dessen ganze Herrschaft umfaßte – bis nach Baktria! Als ich nahe herankam, erhob sich der Adler und setzte sich auf meinen Helm, und als wir den Strom überschritten hatten, flog er uns mit freudigen Schreien voran!

Als wir in das Königreich Osroëne kamen, vermied ich jede Feindseligkeit. In Scharen kamen armenische und assyrische Satrapen und Kleinkönige zu mir – sie unterwarfen sich dem Römischen Volke und baten um Hilfe gegen den König Abgarus. Sie brachten mir ein schönes Geschenk: Ein edles Pferd, dem man beigebracht hatte, sich vor mir niederzuwerfen, wie persische Würdenträger vor ihrem Großkönig. Dann, kniend auf den Vorderbeinen, legte es seinen Kopf vor meine Füße!

Erstaunlicherweise erhielt ich ein Schreiben des Parthamasiris, des unrechtmäßigen Königs von Armenien. Mit »König« unterzeichnete er sich, und als ich ihm nicht antwortete, schrieb er nochmals und ließ diesen Titel aus. Er bat, ich solle ihm den Legaten von Kappadokia schicken, Marcus Iunius Homulus, dem er eine Friedensbotschaft für mich geben wolle. Ich hatte einige Bedenken – ob er sich so treulos benehmen werde wie Decebalus gegenüber Longinus –, dann aber, gestützt auf unsere militärische Übermacht, stimmte ich zu – doch nicht ihn, sondern seinen Sohn entsandte ich!

Ich rückte weiter vor bis Samosata am Euphrates, dem Standlager der Legion XVI. *Flavia firma.* Ich fand Offiziere und Mannschaften in gutem Zustand. Nochmals überquerte ich den Strom, um in der alten kleinen Stadt Melitene die Legion XII. *Fulminata* kampfbereit zu machen.

Erbaut wurde die Stadt – wie viele andere, darunter auch Babylon – von der Königin Semiramis, die eine Tochter der syrischen Göttin Derketo und eines Irdischen war. Sie sei sehr schön gewesen, habe viele Liebhaber, aber immer auch Zeit für die Ausbreitung ihres Reiches gehabt, das sich bis nach Baktria und India erstreckte. Die ägyptische Kleopatra, die Geliebte von Divus Iulius und Marcus Antonius, hat sie sich in allem zum Vorbild genommen. Aber glücklicher als diese, wurde Semiramis zu den Göttern entrückt und hat der Landschaft um Melitene den köstlichen Monariteswein und fruchtbare Felder zurückgelassen. Dann . . .

(»Caesar – jetzt darf ich dich aber wirklich unterbrechen! Es war in Melitene, daß ich dir die Nachricht vom Tode meines Adoptivvaters brachte. Es war der Tag, an dem mein neues Leben begann. Von da an hatte ich nur noch dich. Meine Tante und Adoptivmutter zog zu ihren calpurnischen Verwandten nach Comum – aber was hätte ich dort zu tun gehabt, nachdem du, Caesar, dem die ganze Welt gehört, mich gnädig aufnahmst?«

»Parve puer, auch für mich, dem die Götter eigene Kinder versagten, kamst du zur rechten Stunde. Seit Melitene habe ich dich nicht mehr aus den Augen gelassen – bald hast du meine Sicherheit bewacht, und wie könnte ich ohne dich, kleiner, vorlauter, geliebter Junge, meinen Lebensbericht schreiben . . .«)

Du warst schon bei mir, als ich nach Satala in Armenia minor zog, zum Standlager der Legion XV. *Apollinaris.* Vorsorglich hatte ich dort Heerstraßen nach allen Himmelsrichtungen anlegen lassen. Von weither, vom Pontos Euxinos und vom Mare Caspium, kamen Könige und Stammesführer, ja aus Gegenden jenseits des Kaukasos, um sich dem Römischen Volke zu unterwerfen. Die Heniochoi, dieser starke Stammesverband an der kaukasischen Küste des Pontos Euxinos, baten mich sogar, ihren König zu bestätigen. So groß ist der Name Roms, selbst jenseits der Grenzen, die den Legionen gezogen sind!

(»Caesar – du hattest mir den Dienst zugewiesen, die Eilboten aus Rom in Empfang zu nehmen und die versiegelten Schreiben zu öffnen. So durfte ich dir als erster mitteilen, daß der Senat dir nunmehr einstimmig den Namen *Optimus Princeps* zuerkannt habe, den dir mein verstorbener Adoptivvater schon vor so vielen Jahren gab, und der lange vor diesem Senatsbeschluß in den Herzen aller deiner Völker verwurzelt war.«

»Ich weiß, parve puer – es ist ein Name, der mir lieber ist als alle anderen, sei es *Germanicus, Dacicus* und – bald danach auch *Parthicus.* Denn diese beziehen sich alle auf meine Waffentaten, während *Optimus Princeps,* den dein lieber Adoptivvater für mich schuf, ganz allein mir gehört. Ohne ihn wäre der Senat vielleicht nicht auf diesen Gedanken gekommen. Fahren wir fort.«)

Wir sind dann – du immer in meinem Gefolge – noch tiefer in Armenia eingedrungen, bis nach der Bergstadt Elegeia. Der große Euphrates ist dort noch ein reißender Gebirgsbach, in dem es köstliche Fische gibt.

Besuch und Unterwerfung des Parthamasiris wurden mir gemeldet. Ich ließ zwei Legionen auf offenem Felde antreten und setzte mich, sieben Stufen erhöht, auf einen mit Purpurdecken ausgeschlagenen Stuhl.

Tubenstöße kündeten das Erscheinen des Mannes an – er näherte sich in gebückter Haltung, warf sich vor den Stufen nieder und reichte mir sein Diadem herauf. Schweigend wartete er, ob ich es ihm zurückgeben würde, wie es seinerzeit Nero Caesar tat, als er den Tiridates zum Lehensmann machte.

Plötzlich brachen die Legionen in laute Jubelrufe aus und grüßten mich wiederum als Imperator, da die Unterwerfung des Parthamasiris ein großer Sieg sei – »ein unblutiger Sieg, ohne Siegerkranz«, sagten die Leute. Denn dieser hochgeborene Mann, Sohn des Pacorus, stände nun ohne Diadem, wie ein Gefangener vor mir, als seinem höchsten Richter.

Parthamasiris zuckte erschreckt zusammen und meinte, der Jubel der Legionen sei als Beschimpfung gemeint oder als Zeichen seiner bevorstehenden Ermordung. Er wollte fliehen, sah sich aber von allen Seiten von meinen Leuten umringt. Demütig bat er, mich allein sprechen zu dürfen. Ich stieg herab und ließ ihn in mein Zelt führen. Dort gewährte ich ihm nichts, sondern sagte ihm kurz und hart, nie habe er regiert – sein »Königtum« sei eine Anmaßung, Armenia ist und bleibt römische Provinz.

Milder fügte ich hinzu: »Ich erlaube dir, hinzugehen, wohin du willst – überall! Außerhalb von Armenia!«

Ich erlaubte ihm auch, seine nächsten Begleiter mitzunehmen. Eine Reiterabteilung sollte sie bewachen, damit sie mit niemandem Fühlung nehmen und keine Unruhe stiften. Alle anderen Armenier erhielten den Befehl, hierzubleiben, denn sie seien bereits Untertanen des Römischen Volkes.

Anscheinend hat Parthamasiris, als er zwei oder drei Wegstunden vom Lager entfernt war, doch zu fliehen versucht, worauf ihn die römischen Reiter niederschlugen. Ich ließ ihm ein ehrenvolles Begräbnis geben, denn wenngleich nicht König, so war er doch aus königlichem Stamme und hatte im Zelt freimütig und furchtlos zu mir gesprochen.

Ehe ich nach Mesopotamia vorrückte, mußten die kleinen Fürstentümer und Völkerschaften am Pontos Euxinos und auch sarmatische Stämme jenseits des Kaukasos fest in das Imperium eingegliedert werden. Damit betraute ich den erprobten Lusius Quietus. Doch ehe er seinen Auftrag vollenden konnte, mußte ich ihn zurückrufen, um den judaeischen Aufstand niederzuschlagen.

Den Winter benützte ich, um Armenia ganz zu befrieden. Ich ließ feste Plätze anlegen, Brücken bauen und empfing zahlreiche Orts- und Gemeindevorsteher als Freunde. Meine Soldaten waren jetzt kampferprobt und ohne Furcht vor dem Feind. Da ich ihnen in der Schlacht immer voranging und alle ihre Mühen teilte, folgten sie mir willig, wohin ich sie auch führte. Ohne Schwertstreich gewann ich Nisibis und Batnae, diese uralten Städte. Nisibis bestand bereits, wie ich erfuhr, mindestens dreihundert Jahre vor Gründung der Stadt. Lucullus, dem wir die Kirsche verdanken, hatte es einmal in strömendem Winterregen den Armeniern abgenommen! Jetzt war Frühling – herrliche Landschaft ringsum – Gärten und Weinfelder.

Es waren wiederum unblutige Siege. Daß ich dafür den Ehrennamen *Parthicus* bekam, hat mich besonders gefreut.

Ich ließ Einheiten zurück und begab mich auf Einladung des Königs Abgarus, der also endlich entschlossen war, seine zögernde Haltung aufzugeben, nach Edessa.

Ob Abgarus kam, aus Furcht, mich zu verstimmen oder weil sein Sohn, der von meinen Waffentaten schwärmte und nur den einen Wunsch hatte, mich kennenzulernen, ihn dazu bewog, weiß ich nicht. Ich habe Abgarus im Namen des Römischen Reiches als König anerkannt. Sein fünfzehnjähriger Sohn, der den griechischen Namen Philippos führt, hat viel zu den guten Verhandlungen beigetragen. Du hast ihn ja kennengelernt, mi amice – ihr steht im gleichen Alter und du hast, während die Männer ernste Dinge besprachen, mit diesem schönen Jungen Ball gespielt. Ihm ist zu verdanken, daß sein Vater und ich Freunde wurden. Bei einem großen Gastmahl, das er mir in seinem kleinen Palast gab, den Seleukos I. für einen Statthalter gebaut hat, ist Philippos als Tänzer aufgetreten.

(»Caesar – hörte ich dich nicht sagen, daß du ihn ganz bei dir behalten möchtest? Hast du nicht sogar mit dem König, seinem Vater, darüber gesprochen . . .?«

»Ich wußte, daß du so eine Frage stellen würdest. Ich kannte dich ja erst seit kurzem, und daß Philippos mir gleich sehr lieb war, das ist bekannt.«

»Du hättest nur ein Wort zu sagen brauchen, Caesar, und ich wäre nach Comum am Larius See zu meiner Tante und Adoptivmutter abgereist . . .«

»Auch das ist mir nicht unbekannt, obgleich du kein Wort gesagt hast. Die Augusta Pompeia Plotina hat es dir aber angesehen, und sie war es, die mir sagte: Eines raschen Freundschaftsgefühles wegen dürfe ich nicht solche Entscheidungen treffen. Wer weiß, wie Philippos sich entwickeln werde, während schon deine Herkunft für dich spräche. Sie war es demnach, die für dich entschied! Lassen wir das und fahren wir fort.«

»Caesar – darf ich noch einmal unterbrechen?«

»Aber nicht wegen Philippos!«

»Nein – in einer ganz anderen Sache.«

»Dann sprich . . .«

Nun folgt ein eingeschobener Bericht des jungen Plinius:

»In Edessa, Caesar, spricht man allgemein davon, daß die Gemeinde der *Christiani*, die ziemlich groß sein dürfte, uralt ist und schon auf die Zeit des Königs Abgaros V. zurückgeht, des Urgroßvaters des jetzigen Königs. Als ich mit Philippos Ball spielte, sagte er mir, daß dieser Ahne, den man auch Uchama, den ›Schwarzen‹ nannte, von einer schrecklichen, höchst schmerzhaften Krankheit, die niemand heilen konnte, befallen wurde. Da hörte er vom Meister der *Christiani* und welche wunderbaren Heilungen dieser vollbringe – den Blinden gebe er das Augenlicht wieder, die Lahmen könnten wieder gehen, ja, er erwecke sogar die Toten . . .«

»Und du glaubst das alles auch, parve puer?«

»Ich berichte nur, was ich gehört habe, Caesar!«

Der Ahne, fuhr Philippos fort, habe einen Brief nach Hierosolyma gesandt und den Meister der *Christiani* um Hilfe gebeten. Auch habe er gehört, daß die Judaeer ihn verhöhnten, daher böte er ihm Edessa an, eine zwar kleine, aber ehrwürdige Stadt, in der für sie beide Platz sei.

Erst nach dem Tode des Meisters und nach dessen Auferstehung – ja, so wurde mir berichtet, Caesar! – sei einer seiner Jünger nach Edessa gekommen, und als der König Abgaros Uchama seinen Glauben öffentlich bekannte, habe ihm dieser Jünger die Hand aufgelegt und sofort sei er von seinem jahrelangen Leiden befreit worden. Auf Geheiß des Königs seien hierauf alle Einwohner zusammengekommen, hätten einer Predigt des Thaddeus – so habe der entsandte Jünger geheißen – gelauscht, und alle seien hierauf *Christiani* geworden.«

»Ich danke dir für diesen Bericht, mi amice – wir wollen nur hoffen, daß der Urenkel des Geheilten, unser Abgaros VII., alle Tugenden besitzen möge – die Treue zum gegebenen Wort, vor allem! –, die man den *Christiani* nachrühmt. Fahren wir fort!«)

Die Parther haben kaum Widerstand geleistet, als wir den Tigris überschritten. Nur gegen einige kleine Stammeshäupter mußten wir kämpfen, als wir die assyrische Landschaft Adiabene in Besitz nahmen. Ich habe hieraus die römische Provinz Assyria gebildet – und so haben wir innerhalb von wenigen Monaten dem römischen Volke Armenia zurückgegeben und zwei neue Provinzen dazu erworben! Vier Imperatorenausrufungen erhielt ich von meinen Legionen, und der Senat ließ goldene und silberne Münzen und viele Sesterzen schlagen mit der Umschrift:

Armenia et Mesopotamia in potestate populi romani redactae.

Der Consul dieses Jahres, Marcus Pedo Vergilianus, brachte mir selber die Botschaft, daß mir der Senat den Namen *Parthicus* verleihen wolle. Auch nähere sich der Triumphbogen in Beneventum seiner Vollendung, und Senat und Volk ersehnten immer dringlicher meine glückliche und siegreiche Heimkehr. Ich möchte doch nicht mehr allzulange dem Vaterlande ferne bleiben.

Mit dem Consul, meinem ganzen Gefolge und mit drei Legionen reisten wir im Spätherbst nach Antiochia zurück. Die beiden Augustae nahmen in einer schönen Villa, mehrere Meilen außerhalb der Stadt, am Meeresufer Wohnung.

Du, parve puer, hast miterlebt, wie sich in Antiochia, an den Iden des Dezember, fast unser irdisches Schicksal erfüllt hätte . . .

Fünfundzwanzigstes Kapitel

»Es wird sich empören ein Volk wider das andere . . .«

An den Iden des Oktober kamen wir in Antiochia an. Stündlich trafen mehr und mehr Nachrichten ein über das Ausmaß des judaeischen Aufstands – lange zwar vorausgesehen, aber doch nicht mit solcher Gewalt und in so vielen Provinzen vermutet. Die ersten Berichte und Hilferufe kamen aus der senatorischen Provinz Kyrene, und zwar von den dortigen Gemeinden der *Christiani.*
Die *Christiani* scheinen einen Nachrichtendienst zu besitzen, der dem des Imperiums nicht nachsteht. Der Episkopos von Antiochia war so gut unterrichtet über die Vorgänge in Kyrene wie unsere Behörden – oder besser und rascher! Ich erlaubte ihm, mir selber Vortrag zu halten. Du warst dabei, mi amice – schreibe auf, was er an Wesentlichem gesagt hat:
»Caesar, unsere Gemeinden in Kyrene, die dir alle in Liebe und Dankbarkeit ergeben sind, befinden sich in äußerster Bedrängnis. Nicht als ob dies etwas Neues wäre. Schon von Anfang an sind wir vielen Verfolgungen ausgesetzt. In deiner umfassenden Kenntnis aller Geschehnisse auf dem Erdkreis weißt du doch sicher auch um unsere Ursprünge . . .«
»Ich weiß nur sehr wenig darüber.«
»Dann erlaube mir, es dir zu berichten: Als zur Zeit von Tiberius Caesar durch den Procurator Pontius Pilatus unser Meister, obgleich er freigesprochen worden war, zum Kreuzestod verurteilt wurde, da brach er, verwundet, geschlagen, dornengekrönt, unter der Last des Kreuzes zusammen. Ein Mann aus Kyrene namens Simon kam des Weges, ein Grieche, der jedes Jahr zu bestimmten Festzeiten nach Hierosolyma ging, um als Gärtner Arbeit und Verdienst zu finden. Er kam von seiner Arbeit, war von seinen

Söhnchen Alexander und Rufus begleitet und hatte nichts mit dem Meister zu tun. Sehr widerwillig, eigentlich nur gewaltsam dazu genötigt, übernahm er das schwere Kreuz. Aber auf dem Wege zur Richtstätte, als der Meister ihn liebevoll ansah, schien seine innere Haltung sich zu wandeln. Es gibt, o Caesar, sogar eine Lehre, die aber falsch ist, daß er an Stelle des Meisters gekreuzigt wurde, während der Meister den Blicken der tobenden Menge entschwand. Diese falsche Lehre wird von denen verbreitet, die behaupten, der Meister habe nur einen Scheinleib gehabt, konnte demnach nicht am Kreuze sterben . . .«

»Damit kann ich nichts anfangen. Wie ihr euren Gott verehrt, das ist lediglich eure Sache, nicht die meine. Was geschah dann –?«

»Caesar, dieser Simon ist mit seinen Kindern nach Kyrene zurückgekehrt und hat die erste Gemeinde der *Christiani* gegründet. Er wird als Heiliger verehrt. Diese Gemeinde ist dir und dem Imperium in Treue ergeben. Zahlreiche ihrer Mitglieder sind dem judaeischen Aufstand bereits zum Opfer gefallen – zusammen mit vielen Tausenden von Griechen und Römern. Wir bitten dich um deinen Schutz . . .«

»Ich habe von unserm Praefecten von Ägypten, Marcus Rutilius Lupus, erfahren, daß eure Gemeinden dort und in Kyrene treue Bürger sind. Ich versichere euch meines Schutzes.«

»Caesar – unsere Gemeinden beten für dein und des Römischen Reiches Wohl.«

Auch in Kypros hat dieser Aufstand schon zahllose Opfer gefordert. Es sollen an 240 000 Griechen und Römer sein. Die gleiche Zahl wird mir aus Nordafrika, Judaea und Mesopotamia berichtet. (Vermerk des jungen Plinius: »Unsere Arbeit mußte für einige Zeit unterbrochen werden. Der Imperator Traianus war gezwungen, den Aufstand durch Entsendung starker Verbände, ganzer Legionen, niederzuschlagen. Es kam so weit, daß der Praefect von Ägypten aus seinem Lande floh und daß es in Alexandria zu einem furchtbaren Gemetzel von Judaeern und Griechen kam. Schließlich wurden in Ägypten alle Judaeer durch die Legionen des Quintus Marcius Turbo . . .«)

Wir können weiterarbeiten, mi amice. Turbo ist zweifellos einer meiner besten und treuesten Offiziere. Er stand gut bewaffneten Kräften gegenüber, die unsere Taktik gelernt hatten. Sie hatten sich ein einheitliches Oberkommando für Kyrene und Ägyptus geschaffen, unter einem Mann, der sich »König« anreden ließ und Andreas oder auch Lucas genannt wurde. Er behauptete, aus judaeischem Königsstamm zu sein.

Weitere Berichte wollen wissen, daß die Aufständischen das Fleisch ihrer Opfer äßen, Gürtel aus ihren Eingeweiden machten, sich mit ihrem Blut salbten und ihre Haut gerben und als Bekleidung trügen. Wiederum andere Flüchtlinge aus diesen Gebieten des Grauens besagen, daß die Aufständischen ihre Opfer vom Kopf abwärts auseinandersägen, sie wilden Tieren vorwürfen oder zwängen, gegeneinander bis zum Tode zu kämpfen. Die Sieger werden nachher erschlagen.

(»Darf ich etwas sagen, Caesar? Divus Augustus und Tiberius Caesar wollten die römischen Tierhetzen und Gladiatorenkämpfe ganz verbieten. Divus Iulius hat sich im Circus immer davon abgewandt, und du selber hast doch in deiner Jugend die abscheulichen Schauspiele der ›Lebenden Fackeln‹ gesehen. Auch während unserer Arbeit hast du oft überlegt, ob man nicht diese blutigen Volksbelustigungen ein für allemal abschaffen sollte. Warum tust du es dann nicht? Der Pöbel wäre enttäuscht, aber die Nachwelt würde dich preisen!«

»Du hast recht, mi amice, denn mit diesen Tierhetzen und Massenmorden geben wir den Völkern ein schlechtes Beispiel. Mein Neffe drängt mich seit langem zu einem solchen Verbot, in Hellas gebe es so etwas nicht! Aber ich muß eben das Volk zufriedenstellen.«) Nachdem Turbo die Aufständischen in Kyrene und Ägyptus ausgerottet und die treugebliebenen judaeischen Gemeinden in friedliche Gegenden umgesiedelt hatte, habe ich ihn ja zum Präfecten von Ägyptus ernannt. Denn der Feigling, der davonlief, sollte eher *Ovicula* heißen, das Schäfchen, als *Lupus,* der Wolf.

Den »König« der Aufständischen in Kypros, den Räuberhauptmann namens Artemion, haben wir gefangengenommen. Wie sein Name schon sagte: ein Grieche, und das ist viel schlimmer, als wenn er Judaeer wäre. Angeblich wollte er aus »edler Rache für die Unterwerfung von Hellas und um zu verhindern, daß wir das Erbe Alexanders übernehmen«, die Insel in Besitz nehmen. Ist sie doch militärisch für unsern Partherkrieg von größter Wichtigkeit. In Wirklichkeit wollte er sich schamlos bereichern, ohne Rücksicht auf die Menschenopfer unter Judaeern, Griechen und Römern. Dann wäre er mit seinen Goldsäcken davongegangen – zu den Parthern oder zu den Indern! Er wurde »nach der Väter Brauch« hingerichtet.

(»Caesar, weißt du eigentlich, daß Kypros die erste römische Colonie war, die einen *Christianus* zum Procurator hatte? Er hieß Sergius Paulus. Das war zur Zeit der Imperatoren Divus Claudius und Nero Caesar. Durch den judaeischen römischen Bürger – du weißt, wen ich meine – sei er *Christianus* geworden.«

»Ist das so wichtig?«

»Vielleicht doch, Caesar. Weil es seitdem auf Kypros einige Gemeinden von *Christiani* gibt, die treu zum Imperium stehen und die sich nun weiter ausbreiten können – auch unter den Judaeern.«

»Wenn diese sich aufrichtig zum Imperium bekehren, können sie bleiben. Für halsstarrige Judaeer ist die Insel für alle Zeiten Sperrgebiet. Nicht einmal Schiffbrüchige, die dorthin verschlagen werden, kommen mit dem Leben davon.«

»Ist das nicht sehr hart, Caesar?«

»Kypros untersteht dem Senat. Ich greife nur ungern in dessen Verwaltungsrechte ein. Aber das Gnadenrecht kann ich immer ausüben – vor allem, wenn ein Judaeer römischer Bürger ist und sich auf mich beruft. *Appello in Caesarem* – das kann der Senat nicht verwehren!«)

Daß der Aufstand auf Mesopotamia und Judaea übergriff, ist eine Gefahr. Dadurch verstärkt sich der Ungeist der Empörung zum Nutzen der Parther, auch unter der einheimischen Bevölkerung. Schon ist es so weit, daß wir an der ägyptischen Küste Flotteneinheiten benötigen und daß wir auf dem Euphrates und dem Tigris vorsorglich kleine, rasche Boote zur Beobachtung feindlicher Bewegungen, sei es eingeschleuster Parther, sei es einheimischer Verräter, brauchen könnten.

Bis jetzt ist es allerdings noch nirgends zu einer größeren offenen

Schlacht gekommen. Lusius Quietus soll sich an der Kampfweise von Divus Titus ein Beispiel nehmen: keine Zusammenballung der Streitkräfte, sondern Aufteilung in kleine, schlagkräftige Verbände – ein wenig so, wie die Germanen es gegen uns seit langem gemacht haben. Ein »Kleinkrieg«, wie wir ihn endlich gelernt haben. Ich kann meine Bewunderung für das Volk der Judaeer nicht unterdrücken. Sind doch erst knapp fünfzig Jahre seit der Zerstörung des Tempels vergangen. Weit über eine Million muß sie jener Krieg gekostet haben – Opfer unseres Schwertes, ihrer eigenen Mordbanden, des Feuers, des Hungers, der Seuchen. Auch jetzt erfordert ihr Aufstand wieder die größten Blutopfer. Und eigentlich können sie doch nicht hoffen, das Römische Reich zu besiegen. Aber der Schaden, den sie unseren Kriegsplänen gegen die Parther zufügen, ist groß.
(»Caesar, ob ein allgemeiner Gnadenerlaß, vor allem für die jungen Leute, die nur verführt worden sind, den Aufstand beenden könnte?«
»Nach allem, was man erfährt, ist gerade die judaeische Jugend am unerbittlichsten. Viele der Älteren möchten seit langem zu einer Verständigung mit uns kommen.«)
So fürchte ich, daß dieses gegenseitige Gemetzel bis zur völligen Erschöpfung weitergehen wird – wobei auch unsere Verluste sehr groß sind.
Ich frage mich, woher die Judaeer in ihren Aufstandsgebieten die vielen Waffen haben. Wahrscheinlich werden sie von Gemeinden ihrer Art, die außerhalb unseres Zugriffs liegen, unterstützt.
(»Caesar – es gibt genügend Waffenhändler, die nicht Judaeer sind – auch in Italia! Wir haben schon einmal darüber gesprochen. Erinnere dich an die Witwe, der du halfest, als ihr Sohn von solchen Verbrechern ermordet worden war.«
»Durchaus möglich, mein kluger Junge. Wir werden die Ausfuhr schärfer überprüfen müssen . . .«
»Und vielleicht auch die Einnahmen hochgestellter Persönlichkeiten, Senatoren darunter.«
»Aber wer bezahlt sie?«
»Vielleicht die Parther, Caesar.«)

353

Die Judaeer sprechen von ihrer »Diaspora«, ihrer Zerstreuung unter alle Völker. Ihr »Höchster Gott« habe das so bestimmt, damit niemand sie ausrotten könne, etwa wie seinerzeit die Samniter auf italischem Boden. ausgerottet wurden.

(»Caesar, auch die *Christiani* meinen, daß der Höchste Gott die Judaeer bis zum Ende der Zeiten bewahren will. Dann würden sie alle *Christiani* werden.«

»Wenn das so ist, müßte man ja versuchen, möglichst viele schon jetzt zu *Christiani* zu machen – dann würden sie ihre Halsstarrigkeit aufgeben! Aber auch ›so – ich wäre bereit gewesen, sie zu schützen, wie es zur Zeit von Divus Iulius und Iulia Augusta, worüber wir sprachen, der Fall war. Was ist jetzt über sie gekommen?!«

»Das war vor der Zerstörung ihres Tempels!«

»Also wird man doch versuchen müssen, sie alle, soweit man ihrer im Imperium habhaft werden kann, entweder zu töten oder in die Sklaverei zu verkaufen. Erst dann wird Ruhe sein!«

»Caesar, darf ich unterbrechen. Nach allem was ich höre, auch von seiten der *Christiani,* benützen die Hetzer und Volksverführer das vom Imperator Domitianus erlassene Verbot der Castration. Sie sagen, es beziehe sich auf das wichtigste judaeische Gesetz, nämlich die Beschneidung. Ob du nicht klarstellen könntest, daß dies nicht gemeint ist?«

»Liegt ihnen so viel an der abscheulichen Knabenverstümmelung?«

»Manche scheinen zu glauben, daß ihr Gott zuerst nachschaut, ob ihnen dieses Stückchen Haut fehlt, ehe sie, wie sie ihr Elyseum nennen, in ›Abrahams Schoß‹ aufgenommen werden. Der große Zwiespalt zwischen den *fanatici* des Gesetzes und den *Christiani* hat auch damit zu tun. Der judaeische römische Bürger, von dem wir gerade sprachen – der, durch den der Procurator von Kypros *Christianus* wurde – hat gegen verschiedene andere durchgesetzt, daß ein Judaer, der *Christianus* wird, seine Söhne nicht mehr beschneiden lassen muß. Seitdem nennen die Judaeer die *Christiani* ›Schänder des Gesetzes‹ und verächtlich ›die Unbeschnittenen‹. Aber der judaeische römische Bürger hat gesagt, der ›Meister‹ sei ›des Gesetzes Ende‹.«

»Immer wieder höre ich von diesem ›Meister‹. Wann soll er ge-
kommen sein?«
»Geboren unter Divus Augustus – als dieser befahl, daß die ganze
Welt geschätzt werde. Gelehrt habe er unter Tiberius Caesar,
unter dem er vom Procurator Pontius Pilatus unschuldig zum
Kreuzestod verurteilt worden sei . . .«
»Das klingt, mi amice, als gehörtest du jetzt dazu. Du wolltest
doch noch warten?«
»Das tue ich auch. Die *Christiani* werfen mir schon vor, daß ich
mich nicht entschließen könne.«
»Dann fahren wir fort!«)
Ich habe heute morgen Lusius Quietus zum Procurator von Judaea ernannt. Er soll mit harter Hand durchgreifen, aber Gerechtigkeit walten lassen. Infolge unserer Gespräche, kluger, kleiner
Junge, habe ich ihm nochmals eingeschärft, nichts gegen die judaeische Religion zu unternehmen – keine Adler oder Götterbilder
auf den Tempelberg! Den darf übrigens kein Judaeer betreten –
nicht weil wir es verboten haben, sondern weil ihre Priester – die
es immer noch gibt – es verbieten. Es könnte einer ja aus Versehen
auf den Platz gelangen, wo einstens ihr sogenanntes Allerheiligstes
stand, das nur der Hohe Priester betreten durfte. Anscheinend
wollte ihr Gott sich nur ihm und nur dort offenbaren und seinen
Willen kundtun.
Auch daß das Verbot der Castration sich nicht auf ihren häßlichen
Brauch, über den wir sprachen, bezieht, soll Lusius Quietus noch
einmal klarstellen.
Jetzt erst erfuhr ich, daß die Banden des Artemion in Kypros auch
den über tausend Jahre alten Tempel der Aphrodite angegriffen
und schwer beschädigt haben. Artemion wußte genau, wer Aphrodite ist – die göttliche Stamm-Mutter Divi Iuli und seines ganzen
Hauses – Stamm-Mutter, könnte man sagen, des Römischen Volkes! Aber er hetzte die *fanatici* auf und ließ sie brüllen: »Diese
Götzin ist die gleiche wie die Astarte, Schwester und Gattin des
kinderfressenden Baal!« Der Tempel sei »Hort aller Sünde und
Unkeuschheit«! Allein schon wegen dieses Verbrechens hat er die
härteste Todesstrafe verdient.

355

Der Tempel muß wiederhergestellt werden, ehe wir mit den Kampfhandlungen gegen die Parther ernsthaft beginnen – andernfalls würde die Göttin uns zürnen.

Der Consul Marcus Pedo Vergilianus, der die Kampfhandlungen in Mesopotamia und Judaea beobachtet, kommt jetzt zu mir nach Antiochia. Er will über die Saturnalien hier bleiben und dann rechtzeitig zu den neuen Consulatswahlen nach Rom zurückkehren. Ich habe ihn und seine Begleiter in einem Nebenflügel des Seleukiden-Palastes untergebracht.

Antiochia beginnt aus den Fugen zu gehen. Täglich strömen neue Scharen herein – Gesandte fremder Völkerschaften, zwei volle Cohorten meiner alten Legion X. *Fretensis* aus Judaea, Urlauber verschiedener anderer Legionen – der *VI. Ferrata* aus Syria, der *II. Traiana,* sogar aus Ägypten, wo die Ruhe halbwegs wiederhergestellt ist, Leute der *III. Cyrenaica* – dazu Hunderte von Prozeßgegnern, denen ich Recht sprechen soll. Unzählige Vergnügungssucher auch, die die Saturnalia, die an den Iden des Dezember beginnen und hier bis zur Wintersonnenwende dauern, genießen wollen. Ihre Lieblingssklaven haben sie mitgebracht, denn die können ja an diesen Festtagen die Herren spielen.

Den alten Saturntempel habe ich zu Ehren seiner Saturnalia neu schmücken lassen, und das müßte doch eigentlich auch den Judaeern gefallen, deren Feiertag der Saturnstag ist. An diesem dürfen sie keine Arbeit verrichten, nicht einmal verteidigen dürfen sie sich. Da haben sie doch schon zur Zeit von Divus Titus für ihren Glauben gekämpft und an ihren Saturnstag unterlassen, Hierosolyma und den Tempel zu verteidigen. Ihnen fehlt römische Vernunft und griechische Logik!

(»Caesar, die ›Saturnia Regna‹, die Divus Augustus, wie Vergil verkündete, nach Latium zurückbringen werde, wirst du nun dem ganzen Erdkreis schenken, sobald der Partherkrieg beendet ist.«)

Ich glaube, wir können uns einige Festtage gönnen, nach all den Mühen dieses Jahres. Die beiden Augustae wollen auch nach Antiochia kommen, aber erst einige Tage nach den Iden des Dezember, wenn der Consul nach Rom abgereist und der Flügel des Palastes wieder frei ist.

(Die nächsten Aufzeichnungen stammen vom jungen Plinius, wurden aber vom Imperator Traianus durchgesehen und genehmigt:)
Da der Imperator Traianus verständlicherweise eine Zeitlang nicht dazu kam, mir die Fortsetzung seines Lebensberichtes zu diktieren, hat er mich beauftragt, die Geschehnisse jener grauenhaften Iden des Dezember aufzuzeichnen.

Warnungen hatte es nicht gegeben, etwa wie es sie, gemäß den Schilderungen von Plinius senior vor dem Untergang vom Pompei, gegeben hat. Kein Vulkan ist in der Nähe, der Rauch ausgestoßen hätte oder dumpfes Grollen hätte vernehmen lassen. Auch die Vögel und das sonstige Getier zu Hause und auf den Feldern zeigten keine Beunruhigung.

Nur *eine* Stimme gab es, die auf künftiges Unheil hinwies – aber sie wurde nicht ernstgenommen: Der Episkopos der *Christiani* sandte dem Imperator einen Boten: Die ganze Gemeinde werde während der sündhaften Tage der Saturnalia die Stadt verlassen, und sie möchte dringend bitten, daß der Imperator mit seinen Begleitern, ebenso der Consul und die Seinen, das gleiche tun.

Merkwürdigerweise – aber das wurde erst nachher bekannt – hatte auch Aelius Hadrianus, der bei den Truppen am Oberen Euphrates stand, eine Botschaft geschickt. Sie kam zu spät an, und wahrscheinlich hätte man sie auch nicht beachtet. Es hieß darin, daß die Sterne schreckliche Ereignisse, die das Leben des Princeps bedrohen würden, ankündigten. Seine Chaldaeer haben für die Iden des Dezember Unheil verkündende Zeichen errechnet. Die Übeltäter Saturn und Mars würden Iupiter, den Gründer des Römischen Imperiums, und Venus, den Stern der Stamm-Mutter des Iulischen Hauses und des Römischen Volkes, in einem Quadrat mit bösen Lichtstrahlen treffen. Die chthonischen, die unterweltlichen Götter warteten nur auf das Zeichen, das Saturnus ihnen geben werde.

Es war ein schöner und fröhlicher Abend. Efeubekränzte Scharen zogen singend und tanzend durch die hell erleuchteten Straßen der Stadt. In den Kneipen, in den Bädern und Thermen feierten die Menschen, die von weither gekommen waren, mit Bacchus und Venus den bevorstehenden Beginn der Saturnalia. Zahlreichen jungen Sklaven wurde schon jetzt gestattet, als »Herren« aufzutreten.

In anderen Schenken wiederum, aber auch auf den freien Plätzen, kamen die Urlauber aus den verschiedenen Legionen zusammen – auch sie tranken und sangen, ohne die Disziplin zu verletzen. Immer wieder hörte man bis zum Seleukidenpalast ihre Rufe: Ave, Imperator Invicte – Ave Optime Princeps – Ave Auguste . . .

»Der Geist der Truppe ist gut – trotz den Kämpfen und all dem zum Teil verlustreichen Kleinkrieg mit den Aufständischen«, sagte der Imperator. »Ich glaube, wir können dem Frühling getrost entgegensehen.«

Das war bei einem Gastmahl, das er dem Consul und den Legaten und Tribunen der Legionseinheiten gab. Es wurde reichlich getrunken, aber er blieb als einziger nüchtern. Er nötigte auch seine Gäste nicht, mehr Wein zu sich zu nehmen, als ihnen Freude machte. Viele der Weine kamen aus der Landschaft um Melitene, so der vom Imperator besonders geschätzte Monarites. Aber auch aus Italia waren Amphoren mit den erlesensten Weinen eingetroffen.

Da das Gastmahl sehr früh begonnen hatte, brach man beim Einbruch der Nacht auf, gerade als plötzlich ein für diese Jahreszeit ungewöhnlich starkes Gewitter niederging. Wahre Fluten stürzten auf die Stadt herab und fegten die Straßen leer. Zu vielen Zehntausenden flüchteten die Menschen in ihre Häuser und Fremdenheime.

Im Seleukospalast schlugen die Regenschauer wild gegen die großen viereckigen Fenster – »Da kommt kein Tropfen Wasser herein!« lachten die Gäste. Sie gingen guter Laune und nicht ganz nüchtern in ihre Gemächer, die einen in die Seitenflügel des Palastes, die anderen, denen ihre Sklaven leuchteten – denn die Straßenbeleuchtung war im Sturmwind erloschen –, in ihre verschiedenen Quartiere, manche ziemlich am Rande der Stadt.

»Zeitig morgen«, sagte der Imperator zum Consul Pedo, »müssen wir die Lage am Euphrates besprechen – auch, welche Stellen sich am besten für den Übergang am Tigris eignen. Bis du nach Rom zurückkehrst, werden wir wissen, ob wir Verstärkungen brauchen. Ich denke an mindestens zwei der germanischen Legionen.«

Ich begleitete den Imperator bis zu seinen Gemächern, die einst

Seleukos I. bewohnt hatte. Durch ein großes viereckiges Fenster konnte man auf die regennassen Straßen sehen, in denen sich noch die Lichter einzelner Fackeln spiegelten. Er sagte, ich solle ihn bei Sonnenaufgang wecken, am nächsten Tage sei viel zu tun. Mein eigenes Schlafzimmer lag nebenan, ich nahm ein heißes Bad und legte mich nieder. Eine Weile lauschte ich noch dem Heulen des Windes und dem Aufklatschen des Regens auf das Fenster. Allmählich ließ das Unwetter aber nach und ich schlief ein. Ein merkwürdiger Traum – genau weiß ich nicht, wann er begann! Mir träumte, ich läge in einer Schiffskabine zu Bett – eine fast ruhige Fahrt, nur begleitet von den üblichen kleinen Stößen gekräuselter Wellen. Es war mir, als hörte ich ein leises Summen und Glucksen, nicht störend – eher im Gegenteil –, es wiegte mich noch tiefer in Schlaf und Traum. Dann gab es einen jähen Ruck – im Traum dachte ich, die See werde jetzt bewegter, das Schiff liefe gegen Wellenberge an. Auch durch Wellentäler offensichtlich. Denn es legte sich zur Seite, richtete sich zögernd auf, schwankte von neuem, und plötzlich war es mir, als rückte die Schiffswand auf meine Lagerstätte zu. Ein Gefühl von Beengung, dann von steigender Furcht trübte die Traumbilder – die Wellenberge wurden höher, die Täler tiefer, das Schiff neigte sich häufiger zur Seite und richtete sich immer mühsamer auf. Da – ich war auf offenem Felde, eine Herde wilder Elephanten trabte auf mich zu –, alle zusammen hoben ihre Rüssel und stießen ein wüstes Gebrüll aus – oder es war wie das höhnische Gelächter unterweltlicher Dämonen. So stark war der Anprall, daß ich zu Boden fiel – und plötzlich schrak ich zusammen. Nicht die Wand eines Schiffes bewegte sich, sondern die steinerne Mauer meines Gemaches, und ich begriff, was sich ereignete: ein Erdbeben. Jeden Augenblick konnte das Haus zusammenstürzen. Und nebenan der Imperator – übermüdet und vielleicht in tiefstem Schlaf! Ich raffte eine dürftige Bekleidung zusammen und stürzte in das Nebengemach. Der Imperator war nicht mehr da – das große Fenster, das nach außen ging, war offen. Man hörte Schreie des Grauens und Entsetzens und das furchtbare Getöse einstürzender Häuser. Und immer noch bebte die Erde!

359

Ohne genau zu wissen, was ich tat, raste ich durch den weiten Raum und sprang durch das Fenster ins Freie. Augenblicke später stürzte der Palast zusammen . . .

In einer ungeheuren Staubwolke, durchzuckt von Blitzen, sah ich, wie ganze Häuser in die Luft gehoben wurden und dann auf dem Boden barsten. Große Bäume samt dem Wurzelgeflecht wurden hochgerissen – Stämme, Balken, riesige Mauerbrocken schwammen durch die Luft, wie in einer wilden Brandung.

Rings um mich schreiende Menschenmassen, die aus ihren einstürzenden Häusern flohen, nur um auf den trümmerbedeckten Straßen von herabstürzenden Steinen doch noch erschlagen zu werden. Jeden Augenblick mußte ich mit dem gleichen Schicksal rechnen – ich glaube, ich vergaß die Lehren, die ich in den Schulen der *Christiani* erhalten habe: daß es nur *einen* Gott gebe. Ich rief alle Götter von Rom und Hellas um Hilfe an – Poseidon, den Erderschütterer, daß er dem furchtbaren Beben, dessen Stöße immer wieder kamen, Einhalt gebieten möge – Venus-Aphrodite, daß sie den Imperator schütze, Saturnus, dessen Tage wir jetzt feiern wollten – Iupiter Capitolinus, und die Imperatoren, die als Divi über uns walten, Divus Augustus, Divus Iulius, Divus Claudius sogar, obgleich Seneca ihn zuletzt in den Hades sandte, Divus Vespasianus und Divus Titus, und nicht zuletzt den zu den Göttern erhobenen Vater unseres Imperators, Divus Nerva.

Ich weiß nicht, ob es ein Gott oder eine Göttin war, die mir halfen, oder nur der reine Zufall!

Heftig emporgeschleudert und auf die Erde zurückfallend, zerkratzt, blutend, zerschunden, aber heil gelangte ich aus der ärgsten Verwüstung heraus. Irgendeine Stimme lenkte mich zum Hippodrom, und dort fand ich den Imperator Traianus, auch er nur leicht verwundet. Seine erste Frage war, ob ich wüßte, wo der Consul sei. Ich konnte nur antworten, daß ich das Schlimmste fürchte, denn hinter mir sei der Seleukidenpalast zusammengestürzt.

Meine Vermutung bestätigte sich nur allzubald. Der Consul und seine ganze Begleitung hatten unter den einstürzenden Mauern den Tod gefunden.

Tage- und nächtelang ging das Beben weiter – Poseidon und die Himmlischen, auch der Gott der *Christiani* hatten sich nicht erweichen lassen. Einige Diener waren dem Tod entgangen. Sie brachten uns Decken und Speisen. Im Hippodrom richtete der Imperator seinen »Regierungssitz« ein. Boten wurden ausgesandt, die seine Errettung meldeten. Von den Augustae kam die Nachricht, daß bei ihnen die Erde nur leicht gebebt habe. Aber die schlimmen Nachrichten häuften sich jeden Tag, und immer noch bebte die Erde. Zum Glück hatten einige tausend Urlauber der Legionen in Zelten gewohnt, waren also dem Tod entgangen. Der Imperator sandte sie aus – und dazu alle Ärzte, deren man habhaft werden konnte, mit Verbandzeug und mit Geräten, die Trümmer zu durchsuchen, zu retten, wen man noch retten konnte, und die Toten zu verbrennen, um die Seuchengefahr zu bannen.

Ich durfte auf Geheiß des Imperators manche Rettungsabteilungen begleiten. Da fanden wir unter den Trümmern eine junge Mutter. Sie lebte noch. Mit ihrer Milch hatte sie sich und ihr Kind am Leben erhalten. Wir gruben sie aus und konnten sie und den Kleinen retten. Nicht weit davon fanden wir eine Tote – ihr Säugling hing noch immer in ihren Brüsten. Abgerissene Arme und Beine lagen herum, zerplatzte Schädel, aus denen das Gehirn herausquoll – andere fanden wir in einem Sumpf ihres eigenen Blutes. Wiederum andere lagen, noch atmend, unter Holzbalken so eingeklemmt, daß wir sie nicht herausziehen konnten. Unzählige müssen durch Ersticken umgekommen sein.

Aus ganz Syria, Cilicia, Judaea, selbst aus Aegyptus und dem Nordwest-Teil von Mesopotamia kamen die Schreckensnachrichten – Hunderte und Hunderte von größeren und kleineren Städten, von Dörfern, Flecken, Gehöften schienen vernichtet worden zu sein – immer noch wagten die Menschen – nein, ganze Völkerschaften – nicht, in ihre Gebäude zurückzukehren – wer weiß, wann der nächste Stoß kommt?

Aber merkwürdig! Was die Legionen noch nicht erreicht hatten, den judaeischen Aufstand ganz niederzuwerfen, hat Poseidon, der Erderschütterer, wenigstens vorläufig zuwege gebracht: Die Verluste der Aufständischen waren sehr groß. So viele ihrer festen Stellungen und Schlupfwinkel waren zerstört, daß sie jetzt nicht weiterkämpfen konnten.

Die Gemeinde der *Christiani,* die rechtzeitig Antiochia verlassen hatte, erlitt keine Verluste, und so dürfte es allen ihren Glaubensbrüdern und -schwestern im ganzen weiten Lande ergangen sein.

Als das Übel allmählich abflaute und man die Opfer zählen konnte – so weit man sie auffand –, ergab sich, daß die Verluste größer waren als in allen Parthischen Kriegen zusammen.

Man sah nun auch, daß selbst der Mons Kasius mit seinem Zeustempel erschüttert wurde und daß seine Spitzen sich zur Seite geneigt hatten. Der Tempel lag in Trümmern – also hat Zeus nicht einmal sein Eigen retten wollen oder können. Ganze Hügel waren in der Erde verschwunden, andere waren aufgetaucht, Bäche und Flüsse waren versiegt, unerwartet brach dafür Wasser an anderen Stellen hervor.

(Hier enden die Aufzeichnungen des jungen Plinius. Es beginnt wieder das Diktat des Imperators Traianus.)

Die Götter, so schwer ihre Hand auf unserer schönen Stadt und so vielen Provinzen lag, sind mir gnädig gewesen, und daher habe ich, kaum daß das Beben nachließ, den Wiederaufbau befohlen, den der Wohnviertel wie der Tempel. Für die Notleidenden und Opfer habe ich, wie seinerzeit Tiberius Caesar, nach einer ähnlichen Erdbebenkatastrophe, hundert Millionen Sesterzen zur Verfügung gestellt und den hartgetroffenen Gemeinden auf fünf Jahre alle Steuern erlassen.

(»Caesar – als ich hereinstürzte, um dich zu wecken, warst du nicht mehr da. Ich fürchtete das Schlimmste . . .«)

Es klingt fast unglaubwürdig, was ich jetzt sagen muß, aber jedes Wort ist wahr. Ich war sehr müde und schlief erschöpft ein – vielleicht, daß ich auch allmählich mein Alter zu spüren bekomme. Traum – oder Wachen –, ich weiß es nicht. Plötzlich stand eine leuchtende, übermenschlich große Gestalt an meinem Lager, faßte mich bei der Hand, gerade als die allerersten Stöße fühlbar wurden. Ich meinte zu träumen und leistete einen gewissen Widerstand. Mit sanfter Gewalt wurde ich hochgezogen. Die Decke des

362

Gemaches schien zu verschwinden. Die Gestalt ragte mit einem strahlengekrönten Haupt bis zum Nachthimmel.

Ich folgte nun, bekleidete mich in großer Eile, als die Gestalt mich wiederum bei der Hand faßte und zum verschlossenen viereckigen Fenster führte. Von selber sprang es auf – ich wußte, daß ich ins Freie mußte. Ein Sprung und ich stand auf der Straße, während rings um uns schon die Vernichtung und der Tod einsetzten. Immer noch war mein großer Begleiter – mein Schutzgeist – bei mir –, er führte mich sicher durch berstende Gebäude und fliegende Trümmer, über Haufen von Leichen und Verwundeten bis zum Hippodrom. Es sprach nicht dieser Begleiter, aber ich wußte, daß er mir sagen wollte: »Bleibe hier, bis das Unheil vorüber ist . . .«, und dann entschwand er meinen Blicken, aber eine Klarheit blieb zurück.

Und nun weiß ich, mi amice, daß die Götter mich zu dem großen Werke aufgespart haben, das im nächsten Frühjahr beginnen soll.

»Caesar – wer dieser ›Begleiter‹ war, der dich rettete, das weißt du nicht?«

»Ich weiß nur, daß er mächtig war und barmherzig – ein unbekannter Gott, und diesem will ich jetzt einen Tempel weihen.«

Sechsundzwanzigstes Kapitel

DER WEG NACH BABYLON

»Caesar – der Episkopos, der mit seiner Gemeinde nach Antiochia
zurückgekehrt ist, um hier an den Bergungs- und Aufbauarbeiten
mitzuwirken, läßt dir bestellen: Auf dem ganzen Erdkreis werden
Dankgebete für deine Errettung gesprochen und Opfer für dein
weiteres Wohlergehen dargebracht werden.«
»So schnell hat sich die Kunde verbreitet? Ich sagte ja: die *Christiani* verfügen über einen ausgezeichneten Nachrichtendienst!«
Jetzt, da ein Teil des Seleukidenpalastes, wenn auch notdürftig,
wiederhergestellt ist, können wir in unserer Arbeit fortfahren.
Das erste, was ich zu tun hatte, war, die Leiche des Consuls unter
den Trümmern hervorzuholen, um ihm eine öffentliche Leichen-
feier auf Kosten des Gemeinwesens zu geben. Auf einer verdeckten Bahre – um dem neugierigen Volke nicht die gräßlichen Ver-
stümmelungen des Toten zu zeigen – wurde er von meinen Offizieren und von städtischen Magistratspersonen zum Forum getragen. Dort, auf einem mit kostbaren Gewürzen und Kränzen geschmückten Scheiterhaufen, wurde er den Flammen übergeben.
Ich selber habe die Trauerrede gehalten, in der ich den Mut und
den edlen Charakter des Toten rühmte.
Eigentlich hätte danach eine mehrtägige Landestrauer stattfinden
müssen – Ruhen aller Arbeit, Schließen der Läden. Aber des
Notstandes wegen habe ich bereits am Scheiterhaufen befohlen,
davon Abstand zu nehmen.
Die vielen Kriegsgefangenen, Parther, Armenier, Judaeer (die damit ihr Leben retteten!) haben den schnellen Aufbau überhaupt
erst möglich gemacht. Der Saturnustempel, den ich hatte schmükken lassen, hat kaum Schaden erlitten.
(»Caesar – das Bethaus der *Christiani,* das diese mit einem griechi-

364

schen Wort *kyriaké* – ›Haus des Herrn‹ – nennen, ist ganz unbeschädigt geblieben. Einige von ihnen haben dort sogar das Erdbeben überlebt.«

»Aber nicht dorthin, sondern in den Hippodrom hat mich die leuchtende Gestalt geführt.«

»Vielleicht, weil – wie ich höre – die Gefahr bestand, daß der Pöbel, der immer ›Schuldige‹ sucht, die *kyriaké* der *Christiani* angreifen wollte.«)

Die Nachricht von meiner Errettung hat Rom früher erreicht als die des Untergangs von Antiochia und meiner Gefährdung. Nach ganz kurzer Zeit sind die Glückwünsche des Senats eingetroffen. Ich gab auch Weisung, dem Volke große Spiele zu geben – und nicht nur in Rom, sondern auch am Rhenus in meinen alten Garnisonsstädten wie Colonia Agrippinensis, Moguntiacum, Bonna, Castra Vetera und in Augusta Vindelicorum. Ganz von sich aus haben Legionen und Bürger gemeinsam den ganzen Danuvius entlang, in Britannia, in meinem heimatlichen Hispania und in allen anderen Herrschaftsgebieten des Römischen Volkes Dankopfer für meine Errettung und Bittgebete für mein Heil dargebracht.

Störungen, etwa von judaeischer Seite, hat es nur vereinzelt gegeben. Man scheint vielmehr meine Errettung als ein Zeichen göttlicher Gunst gedeutet zu haben. Daher kamen sogar zahlreiche Glückwünsche von judaeischen Gemeinden aus Italia, aus Britannia, aus Hispania und aus Augusta Treverorum an der Mosella. Die dortigen Judaeer seien viele Jahrhunderte vor unserer Zeit dort gewesen, ja, ihre Stadt habe schon bestanden, ehe Roma gegründet wurde, und zu den ersten Siedlern hätten judaeische Kaufleute gehört, die jene sagenhaften Könige Salomon oder David dorthin gesandt haben. So hätten weder sie noch ihre Vorfahren etwas mit dem judaeischen Aufstand zu tun, der zur Zerstörung von Hierosolyma geführt habe. Das gleiche gelte für ihre Brüder in Moguntiacum und zahlreichen kleineren Städten den Rhenus aufwärts wie Borbetomagus, Noviomagus und Argentorate. Sie berichteten auch, daß in all diesen Städten zwischen ihnen und den *Christiani* (also gibt es solche auch schon dort!) freundschaftliche Beziehungen bestünden, da sie ja lange vor den Tagen des Procurators Pontius Pilatus aus ihrer ursprünglichen Heimat ausgewandert seien, mit dem Tode des Meisters der *Christiani* demnach nichts zu tun hätten. Das ist mir bald danach von den Legaten der beiden germanischen Provinzen bestätigt worden.

Ich war nun schon zwanzig Jahre lang Inhaber der Tribunizischen Gewalt und war zwölfmal zum Imperator ausgerufen worden. Das Römische Volk erwartete von mir neue Taten; und dazu kam (dies, parve puer, brauchst du aber nicht zu veröffentlichen), daß ich mich manchmal nicht mehr so stark fühlte wie früher – ja, daß mich manchmal Todesahnungen beschlichen. Ich weiß also nicht, wieviel Zeit mir die Götter noch zum Ruhme des Römischen Volkes gönnen werden.

(Aus einem Schreiben des Imperators Hadrianus: »Doch – diese Sätze sollen veröffentlicht werden! Sie zeigen die Stärke und den Heldenmut Divi Traiani, der trotz solcher Ahnungen und, obgleich er sich nicht mehr ganz gesund fühlte, zum Partherkrieg aufbrach.«)

Ich trug ja jetzt auch schon den Ehrennamen *Parthicus* und konnte demnach nicht länger in Antiochia verweilen. Der Wiederaufbau war außerdem so rasch vor sich gegangen, daß man nur in den äußeren Stadtteilen die Schäden merkte.

Die beiden Augustae kamen mit, und wie hätte ich ohne dich, meinen vertrauten Freund, aufbrechen können, als ich wenige Tage vor den Calenden des März Antiochia verließ und alle meine Legionen versammelte und zum Kampf aufrief. Trotz aller Mühen und Kämpfe haben wir dabei doch Abend für Abend Zeit gefunden, an meinem Lebensbericht zu arbeiten – auch dank deinem unermüdlichen Eifer.

(»Caesar, bei dir sein zu dürfen, für dich zu arbeiten, dein Vertrauen zu genießen, was könnte es für mich Beglückenderes geben?«
»Was wirst du tun, parve puer, wenn ich eines Tages – vielleicht bald – nicht mehr hier bin –?«
»Ich wage nicht, daran zu denken. Erst würde ich versuchen, dein Vermächtnis zu wahren, dann gehe ich vielleicht nach Comum zurück –«)

Die Augusta hat die Frage aufgeworfen, ob die Unterwerfung der Parther noch ein *bellum iustum* genannt werden könne? Ich konnte mich auf Cicero berufen, der als gerecht einen Kampf bezeichnet, der einer Bündnistreue und dem Heile des Römischen Volkes entspricht. Wir sind auch unsern Provinzen, die sich auf unsern Schutz verlassen, zur Treue verpflichtet, und wenn wir ein weiteres Heranwachsen der parthischen Macht dulden, dann wird diese uns eines Tages aus ganz Asia verdrängen. Auch meine ich, daß wir, denen schon ein großer Teil des Alexanderreiches gehört, die ganze Erbschaft sowohl des Großen Königs wie seiner rechtmäßigen Nachfolger antreten dürfen – der Seleukiden vor allem, wie wir schon Aegyptus, das die Ptolemäer regierten, Hellas selber und manche kleinere Königreiche in Asia übernommen haben. Wenn mich dein Adoptivvater als Freund des Friedens gerühmt hat, mi amice – so soll er recht behalten. Denn dem Frieden des Erdkreises dient auch der kommende Feldzug gegen einen mächtigen Feind, der im eigenen Lande nur Untertanen kennt, während wir von Bürgern sprechen und unser Bürgerrecht allen Völkerschaften, nicht nur den Römern und Italikern, zuerkennen, die zur gesitteten Menschheit gehören.

Das ist das Erbe, das wir den kommenden Jahrhunderten vermachen wollen – selbst wenn das Imperium in seiner jetzigen Gestalt untergehen sollte.

Ehe wir aufbrachen, haben die Bürger von Antiochia aus Spenden eine Statue von mir im Panzer aus Silber gesetzt und im Tempel des Iupiter Capitolinus aufgestellt. Ich meinte, sie hätten das Geld lieber für ihre hart getroffenen Mitbürger verwenden sollen, aber sie sagten: Am besten sei diesen und allen Bewohnern des Römischen Reiches geholfen, wenn ich siegreich und gesund zurückkehre.

Bislang bin ich noch nie geschlagen worden – soweit mögen die Gebete und Opfer geholfen haben. Aber über die glückliche Rückkehr haben die Priester keine Macht. Darüber bestimmen nur die Götter.

In Edessa machte ich halt, um mich der Treue des Königs Abgarus zu versichern. Ich traute ihm nicht so recht – trotz der unerschütterlichen Freundschaft deines Altersgenossen Philippos. Weiter nach Nisibis, wo schon voller Frühling herrschte. Die Gärten blühten – der junge Wein grünte, und wieder meinte die Augusta, ob wir nicht schon genug erreicht hätten für die Sicherung und den Ruhm des Imperiums. Vielleicht hätte ich ihr recht gegeben, wenn nicht gerade am Tage nach unserer Ankunft in der ganzen Gegend ein Aufstand ausgebrochen wäre. Selbst in der Stadt rotteten sich Pöbelmassen zusammen – da konnten wir nicht zuschauen oder gar abziehen. Da hat mir auch die Augusta zugestimmt. Um Mesopotamia zu sichern, mußte ich Adiabene fest in die Hand bekommen, also möglichst rasch aufs linke Ufer des Tigris gelangen.

Die Schwierigkeiten hast du miterlebt, du könntest sie von dir aus selbständig niederschreiben! Ich will nur einige Einzelheiten erwähnen: Die Uferlandschaft am rechten Tigrisufer ist sehr waldarm – schon vor Jahrhunderten haben die Assyrer sie abgeholzt und es versäumt, nachzupflanzen.

Aber, den Göttern sei Dank! Ich hatte geschickte Männer bei mir, die bei Apollodoros von Damaskus in die Lehre gegangen waren und die sich im Schiffsbau auskannten. Rings um Nisibis stehen noch dichte, unberührte Wälder. Wir holzten ab, was wir brauchten, und ich ließ an Ort und Stelle über hundert Schiffe bauen. Sie wurden mit Kupfer- und Eisenplatten beschlagen und mit Pfeilschützen bemannt, die größeren wurden mit Fernwaffen, Schleuderern und Catapulten ausgestattet. Für den Fall, daß uns feindliche Schiffe begegnen sollten, ließ ich auf einigen der unsern Kessel mit Pech und viele Fackeln bereithalten. Wie Caesar Octavianus die Seeschlacht von Aktium gegen Marcus Antonius durch Feuer entschied, so hätten auch wir dies tun können!

Das neue an unsern Schiffen war, daß sie nietenfest ineinandergefügt und auseinanderzunehmen waren. Sie wurden auf Wagen verladen und stromabwärts zur Stelle gebracht, wo ich übersetzen wollte.

Der Übergang sollte schwerer werden, als wir angenommen hatten. Ziehen sich doch am linken Tigrisufer die rauhen Gordyaeen-Berge hin, die vom Feind besetzt waren.

Es war nicht Zeit, eine feste Brücke zu bauen, daher ließ ich Schiffe aneinanderketten, andere sandte ich voraus zum linken Ufer und befahl ihnen, einen weiten Küstenstreifen zu bewachen und den Gegner am Uferrand immer wieder durch rasche Vorstöße zu verwirren. Unsere Bogenschützen leisteten vortreffliche Arbeit. Was den Feind besonders verunsicherte, war die Zahl unserer Schiffe! Er konnte sich nicht vorstellen, woher wir diese in einer so holzarmen Gegend genommen hatten.

Die Verluste auf unserer Seite waren gering, und bald hatten wir ganz Adiabene wieder in unserer Hand.

Da ich den Spuren Alexanders folgte, berührte es mich tief, daß dort die Stadt Arbela, unweit von Gaugamela, liegt, wo Alexander die weit überlegenen Kräfte des Großkönigs Darius III. besiegte. Der junge Tribun und Geschichtsforscher Flavius Arrianus, den ich in jeder Weise fördere, meint, daß der Großkönig eine Million Fußtruppen, vierzigtausend Reiter und zweihundert Sichelwagen in die Schlacht werfen konnte. Dazu kamen Elephanten, und die indischen Hilfstruppen vom rechten Ufer des Indus brachten weitere fünfzehn dieser Tiere.

Alexander, sagte mir Arrianus, habe nur vierzigtausend Mann zu Fuß und siebentausend Reiter zur Verfügung gehabt, aber die waren besser ausgebildet und bewaffnet.

Aber was den Ausschlag gab: Darius war der erste, der panikartig das Schlachtfeld verließ! Daraufhin sind auch seine Mannen auseinandergestoben, und das Persische Reich lag Alexander schon fast zu Füßen. Darius selber soll, als er erfuhr, wie königlich sich Alexander gegenüber den gefangenen Frauen – Mutter und Gemahlin – verhalten habe, ausgerufen haben: »Götter meiner Ahnen – sollte es mit mir zu Ende gehen, dann, so flehe ich zu euch, möge kein anderer König von Asia werden als mein gegenwärtiger Feind, dieser so barmherzige Sieger!« Dann haben wir bei Ninus, dem uralten Ninive, den Tigris nochmals überquert, wie Alexander es tat. Widerstand, wie du weißt, haben wir kaum gefunden, nur manche vorgeschobenen Posten der Parther verteidigten sich. Anscheinend hatte König Chosroës zu Hause noch so viele Streitigkeiten, daß es zu einer geordneten Verteidigung nicht kam.

369

Aber wegen der vielen Verbindungskanäle und der zum Teil sumpfigen Landschaft wegen mußten wir kreuz und quer durch Mesopotamien ziehen. Einem Teil der Truppen befahl ich, die große Straße den Euphrates entlang zu nehmen. Ich selber, mit drei Legionen, kehrte zum Tigris zurück. Von dort wurde mir ernsthafter Widerstand gemeldet.

Ich fühlte mich nicht ganz wohl. Nur du hast es gemerkt, als wir zum Sturm auf Seleukia ansetzen wollten – eine andere Gründung des Königs Seleukos I. Nikator. Ehe er Antiochia zur Hauptstadt machte, war es Seleukia, das rasch aufblühte und als Umschlagplatz innerasiatischer Karawanen bald sehr reich wurde – 600 000 Einwohner oder mehr!

Ich machte mich auf einen harten Kampf gefaßt, denn unter der Bevölkerung von Makedonen, Griechen, Syrern leben dort immer noch fast 100 000 Judaeer.

Aber als wir uns in geschlossenen Reihen der Doppelmauer, die die ganze Stadt umspannt, näherten, kamen uns Unterhändler – Judaeer darunter – entgegen. Sie baten, die Stadt zu schonen, die Tore würden geöffnet, kampflos könnten wir einziehen!

Ein gutes Omen, mi amice! Die beiden Augustae ritten an meiner Seite, die Bevölkerung breitete Blumenteppiche vor unsern Pferden aus, alle Häuser waren geschmückt, die Stadtältesten begrüßten mich als Befreier vom parthischen Joch, ja als den »Herrn des Erdkreises«. Judaeer und *Christiani* kamen gemeinsam zu mir, um dem Römischen Volke Treue zu geloben.

Man führte uns auf einen hohen Turm, von dem aus wir die ganze Stadt mit ihren Mauern und Wassergräben überblicken konnten. »Sie sieht aus wie ein Adler, der die Schwingen ausbreitet«, sagte die Augusta Plotina. »Um euch das zu zeigen, haben wir euch hier herauf gebeten!« antworteten mit Stolz die Stadtältesten.

Enttäuscht waren nur einige meiner Leute, die auf reiche Beute gehofft hatten und denen ich das Plündern streng verbot. Aber sie sollten doch noch auf ihre Rechnung kommen, als wir nach einigen Ruhetagen den Tigris überschritten und nach Ktesiphon kamen, das uns nicht bereitwillig die Tore öffnete! Du warst an meiner Seite, parve puer – ich glaube, du hast mir das Leben gerettet, als es einigen Feinden gelang, in unsern Rücken zu kommen. Du bist dabei verwundet worden.

(»Es war nicht schlimm, Caesar – nur am linken Oberarm und an der Brust – es war bald verheilt.«

»Aber ein Eisensplitter mußte herausgeschnitten werden – das war doch sehr schmerzhaft. Ich kenne solche Wunden selber zur Genüge.«

»Nicht mehr schmerzhaft, seitdem du diese griechisch-ägyptischen Legionsärzte angeworben hast. Mit ihrem dicken, eingekochten Mohnsaft, den sie mir reichlich zu trinken gaben, habe ich nichts gespürt. Ich wachte erst auf, als ich gut verbunden im Zelte lag.«)

Die beste »Beute« habe ich selber gemacht! Im prunkvollen Winterpalast des Königs stand dessen edelsteinverzierter goldener Thronsessel, viele Talente wert! Ich nahm ihn mit, bestimmte aber, er solle zurückgegeben werden, sobald einmal wirklicher Friede herrsche. Die junge schöne Tochter des Königs Chosroës habe ich nicht als »Beute« betrachtet. Im Gedanken an Alexanders Verhalten gegenüber der Familie von Darius III. habe ich sie mit allen königlichen Ehren behandelt und sie der Obhut meiner lieben Nichte anvertraut. Wäre der König nicht geflohen – so wie einst Darius! –, hätten wir in Ktesiphon selber Frieden schließen können.

(Aus einem Briefe des Imperators Hadrianus an den jungen Plinius: »Füge ein, daß ich die schöne junge Danaë ihrem Bruder zurücksandte und ihr viel kostbaren Schmuck mitgab. Den Thron hat er bis jetzt noch nicht wiederbekommen, denn wir warten ja immer noch auf einen endgültigen Friedensschluß.«)

Das Gold, Silber, die Edelsteine, die Gewänder in der königlichen Schatzkammer – das alles war rechtmäßige Kriegsbeute und ermöglichte mir, meine treuen Soldaten zu entlohnen, wie sie es auch erwarteten.

Nun war die Inschrift auf den *Aurei* berechtigt: *Parthia capta* – und meine Legionen riefen mich zum XIII. Mal zum Imperator aus. In Ktesiphon faßte ich auch den Plan, ganz Assyria zur Römischen Provinz – und Susa zur Hauptstadt zu machen, hat doch Alexander nach seinem Sieg bei Gaugemala diese Stadt besetzt und dort ungeheuere Schätze vorgefunden – mein lieber Arrianos berichtet mir von fünfzigtausend Talenten in Gold – und dazu all die Kostbarkeiten, die Xerxes aus Athen geraubt hat! (Aus einem Schreiben des Imperators Hadrianus: »Wichtiger als diese Reichtümer, die ja doch längst ausgegeben sind, war etwas Bleibendes: Alexander hat die Standbilder von Harmodios und Aristogeiton, die Antenor schuf und die Xerxes wegführte, nach Athen zurückgebracht. Mit ihnen begann die Freiheit der Hellenen, und noch heute besingt man dieses Freundespaar: ›Schmükken will ich das Schwert / Mit der Myrte Ranken / Wie Harmodios einst und Aristogeiton / Da sie am Fest der Athena / Hipparch schlugen, den Tyrannen.‹ Daß wir heute beim Aufstieg zur Akropolis dem Freundespaar Opfer bringen können, das verdanken wir Alexander, und das ist wertvoller als jeder Gold- und Silberschatz!«)

In Ktesiphon erhielt ich nochmals die Nachricht, daß ich nun auch *Parthicus* heiße – ich wußte es längst, aber vielleicht war es erst jetzt gerechtfertigt. Daß ich »so viele Triumphe feiern könne wie ich wolle«, mit dieser sicherlich als besondere Ehre gemeinten Botschaft des Senats konnte ich hingegen nichts anfangen. Damit würden Triumphe wertlos werden.

(Der junge Plinius an den Imperator Hadrianus: »Domine et Imperator Sanctissime – daß wir in Ktesiphon die großen flachen Schiffe bestiegen, um den Tigris hinunterzufahren, das habe ich dir schon berichtet. Hierbei kam ich bis zum Augenblick, da der Imperator Traianus mit einigen Begleitern, zu denen ich gehörte, da, wo die beiden Ströme einander sehr nahe kommen, an Land ging, um Babylon zu besichtigen. Dort haben wir die gemeinsame Arbeit wieder aufgenommen.«)

Babylon wollte ich schon immer sehen. Hier ist Alexander zu den Göttern heimgekehrt – es ist sein Erbe, dem ich mich verpflichtet fühle. Dort hat er Gesandte aus vielen Ländern empfangen, die heute zum Römischen Reiche gehören. Unser Livius meint ja sogar, daß Alexander nach Italia übersetzen und die junge römische Republik angreifen wollte. Deren Herrschaftsgebiet ging im-

merhin schon bis nach Neapolis – er meinte wahrscheinlich, daß er
auf die Unterstützung der süditalischen Griechenstädte zählen
könnte. Der aufsteigende Name Roms soll ihn geschmerzt haben!
Wenn er länger gelebt hätte – ob der Erdkreis dann hellenisch statt
römisch geworden wäre?
(»Nach seinem Tode wäre aber dieser hellenische Erdkreis ausein-
andergefallen, wie sein griechisch-asiatisch-ägyptisches Reich
zerfiel!«
»Weil er keinen Nachfolger hinterließ –?«
»Doch, Caesar! Dieser Nachfolger, der wirkliche, bist du! Der
sterbende Alexander, hier in Babylon, hat in die Zukunft geblickt.
Dein Freund Flavius Arrianus auf griechisch, Quintus Curtius
Rufus auf lateinisch, haben übereinstimmend berichtet, daß er sein
Reich ›Dem Besten‹ hinterlasse: *Optimo Principi!* Du, Caesar, und
durch dich das Römische Volk, sind die rechtmäßigen Erben auch
jenes Teils des Alexanderreiches, das noch nicht in deiner Gewalt
ist – zwischen dem Tigris und dem Indus. Alle anderen Länder
und Provinzen sind ja schon lange dem Römischen Volke untertan.«)
(Aus einem Schreiben des jungen Plinius an den Imperator Hadrianus: »Der Imperator Traianus blieb einige Augenblicke in
Gedanken versunken. Dann sagte er: »Du hast recht, mi amice, ich
bin der rechtmäßige Erbe, aber dieses Erbe muß noch gewonnen
werden – von mir oder meinem Nachfolger. Daher werde ich jetzt,
auf Vorschlag der Augusta Plotina, meinen Neffen zum Legaten
von Syria ernennen, und wenn ich nach Beendigung des Parther-
krieges nach Italia zurückkehre, will ich ihm den Oberbefehl über
alle Streitkräfte zu Wasser und zu Land im ganzen Osten geben.
Die Augusta meint, er solle auch bald sein zweites Consulat be-
kleiden, sein erstes läge schon zu weit zurück. Auch meine Nichte,
die Augusta Matidia, ist der gleichen Ansicht – beide Augustae
finden aber, daß dies alles nicht genüge.«
Hier brach Divus Traianus jäh ab, aber ohne Zweifel, o Domine et
Imperator Sanctissime, handelte es sich schon bei dieser Gelegenheit um deine Adoption und Nachfolgeschaft im Principat.)
Fahren wir fort, mi amice: Die Wälle von Babylon haben mich

beeindruckt, und ich werde veranlassen, daß einige unserer Grenz-
befestigungen ähnlich gebaut werden. Sie bestehen aus Asphalt,
den man in jeder Menge aus dem Asphaltsee in Judaea beziehen
kann. Vermischt man diesen heißgemachten Stoff mit Ziegeln oder
kleinen Steinen, wird er fester als jede Felsen- oder Eisenmauer.
Gefährlich sind die Schlünde, die sich rings um die Stadt auftun
und aus denen ein tödlicher Rauch aufsteigt. Die Vögel wissen
darum – sie fliegen so hoch, daß der giftige Dampf sie nicht
erreichen kann. Ich will meine Fachleute fragen, ob man diesen
nicht in Behälter füllen und als Kampfstoff verwenden könnte.
Nach allem was ich erfuhr, hält ihm nichts Lebendiges stand – die
Gefahr ist nur, daß der Wind umschlagen und den Giftstoff auf
unsere Reihen zutreiben könnte. Eine höchst merkwürdige Stadt
also, mit ihrer vielausendjährigen Geschichte!
(»Caesar – hast du auch schon gehört, was hier die Priester verschiedener Religionen erzählen, vor allem die judaeischen? Vor
sehr langer Zeit hätten die Menschen einen Turm bauen wollen, so
hoch, daß er bis zu den Göttern hinaufreiche. Aber die verhinder-
ten solchen Frevel – nicht, daß sie den Turm zerstörten, was sie
durch Blitze leicht hätten tun können, sondern indem sie eine
wilde Sprachverwirrung unter den Werkleuten und ihren Anfüh-
rern stifteten. Davor hätten alle Menschen eine gemeinsame Sprache gesprochen, nun wurden es Hunderte, und keiner verstand
mehr den anderen. Daher mußten sie den Bau aufgeben. Die
Werkleute gingen zu ihren Familien zurück und brachten ihnen
mühsam bei, was der Zorn der Gottheit sie zu sprechen gelehrt
hatte. Einige Trümmer des Turms sind erhalten, ich habe sie
gestern besucht, es muß ein gewaltiger Bau gewesen sein!«
In guter Laune antwortete der Imperator: »Dann ist doch Babylon
auch der Geburtsort des Latein, und wir haben allen Grund, jenen
Bauleuten dankbar zu sein!«)
Ob ich selber von diesen giftigen Dämpfen etwas eingeatmet habe?
Vielleicht bin ich zu nahe an diese Schlünde herangegangen. Jedenfalls fühle ich mich nicht mehr recht wohl – aber außer dir und den
beiden Augustae braucht das niemand zu wissen, auch nicht mein
Arzt, der Alexander Musa.

374

Vielleicht vergeht das wieder, aber seit einigen Tagen werde ich das Gefühl nicht los, daß ich mich beeilen sollte, wenn ich noch zum Indus gelangen will.

Ich hätte gerne die beiden Ströme durch einen breiten Kanal verbunden, geeignet auch für größere Schiffe. Aber nun sagt man mir, dann müßten zu viele Schleusen eingebaut werden, weil das Bett des Euphrates höher liege als das des Tigris, und daher könnte alles Wasser in diesen abstürzen und der arme Euphrates läge trocken.

Wir wollen daher zu Lande die Rückreise zum Tigris antreten und dort wieder unsere Schiffe besteigen, um zur Erythraeischen See, die man auch Sinus Persicus nennt, zu gelangen. Und dann – von der Mündung der beiden Ströme aus – auf Alexanders Spuren weiter nach India . . .!

Dank den Verstärkungen, die ich in den letzten Monaten erhalten habe, kann ich viele meiner altgedienten Soldaten, reichlich mit Sold versehen, nach Hause oder doch auf Heimaturlaub schicken.

Ich will überhaupt nach Beendigung dieses Krieges einen Austausch der Legionen vornehmen, die syrischen, ägyptischen, vielleicht auch die pannonischen will ich an den Rhenus verlegen – es ist nicht gut, wenn die Soldaten zu lange in ein und derselben Gegend bleiben.

Als erstes will ich jetzt einige tausend Mann meiner wackeren X. Legion *Fretensis* und der II. Legion *Traiana* nach dem Westen senden. Von Seleukia bei Antiochia werde ich ihnen eine ganze Flotte zur Verfügung stellen. Sie können in den Standlagern am Danuvius, manche Einheiten auch auf italischem Boden abwarten, bis ich zurückkomme und die letzten Verfügungen treffe.

Diese haben einen weiteren Grund: Wenn hier die Aufgabe erfüllt ist, die uns Alexander hinterlassen hat, werde ich wiederum vom Rhenus aus das Werk aufnehmen, das Divus Iulius begonnen und das Divus Augustus leider nach der Varus-Schlacht preisgegeben hat.

Castra Vetera und Moguntiacum werden schon jetzt, auf Grund meiner Befehle, ausgebaut – neue Lagerhäuser für Waffen und alles übrige und Unterkünfte für die Legionen werden errichtet.

375

Schreibe auf, mi amice: Die Mannschaften und Offiziere der beiden Legionen, die ihre Feldzeichen mitnehmen dürfen, haben den Abmarschbefehl erhalten – zwar freuten sie sich, aber eine wirkliche Begeisterung kam nicht auf, weil sie mich nun allein lassen und andere den Ruhm unserer Siege ernten würden.

Siebenundzwanzigstes Kapitel

TRAIANUS – HERRSCHER DES PARTHERREICHES

(Aus einem Schreiben des jungen Plinius an den Imperator Hadrianus: »Domine et Imperator Sanctissime, auf Deinen Wunsch hin habe ich den Bericht über die Fahrt zum Sinus Persicus der Schilderung des Lebens und der Taten Divi Traiani vorangestellt. Ich brach da ab, wo der Imperator, der mich nach Antiochia vorausgeschickt hatte, Auftrag gab, alles für seine Rückkehr nach Italia vorzubereiten. Nun nehme ich meinen Bericht genau an dieser Stelle wieder auf.«)

Endlich, mi amice, kommen wir wieder zu unserer gemeinsamen Arbeit – viel von dem, was du jetzt aufschreiben sollst, hast du selber miterlebt.

Erst als wir wieder in Babylon waren, erfuhren wir das ganze Ausmaß der Aufstände in den neuerworbenen Provinzen und wie sehr auch die Judaer trotz aller ungeheueren Verluste, die sie schon erlitten hatten, daran beteiligt sind. Es schien, als ob alles, was wir dem Römischen Volke erworben hatten, wieder verlorengegangen sei. Aber daß ich Niederlagen und Verluste nicht hinnehme – das ist bekannt! Hätte Varus zu meiner Zeit die Schlacht in Germania verloren, ich hätte nicht geruht, bis ich den letzten dieser Verräter gestellt und sie alle über die Albis gejagt hätte.

Was sich abspielte, während wir in Charax waren, übertrifft vieles, was Rom durch Verräter und Aufständische in der Geschichte erlitten hat. In Mesopotamia, selbst in Armenia, ja in Seleukia am Tigris sind viele unserer Besatzungen Mordbanden zum Opfer gefallen. Die Städte Edessa und Nisiblis fielen ebenfalls in die Hände von Verrätern.

Ein schwerer Schlag ist der Schlachtentod meines Legaten der Provinz Mesopotamia, Lucius Appius Maximus Santra. Er und seine zwei Cohorten fielen in einen Hinterhalt. Unter Foltern wurden sie niedergemacht.

Er war einer meiner ältesten Freunde. Wir waren zusammen in Germania, als sein Vetter Lucius Appius Maximus Norbanus den Aufstand des Lucius Antonius Saturninus gegen den Imperator Domitianus niederschlug.

Er war ungefähr meines Alters. Und so frage ich mich nun – war er zu alt für die Aufgaben, die ich ihm stellte? Wenn er es war, bin ich dann vielleicht auch schon zu alt? Daher diese Aufstände, weil die Verräter meinen, mit mir bräuchten sie nicht mehr zu rechnen, da meine Zeit ja doch zu Ende gehe –?

(»Aber Caesar, wie kannst du nur so etwas denken. Niemals noch wurdest du besiegt. Sobald die Feinde wissen, daß du selber den Befehl führst, geben sie die Schlacht verloren und fliehen. Auch weißt du doch, was das Ammon-Orakel in der Wüste Siwa in Ägyptus, das niemals trügt, dir bestellen ließ: Vor Selinus sollst du dich hüten, diese Stadt würdest du nicht lebend verlassen! Und von Selinus trennt uns das ganze Innere Meer! Dann, als du im Zeustempel auf dem Mons Kasius Beutestücke aus den Dakerkriegen niederlegtest, haben dich die Priester bewogen, nach Heliopolis zu gehen und das Orakel im Tempel des Zeus Heliopolitanus zu befragen.

Wiederum hast du eine Antwort erhalten, die dich aller gegenwärtigen Sorgen entledigen kann: ›Als Triumphator wirst du zu deiner Säule in Rom zurückkehren!‹«

»Du hast das richtige Wort gefunden, mi amice. Heute morgen haben mir Eilboten aus Italia zwei Botschaften gebracht – ganz in dieser Richtung! Die Bürger von Selinus, heißt es in der einen, haben mit Betrübnis, aber Verständnis zur Kenntnis genommen, daß ich sie nicht besuchen könne, bäten aber, eine große Abordnung in die Nachbarstadt Acragas schicken zu dürfen, sobald ich dort eintreffe. Selbstverständlich werde ich das bewilligen! Die zweite Botschaft kam von den Ratsältesten in Beneventum: Mein Ehrenbogen ist fast vollendet, ich werde im Triumph durch ihn einziehen können! Wenn aber in Beneventum auf der Via Traiana, dann wohl auch auf der Via Appia in Rom zu meiner Siegessäule!

Wir wollen also die trüben Gedanken verscheuchen und zu unserer Arbeit zurückkehren.«)
Appius Maximus Santra ist kämpfend unter seinen Soldaten gefallen. Erst nach Tagen konnten wir seine Leiche finden – seine Brust war mit Wunden bedeckt, und immer noch hielt seine Rechte das Schwert umkrampft. Ich gab ihm ein Leichenbegräbnis wie einem König, dann – du weißt es, mi amice – habe ich im Sterbezimmer Alexanders den Manen dieses einmalig großen Mannes Opfer dargebracht. Ich bin nun schon fast doppelt so alt wie er im Augenblick seines Todes – er regierte zwölf Jahre und acht Monate, und ich bin bereits seit achtzehn Jahren Princeps des Römischen Volkes. Viel bliebe mir noch zu tun, wollte ich ihm an rühmlichen Taten gleichkommen – diesem göttlichen Jüngling, der bis zum Indus gelangte, den ich nicht sehen werde.
(»Caesar – dafür herrschst du am Tiberis, am Rhenus, an der Albis und vielen anderen Strömen, die er niemals sah. Auch wenn du nicht nach India gelangst – dein Imperium ist doch schon weit größer als das Alexanders!«
»Gewiß, mi amice – aber weder die Aufgabe, die uns Divus Iulius hinterließ, die Parther dem Römischen Volke untertan zu machen, noch Alexanders, das Herrschaftsgebiet der gebildeten Menschheit bis nach India auszubreiten . . .«
»Aber nicht Alexander geht in die Geschichte ein als Optimus Princeps – *dir* hat er diesen Namen vermacht!«)
Fahren wir fort: Mein kluger Arrianos will wissen, daß sich Alexander, da er sich dem Tode nahe fühlte, in den Euphrates stürzen wollte, um gleich einem Gott, als den er sich geboren fühlte, von der Erde zu verschwinden. Roxane, seine erste Gemahlin, habe ihn durch ihr Geschrei daran gehindert, weil sie ihm den göttlichen Ruhm neidete.
(»Caesar – war sie nicht niedrigeren Standes und hat darum, nach Alexanders Tod, dessen ebenbürtige Gemahlin Stateira, die Tochter des Königs Darius, ermorden lassen?«
»Parve puer – du hast recht! Das alles zeigt mir, daß ich glücklicher bin als Alexander – könnte ein Herrscher von den Göttern je reichere Geschenke empfangen als ich, dem die Augusta Pompeia

Plotina, dem meine Schwester, Diva Marciana, und meine Nichte, die Augusta Matidia, an die Seite gestellt wurden!«)

Wiederum hat mich Lusius Quietus, mein braver Reiterführer und Procurator von Judaea, nicht enttäuscht – auch wenn er vielleicht zu hart vorging. Ich hätte Nisibis, das er gemäß den eben eingetroffenen Nachrichten zurückeroberte, plündern ließ und niederbrannte, zweifellos geschont. Ich hatte die Stadt mit ihren blühenden Gärten und dem grünenden jungen Wein ringsum vom vergangenen Jahre her in guter Erinnerung. Auch könnte man uns Vorwürfe machen, eine so ehrwürdige Stadt vernichtet zu haben, die es schon gab, als Rom noch nicht einmal eine Bauerngemeinde war und unser Forum nichts als ein sumpfiger Weideplatz!

Genauso schlimm erging es Edessa. Mein Gefühl hatte mich nicht getrogen, daß Abgarus, den ich als König anerkannt hatte, falsch und unzuverlässig sei. Lusius Quietus selber hat ihn im Kampf getötet und sich damit die *spolia optima* erworben. Die Stadt wurde gleich Nisibis geplündert und niedergebrannt.

(»Caesar – was geschah mit Philippos? Lebt er noch?«

»Ich wußte, daß du nach ihm fragen würdest. Er ist treu geblieben und entkam rechtzeitig aus der Stadt. Jetzt genießt er den Schutz meines Neffen Hadrianus. Ich werde ihm die Rechte eines römischen Bürgers verleihen. Er ist ein begabter Junge – vielleicht kannst du ihn heranziehen, wenn du die Geschichte dieser Feldzüge schreiben willst.«)

Die Entscheidung, ganz Adiabene wieder aufzugeben, ist mir schwergefallen. Aber damit erleichtere ich Lusius Quietus die Aufgabe, Armenia zum Gehorsam zurückzuführen. Da hatte sich ein Neffe des Königs Chosroës von Parthia, ein junger Mann namens Sanatrukes, zum König unserer Provinz aufgeworfen und fand Unterstützung bei seinem Oheim Parthamaspates, einem Sohn des Chosroës.

Lusius Quietus gewann wiederum die *spolia optima,* als er mit eigener Hand den Sanatrukes im Kampfe tötete.

Aber noch wichtiger war, daß sich mein braver Reiterführer auch als geschickter Unterhändler erwies: Er hat etwas fertiggebracht, was noch vor einigen Wochen unmöglich schien. Er hat den Parthamaspates zum Freunde Roms gewonnen. Ich ließ ihn sofort wissen, daß ich ihn hierauf als König von ganz Parthia anerkennen würde.

(Aus einem Zwischenbericht des jungen Plinius: Ich stand neben dem Imperator, als dieser im Palast Alexanders des Großen dem Parthamaspates eine kostbare, mit Edelsteinen verzierte Mitra aufsetzte, so wie die Großkönige von Persia sie einst trugen. Sie lag Jahrhunderte lang in den Schatzkammern von Ktesiphon. Der neue König von Parthia erkannte durch die *Proskynesis,* den tiefen Kniefall, die Oberhoheit des Römischen Volkes an. Während des Festmahls, das der Imperator dem neuen parthischen König gab, habe ich gesagt:»Caesar, heute bist du zum wahren Herrscher des Partherreiches geworden. Damit wurdest du, Marcus Ulpius Traianus Augustus, Sachwalter des Römischen Volkes, wirklich und wahrhaftig zum Nachfolger Alexanders – so wie er selber es wollte, als er in die Zukunft blickend sein Königreich dir hinterließ: dem *Optimus Princeps!* Auch wenn du den Indus nicht mit körperlichen Augen schauen solltest, deine Herrschaft umfaßt jetzt das ganze Alexanderreich. Und es ist weit größer, denn dir untersteht ganz Europa und ganz Africa bis zum Mare Atlanticum und fast bis zu den Quellen des Nilus . . .« Ich hatte leise gesprochen, aber was ich sagte, wurde doch gehört. Die Großen erhoben sich und riefen dem Imperator auf Lateinisch und Griechisch zu:»*Ave, Magne Rex – zeto ho Megas Basileus!*« »Damit, Caesar«, habe ich hinzugefügt, »ist das Orakel in Erfüllung gegangen, das seinerzeit Divus Iulius empfing: ›Nur ein König könne die Parther besiegen!‹«

»Du magst recht haben, kluger, kleiner Junge. Nun haben die Götter mir alles gewährt, worum ich flehen konnte. Mehr ist in meinem irdischen Schicksal nicht beschlossen und das bedeutet: Ich habe lange genug gelebt!«

Auf eine Anfrage des jungen Plinius, ob dieser Bericht und diese Gespräche veröffentlicht werden dürfen, hat der Imperator Hadrianus mit einem entschiedenen »Ja!« geantwortet.)

Im Diktat fuhr der Imperator Traianus fort:

Kaum daß die Nachricht nach Rom gelangt war, hat unsere Münzstätte *Aurei* und Denare geschlagen: *Rex Parthis datus.* Eine Sendung ist bereits unterwegs, als erster sollst du, mi amice, eine Handvoll dieser neuen Prägungen erhalten.

Ich habe Lusius Quietus für seine Taten belobt, denn er hat uns Mesopotamia und Armenia zurückgewonnen – zum Danke will ich ihn vom Senat zum Consul für das nächste Jahr bestimmen lassen. Auf Bitten der Augusta Plotina werde ich dann für das darauffolgende Jahr meinen Neffen für das Zweite Consulat benennen. Wenn irgend einer, dann hat *er* es verdient –!

(Es folgt eine Unterbrechung von mehreren Wochen. In einem Zelte im Belagerungslager vor der Stadt Hatra im nördlichen Mesopotamia wird die Arbeit fortgesetzt.)

Vielleicht war es Hybris, die den Göttern mißfällt, daß ich mich bereits als Sieger über ganz Parthia wähnte und den Krieg nahezu für beendet hielt. Nun liegen wir vor dieser Hauptstadt arabischer Stammeshäuptlinge schon seit über einem Monat. Die Mauern sind nur an wenigen Stellen durchbrochen, rings um die Oase, in der Hatra liegt, ist öde Wüste. Wasser zu beschaffen ist fast schwerer, als die Ausfälle des Feindes abzuwehren.

(»Caesar, der Tigris ist nicht weit – warum holen wir das Wasser nicht von dort?«

»Die Ärzte sind der Meinung, es sei ungesund, verursache Fieber und eitrige Durchfälle. Schon Alexander hat dies erfahren müssen.«)

Ich bewundere meine braven Legionäre, daß sie dieses Leben aushalten, ohne je zu murren. Schwärme widerlicher Fliegen stürzen auf uns herab, setzen sich auf die Verpflegung und fallen in die geringen Wasservorräte – dazu ununterbrochen Hagelstürme und Gewitter, mit Blitzen durch Nächte hindurch, die zum Tage werden, Regenbogen in grellen Farben – manchmal könnte man meinen, daß feindliche Heere auf den Wolken gegen uns heranzögen. Selbst Legionsadler sind schon von Blitzstrahlen getroffen worden, aber nie noch hat auch nur eine einzige Abteilung den Gehorsam verweigert, wenn ich zum Angriff . . .

(»Caesar – weil du, der Imperator, stets in den vordersten Reihen kämpfst. Und so niedrig ist keiner, daß er seinen Feldherrn im

Stiche ließ. Wenn du auch deinen roten Mantel beiseite läßt – die Feinde erkennen dich doch immer – nur du trägst dein graues Haupt wie eine Krone – nur deine Gestalt verrät den Augustus. Erst gestern ist an deiner Seite ein Reiter tödlich getroffen worden, von einem Pfeil, der dir galt . . .«
»Du brauchst deinen Princeps nicht seiner Pflichterfüllung wegen zu loben. Eher sollte er dich loben, der du mit deinen knapp achtzehn Jahren stets an seiner Seite bist und seinetwegen schon manche Wunde empfangen hast!«)
Immer mehr komme ich zur Überzeugung, daß es sich nicht lohnt, diese Belagerung fortzusetzen. Wir wollen genügend Truppen zurücklassen, um den Verteidigern Wasser und Lebensmittel abzuschneiden. – Lusius Quietus soll dann das Nötige tun – auf ihn kann ich mich verlassen.
Besser wäre es, wenn ich an der Spitze von drei oder vier Legionen ganz Mesopotamia befriedete und dem König Parthamaspates eine Begleitmannschaft mitgäbe, um mit Kraft und Würde in seine Hauptstadt Ktesiphon einziehen zu können. Um Chosroës brauchen wir uns nicht mehr zu kümmern – gleich Darius III. ist er in unwegsame Berge geflohen und hat damit sein Königreich dem neuen Herrscher und dem Römischen Volke überlassen.
Wieder mehrere Tage, an denen wir nicht zum arbeiten kamen. Ich sah keinen Sinn mehr in einem längeren Verweilen der beiden Augustae hier im Lager. Dennoch fiel es mir schwer, sie nach Antiochia abreisen zu sehen. Ich überlegte, ob ich nicht meinen Neffen gleichfalls nach Antiochia berufen solle, ließ es aber dann dabei bewenden, ihm schriftlich seine Ernennung zum Oberbefehlshaber über alle Streitkräfte im Osten und die Verleihung des Imperium maius zusätzlich zu seiner Tribunizischen Gewalt mitzuteilen, sobald ich die Heimreise nach Italia angetreten habe.
Er wird mich demnach in jeder Weise vertreten, seine Handlungen, militärische sowohl wie politische, werden in meinem Namen und mit meiner Billigung erfolgen.
(»Caesar, darf ich die Frage stellen, ob dies nicht schon einer Annahme an Sohnes Statt gleichkommt, so wie Divus Nerva dich seinerzeit zum Sohne erhob?«

»Es kommt bestimmt einer Adoption nahe, aber wir leben ja nicht in einer erblichen *Monarchie* wie im Persischen Reiche, in Macedonia und in den Königreichen der Diadochen. Nicht einmal eine natürliche Sohnschaft würde einen Anspruch auf die Nachfolge des Princeps begründen. Nur wenn dieser ganz ausdrücklich den Senat bittet, seinen leiblichen oder adoptierten Sohn mit der Nachfolge zu betrauen, dürften die Väter und die Legionen zweifellos einer solchen Bitte Gehör schenken. Aber lassen wir das, ich schätze diese Fragen nicht. Ich habe bereits meinen Neffen, statt ihn nach Antiochia zu rufen, in seinem Standlager Melitene am oberen Euphrates von meinen Absichten benachrichtigt. Es ist das gleiche Melitene . . .«

»Caesar, da, wo ich dir die Nachricht vom Tode meines Adoptivvaters . . . und wo mein Leben seine entscheidende Wendung nahm . . .?«

»Ja, parve puer, das gleiche Melitene, auch ich habe jenen Tag nicht vergessen.«)

Nun habe ich die Nachricht erhalten, daß Parthamaspates an der Spitze von zehntausend parthischen Kriegern und begleitet von drei römischen Legionen, fünftausend Reitern und mehreren unserer Senatoren glanzvoll in Ktesiphon einzog. Das Volk strömte zusammen und hat ihn jubelnd als den rechtmäßigen König begrüßt.

Er hat dann, erst vor den Großen seines Königreiches, dann vor einer unabsehbaren Menge, Parthern, Griechen, Indern, auch Judaeern und anscheinend auch *Christianis,* dem Römischen Volke ewige Treue und Freundschaft gelobt. Aber da es auch Aufrührer geben mag und der geflohene Chosroës noch manche Anhänger besitzt, werde ich zur Sicherung der Herrschaft von König Parthamaspates längere Zeit mindestens eine Legion dort belassen.

Als Zeichen meiner Freundschaft, und um die Herzen des Volkes ihm noch mehr zugetan zu machen, werde ich ihm bald den goldenen Thronsessel, den ich in Ktesiphon eroberte, zurückschicken.

Damit aber, mein treuer, junger Freund, bin ich nun wirklich zum obersten Herrscher des Parthischen Reiches geworden. Ich darf von diesem sagen, was Divus Augustus von Ägypten sagte: »*Imperio populi Romani adieci*.« Dieses gewaltige Gebiet zwischen dem Euphrates, der die Grenze unseres Imperiums bildete, als ich das Principat antrat, weit über den Tigris hinaus, den ich mir zum Ziel gesetzt hatte, bis zum Indus, habe ich durch die Gnade der Götter der Herrschaft des Römischen Volkes hinzugefügt. *Ein* Recht, *eine* Ordnung von nun an, von den Nebelinseln, den Säulen des Hercules, von Breiten, an denen mittags die Sonne keinen Schatten wirft, bis nach India, dessen Bäume so hoch sind, daß kein Pfeil sie überfliegen kann – das ist das Ergebnis meiner Lebensarbeit! Daß aus diesen hundert Völkerschaften mit ihren hundert Sprachen und ihren tausend Göttern *eine* Familie werde, eine menschliche Gemeinschaft, das ist die Aufgabe, deren Erfüllung ich meinen Nachfolgern hinterlasse.

(»Und die schon heute von den *Christiani* erstrebt wird, die dir, wie sie sagen, zu ewigem Danke verpflichtet seien, so wie der Name des Begründers der Pax Augusta, Divi Iuli Sohn und Erbe, in all ihren Feiern genannt wird . . .«)

Wie immer sie mich nennen werden, die Zukünftigen, *Divus*, oder im Sprachgebrauch der *Christiani*, den du mich gelehrt hast, parve puer, *Sanctus* – ich bin nur ein Mensch und kann nur Menschliches verrichten. Das hat schon Tiberius Caesar gesagt, als man ihm göttliche Ehren zuerkennen wollte . . . »Meine Tempel seien in euren Herzen«, hat er immer wieder betont . . .

Doch nun, mein junger Freund und Helfer – das ist wahrscheinlich das letzte Mal, daß wir zusammen arbeiten. Was soll mir noch die Wüstenstadt Hatra, da unsere Herrschaft bis zum Indus geht! Ich werde morgen die Belagerung aufheben und nach Syria zurückkehren. Du sollst nach Antiochia reisen, auf dem schnellsten Weg, und der Augusta und den Senatoren, die, wie ich erfuhr, aus Roma gekommen sind, in diesen versiegelten Rollen und Tafeln wichtige Botschaften bringen – so wichtig, daß ich sie niemand anderem anvertrauen würde.

Umarme mich, mein kleiner Freund, und trockne deine Tränen. Wenn die Götter es wollen, werden wir uns in Antiochia, oder wo immer es den Unsterblichen gefällt, wiedersehen.

(Der junge Plinius an den Imperator Hadrianus:
Domine et Imperator Sanctissime – diese Stunde hat unsere Arbeit,
die so beglückende, beendet. »Trockne deine Tränen« ... wie
konnte ich das?! Ahnte ich doch, daß es ein Abschied besonderer
Art sein werde. Schon am nächsten Morgen bin ich mit dem *cursus
publicus,* auch die Nächte hindurch, nach Antiochia gereist, wo
ich meine versiegelten Botschaften der Augusta und den Senatoren
übergab. Die Augusta rief mich jeden Tag zu sich, um alle Einzelheiten über die Kämpfe in Mesopotamia zu erfahren. Es war der
Gesundheitszustand des Princeps, der ihr offensichtlich die größten Sorgen machte. Sie erwog, einen Eilboten an dich in Melitene
abzusenden, zögerte aber dann wieder und wollte erst die Ankunft
des Imperators abwarten. Wärest du damals nach Antiochia gekommen, Domine, viel bösartiges Geschwätz wäre dir und dem
Imperium erspart geblieben.

In meinem Vorbericht habe ich erwähnt, daß ich keine zwei Wochen in Antiochia war, als ein Eilbote des Imperators eintraf. Nun,
da die Kampfhandlungen so gut wie abgeschlossen seien und die
Götter die Gebete des Römischen Volkes in reichstem Maße er-
hört hätten, riefe ihn seine Pflicht nach Italia zurück. Für die Fahrt
von Antiochia nach Seleukia und für die Bereitstellung von
Schnellseglern wurde alles vorbereitet.

Ich nehme an, auf Grund einer geheimen Botschaft, die die Augusta empfing, hat sie nur mich, die vierundzwanzig Lictoren, den
Gardepraefecten Acilius Attianus und, wie es sich versteht, die
Augusta Matidia zum Empfang des Princeps mitgenommen. Alle
Feierlichkeiten der Stadt und die Empfänge, wie sei bei der Rückkehr eines siegreichen Imperators sonst üblich sind, wurden auf
das Äußerste eingeschränkt.

Der Imperator sah blaß aus, fast eingefallen, als wir nach einer
Tagesreise am Hafen von Seleukia ankamen. Sofort bestiegen wir
den schnellsten Segler namens *Isis.* Sein Kapitän, ein Grieche aus
Aegyptus – Thamus –, erhielt Befehl, geraden Kurses auf Brundisium zuzusteuern.

Auch die Opfer, die zu Beginn solch langer Reisen dargebracht
werden, wurden abgekürzt, und gegen Abend stachen wir in See.

Das frühsommerliche Wetter schien uns zu begünstigen, aber schon nach einigen Stunden setzte ein Nordwestwind ein, der uns vom Kurs abtrieb. Am nächsten Morgen gingen die Wellen hoch, wir mußten hin und her kreuzen. Es war nur den ausgezeichneten Eigenschaften des Schiffes und unserm erfahrenen Kapitän zu verdanken, daß wir nicht kenterten – manchmal schien es nahe daran zu sein, aber immer wieder richtete das Schiff sich auf und flog wie ein Pfeil durch die aufschäumenden Wogen. Nachts war der Himmel meist so verdeckt, daß wir uns nicht nach den Sternen richten konnten. Also ging es auf gut Glück weiter. Rechter Hand erkannten wir schließlich einen Küstenstreifen von Kilikien.

Immer häufiger ließ die Augusta Plotina den Arzt, Alexander Musa, zum Princeps kommen – auf dem ganzen Schiff verbreitete sich eine düstere, eine ängstliche Stimmung.

Als sich das Wetter besserte und die See beruhigte, gab die Augusta im Namen des Princeps Befehl, näher an die Küste heranzufahren, um festzustellen, ob hier ein Legionsspital zu finden sei. Der Princeps wolle es kurz aufsuchen, um dann gestärkt die Reise nach Italia fortzusetzen. Ich sah der Augusta, die mir ihre mütterliche Gunst schenkte, an, welch große Sorgen sie sich machte.

Am vierten Tage ließ mich der Princeps kommen – seit der Beendigung unserer Arbeiten hatte ich ihn nicht mehr von so nahe gesehen. Die Kabine lag im Halbdunkel, das unendlich schöne männliche Antlitz sah wächsern aus. Die Stimme hatte ihren gewohnten Klang bewahrt. Wir waren allein – so nannte er mich wieder »mi amice – parve puer« – auch »carissime puer«.

»Mache dir keine Sorgen, mein Kind«, sagte er. »Ich habe an dich gedacht. Auch die Augusta Plotina und meine Nichte, die Augusta Matidia, haben dich lieb.« Ich fiel vor dem Lager nieder, meine Tränen benetzten seine Hände, als ich sie küßte.

Am nächsten Morgen kamen Schiffe in Sicht, große und kleine. Offensichtlich näherten wir uns einem Hafen. An Land erkannte man schon einen Tempel, eine Markthalle, dann Häuser und die hohen Bäume eines gepflegten Gartens.

Die Augusta ließ dem Kapitän sagen, daß wir dort anlaufen sollten. Den Schiffsleuten und Soldaten wurde mitgeteilt, der Imperator wünsche die Einrichtungen zu besichtigen, um festzustellen, ob hier ein Hafen sei, geeignet für größere Kriegsschiffe und Frachter.

Zu unserer Freude sahen wir, daß der Hafen ganz nach den Entwürfen gebaut war, die der Imperator selber für italische Häfen wie Centumcellae nördlich von Ostia geschaffen hatte. Es war ein großes, sechseckiges Becken, vor dessen durch starkes Mauerwerk geschützter Einfahrt eine kleine künstliche Insel als Wellenbrecher lag. Im Hintergrund erkannten wir zweistöckige Lagerhäuser. Also zweifellos eine nicht·unbedeutende Stadt, zu der uns Wind und Wellen verschlagen hatten.

Erst als wir im inneren Hafen waren, kam der Princeps an Deck. Längst hatte man an Land die Hoheitszeichen an den Masten unseres Schiffes erkannt. Man wußte also, daß sich der Imperator selber an Bord befand – eine außergewöhnliche Ehre für eine kleine kilikische Küstenstadt, wie immer sie heißen mochte.

Eine ganze Cohorte hatte Aufstellung genommen, die Centurionen und zwei Tribunen, deren Helme in der Sonne blitzten, bereiteten sich zum Empfang ihres obersten Befehlshabers vor. Daß es hier ein gutes Legionsspital gebe, das durfte man nunmehr als gesichert betrachten.

Festen Schritts verließ der Imperator das Schiff, nur unmerklich gestützt von der Augusta und von mir. Als er den Fuß auf das Land setzte, schmetterten die Tubae einen Willkommensgruß, und die Menschenmassen, die sich angesammelt hatten, brachen in den Ruf aus: »Ave Imperator Invicte – Ave Parthice« – und dazwischen die hellen Stimmen der Knaben: »Ave Optime Princeps! Iuvenes te salutant!«

Einer der Legionstribunen, der örtliche Militärbefehlshaber, trat vor, begrüßte den Imperator und erstattete Meldung.

Der Princeps hörte sich ruhig an, was er ihm zu sagen hatte. Erst als er geendet hatte, fragte er: »Wie heißt denn euere Stadt?«

»Caesar«, antwortete der Offizier, »als uns von den Küstenwachen schon ziemlich früh das Herannahen deines Schiffes gemeldet wurde und wir hoffen durften, daß es hier festmachen werde, trat

der Senat der Stadt zusammen und beschloß zu Ehren unseres
großen, niemals besiegten Imperators der Stadt einen neuen Namen zu geben.«
»Und der wäre?« fragte der Princeps.
»Wie könnte er anders lauten als *Traianopolis*!«
»Und wie hieß die Stadt früher?«
»Ganz ursprünglich hieß sie Doriskos und war eine persische
Garnison. Trümmer der Vorratshäuser, die von den Großkönigen
angelegt wurden, sind erhalten. Aber der Name erinnerte die
hellenische Bevölkerung zu sehr an die Zeit der Perserkriege,
daher hat man sie schon vor bald hundertfünfzig Jahren umbenannt. Sie hat Heilquellen wie eine gleichnamige Stadt in Sicilia,
die vom selben ionischen Stamm gegründet wurde, ehe die Perser
hierher kamen. Daher hieß unsere Stadt bis vor kurzem wie jene in
der Nähe von Acragas – *Selinus* . . .«)

Achtundzwanzigstes Kapitel

Die Heimkehr des Triumphators

Der junge Plinius an den Imperator Aelius Hadrianus
»Domine et Imperator Sanctissime, Deinem Auftrag gemäß habe
ich schriftlich festgehalten, was ich Dir in Deinem Hauptquartier
in Antiochia berichtete und auch, was sich hierauf in Selinus und
dann in Roma ereignete. Ich bitte Dich, Domine, mir mitzuteilen,
ob Du auch mit dieser Veröffentlichung einverstanden bist.«

Der Imperator Aelius Hadrianus an den jungen Plinius
»Carissime Secunde, ich bin auch mit diesem abschließenden Teil
Deiner Arbeit zufrieden, möchte aber, daß Du einige Stellen, die
ich Dir besonders angeben werde, aus meinen Briefen in den Text
einfügst. Dann steht der Veröffentlichung dieses Schlußberichts –
nennen wir ihn *Epilogus* – nichts mehr im Wege.«

Der Imperator Traianus nahm die Mitteilung, daß die Stadt, in der
wir landeten, den Namen Selinus führe, in vollkommener Ruhe
entgegen. Aber ich hörte, wie er der Augusta Plotina zuflüsterte:
»So also erfüllt sich der Orakelspruch des Iupiter Ammon in der
Oase Siwa . . .«
Die ersten zwei Tage und Nächte verbrachte der Imperator mit
seiner Begleitung, zu der ich zählte, in einem stattlichen Hause,
das ihm ein reicher griechischer Reeder zur Verfügung stellte.
Auch der Gardepraefect Acilius Attianus und der Arzt Alexander
Musa wurden im gleichen Hause untergebracht.
Am Morgen nach der Ankunft ließ es sich der Imperator nicht
nehmen, die Truppen und die Hafenanlagen zu besichtigen. Dies
und jenes gefiel ihm nicht – er gab entsprechende Anweisungen,
zeigte sich aber im großen und ganzen zufrieden. Es hieß dann,

daß er auch das Militärspital zu besuchen wünsche, und vielleicht werde er dort einige Tage verbringen, um sich vor der Rückkehr nach Roma von den Ärzten genau untersuchen und gesundschreiben zu lassen.

Als der Imperator eben vom Hafen in die Stadt zurückkehren wollte, gab es plötzlich große Aufregung: Aus den Sonnen-Nebeln tauchten hundert oder mehr Maste auf – bald erkannte man die Feldzeichen der Legion II. *Traiana* und der Legion X. *Fretensis.* Mehrere tausend Mann! Als die ihres Imperators ansichtig wurden, brach ein ungeheurer Jubel aus – immer wieder und wieder: »Ave Imperator Invicte – Ave Parthice – Ave Dacice – Ave Optime Princeps!« Nun fiel auch die Stadtjugend ein – »Iuvenes te salutant« – der Liebesruf der Knaben und Jünglinge, der den Imperator stets so beglückt hat.

Dann setzten die Tubastöße ein – dumpf und dröhnend, dazwischen die hellen, durchdringenden Fanfarenrufe der *Litui,* der Kriegshörner, als ginge es zum Angriff.

Aufrecht stehend, lächelnd, wortlos nahm der Imperator diese Huldigungen entgegen. Die Waffen klirrten, und so ohrenbetäubend war der Lärm, daß man kaum das eigene Wort verstehen konnte. Aber ich hörte, wie der Imperator, leicht zur Augusta geneigt, ihr zuraunte: »Ich selber habe diesen braven Männern, die in zahllosen Schlachten sich bewährten, Heimaturlaub gegeben. Wie konnte ich das vergessen . . .?«

Vorsorge war rasch getroffen. Im Militärspital wurden alle nötigen Räume hergerichtet. In einem großen Gemach zur ebenen Erde, in dem eine Statue und ein Räucheraltar des Iupiter Optimus Maximus aufgestellt waren, mit einer breiten Terrasse davor, von der drei Stufen in den Garten führten, standen mehrere Ruhebetten: für den Imperator, für die Augusta Plotina, für Alexander Musa. In anschließenden Räumen waren der Gardepraefect Acilius Attianus und ich untergebracht. Für die Augusta Matidia waren gleichfalls Zimmer vorbereitet. Die wenigen Kranken waren in andere Häuser, und, da es Sommer war, auch in Zelte verlegt worden. Kaum daß wir das Militärspital betreten hatten, wurden alle Gänge, alle Türen von Praetorianern gesichert. Verstärkt durch die neu eingetroffenen Einheiten der II. und der X. Legion wurden auch alle Zugänge zur Stadt und die Hafeneinfahrt und -ausfahrt militärisch abgeriegelt.

Es war die Augusta Plotina, die alle diese Maßnahmen traf, »im Namen des Imperators, der nicht gestört werden wolle«. Auch eine völlige Nachrichtensperre wurde verfügt und Volk und Soldaten wurden ermahnt, keinen Gerüchten zu lauschen und keine weiterzugeben.

Ich war der einzige, der die Erlaubnis erhielt, das Militärspital zu verlassen, um der Augusta Bericht über die Stimmung zu geben. Sie vertraute mir zwei Botschaften an, die ich sofort Eilkurieren aushändigte: Die eine ging an dich, Domine, du mögest von Melitene unverzüglich nach Antiochia kommen und dich dort bereithalten. Die zweite war für den Senat bestimmt – ihren Inhalt konnte ich nur ahnen.

Ich begleitete die beiden Eilboten bis zu den Toren und zum Hafen. Für den einen stand ein Schnellsegler nach Seleukia, für den anderen einer nach Brundisium zur Verfügung. Ihre Fahrt wurde durch kräftige Ruderer auf drei Bänken beschleunigt.

Als ich zurückkehrte, mußte ich der Augusta berichten, daß unter den Bürgern, aber mehr noch unter den Soldaten große sorgenvolle Unruhe herrsche. Immer neue Gruppen unter Führung ihrer Centurionen kämen zusammen, die stürmisch verlangten, ihren Imperator zu sehen.

Wieder wurde ich ausgesandt: Ich solle beruhigende Worte finden – der Imperator wolle sich nur einige Tage von den Anstrengungen der letzten Monate erholen, sehr bald werde er die Reise nach Italia antreten. Aber die Menschen merkten mir an, daß ich nicht so recht an das glaubte, was ich sagte. Ich mußte der Augusta berichten, daß das Verlangen, den Imperator zu sehen, immer stürmischer werde – denn schon sei das Gerücht aufgekommen: man verheimliche seinen Tod.

Ich fand den Imperator zurückgelehnt auf seinem Ruhebett – ich war nicht ganz sicher, ob er mich gleich erkannte. Dann aber ging ein freundliches Lächeln über seine Züge, und er rief mich zu sich: »Kluger, kleiner Junge – wie soll man diese widersprüchlichen

Orakel in Einklang bringen?« sagte er. »Aus der Oase Siwa bekam ich die Botschaft, daß ich Selinus nicht lebend verlassen werde – ich nahm an, es sei die gleichnamige Stadt in Sizilien! Aber im Tempel des Zeus Heliopolitanus wurde mir doch gesagt, daß ich als Triumphator zu meiner Säule in Rom zurückkehren würde. Was gilt nun . . .?«

»Caesar – das Orakel des Iupiter Ammon in der Oase Siwa war zweideutig. Halte dich an den Spruch des Zeus Heliopolitanus – der ist völlig klar . . .«

Während ich dies sagte, merkte ich, daß sein Bewußtsein sich trübte – ein heftiger Fieberanfall schüttelte ihn, und er begann immer weiter wegzuwandern. Nun sprach er über seine Kindheit und Jugend in Hispania, dann war er in Roma und sah den großen Brand der Stadt. Von den Kämpfen in Germania, am unteren Ister – gegen die Daker – erzählte er. Seine Gedanken und Erinnerungen begannen sich zu verwirren – Castra Vetera und Moguntiacum lagen nun am Euphrates – der Sinus Persicus verwandelte sich in das Mare Germanicum – die Albis erst in den Tigris, dann in den Indus . . .

Die Augusta nahm mich bei der Hand und führte mich auf die Terrasse.

»Alexander Musa«, sagte sie leise, »wird dem Imperator ein starkes Mittel geben, das in ein oder zwei Stunden zu wirken beginnt und mehrere Stunden anhält. Bestelle den Offizieren und den Vertretern der Bürgerschaft, daß sich die Soldaten und die Bürger vor dieser Terrasse versammeln sollen und daß einige hundert in strengster Disziplin näherkommen und den Imperator begrüßen dürfen.«

Diesen Auftrag gab ich weiter und wollte mich dann in meinen eigenen Raum zurückziehen. Aber die Augusta holte mich in das Gemach des Imperators – seine Stimme, mit der er noch immer aus früheren Zeiten berichtete, war schwach geworden, und von Zeit zu Zeit wurde sein Körper von Fieberschauern erschüttert.

»Du mußt hier bleiben und auf alles achten«, sagte die Augusta streng. »Wir brauchen Zeugen.« Auch der Gardepräfect Acilius Attianus wurde hereingeholt.

Als man draußen das immer lauter werdende Scharren vieler Füße und dumpfe Befehle hörte, begann Alexander Musas Mittel zu wirken. Der Imperator richtete sich auf – seine Stimme wurde klar – das Fieber verließ ihn.

»Sind das meine Legionen?« fragte er. »Sie wollen sich von mir verabschieden – ich werde sie empfangen.«

Begleitet von der Augusta Plotina und der Augusta Matidia, von Acilius Attianus, Alexander Musa, von mir und von vierundzwanzig Lictoren, trat der Imperator auf die Terrasse hinaus. Niemand hätte ihm seine Krankheit angesehen.

Eine ungeheure Menschenmenge hatte sich versammelt, und auf einen Wink des Gardepraefecten betraten die Soldaten unter Führung ihrer Tribunen und Centurionen und Legaten die breite Terrasse und näherten sich bis auf wenige Schritte dem Imperator, der sie mit einer leichten Handbewegung willkommen hieß. Ein jeder, so hörte man später, hatte den Eindruck, als ob gerade ihm der Imperator in die Augen schaute.

Tiefste Stille senkte sich herab, kaum wagte man zu atmen – als von ferne, aber doch deutlich Stimmen zu uns drangen – von einer Gruppe von Männern, Frauen, Knaben, unter der Führung eines alten Mannes, der eine mitraähnliche Kopfbedeckung trug:

»*Oremus pro salute Imperatoris nostri – Traiani Domini iusti – Optimi principis . . .*«

Ob sie den Sinn dieses Gebets verstanden oder nicht – ob sie ahnten, daß es die Gemeinde der *Christiani* war – oder ob sie meinten, dies sei eine neue Anrufung der Unsterblichen . . . – ein Schauer ging durch die Menge. Der Imperator wandte einen Augenblick lang den Kopf in die Richtung, aus der diese Gebete gekommen waren, dann richtete er seine Augen wieder auf die Offiziere und Mannschaften und ermutigte sie, ihren Gruß vorzubringen.

Alle waren so sehr im Banne dieser Stunde, von der sie wußten, daß sie einen Abschied für immer bedeutete, daß sie nur ihr *Ave Imperator Invicte – Ave Optime Princeps* sagen konnten, als tief in der Menge die Knaben und Epheben einsetzten mit ihrem Liebesruf: »*Ave Caesar – Iuvenes te salutant!*«

Der Imperator trat vor – festen Schrittes, nicht anders als vor dem Abend einer Schlacht, faßte den Nächststehenden bei der Hand und legte ihm kurz den linken Arm auf die Schultern. Und dann einem und dem anderen – hunderten und hunderten. Als sie die Terrasse verließen – weinend viele von ihnen, Männer, die in ihrem Leben noch nie geweint hatten –, drängten andere nach. Erst als Alexander Musa dem Praefecten ein Zeichen gab – nun könnte die Wirkung seines Mittels nachlassen –, wurde diese letzte Truppenschau des Imperators Traianus beendet. Er hob zum Abschied grüßend die Arme. Gewaltlos räumten die Lictoren die Terrasse, und er und alle seine Begleiter zogen sich in das Innere des Hauses zurück.

Die Augusta Plotina und Alexander Musa betteten ihn sanft auf sein Ruhelager – vielleicht, daß sie ihm sagten, er möge zu schlafen versuchen, der Arzt werde ihm ein neues Mittel geben. Aber als Alexander Musa es ihm reichen wollte, winkte der Imperator heftig ab, stand auf und sagte mit klarer, harter Stimme: »Der große Alexander soll, nachdem seine treuen Krieger von ihm Abschied genommen hatten, ausgerufen haben: ›Wenn ich nicht mehr hier bin, wo werdet ihr einen Herrscher finden, würdig dieser Männer?‹ Das gleiche will ich jetzt sagen.«
Er sank auf sein Lager zurück – nach einigen Augenblicken der Stille dann die Augusta Plotina: »Wenn du nur willst, er kann gefunden werden. Es ist dein Neffe, Aelius Hadrianus.«
Wiederum Stille. Man glaubte, das mühsame Pochen seines Herzens zu vernehmen. In Stößen, röchelnd ging der Atem. Doch plötzlich, als wir alle angstvoll zu ihm blickten, richtete er sich wieder auf, trat vor das Standbild des Iupiter Optimus Maximus und sagte mit fester Stimme:
»Ich, Marcus Ulpius Traianus, nehme hiermit meinen Neffen, Aelius Hadrianus, an Sohnes Statt an. Ich benenne ihn als meinen Nachfolger im Principat, sollten der Senat und die Legionen zustimmen, worum ich dich, den göttlichen Gründer des Römischen Reiches, bitte. Mögen Glück und Erfolg dem Senat und dem Römischen Volke zuteil werden.«
Er legte drei Weihrauchkörner in das Feuer des Altars, ging, ohne

einer Stütze zu bedürfen, zu seiner Lagerstätte zurück, und wenige Augenblicke später ...

(Aus einem Schreiben des Imperators Aelius Hadrianus an den jungen Plinius: »Mein Kind, ich will eine Zeile aus der Cornelia-Elegie des Propertius abwandeln: ›Daß Du um Traianus geweint / spricht im Olympos für ihn.‹ Deine Stimme war tränenerstickt, als Du mir in Antiochia von der Entrückung dieses größten der Fürsten berichtetest, und nun, da Du den ganzen Hergang aufzeichnen solltest, sind Deine Zeilen von einem neuen Tränensturz fast ausgelöscht. Wir wollen daran nichts ändern. Aber für künftige Geschichtsschreiber will ich von Dir, sobald Du Dich gesammelt hast, einen Text in Klarschrift.«)

Hier ist nun dieser Text:

Wenige Augenblicke, nachdem der Imperator zu seiner Lagerstätte zurückgekehrt war, fragte ihn die Augusta, ob er wünsche, daß er zu den Göttern Roms erhoben werde. Gerade noch verständlich antwortete er: »Ich möchte, daß dies zu einer Zeit geschehe, wenn ihr alle glücklich seid.«

Das waren auch Alexanders letzte Worte – und es war nicht nur mir, sondern allen Anwesenden, als ob dessen erhabene Gestalt in das Gemach getreten wäre, den Imperator bei der Rechten faßte und seinen unsterblichen Geist sanft aus dem Körper herausführe. Als die Augusta zu ihm trat, hatte er bereits den letzten Atemzug getan. Sie schloß ihm die Augen und bedeutete uns, daß wir und alle, die vor dem Gemache standen, nicht durch Weinen und Wehklagen die göttliche Ruhe des heimgekehrten Imperators stören sollten.

Noch in der gleichen Stunde beauftragte mich die Augusta, dir, Domine et Imperator Sanctissime, die Botschaft deiner Adoption zu bringen, auch die Nachricht vom Tode des Imperators, doch mögest du dies erst zwei Tage später, am dritten Tag vor den Iden des August zur Kenntnis nehmen und von da an diesen Tag als deinen *Dies Imperii* feiern.

(Der junge Plinius hat wenige Tage nach diesem ersten *Dies Imperii,* zusammen mit dem Princeps et Imperator Aelius Hadrianus Traiani Filius, die Rückreise nach Selinus angetreten.)

396

Der junge Plinius berichtet:
Als sich unsere Schiffe dem Hafen von Selinus näherten, wurde dort eiligst für uns Platz gemacht. Denn von vielen Küstenstädten, selbst schon aus Kypros, Rhodos, Athen und den Inseln im Mare Aegaeum, waren Schiffe aller Größen eingetroffen. Sie mußten nun außerhalb der Hafenmauern vor Anker gehen, aber die See lag in sommerlicher Stille.
Die beiden Augustae, Acilius Attianus und Alexander Musa standen zum Empfang in der,ersten Reihe. Hinter ihnen, in voller Ausrüstung, waren die Stadtcohorten angetreten. Zu den Einheiten der II. und X. Legion kamen nunmehr einige tausend Mann unter Führung der Legati Augusti pro praetore der Provinzen Kilikia, Kappadokia, Galatia, dazu die Proconsuln von Bithynia-Pontos, von Kypros und von Achaia – Cassius Maximus, ein persönlicher Freund des Imperators Hadrianus. Kurz danach trafen auch Einheiten aus Thrakia und Moesia inferior ein.
Unübersehbar war die Schar der Menschen, Bürger, Provinzialen, Kinder, die von weither gekommen waren. In Selinus war kein Platz für sie alle, ringsum erhob sich eine Zeltstadt, in der es bereits Kaufläden gab, hölzerne Tempelchen, unzählige Opferaltäre. Alles ging friedlich vor sich – die Wachen und die einheimischen Ordnungskräfte brauchten nirgends einzugreifen.
Der Raum, in dem der Imperator starb, wurde in ein Heiligtum verwandelt. Als erstes, sagte der neue Imperator, werde er den Senat ersuchen, den Entrückten zu consecrieren – die Feier werde in Roma stattfinden, aber schon jetzt seien ihm Bildnisse und Statuen zu weihen.
Der Sommerhitze wegen war der Körper des Imperators von ägyptischen Priestern eines Serapistempels auf das kunstvollste erhalten worden: im vollen Schmuck des Herrschers, in der golddurchwirkten Purpurtoga, die kräftige, vorgewölbte Stirn geschmückt mit einem Kranz frischen Lorbeers, in einer goldverzierten Tunica, und mit roten Schuhen.
So erfüllt mit Leben sah der Imperator aus, daß wir unwillkürlich zurückwichen und ich einen Augenblick lang meinte, alles sei nur ein böser Traum gewesen.

Aus Antiochia hatte der Imperator Hadrianus einen Münzmeister, mehrere Gehilfen, Prägestöcke und ausreichend Edelmetall mitgebracht. Noch am Tage der Ankunft konnten daher *Aurei* und Denare, und für den weitesten Volksgebrauch Sesterzen geschlagen werden, die seinem Namen bereits den des Adoptivvaters hinzufügen: Auf dem Sesterz erscheint der Imperator Traianus in der Toga, mit dem Lorbeerkranz und übergibt seinem Adoptivsohn die Erdkugel.

Die Nachricht an den Senat war, wie uns die Augusta Plotina sagte, unterzeichnet von ihr, bereits am Tage der Entrückung abgesandt worden, müßte also jetzt schon in Roma eingetroffen sein.

Auf dem Forum von Selinus war ein dreistock hoher Scheiterhaufen errichtet, geschmückt mit Siegeszeichen, Bändern, Blumen, erfüllt von Gewürzen und durchzogen von Sandel- und anderen edlen Hölzern.

Der Imperator Hadrianus selber, die Legionslegaten, die Vertreter der Bürgerschaft trugen die Bahre, gefolgt von den Knaben und Jünglingen der Stadt und der Umgebung, und gleich hinter ihnen die jungen Mädchen, denen die Wohltaten des Entrückten ebenfalls den Weg ins Leben erleichtert hatten.

Ich durfte mithelfen, das so lebensnahe Ebenbild auf den Scheiterhaufen emporzuheben – dann reichte mir der Imperator Hadrianus eine Fackel und sagte leise, mir, als dem letzten wahren Freunde, gebühre die Ehre, als erster das Feuer zu entzünden. Ich tat es – und verließ mit verhülltem Haupte das Forum, als die Flammen emporschlugen.

(Die nächste Eintragung erfolgte zehn Tage später.)

In einer Goldenen Urne haben wir die Asche und die Gebeine des verewigten Imperators auf das Schiff gebracht, das uns nach Brundisium führte – die Augusta Plotina, die Augusta Matidia, den Imperator Hadrianus, Alexander Musa und mich, nicht zu zählen die Legaten, Tribunen, Centurionen und Legionäre. Eine ganze Flotte kleinerer, aber nicht minder schneller Schiffe begleitete unsern Fünfruderer. Es waren mindestens zwei ganze Legionen, die mit uns die Fahrt antraten.

Wehmütig dachte ich an die Schilderung, die mir der Imperator Traianus von seiner ersten Landung in Brundisium diktiert hatte: Festlich geschmückt war die ganze Flotte aus Ravenna ausgelaufen, am Hafen versuchten sieben Praetorische Cohorten die Menschenmassen zurückzuhalten.

So war es jetzt auch, aber statt des Jubels lag Wehklagen in der Luft. Überall schwarze Fahnen, die Männer und Frauen in schwarzumhüllten Gewändern, schwärzlicher Rauch, der von den Opferstätten aufstieg. Damals haben vier junge Männer den Imperator hoch über der Menge ins Praetorium getragen. Nun waren es vier, denen die Goldene Urne anvertraut wurde.

Wir übernachteten im Praetorium. Die Goldene Urne stand im Tempel des Iupiter Capitolinus, gehüllt in Weihrauchwolken und umringt von Priestern aus dem Tempel des Divus Nerva.

Am nächsten Morgen zogen wir weiter, gefolgt von den Legionen und den Menschenmengen, die wir nicht zurückhalten konnten.

So näherten wir uns auf der Via Traiana der Stadt Beneventum. Schon von weitem, hell angestrahlt von der Sonne, sahen wir den Triumphbogen, den der siegreiche Heimkehrer hätte einweihen sollen:

IMP. CAESARI DIVI NERVAE FILIO / NERVAE TRAIANO OPTIMO AUG. / GERMANICO DACICO PONTIF. MAX. und alle anderen Namen und Würden, mit Ausnahme von PARTHICUS. Demnach war der Bogen schon etwas früher fertiggestellt worden. Aber PATER PATRIAE war eingemeißelt, und zum Abschluß steht: FORTISSIMO PRINCIPI SENATUS POPULUSQUE ROMANUS!

Nun trugen wir die Goldene Urne durch diesen Bogen, durch den er auf einem purpur- und goldengezäumten Schimmel hätte einziehen sollen.

Die Stadtältesten baten den Imperator Hadrianus, jetzt die Einweihung des Bogens vorzunehmen, aber er lehnte ab. Er werde es bei der Rückkehr tun, nicht im eigenen, sondern im Namen seines Adoptivvaters, vorausgesetzt, daß bis dahin der Senat von Rom seiner Bitte um Consecrierung stattgegeben habe.

Und so sind wir in einem langsamen, feierlichen Zuge – wie

verschieden von dem, den ich aufschreiben durfte – über die Via Appia nach Roma gelangt, um im ersten Morgenlicht durch die Porta Capena einzuziehen.

Als der Imperator Hadrianus vor den Senat trat, beschloß dieser einstimmig, den Triumph, den sein Adoptivvater errungen und so reichlich verdient hatte, auf ihn zu übertragen. Aber er lehnte ab, worauf der Senat gemäß diesem Antrag dem Entrückten den Triumph zuerkannte und gleichzeitig seine Consecrierung als *Divus Traianus* beschloß.

Mit der Schilderung dieser Feier, an der das ganze Römische Volk teilnahm, will ich meine Aufzeichnungen beenden und mich, einen unbedeutenden römischen Jüngling, den nur die Gunst des Schicksals und die Gnade Divi Traiani in das Licht der Geschichte gerückt haben, aus dem öffentlichen Geschehen zurückziehen. Ich will nur noch die vielen Bücher und Manuskripte aus Laurentum und Comum, wie ich es seinerzeit versprach, den öffentlichen Bibliotheken übergeben und dann im Calpurnischen Familienhaus am Lacus Larius den Erinnerungen an meine Knaben- und Ephebenjahre leben, die ich im vollen Strom des Zeitgeschehens, im Kreise der Mächtigen dieser Erde, zubringen durfte. Vielleicht, daß es mir vergönnt sein könnte, sollte der Imperator Hadrianus sich meiner erinnern, noch ein wenig zum Ruhme seines zu den Göttern erhobenen Adoptivvaters und zur besseren Kenntnis der Geschichte dieser Jahre beizutragen.

(Hier folgt nun der letzte Bericht des jungen Plinius.)

Wir trugen die Goldene Urne zur Säule, auf der die Dakersiege dargestellt sind. In ihrem Sockel sollte sie eingeschlossen werden. Zehn Schritte von der Säule, in der Mitte des Forum Traiani, war ein Scheiterhaufen errichtet, ähnlich dem in Selinus. Auf einer Bahre, geschmückt mit purpurnen und golddurchwirkten Decken ruhte, in Wachs täuschend nachgebildet, der Imperator Traianus, nicht anders anzusehen als im vollen Leben: in der Amtstracht, mit allen Hoheitszeichen des Triumphators. Ein schöner Knabe, der Philippos ähnlich sah – vielleicht war er es? – vertrieb mit einem Fächer aus Pfauenfedern die Fliegen, als müßte er einen Schlafenden schützen.

Der Imperator Hadrianus, die beiden Augustae, alle Senatoren und früheren Consuln und Praetoren, die Offiziere der Garde, die Legionslegaten nahten sich in Trauergewändern. Sie zogen vorbei, gefolgt von Legionären, welche die Bildnisse aller großen Römer trugen – Chöre von Knaben und Jünglingen sangen Preis- und Trauerlieder zu Ehren des Entrückten.

Es folgten die unterworfenen Fürsten und Häuptlinge, Britannier, Germanen, Pannonier, Daker, Armenier, Parther. Ihre Völker wurden durch kupferne Gestalten vertreten, in ihren einheimischen Gewändern.

Dann kamen die Innungen Roms, die der Schreiber, der Bauleute, aller Handwerker – Meister, Gesellen, Lehrlinge.

Auch die Bildnisse vieler Freunde des Entrückten wurden gezeigt – solcher, die vor ihm und für ihn gefallen waren.

Reiterscharen und Cohorten im vollen Schmuck der Waffen, Lasttiere, Kamele und indische Elephanten darunter, brachten die Schätze vieler Königreiche, Gold, Silber, Elfenbein, kostbarste Gewänder, Edelsteine aus Indien und noch ferneren Ländern, Sei-denstoffe aus Sinae – wer kann alles nennen?

Der Imperator Hadrianus bestieg eine Rednerbühne und hielt die große Grabrede, die ja inzwischen in alle römischen Schulbücher eingegangen ist. Ich war, bei aller Trauer, sehr stolz, daß er auch meinen Adoptivvater und seinen *Panegyricus* erwähnte und, sicherlich mit einer bestimmten Absicht, daß es der Entrückte war, der dem Geiste unserer Zeit entsprechend den *Christianis* Duldung und Schutz vor bösen Angebern versprochen hat.

Der größte Römische Feldherr seit Divus Iulius sei mit ihm dahingegangen, sagte er – aber doch auch ein Herrscher, der den Namen eines Friedensfürsten verdiente. Denn in allen Landen, die er dem Römischen Volke untertan machte, habe er weise Gesetze eingeführt, er habe für die Volksbildung und Gesundheit gesorgt, und sein Werk für die bedürftigen Knaben und Mädchen, die er seine »Kinder« nannte, umfasse heute alle Provinzen.

Furchtbar seinen Feinden, milde den Unterworfenen, wie der Dichter Vergil es von einem römischen Herrscher verlangt habe – dazu treu seinen Freunden und gerecht, hoheitsvoll und von bürgerlicher Bescheidenheit, hochgesinnt ohne Anmaßung, schlicht, ohne geizig zu sein, gütig, ohne falsche Demut – so sei er der einzige aller Caesaren, der den Namen *Optimus Princeps* erworben habe: erst durch den Mund von Gaius Caecilius Plinius Secundus, dann durch Beschluß des Senats, als ihn der ganze Erdkreis schon so nannte.

Das versammelte Volk, hoch und niedrig, brach in lautes Weinen und Wehklagen aus – nur die Augusta Plotina stand still da, wie die Marmorstatue einer Göttin.

Nun war die Gestalt des Entrückten auf den Scheiterhaufen gehoben worden. Tiefe Stille trat ein. Selbst die Pferde scharrten nicht mit den Hufen. Der Imperator Hadrianus trat von der Rednerbühne herunter und winkte den Lictoren, die den Senatoren Fackeln reichten. Prasselnd schossen die Flammen hoch, und als der Holzstoß zusammenbrach, erhob sich ein Adler, breitete weit seine Schwingen aus, stieg pfeilschnell zum Himmel und verschwand in den Wolken.

»Nur er, als einziger aller Römer, hat auch im Olymp noch einen Triumph errungen«, sagte der Imperator Hadrianus zur Augusta, als eine kupferne Türe im Sockel der Säule geöffnet wurde. Noch einmal durfte ich die Goldene Urne berühren, ehe wir sie dort zur Ruhe legten und das schwere Tor für immer verschlossen wurde.

In diesem Augenblick brach das Römische Volk, dessen Herrscher heimgekehrt war, in den Jubelruf aus:

»*Ave Imperator Invicte – Ave Optime Princeps – Ave – Ave – Triumphator – Ave Triumphator!*«

So ist der Orakelspruch des Jupiter Heliopolitanus in Erfüllung gegangen, anders zwar, als wir ihn deuteten, aber verheißungsvoll für die Unsterblichkeit:

»Als Triumphator wirst du zu deiner Säule in Rom zurückkehren!«

TRAIANUS OPTIMUS PRINCEPS
sowie HADRIANUS, ANTONINUS PIUS und MARCUS AURELIUS

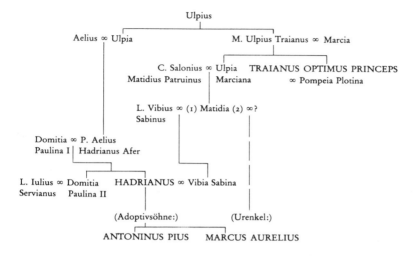

Literatur-Verzeichnis

H. Bengtson, Griechische Geschichte von den Anfängen bis in die römische Kaiserzeit, 5. Aufl., München 1977 (Handbuch der Altertumswissenschaft 3,4).

Ders., Grundriß der römischen Geschichte mit Quellenkunde, 2. Aufl., München 1970 (Handbuch der Altertumswissenschaft 3,5).

Ders., Herrschergestalten des Hellenismus, München 1975.

Curtius, Q. Curtius, History of Alexander (Harvard Univ. Press, Cambridge, Mass., 1971).

S. Dill, Roman Society from Nero to Marcus Aurelius, New York 1958.

Ders., Roman Society in the 1st century of the Western Empire, 2. Aufl, London 1906.

Dio Cassius, Roman History (Griechisch-Englisch, Cambridge, Mass., 1970).

Eusebius, Ecclesiastical History (Harvard Univ. Press, Cambridge, Mass., 1975).

Flavius Arrianus, Anabasis Alexandri (Griechisch-Englisch, Cambridge, Mass., Harvard University Press, 1976).

L. Friedländer, Sittengeschichte Roms, 10. Aufl, Wien 1934.

Frontinus, Sextus Iulius, Strategmata; Aquaeducts of Rome. Lateinisch-Englisch (Harvard University Press, Cambridge, Mass., 1969).

M. Gelzer, Caesar, der Politiker und Staatsmann, 6. Aufl., Wiesbaden 1960.

E. Gibbon, The history of the decline and fall of the Roman Empire, Bd. 1–6, London-New York 1954, erstmals 1778–1788; deutsche Übersetzung von J. Sporschil, Bd. 1–14, 4. Aufl., Leipzig 1862–1863.

E. Gilson und Ph. Böhner, Geschichte der christlichen Philosophie von ihren Anfängen bis Nikolaus von Cues, Bd. 1–3, 2. Aufl., Paderborn 1952–1954.

W. Görlitz, Marc Aurel, Kaiser und Philosoph, Leipzig 1936.

F. Gundolf, Caesar, Geschichte seines Ruhms, Berlin 1924.

G. W. F. Hegel, Vorlesungen über die Philosophie der Geschichte, Stuttgart 1949 (Sämtliche Werke 11).

Ders., Vorlesungen über die Philosophie der Weltgeschichte, Stuttgart 1954 (Sämtliche Werke 12).

K. Hönn, Augustus und seine Zeit, 4. Aufl., Wien 1953.

R. Huch, Römisches Reich deutscher Nation, Köln-Berlin 1968 (Werke 9: Geschichte 1).

E. Kantorowicz, Kaiser Friedrich der Zweite, Bd. 1–2, Düsseldorf-München 1963.

J. P. C. Kent, B. Overbeck und A. Stylow, Die römischen Münzen, München (Hirmer) 1973.

E. Kornemann, Römische Geschichte, hrsg. von H. Bengtson, Bd. 1–2, 6. Aufl., Stuttgart 1970.

Ders., Tiberius, Stuttgart 1960.

H. Prinz zu Löwenstein, Deutsche Geschichte, 6. Aufl., München-Berlin 1978.

Ders., Seneca, Kaiser ohne Purpur, München-Berlin 1975.

Ders., Tiberius, Der Republikaner auf dem Caesarenthron, München-Berlin 1977.

Ders., Rom – Reich ohne Ende (Ullstein/Propyläen, Berlin 1979).

Martialis, Marcus Valerius, Epigrams (Latein-Englisch, Harvard Univ. Press Mass., Cambridge, 1978)

Th. Mommsen, Römische Geschichte, Bd. 1–3: Berlin 1845, 1855, 1856, 14. Aufl. Berlin 1932: Neudr. in 8 Bden. hrsg. mit einem Essay und Erläuterungen von K. Christ, München 1976 (dtv).

Ders., Römisches Staatsrecht, Bd. 1–3 (in 5 Bden.), Leipzig 1871, 1874/75, 1887/88, Neudr. Darmstadt 1952 und 1971.

F. G. Moore, The Roman's World, New York 1936, Neudr. New York 1965.

F. Münzer, Römische Adelsparteien und Adelsfamilien, Stuttgart 1920.

Der kleine Pauly, hrsg. von K. Ziegler und W. Sontheimer, Bd. 1–5, Stuttgart 1964–1975, Neudr. München 1979 (Konzentrierte Neubearbeitung von Paulys Real-Encyklopädie der Klassischen Altertumswissenschaft, Stuttgart 1893 ff.).

St. Perowne, Hadrian, Sein Leben und seine Zeit, 2. Aufl., München 1977.

E. Peterich, Italien, Bd. 1–3. München 1968–1972.

Plinius, C. Caecilius Secundus, Letters and Panegyricus (Latein-Englisch; Harvard Univ. Press, Cambridge, Mass., 1975).

Polybios, The Histories (Griechisch-Englisch, Harvard Univ. Press, Cambridge, Mass., 1975).

L. von Ranke, Weltgeschichte, Bd. 1–8, 5. Aufl., München-Leipzig 1922.

R. Schieffer, Der Papst als Pontifex Maximus, in: Zeitschrift der Savignystiftung für Rechtsgeschichte, Kanonische Abt. 57, 1971, S. 300–309.

A. Schütz, Mithras, Mysterien und Urchristentum, Stuttgart 1960.

H. H. Scullard, From the Gracchi to Nero, A history of Rome from 133 B. C. to A. D. 68, 4. Aufl., London 1976.

Suetonius, Gaius Tranquillus, Vita Caesarum, deutsch: Caesarenleben (Alfred Kröner, 1957).

R. Syme, The Revolution, Oxford 1939.

Tacitus, Cornelius, Annales, Germania, Agricola, Historien.

Tertullianus, Q. Septimus, Apologeticus (Latein-Englisch. William Heinemann Ltd., Cambridge, Mass., 1966).

Fr. Thiess, Das Reich der Dämonen, Hamburg-Wien 1960.

Wörterbuch der Antike, hrsg. von H. Lamer und P. Kroh, 8. Aufl., Stuttgart 1976.

M. Yourcenar, Ich zähmte die Wölfin, Die Erinnerungen des Kaisers Hadrian, Berlin-Darmstadt 1956.

Geographische Namen

Im Altertum   *Heute*

A

Abrinca   Vinxtbach (mündet bei Rhein-
                                     brohl)
                                     (»Vinxt« – Finis)
Abudiacum   Epfach a. Lech
Acragas (latein. Form: Agri-   Agrigento
gentum)
Adiabene   Name auch für Assyrien
Aenaria   Ischia
Aenus   Inn
Africa Proconsularis   etwa Tunesien und Tripolita-
                                     nien
Aguntum od. Aguontum   bei Kreuzberg an der Drau in
                                     Kärnten
Akropolis Germaniae Magnae   Umschreibung des Autors für
                                     Böhmen [lat. Boi(o)hemum]
Albis   Elbe
Alburnus maior   Bergwerksort Rosia Montana
                                     (Rumänien)
Aliso   wahrscheinlich das Dorf Elze
                                     (oder bei Haltern oder Oberra-
                                     den/Lippe)
Allia   Seitenflüßchen des Tiber,
                                     15 km nördl. v. Rom
Alalia   Hafenstädtchen auf Korsika
Amisia   Ems
Ancyra   Ankara
Antium   Anzio

407

Apollonia	Dorf Poian, Albanien
Apulum	Alba Iulia/Rumänien
Aquae	Baden-Baden
Aquae Mattiacorum od. Mattiacae	Wiesbaden
Aquileia	bei Grado, am Golf von Triest
Aquincum	Budapest
Arar	Saône
Arduba	Bergfeste in Dalmatien
Argentorate	Straßburg
Arimium	Rimini
Arretium	Arezzo
Artaxata	Stadt in Transkaukasien/Arasfluß
Asphaltsee	das Tote Meer
Astura	Hafenstädtchen im südl. Latium
Atesis	Etsch
Aufidus	Ofantofluß (Apulien)
Augusta Rauricorum od. Colonia Raurica	Augst bei Basel
Augusta Treverorum	Trier
Augusta Vindelicorum od. Vindelicum	Augsburg

B

Baetica	südlichste spanische Provinz
Baetis	Guadalquivir
Barium	Bari
Batavi	Bataver, germanischer Stamm in Holland im Gebiet der Rheinmündung
Bauzanum	Bozen
Bedriacum (oder Betriacum)	Dorf bei Cremona
Belgae	die Belgier

Bithynia-Pontos	Provinz am Südufer des Schwarzen Meers
Bonna	Bonn
Bononia (Gesoriacum)	Boulogne
Bostra	unter Traianus Hauptstadt der Provinz Arabia, heute Ruinen, wertvolle römische darunter
Brigantium	Bregenz
Brigetio	östlich der Ortschaften Szöny-Komáron, am rechten Donau-Ufer
Brundisium	Brindisi
Burchania, besser: Burcana	Borkum
Burdigala	Bordeaux

C

Caesarea Philippi	heute ein Dorf, Banyas
Caledonia	Schottland
Camulodunum	Colchester
Capharnaum (Kapharnaum, auch Kapernaum)	Kephar Nahum (Israel)
Carnuntum	bei Petronell, Niederösterreich
Castra Regina	Regensburg
Castra Vetera	Xanten
Castrum Maiense	Obermais/Meran
Centum Cellae	Hafenstadt, tyrrh. Küste
Charax	(Kleinarmenien) nur noch Reste, an der Mündung von Euphrat und Tigris
Colapis	Kupa, Fluß in Kroatien, mündet bei Sišak in die Save
Colonia Agrippinensis	Köln
Corduba	Córdoba

Croton	Crotone (Küstenstadt)
Cythera	Insel südlich des Peloponnes

D

Daker (Daci)	Thrakischer Volksstamm an der unteren Donau (Ister), verw. mit Geten
Danuvius	Donau
Divitia	Köln-Deutz (rechts des Rheins)
Dravus	Drau
Drepanum	Trapani, Küstenstadt westl. Sizilien
Dyrrhachium	Durazzo

E

Eburacum	York
Eleusis	Eleusis, b. Athen, Tempelbezirk erhalten
Elephantine	Nilinsel bei Assuan
Emona	Laibach/Ljubljana
Euphrates	Euphrat

F

Flevo (od. Flevum)	Zuidersee
Forum Iuli(i)	Fréjus, A. M.
Fossa Drusiana	vom älteren Drusus gegrabener Kanal vom Rhein zur Zuidersee
Fretum Gallicum	Ärmelkanal

G

Gadeira	Gades = Cadiz
Galatia	Provinz im heutigen Anatolien

Gallia Comata	Gallien nördlich der Alpen, mit Ausnahme der Narbonensis, das »langhaarige Gallien«, d. h. noch »barbarisch«, weil nicht romanisiert
Garumna	Garonne und Gironde
Gaulanishöhen	die Golanhöhen
Germania inferior	Germanien (nördlich vom Vinxtbach)
Germania superior	Obergermanien (südlich vom Vinxtbach)
Gesoriacum	Boulogne sur Mer
Geten	Thrakisches Reitervolk, Nomaden, verw. m. Dakern

H

Haemus-Mons	Gebirge südlich des Unterlaufs der Donau, heute in Bulgarien
Hatra	Hoeddur el Hadr, in einer Oase zwischen Euphrat und Tigris
Heliopolis/Baalbek	nahe von Damaskus
Hibernia	Irland
Hierosolyma	Jerusalem
Himera	antike Hafenstadt, Nordküste Siziliens, zwischen Palermo und Cefalù
Hippo Diarrhytus	Bizerta
Hispalis	Sevilla
Hispania	Spanien
Hyperboraeer	Bewohner eines am Rande der Erde gedachten Wunsch- und Götterlandes – meist nördliches Volk

I

Iberus	Ebro
Idumaea	Landschaft südl. von Judaea, westl. des Roten Meeres
Inneres Meer (Mare Internum)	Mittelmeer
Inseln der Seligen	Kanarische Inseln
Isarcus	Eisack, Südtirol
Ister	Unterlauf der Donau
Italica	Santiponce b. Sevilla
Iuliobona	Lillebonne bei Le Havre
Ivernia	Irland

K

Kilikia	Landstrich an der südöstlichen Küste Kleinasiens
Kimbrischer Chersones	Jütland, Schleswig, N.-Holstein
Klaudiopolis (auch mit C)	Bithynien, heute Bolu, Geburtsstadt von Antinoos
Ktesiphon	am linken Tigrisufer, heute nur Trümmerfeld
Kyme (Cumae)	Cuma, bei Pozzuoli, nördl. v. Neapel
Kypros	Zypern

L

Lacus Flevus	Zuidersee
Lacus Larius	Comer See
Lacus Venetus	Bodensee
Lagona	Lahn
Laconia	Landschaft in der Peloponnes
Lentia	Linz/Donau
Licus (Licca)	Lech

412

Liger	Loire
Likia oder Lykia	römische Provinz, am Mittelmeer, südl. Kleinasien
Limyra in Lycia	Hafenstädtchen in Lycia, heute südwestl. Teil Anatoliens
Lingones, keltisches Volk, seine Hauptstadt	Langres
Londinium	London
Lugdunum	Lyon
Lugudunum	Ladenburg
Lupia	Lippe
Lusitania	Portugal
Lutetia Parisiorum	Paris -

M

Mare Caspium	Kaspisches Meer
Mare Germanicum	Nordsee
Mare Suebicum	Ostsee
Marus	March
Massilia	Marseille
Melitene	Malatia, nahe dem oberen Euphrat
Messana	Messina
Milet	Balat, in Kleinasien
Misinum	Kap Miseno, gegenüber Ischia
Moenus	Main
Moeotis Palus	Asowsches Meer
Moesia	röm. Provinz am rechten Ufer des Unterlaufs der Donau
Moguntiacum	Mainz
Moldava	Moldau
Mons Epomeus	Monte Epomeo auf Ischia
Mons Graupius	wahrscheinlich in der Nähe des Grange Passes in Nord-England

Mosella	Mosel
Munda	antike Stadt südöstlich vom heutigen Córdoba

N

Narbo	Narbonne
Naumachia	Amphitheater zur Aufführung von Seeschlachten
Nemausus	Nîmes
Nicaea	Nizza
Nikaia/Bithynia	Nicaea oder Iznik
Nikomedia	heute bei Izmir-Körfezi
Nisibilis, Mesopotamia	Nesibin
Noricum	etwa Österreich östlich des Inns und südlich der Donau
Novae	Stäklen bei Swislov, untere Donau oder in Dalmatien bei Salona, auf dem Areal der Gemeinde Runovič
Novaesium	Neuß
Noviomagus	Nijmwegen
Novum Comum	Como
Nuceria	Nocera b. Neapel

O

Oceanus Atlanticus	der Atlantische Ozean
Odessos	Warna, an der westl. Schwarzmeerküste
Olbia	an der Dnjepr-Mündung, heute nicht mehr bestehend
Oppidum Ubiorum	das spätere Köln
Oxus	Amu Darja, mündet in den Aralsee

P

Padus	Po
Paestum/Poseidonia	die berühmte antike Tempel-stadt Capàccio, südl. v. Battipaglia
Pandateria	Insel Ventotene, nordwestl. des Golfs von Neapel
Pannonia	westliches Ungarn, Teile Österreichs und Jugoslawiens
Panormus	Palermo
Pantikana oder Pantikapaion	Kerč, auf der Krim
Parther	Iranisches Volk, Gründer des mächtigen Partherreiches. Teilnachfolger des Persischen und des Alexander-Reichs.
Patavium	Padua
Pella, 26 km südlich vom See Genezareth	Zufluchtsort der Christiani bei der Belagerung von Jerusalem, heute Dorf Fahl
Pella, Makedonia	Hauptstadt Philipps II. und Alexanders d. Gr.
Perusia	Perugia/Umbrien
Petra	bedeutende Ruinen, zwischen Totem Meer und Golf v. Akaba
Philippi	Stadt im östlichen Makedonien, Ruinen erhalten
Pisaurum	Pésaro, zwischen Ancona und Rimini an der Adria
Planasia	Insel zwischen Elba und Korsika, heute Pianosa
Poetovio	Pettau an der Drau, Jugoslawien
Pontus	Landschaft am Südufer des Schwarzen Meeres

Pontus Euxinus	Schwarzes Meer
Portus Itius	in Frankreich, gegenüber England, zwischen Calais und Boulogne, ungef. Kap. Gris-Nez
Provincia (Pr. Gallia Narbonensis)	Provence/Südfrankreich
Puteoli	Pozzuoli

R

Raetia	Österreich westl. des Inns, Bayern bis zur Donau, südl. Baden-Württemberg, Teile der Schweiz
Rhegium	Reggio di Calabria
Rhenus	Rhein
Rhodanus	Rhône
Rigomagus	Remagen
Rura	Ruhr

S

Sabate/oder Sabatia	Lago di Bracciano
Sabiner Land	Landschaft in Mittelitalien
Säulen des Hercules	Gibraltar
Sala	Saale
Sarmizegetusa	Váhely in Siebenbürgen
Satala	Reste beim heutigen Sadaĝ
Savus	Save
Sebasté	Samaria, Israel. Ruinen erhalten
Seleucia	Hafenstädtchen von Antiochia (Syrien)
Seleukeia	bei Bagdad, am Tigris, heute Ruine

Selinus	hier:
	im Altertum auch Traianopolis
	an der Südküste von Anatolien
	heute: Selindi
Selinus in Sicilia	Selinunte
Sequana	Seine
Serer	Chinesen, von Seide, griech.
	serikon, lat. sericum
Sinae	China
Sinope	Sinop, am Schwarzen Meer
Sinus Arabicus	Rotes Meer
Sinus Gallicus	Golfe du Lion
Sinus Persicus	der Persische Golf
Sirmium	Sremska Mitrovica (Serbien)
Siscia	Šišak (Slowenien)
Skandia	Skandinavien
Sudeti Montes	Sudetengebirge
Surrentum	Sorrento

T

Tanais	Don
Tapae	Ort wird gesucht an der Straße
	Tibiscum-Sarmizegetusa
Tarracina	Terracina, am Golf von Gaëta
Tarraco	Tarragona/Spanien
Taxila	nordwestlich des heutigen Ra-
	walpindi (Pakistan)
Tergeste	Triest
Thapsakos	in Syrien, westl. des Euphrat,
	nicht genau identifizierbar
Theodosia	Feodosja (Krim)
Tibiscum	Karausebes, am Zusammenfluß
	von Temes und der Bistra
Tingis	Tanger
Tisia	die Theiß (Ungarn)

417

Tomis	Konstanza, am Schwarzen Meer
Transpadana	heutige Lombardei, nördl. des Po
Tridentum	Trient
Trinovanten	britannischer Stamm im südwestlichen England in der Gegend von Camulodunum (Colchester)
Tripontium	an der Via Appia, Torre di Treponti

V

Verulamium	St. Albans
Vetera	Xanten
Viadua	Oder
Vienna/Rhodanus	Vienne
Viminacium	bei Kostolač, an der Mlava-Mündung, unweit der Donau
Vindelicia	zwischen Donau, Lech und Bodensee, Hauptstadt: Augsburg
Vindobona	Wien
Vipitenum	Sterzing (italienisch: Vipiteno) am Brenner, Südtirol
Virunum	am Zollfeld, bei Klagenfurt/Kärnten
Vistula	Weichsel
Visurgis	Weser

Die Schreibweise Moyses wurde beibehalten, da diese bei allen antiken Geschichtsschreibern vorkommt. Moses ist späteren Datums.

Zeittafel

Die Flavischen Kaiser: 69–96 n. Chr.
Vespasian: 69–79
Titus, Sohn des Vespasian: 79–81
Domitian, Bruder des Titus: 81–96
    Krieg in Judäa unter Vespasian: 67–70
    Zerstörung Jerusalems durch Titus: 70
    Ausbruch des Vesuv: 79
    Brand in Rom: 80
    Einweihung des flavischen Amphitheaters (Colosseum): 80
    titus gest.: 13. September 81
    Kämpfe der Daker unter Decebalus gegen Domitian: 85/6
    und 89
    Säkularfeier: 88
    Christenverfolgung: 95
    Domitian ermordet: 18. September 96

Die sog. Adoptivkaiser: 96-192 n. Chr.
Nerva: 96–98
Traian, Adoptivsohn des Nerva: 98–117
Hadrian, Neffe und Adoptivsohn des Traian: 117–138
Antoninus Pius, Adoptivsohn des Hadrian: 138–161
. . .
    Nerva gest.: 25. Januar 98
    C. Plinius d. J. Statthalter in Bithynien; Briefwechsel mit
    Traian: 111–113
    Panegyricus des Plinius auf Traian: 100
    Erneute Kämpfe gegen die Daker unter Decebalus: 101/2 u.
    105/7

Dakien Provinz: 107
Arabien Provinz: 106
Einweihung des Traiansforums (Architekt Apollodoros von
Damaskus) mit der Traianssäule (Dakerkriege): 113
Traiansbogen in Benevent: 115
Partherkrieg gegen Osroës (durch Hadrian beendet): 114/117
Jugendaufstand im Orient: 115–118
Traian überwintert in Antiocheia: 115/6
Traian in Selinus (Kilikien) gest.: 10. August 117

Gekürzt nach: Fr. Pfister, Zeittafel für das klassische Altertum
und seine Erforschung. Würzburg 1947, mit freundlicher Genehmigung des Ferdinand Schöningh Verlags, Würzburg.

Abbildungsverzeichnis

1. Büste von M. Ulpius Traianus (98–117 n. Chr.) mit Bürgerkrone und Ägis. Marmor. München, Glyptothek.
2. Pompeia Plotina, Gemahlin des Traianus. Marmor. München, Glyptothek.
3. *So* etwa, meint der Autor, könnte der »junge Plinius«, der parvus puer des Buches, ausgesehen haben, dem Traianus seine Erinnerungen diktiert. »Lüttinger Knabe« – gefunden im Rhein bei Xanten. Um 130 n. Chr. Bronze. Regionalmuseum, Xanten.
4. Oder *so!* Jünglingskopf mit Siegerbinde. Römische Nachahmung im klassischen Stil des 5. Jh. v. Chr.; um Christi Geburt. Bronze. München, Glyptothek.
5. Alexander der Große. Marmor. München, Glyptothek.
6. Augustus mit der Bürgerkrone. 2. Viertel 1. Jh. n. Chr. Marmor. München, Glyptothek.
7. Grabstein des Marcus Caelius, Hauptmann der 18. Legion, der in der Varusschlacht 9 n. Chr. fiel. Regionalmuseum Xanten.
8. Grabmal eines Reitersoldaten. Fundort Köln. Mitte 1. Jh. n. Chr. Kalkstein. Köln, Römisch-Germanisches Museum.
9. Titusbogen Rom. Durchgangsrelief. Triumphzug des Titus nach der Zerstörung Jerusalems.
10. Titusbogen Rom. Durchgangsrelief. Der erbeutete siebenarmige Leuchter wird im Triumphzug mitgetragen.
11. Traianus. Marmorbüste.
12. Büste eines unbekannten Römers. Frühes 2. Jh. n. Chr. Marmor. München, Glyptothek.
13. Traianssäule Rom. Detail.

14. Traiansbogen in Benevent. Stadtseite.
15. P. Aelius Hadrianus (117–138 n. Chr.), von Traianus erzogen und von ihm adoptiert. Marmorbüste Rom, Conservatoren-palast.

Quellenverzeichnis der Abbildungen

Hartwig Koppermann, München 1, 2, 4, 5, 6, 12
Michael Jeiter, Aachen 3, 7, 8
Ullstein Bilderdienst, Berlin 9, 11
Hubertus Prinz zu Löwenstein 10, 14
Süddt. Verlag, Bilderdienst, München 13, 15